JN014524

類語ニュアンス辞典

An Explanatory Guide
to Japanese Synonyms

中村 明…［編著］

三省堂

❖編集・校正協力（五十音順）
岡本有子
鷹羽五月
髙橋夕香
田中麻弥
田村剛
長坂亮子
中村祐子
❖組版　株式会社ぷれす
❖装丁　三部八十彦
❖装画　安田みつえ

この辞典の位置と性格
——ある日本語研究者の履歴書

どんな人にもなにがしかの歴史がある。山形県の鶴岡市に生まれ育った関係で、庄内弁という方言文化にどっぷりとひたった。姉の証言によれば、築後百年かという古びた平屋のはずれに位置する小部屋の方角から、朝になると時折ラジオのスポーツ放送が聞こえてきたという。たいてい大相撲や野球の早慶戦などの実況中継だったそうだ。信憑性にとぼしいこの伝説的な逸話に、もしも一片の真実がひそんでいるとすれば、思いあたるふしがまったくないわけではない。子供心にも、歯切れのいい志村正順アナウンサーの東京弁にあこがれていたらしいから、ひょっとすると、厠で機の熟すのを待つ閑な時間に、その名調子をまねてみては人知れず得意になっている声が近隣にもれていたのかもしれない。

長じて大学進学のため上京する前、受験勉強よりも東京ことばの習得に力を入れたことはよく覚えている。NHKの『発音アクセント辞典』のページをめくりながら、自分の想定する標準アクセントと違う項目に印をつけて丸暗記するほどの熱の入れようだったにちがいない。きっと都会の人間に、ことばのことでとやかく言われたくなかったのだろう。

後年、NHKラジオの「日曜喫茶室」という番組で、そんな子供時代の数々の奇行を臆面もなく披露した折には、安野光雅画伯や文筆家の林望先生ら出演者のなごやかな憫笑に包まれた。図書新聞の特集「中村明の仕事」では、詩人・小説家の三木卓氏に書評の一文中で、例のアクセント丸暗記事件を、学者の「心意気」などと、思いもかけず好意的に評していただいた。今にして思うと、そんな大それた美談ではなく、ことばに対する異常なまでの執拗なこだわりの一端にすぎなかったような気がする。

さらに勘ぐれば、早稲田の国文科に進学し、文章心理学の開祖、波多野完治先生の薫陶を受けて文体論を研究テーマに選んだのも、そのまま大学院に進み、時枝誠記教授の国語学研究室に在籍して国語美論をかじり、当時執筆中だったはずの『文章研究序説』の理念にふれたのも、同じ線上にある。

それどころか、細々と研究者生活に入ってから今日までの自分の著作をふりかえってみても、ことばの呪縛から解き放たれた時期はなかったようだ。国立国語研究所の研究報告書として秀英出版から出た『比喩表現の理論と分類』、岩波書店刊行の『日本語レトリックの体系』と『日本語文体論』、あるいは明治書院の『文体論の展開』などの学術書はもちろん、筑摩書房の『作

▼この辞典の位置と性格

家の文体』『名文』に始まる数々の一般書から、角川書店の『比喩表現辞典』、東京堂出版の『感情表現辞典』『感覚表現辞典』、筑摩書房の『人物表現辞典』、岩波書店の『日本の作家　名表現辞典』『日本語　笑いの技法辞典』などの表現辞典類に至るまで、ひたすら言語作品での表現のあり方、すなわち、文学における〈ことば〉のふるまいを探る夢を追ってさまよいながら、それなりに一筋の生き方を貫いてきたようにも思える。八十のはしたを忘れそうなこの年齢に達してなお、ある意味では、幼時からの業をずうっとひきずっていると見られないわけでもない。

学籍を離れてしばらく国際基督教大学で外国人学生に対する日本語教育に携わったあと、運に恵まれて、当時、現代語研究のメッカと目されていた国立国語研究所に職を得、以降十数年間、錚錚たる研究者たちと一見無駄なおしゃべりを楽しみながら、おのずと〈ことば〉と真正面から向き合う贅沢な日々を送ることになる。そんなある日、直属の部長と室長にあたる二人の上司に誘われ、生まれて初めて国語辞典というものに手を出す。それまでの読んで批判する立場から、今度は書いて批判される立場に回る、はずだった。

稿料はいつの世も神秘的に一項目あたりビール一本の値段らしく、その頃は六十円。「運搬」という語に「通常、物に対して用い、人には使わない」という使用制限を書こうと思い立ったのが運の尽きで、いろいろ調べているうちに「病人運搬車」という用法のあることを発見してしまい、その注記を断念するまでに四日を費やした。この間の日当はなんと十五円。ところが、幸か不幸か某有名出版社のその企画は、なぜか途中で雲散霧消、狐につままれたように、ビールも泡と消えた。あれは夏の夜の夢だったのか知らん？

しばらくして研究所の平所員の身分で角川書店から国語辞典の編集委員の話が舞いこむ。國學院大學の学長吉川泰雄、成城大学の次期学長山田俊雄という代表編者らの末席に連なって思いつきをしゃべっていると、近くの旅館で宴が始まり、いつのまにか新宿のバーの客になっていて、いつ乗り込んだのか気がつくと車が自宅の門前に到着している。この企画はやがて『角川新国語辞典』となってまちがいなく世に出るのだが、ああいう夢のような優雅な時代が無性に懐かしい。

しばらくして、大辞典の編者、松村明と名前が似ているせいで混同されたのか、この若き素人に今度は集英社から企画のスタートする前に声がかかり、ついその気になってしまった。新しい国語辞典のイメージを求めて、いい知恵が出るようにという配慮か、編集プロダクションの代表格の識者と酒場をめぐった。酔うほどに頭が冴え、辞典は一冊で間に合うのが理想という到達目標が浮かんだ。通常の国語辞典が担う解釈辞典という要素を堅持し、そこに表現辞典的な性格を充実させ、さらに漢字辞典や百科事典としてもひととおり役立つ総合的な日本語辞典をめざす、そんなラフなスケッチを描いた。

やがて時至り、九段の隠れ家めいた一室で森岡健二御大以下、編集委員が一同しらふで集う、第一回の編集会議がスタートした。満を持した若造の素人ならではの突拍子もない思いつきに、皆があっけにとられ、唖然としている間に議事は着々と進んだ。はっとわれに返ったころには、もうその編集作業に入っていたかもしれない。井上ひさしがいちはやく察知したらしく、「新しい辞典の噂」という一文を草して、この一風変わった『集英社国語辞典』に対する奇妙な期待を語った。

まず国語項目を充実させたい。和語を基層とし、漢語や外来語を外層とする重層的な言語文化の中を生きてきた日本人の思考の中枢をなしているからだ。単語の運用をなめらかにする助詞や助動詞の機能を詳細に記述したほか、言語項目・表現項目を指定し、「意味」「敬語」「言語」「比喩」「表現」「文章」「文体」「レトリック」などに何十行というスペースを割いて詳細に記述したのはそのためである。表現面の強化としては、各分野の専門語の表示、女性語・幼児語・方言などの位相の指示ほか、古語・雅語・文章語・口頭語・俗語といった文体的なレベルを示し、各語に標準アクセントを表示して発音面にも配慮した。

収録語数も欲張って、漢字母項目を延べ三、五〇〇収載し、いわゆるカタカナ語を一二、〇〇〇項目、別にＡＢＣ略語を一、九〇〇項目収録した。それでも、人が引いて調べたいことばはまだまだある。辞書を引いて一番がっかりするのは、そのことばが載っていないときだろう。国語辞典の分を超えて、知的生活に一冊で役立つ日本語辞典となれば、国語項目だけではなく、現代人に必要な範囲のいわゆる社会語を含む百科項目も収載することが必要だ。歴史的な事件の名称や主要な地名・人名・書名を網羅したい。仮に各分野の専門辞典が百冊並んでいる家庭でも、知らない単語がそれぞれどの辞典に載っているかを調べるための索引代わりの辞典がもう一冊要る。国語辞典という名のこの日本語辞典は、そういう役割も果たしたい。「サボテン」の肥料や「穴熊」の手順を調べるために国語辞典を引くほどの楽天家はめったにいないから、詳しい説明はそれぞれの専門辞典にゆだねる。つまり、軽症の場合は適切な診断・治療を実施し、重症や難病の患者は応急処置をほどこしたうえで各専門の病院か大規模な総合病院に送り込む「ホームドクター」になぞ

▼この辞典の位置と性格

らえると、理想の国語辞典の任務はわかりやすい。

その企画でもスペースの関係で断念したが、もし可能であれば国語辞典で記述しておきたい情報はまだある。明治書院から公刊した一冊、「文章プロのための」という偉そうなツノガキを冠した『日本語表現活用辞典』では、「けわしい」という形容詞の項目に「山道・表情・声・目つき・前途・情勢」と続け、「こつ」という名詞の項目に、(運転・上達)の「こつ」を(習得する・つかむ・身につける)と多くの例を添えて、コロケーション、語の慣用的な結びつきを示したのもその一つだ。また、集英社から出した『漢字を正しく使い分ける辞典』で、「かえる」という項目で「変/換/替/代」、「はね」という項目で「羽/翅/羽根」を掲げ、それぞれ漢字の使い分けを説明したのも同様である。

ことばにはそれぞれ、何を指し示すかという「意味」と、その情報がどういうニュアンスで相手に伝わるかという「語感」とがそなわっているが、国語辞典では必然的にことばの「意味」を説明するのが中心となり、「語感」という微妙なところまでなかなか手が届かない。だが、解釈辞典に表現辞典的要素を加えるとなると、この「語感」の問題は避けて通れない。そこで、国語辞典で断念したその「語感」については、岩波書店からずばり『日本語 語感の辞典』と題する、本邦初のそれ専門の辞典を別に刊行した。そもそもそういう感覚自体がとらえにくく、どうしても主観的になりやすいから、大勢で議論しても収拾がつきそうもない。そのためドンキホーテのその冒険では、約一一、〇〇〇語を対象に、つれづれなるままに自分の頭に去来する気ままなひらめきをそこはかとなく書き綴った。いつか誰かが書きとめておかないと、はかなく永久やら永遠やらの闇にとけてしまうため、一個人が蛮勇を奮ってみたにすぎない。

その「永久・永遠・永劫・恒久・悠遠・悠久・とわ・とこしえ・とこしなえ」、あるいは「がっかり・気落ち・失意・失望・落胆」、「ためらう・逡巡・躊躇」、「いかる・おこる・しかる」、「ごはん・めし・ライス」、「ピザ・ピッツァ」、「おしっこ・小便・しょんべん・お小水・尿」、「素っ裸・真っ裸」、「即刻・すぐ・ただちに」、「小説家・作家・文士・著作者・著述家・文筆家・もの かき・ライター」を比べてみよう。簡単に言えば、それぞれの語群で、共通する部分が「意味」であり、違う部分が「語感」である。「この辞典の位置と性格」と題し、「はじめに」のつもりで書いているこの「自序」の文章は、いったい「序」「序文」「緒言」「はしがき」「まえがき」のどれに近いのだろうか。

以上ふれてきた辞典類のほとんどすべてが発音の五十音順に配列してある。その意味で並べ方が規則的で客観的だから、知らないことばの意味を調べる目的で項目を引き出す際の、いわば索引として利用するにはきわめて便利である。その代わり、「犬歯・剣士・検死・検視・絹糸・健児・堅持・検事・献辞・謙辞・顕示・幻視・原子・原始・原紙・原詩・減資・言辞・現時・源氏・見識・堅実・現実・賢者・元首・原酒・原種・厳守・研修・拳銃・減収・厳重・現住所・原住民・厳粛・検出・剣術」などと、意味の面では何の縁もない項目がずらりと並んでいるから、眺めていても風景は見えず、得たい情報にたどり着かない。

自分の表現したいことを的確に表す語群を探し出し、それを最適の一語にしぼる目的で利用するためには、音ではなく意味から引ける、まったく別の配列の辞書が必要となる。三省堂から『新明解類語辞典』と題して刊行したのは、まさに日本人が表現活動の一環として利用するという発想で編集した、ハンディーで扱いやすい一冊をめざしている。こちらは索引ではなく、いわば日本語の地図というイメージだ。愛知・青森…長崎・長野…宮城・宮崎…山形・山口・山梨などと五十音順に整然と並ぶより、現実の地理的な位置に応じて配置したほうが国土の全体像がとらえやすいからである。

▼この辞典の位置と性格

意味の類縁関係を基調として構成する類語辞典では、自分をとりまく事物や概念を含む人間の思考対象の全体像をとらえる世界観を築き、そういうことばの宇宙を感性鋭く日本語の地図という平面上に投影させなければならない。そこでは、全体を大きく【自然】【人間】【文化】の三部構成とし、【自然】の部を〔天文・気象〕〔物象〕〔土地〕〔自然物〕〔植物〕〔動物〕に、【人間】の部を〔人体〕〔生理〕〔関係〕〔属性〕〔感性〕〔活動〕に、【文化】の部を〔社会〕〔生活〕〔学芸〕〔産物・製品〕〔抽象〕〔認定・形容〕にと、各六ジャンルに分け、全体で一八のジャンルを設定した。

次に各ジャンルを〈天候〉〈現象〉〈地形〉〈物質〉〈樹木〉〈哺乳類〉、〈目〉〈病気〉〈親族〉〈職業〉〈感情〉〈仕事〉、〈政治〉〈交通〉〈芸術・芸能〉〈食〉〈位置〉〈ひろがり〉などの計一〇九の分野に分かち、それらをさらに（空）（地震）（燃焼）（地層）（島）（滝）（畑）、（表情）（女）（友）（地位）（商）（味）（掃除）、（伝統）（金融）（犯罪）（道路・橋）（信仰）（道具）（割合）など数多くの領域に区分した。最後にそれらをさらに細分し、各領域に「圧力」「名所」「若葉」「妊娠」「陰」「塗る」「配る」「リズム」「悪口」「砂糖」「塀」「時計」「前後」「度合い」「本気」「忙しい」「そして」などを筆頭項目とする、さらに多くの語群に隔てた。

この五段階の分類は、これを日本地図になぞらえるならば、地方・都道府県・市町村・丁目・番地といったレベルに相当し、めざす一語は何号といった最小の住居表示に位置するはずである。要は、現実の日本語の語彙構造の幅と厚みを少しでも感覚的にとらえようとする意図に発する試みである。

その結果紙面には、たとえば、「雷雨」「にわか雨」「通り雨」「村雨」「驟雨」「夕立」「白雨」「スコール」「照り降り雨」「日照り雨」「天気雨」「狐の嫁入り」などと並ぶ。「とぼける」「すっとぼける」「そらとぼける」「うそぶく」「しらばくれる」「しらをきる」「知らんぷり」「素知らぬ」「頰かぶり」「猫をかぶる」と並ぶページもある。もちろん「炊事場」「台所」「勝手」「キッチン」「厨房」「くりや」「調理室」と並ぶ箇所もあり、「洗面所」「化粧室」「トイレ」「手洗い」「便所」「御不浄」「はばかり」「かわや」「手水場」「後架」「雪隠」「WC」とずらりと勢ぞろいするページも当然現れる。

それぞれの単語の意味は、むろん本文中で説明してあるが、収録語数が延べ五七、〇〇〇項目にも及ぶと、細かい意味の違いや微妙な語感の差まではなかなか手が届かない。そこで本辞典の登場となる。そういう紛らわしい語群のそれぞれの意味や語感の違いと、たがいの使い分けに焦点をあてて、ことばのニュアンスをわかりやすく解き明かすのが、この本の目的である。辞典と銘打つ以上、ある程度以上の語数には言及したいが、事の性格上デリケートな問題が多く、微妙な側面をさらりとふれたのでは知性にも感性にも鋭く響かない。そこで、広く全体を眺めわたし、各分野から特に説明を要する玄妙な語群にしぼり、それぞれを個人的な感性で大胆に掘り下げ、文学作品からの実例も引きつつ、読者の関心をゆさぶり、奥深く語りかけたい。

一部の具体例をあげよう。まずは序盤、【自然】の分野で、「宇宙・天・空・天空・天上・天国」や「春風・春一番・春荒れ・花嵐・薫風・青嵐・晴嵐・緑風・涼風・秋風・野分・木枯らし・松風・松籟」など、【人間】の分野で、「にゅうぼう・乳房・乳・乳首・乳頭・乳嘴・胸・おっぱい」や「文人・文学者・文芸家・作家・小説家・著作者・著述家・文筆家・ライター・文士・ものかき・文豪」など、【感覚】の分野で、「うるさい・騒がしい・騒々しい・やかましい」や「粋・小粋・婀娜・いなせ・乙な・味な・気が利く・枯淡・洒脱・しゃれた・こじゃれた・垢抜けた・洗練された・スマートな」などを扱った。

続く中盤は、【感情】の分野で、「心・心持ち・心地・感じ・感情・情・情緒・心情・心理・気分・気持ち」や「大笑い・呵呵大笑・高笑い・馬鹿笑い・哄笑・爆笑・抱腹絶倒・朗笑・忍び笑い・含み笑い・失笑・思い出し笑い・照れ笑い・泣き笑い・苦笑い・苦笑・憫笑・嘲笑・冷笑・つくり笑い・そら笑い・愛想笑い・お世辞笑い・嬌笑・談笑・微笑・微苦笑・スマイル・ほほえみ・

笑む・ほくそ笑む・にやける・やにさがる」など、【活動】の分野で、「言う・話す・しゃべる・語る・述べる」「言い合い・話し合い」「ふれる・さわる」や「会・会合・寄り合い・集まり・集会・つどい」など、【場所】の分野で、「くに・本国・自国・母国・故国・祖国」や類語辞典の紹介でも例にあげた「便所・雪隠・後架・厠・御不浄・憚り・手水場・手洗い・洗面所・化粧室・WC・トイレット・レストルーム」などをとりあげて比較した。

そして、終盤は、【物品】の分野で、「ごはん・ライス・めし」や「ピッツァ・ピッツァパイ・ピザ」や「ふみ・手紙・書簡・書翰・書状・便り・レター」など、【時間】の分野で、「永久・永遠・永劫・とこしえ・とこしなえ・とわ」や「時・時間・時刻」や「夕方・夕刻・たそがれ・薄暮・日暮れ・夕暮れ・夕間暮れ」など、【言語】の分野で、「ことば・語・単語・言語」「国語・日本語」「ふくらむ・ふくれる」「疲れる・くたびれる」「独壇場・独擅場」「一生懸命・一所懸命」などを比較検討してみた。

記述に際しては、その節で主にとりあげて論じている語をゴシック体で表示した。『新明解類語辞典』との関連に配慮し、上下のスペースにそこでの語釈を転載して参考に供した。また、文意の理解をなめらかにするため、説明の文章中に現れる注意すべき語についても、解説の必要に応じて、スペースの許すかぎり同様の処置を講じてある。

▼この辞典の位置と性格

前著『新明解類語辞典』に引き続き、本書でも企画から完成に至るまで三省堂辞書出版部の山本康一部長および同編集部の市原佳子さんに全面的な支援を仰ぎ、誠実に対応していただいた。この場を借りて、衷心より深い感謝の気持ちを申し述べる。

この本は、引く辞典ではなく、あくまで読む辞典を心がけた。とはいえ、小説のように最初のページから順に通読することを必ずしも期待してはいない。読者それぞれ、ふうっと心のそそられる興味深いページから始め、あちこち飛び火しながら読みあさるのも一興。いずれにせよ、稚気まるだしの自由奔放な語りが、読者の感性にふれて、とりとめのない学術エッセイとして知的な笑いを誘うのが、著者のひそやかな野望である。

二〇二〇年三月、まさに桜の咲きほこる季節に

東京小金井市の自宅にて

中村　明

凡例

現代日本語の語彙のなかで意味の近い語および相互に関連する語を取り上げ、意味の違いやニュアンスを、文学作品等における用例を数多く引きながらエッセイ風に詳説した。
以下、概要を示す。

構成

全体を九つの章に分類し、それらを多数の節に分けて、一つ一つの節で複数の類語を取り上げた。

本文

1　節のタイトルとして、その節でとりあげた「見出し語」のうち代表的な語を、冒頭にゴシック体で示した。
2　見出し語の表記は、一般的と思われる表記、もしくは文脈に応じて読みやすいと思われる表記とした。

引用

1　引用部分を「　」、作品名を『　』で包んだ。
2　古典作品を除いて、現代仮名遣いで表記した。
3　漢字の字体は、常用漢字表および人名用漢字に含まれる漢字はその字体、それ以外は正字体とした。
4　常用漢字表外の漢字・読みを中心に、読みにくいと思われる漢字にルビを振った。

注

1　参考のため、見出し語のうち本文中で太字にしたものについて、上下段に『新明解類語辞典』の項目を転載した。
2　見出し語以外の本文中に現れる注意すべき語についても、理解の一助とする趣旨で同様に同書の項目を転載した。
3　注部分の見出しの表記は漢字で書く場合の標準的な表記を示した。本文での表記とは必ずしも一致しない。
4　注部分で用いた記号は次のとおり。

「　」　用例　　　A/B-C　「AC」または「BC」

文　主に改まった硬い文章で用いられる語

会　主に口頭でくだけた感じに用いられる語

古　古めかしい言い方　　俗　俗っぽい言い方

《　》　季語

異字　異読　異形　略形　表記・読み・語形に関する注記

自然

天――宇宙・天上・天空

日本語の索引として便利な国語辞典をぱらぱらめくっていると、ア行・カ行・サ行・タ行・ハ行の音で始まる項目の多いことが感覚でわかる。一方、日本語の地図にあたる類語辞典を眺めていると、自然現象や自然物に関する語彙が驚くほど豊富な事実を身にしみて感じる。先祖が農耕民族だった名残かもしれないが、この方面の事物に心を寄せ、これほど細かく観察していたのかと、あらためて日本人の感性にふれる思いがする。

万物を包含するすべての広がりを意味する「**宇宙**」。天文学ではすべての**天体**を含むと考え、物理学ではすべての物質とエネルギーが存在すると規定するように、それぞれとらえ方は違っても、いずれもそういう全空間となると、なかなかイメージがわかない。ひょんなことからその宇宙のほんの片隅に住まうこととなってもう何年も経つが、いまだに全体像を実感できないでいる。宇宙

宇宙（うちゅう）　すべての天体を含む全空間。「―の果て／かなた」

天体（てんたい）　太陽・月・星・地球など宇宙に存在する物体の総称。

地図（ちず）　①地表の様子を文字や記号などを用いて一定の縮尺で表した図。「―帳」「日本―」②建物の場所や道案内のために書いた図。「―を片手に探す」「―で見る」

万物（ばんぶつ）　文 宇宙空間に存在するすべての物。「―の霊長」

天（てん）　地平線に区切られた上方の半球面。地上から見上げた空。「―を仰ぐ」「―にそびえる」「―高く舞い上がる」↔地

地（ち）　ある特定の地上の場所。「安住の―」「現在／空き―」

中仕切り（なかじきり）　部屋や箱の中の仕切り。「―を外す」

自然▼天

を見わたすことは諦め、とりあえず外を眺めてみると、頭の上に視野に入りきれないほどどこまでも「**天**」が広がっている。「天」という語からはすぐに「天高く馬肥ゆる秋」という常套句が浮かぶ。が、どうもこれは、中国の杜甫（とほ）の祖父にあたる人の詩に「秋高くして塞馬（さいば）肥ゆ」とあるのが原型らしく、収穫の秋には北方からの外敵に備えて要塞を強化せよという意味だという。

川端康成は『雪国』で、「紅葉の銹色（さびいろ）が日ごとに暗くなっていた遠い山は、初雪であざやかに生きかえった」と記し、改行して「薄く雪をつけた杉林は、その杉の一つ一つがくっきりと目立って、鋭く天を指しながら地の雪に立った」と書いた。ここが「空」ではバランスが崩れ、スケールもぐっと小さくなってしまう。杉を介して「天」と「地」との対峙（たいじ）する雄大なスケールでその世界を象徴させる、一編の中仕切りだからである。

「死に近き母に添寝のしんしんと遠田のかはづ

天に聞ゆる」という斎藤茂吉の一首も広く知られている。死期の迫った母親の脇で深い悲しみをこらえている夜に、遠くの田んぼで鳴く蛙の声がしんしんと天に響くように聞こえ、心をえぐられる。

水原秋櫻子に「山桜雪嶺(せつれい)天に声もなし」という、漢詩と響き合う一句がある。山にまだ雪の残る季節に山桜が咲きほこり、あたりがしーんと静まり返っているこの雰囲気にもまた、やはりこの「天」という語がよくなじむ。ここが「空」だと、せいぜい飛行機の爆音や鳥の声が聞こえてこない程度に軽い感じとなり、いささかそらぞらしい。

「空」には低い空も高い空もあるが、空がどんなに高くても人間の生活に関連する範囲でとらえた感じがあり、「天」はそれよりもずっと高い位置に存在しているイメージでとらえられている。そのため、飛行機が上空を飛ぶ間は安心感があるが、「天」では吸い込まれてしまいそうで、地上の空港に永遠に戻れない雰囲気になってしまう。

また、シャボン玉は空まで上がれば満足するが、凧（たこ）となると空を越えて天までもと欲が出る。

「天」には「**天国**」があるとされ、時に「**神**」とも呼ばれる全能の超越体がそこを支配する、そんなイメージがある。福原麟太郎は随筆『四十歳の歌』に「人間、四十ともなれば、天から授かった才能はまずこんなものかと見当がついてくる」と書いている。だからこの「天」も「空」では代用が利かない。「天に召される」のは「**天命**」だから従うほかはないが、「空」に召されたのでは、途中で墜落しそうな危険を感じる。

宮沢賢治の詩『永訣（えいけつ）の朝』は「けふのうちに／とほくへいつてしまふわたくしのいもうとよ／霙（みぞれ）がふつておもてはへんにあかるいのだ」と始まる。思い出を明るくするためにあえてそんな要求をして欲しがってみせる妹に食べさせようと、「陶碗」を持って妹の最後の食べ物となる、その「あめゆき」を取りに外に飛び出し、「どうかこれが天上

天国（てんごく） ①キリスト教で、霊となった死者の魂が祝福される、神や天使の暮らす世界。↕地獄 ②好きなように振る舞える所。「子供の―」「歩行者―」

超越体（ちょうえつたい） 人間の能力や感覚をはるかに超えた存在。

永訣（えいけつ） 文 永別。「―を悼む」

神（かみ） 崇拝や信仰の対象で人間を超越している存在。「縁結び／万能-の―」「―を-祭る／あがめる」

天命（てんめい） 天の命令で巡ってくる運命。「人事を尽くして―を待つ」

のアイスクリームになって」と祈るのだ。悲痛ながら浄らかな霙である。この「**天上**」は、家の天井ではないが、空の天井を越えたはるか彼方(かなた)にあるという**天上界**をさすのだろう。

「天上の恋をうらやみ星祭」という高橋淡路女の句もある。いうまでもなく牽牛星(けんぎゅうせい)と織女星が年に一度だけ天の川を渡って逢(あ)うという伝説をふまえているが、こういう心境になるのは縁に恵まれない人だろうか。それとも、恋人と別れたばかりの傷心の人なのだろうか。これが「**上空**」の恋になってしまうと、自分を捨てて別の人と海外へ逃避行を企てた相手に対する恨み節が見え隠れし、すっかり現実に連れ戻されてしまう。

「**天空**」という語は、果てしなく広がる大空を美化して用いる例が多い。「川のふちで静かにうねっていた」「何万何十万もの蛍火」が「はかりしれない沈黙と死臭を孕(はら)んで光の澱(おり)と化し、天空へ天空へと光彩をぼかしながら冷たい火の粉状に

天上(てんじょう) 文 ①空の上。天空。「—の星」②天上界。

上空(じょうくう) ①空の上の方。空の高い所。「—の雲」②ある場所の上の空。「横浜の—を飛ぶ」

天上界(てんじょうかい) この世で善行をした人や、修行を積んだ人が天人となって暮らす清らかな世界。〔仏教語。〕

傷心(しょうしん) 文 悲しいことがあって傷ついた心。「—の-思い/面持ち」

天空(てんくう) 文 天。大空。「—を翔(か)ける」

光彩(こうさい) 文 美しく輝く光。「—を放つ」

なって舞いあが」る宮本輝『蛍川』のフィナーレには圧倒的な迫力を感じる。この「絢爛（けんらん）たる蛍の乱舞」は「心に描いてきた華麗なおとぎ絵ではなかった」とあるが、どこまで行っても「天空」であり、天上界には到達しない。そんなイメージで日本人は使い分けているようだ。

絢爛（けんらん） 美しくきらびやかなさま。「―たる絵巻／文体」「―豪華」

空――大空・青空・夕空

「**空**」は地上から上方に広がる何もない空間の総体にあたるが、一般的な感覚としては雲より上の部分をイメージしやすく、何ものも存在しないという点を強調し、比較的低い部分を特に「**虚空**」と呼ぶこともある。「天」を空よりはるか高い位置に横たわる平面上の存在としてイメージし、「空」をそこに至るまでの低空から上空までの立体というイメージでとらえる傾向がある。中原中也の『除夜の鐘』という詩に、「千万年も、古びた夜の空気を顫（ふる）はし、／除夜の鐘は暗い遠いい空で鳴る」とある。いくら時間を経過した厳かな空

虚空（こくう） 文 天地間の何もない空間。大空。「―を翔（か）ける」

空（そら） 地球を取り巻く空間のうち、任意の場所から見える範囲。「晴れた―」「故郷の―」

気であっても、そこは「天」ではなく「空」である。

井伏鱒二の小説『太宰治と岩田九一』に、こんな場面が出てくる。家事に精を出してやっと着物を買ってもらった青年が、すっかりうれしくなり、早速それを着て東京に出て来たところ、あいにく新宿でひどい夕立に遭ってびしょ濡れになる。結城(ゆうき)の単衣(ひとえ)はスルメイカを焼いたように縮み上がり、「泣く泣く小手指(こてさし)村に帰って行くと、東京の方角にあたって空に美しい虹が立っている」というのである。ここも「空」がぴたりとはまる。

安岡章太郎の『朝の散歩』にはこうある。「女の高い声が、澄み切った秋の空に響くと、私はふと母親の声を聞きつけたような、心の底に断念していたものが蘇(よみがえ)ってくるような、そんな気がして何か恐怖に憑(つ)かれたように、その場を足早に遠避(とおざか)った」という場面だ。ここの「空」も、「天」となっては現実感が失われるだろう。

岩谷時子作詞の『夜明けのうた』が岸洋子の本

単(ひとえ) 裏地の付いていない和服。夏から秋にかけて着用する。《夏》「—の着物」**異字** 単衣 ↕袷(あわせ)

格的な低い声で「あたしの心に　思い出させる／ふるさとの空」と耳に響く。感傷の季節に望郷の思いに駆られてそれぞれが心に描くのは、「ふるさとの空」であって、「天」ではない。

からりと晴れた秋の高い空であれ、低く垂れ下がる曇り空であれ、人間から見れば果てしなくひろびろと見えるから、すべてひっくるめて「**大空**」と呼んでいる。大都会のビル群の間から覗（のぞ）き見える切れ切れの空であっても、それらが上でみなつながっていることを知っている人間は、けっして「小空」などとは考えない。

永井龍男の小説『風ふたたび』に「ひさしぶりの青空が見える。夜中の豪雨が、重苦しい梅雨空を、どうやら切り放したらしい」という一節がある。よく晴れて雲ひとつない「**青空**」として、すがすがしい気分なのだろう。

季節によって「**夏空**」「**秋空**」「**冬空**」と呼ぶが、なぜか「春空」ということばは見かけないようだ。

大空（おおぞら）　大きく広々とした空。「―に-舞い上がる／羽ばたく」

青空（あおぞら）　青い空。晴れた空。「雲一つない―」「―がのぞく」

夏空（なつぞら）　夏のよく晴れた青空。《夏》「―が広がる」

秋空（あきぞら）　秋の澄んだ空。《秋》「澄み切った―」

冬空（ふゆぞら）　冬の寒々とした空。《冬》「灰色の―」

初空（はつぞら）［文］新しい気分で迎える正月の空。《新年》「―を鶴（つる）が舞う」

のどかな季節に風物がやわらかみを帯びて感じられるのか、「春の空円（まろ）しと眺めまはし見る」という星野立子の句がある。「首長ききりんの上の春の空」という後藤比奈夫の句は、なにげなく長い首をたどって見上げた、その奥に春らしい空が広がっているのに気づいたのだろう。ともに実感を詠んだ句らしいが、いずれも「春の空」となっている。春は霞がかかって遠くの山がぼんやりと見える季節なので、「春空」と呼ぶほど季節の空という印象が鮮明でないのかもしれない。

ただし、日本人にとって新しい気持ちで迎える正月の空は格別で、「**初空**」という新春のめでたい気分のこもった日本語がある。小林一茶は「壁の穴や我初空もうつくしき」と詠んでいる。貧しい暮らしの象徴としてわざわざ「壁の穴」を持ち出し、そこから見えるわが家の初空も捨てたものではないと、例によってちょいとひねくれてみせたのだろう。

夕空（ゆうぞら） いかにも夕方らしい空。「―を烏が飛ぶ」

打ち水（うちみず） ほこりが立つのを防ぎ、また涼感を誘うために水をまくこと。《夏》「庭／道―に―をする」

「**夕空**」という日本語にも日本人の感懐がこもっているようだ。星野麦丘人の「子が無くて夕空澄めり七五三」という句は、同じ境遇にある読者の共感をよぶことだろう。上村占魚に「口喧嘩（くちげんか）やめて水まく夕空に」という句がある。耐えがたい暑さに打ち水をしているうちに言い争いになってよけい暑くなったのか、桶（おけ）から柄杓（ひしゃく）に汲んだ水を腹いせに思いきり高く撒き、その水の行方を追う目に夕暮れのけはいの漂い始めた空が映ったのだろう。谷崎潤一郎『細雪』に出てくる平安神宮の花見のシーンも印象的だ。紅しだれに妖（あや）しく胸をときめかせながら、「門をくぐった彼女達は、忽ち（たちま）夕空にひろがっている紅の雲を仰ぎ見」て感嘆の声を放つ場面である。日本人の心を彩る日本語の美として語り継がれる名場面である。「夜空にきらめく星」だとか「夜空を焦がす花火」だとか「**夜空**」という語もよく使われるが、「朝空」の使用頻度は低く、「昼空」に至ってはほとんど記憶に

夜空（よぞら） 夜の空。「―の星」「―を彩る」

ない。あたりまえすぎて印象が薄いせいだろうか。

太陽——お日様・夕日・落日

太陽系の中心をなす恒星をさす「**太陽**」という語は、科学の話題ではもちろん、「真夏の太陽が照りつける」「雲の隙間から太陽が顔を出す」などと、日常の会話でもよく使われる。「激しい情欲が迫り、煮えたぎる太陽の中へ、遮二無二躍り込んで行く体を感じた」という燃えあがる感情表現をほとばしらせた永井龍男の小説『冬の日』のフィナーレは印象的である。

その「太陽」をさして主に文章中に美化した感じで使われる古風な漢語に「**日輪**」ということばがあり、横光利一の小説の題名ともなったが、今ではほとんど見かけない。

「日が昇る」「日が出る」「日が沈む」などと一般にもっとも広く使われるのが「**日**」という日常語である。しかし、この語は「太陽」より意味が広い。「日がさす」「日にあたる」という用法では、

太陽（たいよう） 太陽系の中心をなす恒星。「—が照りつける」「—光線／エネルギー」

日輪（にちりん） 文 古 太陽。

日（ひ） 地上から見た太陽。「—が昇る／沈む」〔日常語。〕

奇しくも

文不思議にも。「―再び巡り合う」

天体ではなく太陽光線をさしている。「日が永い」という場合は、日の出から日の入りまでの間をさし、「日を追って」という場合は一日の長さを意味する。また、「若き日の思い出」などと使えば、何年間かの時間に対応する。

松尾芭蕉の『奥の細道』に出てくる「暑き日を海に入れたり最上川」という俳句の場合はどうだろう。この「日」を太陽という意味に解すれば、日本海の落日の大観を詠んだ叙景の句となるが、ここは「暑い一日」という意味にとるのが自然だろう。奇しくものちにわが家の三代目の犬の生まれ故郷となる酒田港で、今まさに海に沈もうとしている夕日を眺めながら、最上川の流れがあの暑かった一日を海に流し込んだのか、いくらか涼しい風が吹き始めたようだと芭蕉は感じたらしい。そんな句意になるようだ。

ただし、「日」という漢字を「陽」に替えれば、時間の長さをさす用法はなくなり、「ひからびた

心の亀裂に　黄色い陽は差しこむ」という中村稔の詩『冬の終り』の一節のように、光線をさす傾向が強くなる。

「雲の切れ間からにこにこ顔を出す」などと、主に子供が太陽の意で親しみをこめて使う「**お日様**」は、くだけた会話の中で大人も使う。林芙美子の小説『放浪記』に「大根の切り口みたいな大阪の**お天道様**」という例が出てくる。これも日常会話で「お天道様に申しわけない」とか「お天道様の罰が当たる」とかとよく使ったものだが、今はいかにも古めかしく響き、めったに使われなくなった。

照り輝く太陽をさす「**白日**」という漢語は、今でも硬い文章にまれに使われる。藤沢周平の小説『朝顔』の末尾が強烈な印象を残すのは、置き去りにされた空白部分の力だろう。取引先にもらったという朝顔の種を女は大切に育て、みごとな花を咲かせた。だが、実は亭主が妾宅（しょうたく）から持ち帰っ

お日様（ひさま）　会　日。太陽。「―が顔を出す」

白日（はくじつ）　文　曇りのない太陽。「―の下に照らし出される」

お天道様（てんとうさま）　会　古　「太陽」を敬っていう語。「―に顔向けができない」「―の罰（ばち）が当たる」　異形　おてんとさま

妾宅（しょうたく）　妾（めかけ）を住まわせる家。「―へ通う」

初日の出（はつひので） 元旦の日の出。《新年》「—を拝む」

たものと知る。その亭主が昨夜もいそいそと出かけたことを考えて眺めると、その朝顔はなんだか毒毒しく見える。作者は、「誰もいない土蔵裏を白日が照らしたとき」、「異様な狼藉（ろうぜき）が行われた痕があらわれた」と書き、女の内面には一切ふれず、この短編を閉じてみせた。

光源は同じでも、それを眺める季節や時刻によってさまざまなたたずまいを見せる。行く年を送り、来る年を迎える。年が明けると、日本人には何も彼もが新鮮に感じられ、元日の太陽を「**初日**」として特別視してきた。それが姿を現す瞬間を待ち、昇る太陽を特に「**初日の出**」として崇高な気分で拝む。その年になって初めて差し込む「**日光**」だという意味で「初明かり」と呼んで、ありがたい気分にひたる。そうして、去年と同じ発光体から出るこのごく普通の電磁波を、めでたい気分で「初日影（はつひかげ）」と美化し、格別に愛（め）でる。

日の出から日の入りまで空にあっても、なぜか

狼藉（ろうぜき） 古 乱暴なふるまい。「—者」「—を働く」「乱暴—」

初日（はつひ） 元日の朝日。《新年》「—を拝む」

日光（にっこう） 太陽の光線。「—に当たる」「—消毒／浴」

「昼日」は話題にならない。昇る「**朝日**」と沈む「**夕日**」に人びとの関心が集まるらしく、文学的には特に「夕日」に対する言及が目立つ。戦争体験のある世代には「ここは御国を何百里／離れて遠き満州の／赤い夕日に照らされて／友は野末の石の下」という悲痛な旋律の『戦友』が忘れがたい。増田龍雨(りゅうう)に「行年や夕日の中の神田川」という句がある。「行く年」とあるから、一年がまさに過ぎ去ろうとする季節のある日、それも一日が暮れてゆく夕刻、そこに流れているのはいつもの神田川なのだが、それが今、赤い夕日を浴びてどこか華やいで見える。年が暮れ日が暮れてゆく物悲しさが、作品の底を流れているように思われる。

与謝野晶子の和歌に出てくる「銀杏(いちょう)散るなり夕日の岡に」という表現も、きらびやかな色彩の奥にひっそりと終焉(しゅうえん)の物寂しさが横たわっている。三好達治の詩『乳母車』も、「時はたそがれ／母よ私の乳母車を押せ／泣きぬれる夕陽にむかっ

朝日(あさひ) 朝の太陽。「―が―出る／昇る」 異字 旭 ↕夕日

夕日(ゆうひ) 夕方の太陽。「―が沈む」 異字 夕陽 ↕朝日

野末(のずえ) 文 野のはずれ。野の果て。「―に咲く花」

終焉(しゅうえん) 文 命の終わり。「―の時を迎える」

て」と呼びかけ、「この道は遠く遠くはてしない道」と、遥かな思いをかみしめながら、フェードアウトのように消えてゆく。

福原麟太郎は、五ページに引用したように、『四十歳の歌』と題する随筆でこんな心境を記している。ここには四十歳とあるが、現代の感覚では六十歳あたりに相当するかもしれない。ともあれ人間がある年齢に達すると、自分の才能もわかり、人生もおおよその見当がつくという。それはむしろすがすがしい心境で、「これからさきは力一杯に出来ることをして、秋の夕陽の中で、静かに熟れてゆこう」とこの文人は記している。終焉の輝きなのだろう。

串田孫一の『秋の組曲』にこんな場面が出てくる。五人の若い元気な女の子たちを峠まで見送るため、中年の男が遅れぎみについて行く。「夕日が波紋のような最後の光をやっと人の目にも見えるように放っている中へ、五つの影が入って行った」としてクライマックスを迎えるのだが、その前に女の子たちの姿を後方からとらえ、「深紅の落日へ向って駈けて」と書いている。この「**落日**」という語も沈みかけている夕日をさして硬い感じの文章に用いられるが、古風で品格があり時に詩的な趣をかもしだす漢語である。日本海に沈む夕日の光景を、「落日の大観」などと格調高く表現する例もある。

落日（らくじつ）　文 入り日。落陽。「日本海の―」

太宰治の小説『斜陽』に、「夕日がお母さまのお顔に当って、お母さまのお眼が青いくらいに光って見え」、「幽（かす）かに怒りを帯びたようなお顔は、飛びつきたいほどに美しかった」という一節がある。ここも朝日や**月明かり**ではイメージが違ってしまう。なお、小説の題名となった「**斜陽**」という語は、西に傾いた太陽を意味し、硬い文章に用いられる古風で美的な漢語だが、ここでは没落貴族を描いた作品の象徴となっている。

月明かり（つきあかり）　月光によるほの明るさ。月明。「―の道」

斜陽（しゃよう）　文 西に傾いた太陽。夕日。

徳冨蘆花の小説『不如帰（ほととぎす）』に「赤城の峰々、入り日を浴びて花やかに夕栄(ゆうばえ)すれば」として使われている「**入り日**」ということばも沈みかけている夕日を意味するが、こちらは古風で優美な感じの和語で、やわらかい響きをもっている。

気象——気候・時候・天候

「**気象**」という語は、広く大気の状態を意味するが、「気象観測」「気象衛星」「気象通報」のように、その大気中に発生する雨・風・雷などの具体的な物理現象をさす場合に、「天候」という語と意味が重なってくる。この字面はもう一つ、まったく別の意味でも使われる。島崎藤村の『破戒』に「なかなか毅然(しゃん)とした気象の女」という例が出てくるように、まれに同音語の「気性」の代わりに用いられることもある。

「**気候**」は、一定の地域における長期間にわたる気温・晴雨・湿度・気圧などの気象状態をさして、「海洋性の気候」「温暖な気候」などと使われる。夏目漱石の『坊っちゃん』中の清の手紙には、

入り日(いりひ) 文 沈みかけている太陽。「—影」

気象(きしょう) 大気の状態や大気中に発生する雨・風・雷などの現象の総称。「—庁/台/観測/通報」

気候(きこう) 地域ごとに長期的に見た晴雨・気温・湿度・気圧などの状態。「温暖な—」「—のいい土地」「—帯」

夕映え(ゆうばえ) ①夕日に反映して照り輝くこと。②夕焼け。「—の空」

田舎は「気候だって東京より不順に極ってる」という偏見が登場、思わずうなずく主人公の人柄が読者の笑いを誘う。

「**時候**」という語は、四季それぞれの季節ごとの気象状況をさし、「時候の挨拶」などと今でも使われるが、いくぶん古風な感じに響くかもしれない。森鷗外の『雁』に「もう時候がだいぶ秋らしくなって」という例が出てくる。

「**陽気**」という語も似たような意味合いで使われるが、こちらはもっぱら人の生活や気分に関係する場合に限られ、「ぽかぽか陽気」とか「陽気がいい」とか「陽気につられて」とかと、穏やかで心地よい場合によく使う傾向があるようだ。

「**天気**」と「**天候**」も日常はっきりと区別せずに使っているが、微妙にずれる場合もある。まず、「今日は天候がよい」と言うと違和感があるのは、「天気」がくだけた会話でもよく使うまったくの日常語なのに対し、「天候」という語はやや専門

時候（じこう） 季節ごとに見た気候。「―の挨拶」「―外れ」

陽気（ようき） 生活面でとらえた時候。「春の―」「うららかな―」「―がいい」〔日常語。特に、ぽかぽか陽気をいう。「―に誘われる」〕

天気（てんき） 天候のうち晴雨を中心として見た大気の状態。空模様。「今朝の―」「―がいい／悪い／崩れる／回復する／持ち直す／下り坂だ」「―予報」〔「天候」とほぼ同義に使うが、「天気はいいが風が強い」のように晴雨を問題にする傾向がある。〕

天候（てんこう） ある一定期間における晴雨・気温・湿度・風などの面での大気の状態。「―が回復する」「―に左右される」「―不順」「悪―」

晴天（せいてん）　晴れわたったよい天気。「―に恵まれる」↕雨天

的な硬い感じのことばだというように、単語の文体的レベルが違うからだろう。また、「天気」はもっぱら晴れか曇りか雨かという見方であるのに対して、「天候」となると気温や湿度から気圧や風の状態まで含めた総合的な判断をさす、という意味範囲のずれも関係しているにちがいない。

晴天――晴れ・快晴・日和

「**晴天**」という語は、晴れわたったよい天気という意味で、「本日は晴天なり」「晴天が続く」「晴天に恵まれる」などと、改まった会話や文章中に用いられる漢語である。「**晴れ**」という日常語も似た意味で使うが、気象用語としては雲量が二〜八の場合をさす。雲がほとんど無く気持ちよく晴れわたっている雲量〇〜一の場合は特に「**快晴**」と呼んで区別する。

小津安二郎監督の映画『お早よう』にこんな場面が出てくる。佐田啓二の演ずる平一郎と久我美子の演ずる節子は、たがいに好き合っていながら、

晴れ（はれ）　晴天。「―のち曇り」〔気象用語では雲量2〜8をいう。記号⦶〕↕雨

快晴（かいせい）　雲がほとんどなく気持ちよく晴れわたっていること。〔気象用語では雲量が0〜1をいう。記号〇〕

駅のホームで交わすことばは「いいお天気ですね」「ほんと。いいお天気」といったくり返しで、二人の関係が一向に進展しない。この「いい天気」という評価が晴天をさし、単に「**天気**」だけでも、「あした天気になあれ」などと「いい天気」の意味で使うこともある。

古くは良寛に「盃をほして眺むる**秋日和**」という俳句がある。ずばり『秋日和』と題した小津映画もあるように、秋らしいさわやかな好天をさして、現代でもよく使われる。さだまさしの作詞になる『秋桜(コスモス)』と題する歌は「こんな**小春日和**の穏やかな日は／もう少しあなたの子供でいさせてください」と、母への思いを吐露して終わる。「小春」という字面からは春の季節を連想しやすいが、これは陰暦の十月の異称で、季節感としては今の十一月に相当する。例年この時期は雨風もおさまってぽかぽかと暖かい日が続き、ちょっと春を思わせる陽気なのだろう。「先生と話して居れ

天気(てんき) 晴れ。「―になる」「明日は―らしい」「お―が続く」

秋日和(あきびより) 秋らしいよく晴れた天気。秋晴れ。《秋》

小春日和(こはるびより) 晩秋から初冬にかけての、春のように暖かく穏やかな天気。《冬》「のどかな―が続く」〔「小春」は、陰暦十月の意。〕

日和（ひより）　①(よい)天気。その日の空模様。「絶好の―」「―をうかがう」「―に恵まれる」②何かをするのに適した天気。「洗濯/行楽―（びより）」

ば小春かな」という俳句もある。作者は地球物理学者で漱石門下の寺田寅彦で、『吾輩は猫である』に登場する理学士水島寒月のモデルとされる。とすれば、この「先生」は夏目漱石と思われ、明治時代の小春日和の一日、そこには、現代から見ると羨ましいような随分と贅沢（ぜいたく）な時間が流れていたような気がする。

この「**日和**」といういくぶん古風な感じの和語も、このように通常は「**好天**」の意味で使われることが多い。「行楽日和」「洗濯日和」など、何かをするのに絶好の天気という意味合いで、たいていの事を行うには晴れているほうが適しているからだろう。もっとも、川上弘美は小説『溺レる』の中で、淡い雪の降る日を「ちょっと死に日和すぎて困ってしまいますね」と書き、心中事件にふさわしい天気に見立てた。

「晴れ」も季節によってさまざまな思いを運ぶ。めでたく晴れた初空を特に「**初晴れ**」と呼ん

好天（こうてん）　文よい天気。晴れ。「―に恵まれる」↔悪天

初晴れ（はつばれ）　文めでたく晴れた初空。《新年》

で新年の喜びとする。「**五月晴れ**（さつきばれ）」という語もある。旧暦の五月は梅雨の時期にあたり、その語には、うっとうしい**梅雨空**が切れて久しぶりに青い空の広がった喜びがこめられていたはずで、きっと人びとの晴れ晴れとした気持ちをはらんで、鯉のぼりが風にはためいたことだろう。本来この語は、そういう梅雨の合間のうれしい**晴れ間**を意味したようだ。「かしは手の二つ目は澄み五月晴れ」という加藤知世子の句は聴覚の微妙な違いの発見だ。梅雨時とは違う空気も感じられるが、「**梅雨晴れ**」だからこそ「二つ目」なのかもしれない。現代では、今の暦の五月のさわやかに晴れわたった天気をさして使われる例が多いように思われる。

谷崎潤一郎の『細雪』のヒロイン幸子は、「肩から背の、濡れた肌の表面へ**秋晴れ**の明りがさしている色つやは、三十を過ぎた人のようでもなく張りきって見える」と描かれる。「秋晴れの明り」

五月晴れ（さつきばれ） 五月のさわやかに晴れわたった天気。《夏》「—の空」〔梅雨が旧暦の五月に当たるため、本来は「梅雨晴れ①」の意で使われた。〕

梅雨空（つゆぞら） 梅雨時の曇り空。《夏》「—を見上げる」

晴れ間（はれま） ①雨や雪が一時的にやんでいる間。「梅雨の—」②雲の切れ目から見える青い空。「—がのぞく」

梅雨晴れ（つゆばれ） ①梅雨の合間の晴れ。《夏》②梅雨が明けて晴れること。

秋晴れ（あきばれ） 秋の空が青く澄みわたった天気。秋日和（あきびより）。《秋》「—の空の下」

という自然が女性美を増幅する例だろう。「秋晴の何処かに杖を忘れけり」という松本たかしの句には、のんびりとした味わいが出ていてほほえましい。

　厳寒の頃の冴えわたった晴れを「**冬晴れ**」と呼ぶ。この時期、日本海側では雪が降らなくても陰鬱な曇り空が続くので、このことばには雪国の人の喜びが詰まっている。それも、雪の降り止んだ翌朝に風のない快晴の空が久しぶりに現れると、今度は「**雪晴れ**」と呼び、晴れやかな気分にひたる。「雪晴の障子細目に慈眼かな」という川端茅(ぼう)舎(しゃ)の句は、寒いので障子を少しだけ開けて外をのぞき、にっこりしている場面だろう。

雨――一雨・白雨・狐の嫁入り

　さまざまな雨が日本人の情緒を濡らし、心の奥までしみこんでいる。北原白秋は『城ヶ島の雨』で、「**雨**はふるふる／城ヶ島の磯(いそ)に／利休鼠の／雨がふる」と、その渋い色に注目し、三好達治は『大

冬晴れ（ふゆばれ）　厳寒の頃の冴えわたった晴れ。《冬》

雪晴れ（ゆきばれ）《冬》　雪の降り止んだ翌朝の風のない快晴の空模様。

雨（あめ）　空気中の水蒸気が凝結して水滴となり地上に落ちてくるもの。「冷たい―／しのつく―／そぼ降る―」「―が降る／やむ／上がる」「―に降られる／ぬれる」

自然▼雨

阿蘇』で、「雨の中に馬がたっている」「雨が降っている　雨が降っている　雨は蕭々と降っている」と、静かに降り続く雨の時間性を描いた。佐藤春夫は『田園の憂鬱』で、「秋の雨自らも、遠くへ行く淋しい旅人のように、この村の上を通り過ぎて行くのであった。彼は夜の雨戸をくりながらその白い雨の後姿を見入った」と、通りすぎる雨に旅人のイメージを重ねて、しっとりと描いている。

また、木山捷平は『下駄にふる雨』で、「正月に買ったばかりの自分の下駄が、雨にぬれているのをみていると、私は鼻緒がびしょ濡れになった下駄をはいた時の気味悪さが五感によみがえって、自分の身がすくみ込むような気持を覚えた」と書き、その下駄が「自分の一生を象徴しているのではないか」とまで思いつめている。「六月の雨美しき墓石あり」という加藤知世子の句は、雨の季節感を心情的にとらえ、「夏の雨きらりきらりと降りはじむ」という日野草城の句は、擬態語で季節の雨を視覚的に描いている。

雨が降ること、また、降った雨を意味する「**降雨**」という漢語は、「降雨量」などと気象学的に用いる例が多く、日常そこに情緒というものを意識しない。それに対し、一回の降雨をさす「**一雨**（ひとあめ）」という和語は、単にそういう客観的な事実を意味するだけでなく、「一雨ごとに暖かくなる」などと人間の気分的な要素が加わる。また、この語は、ひとしきり降る雨の意でも使われ、空気が乾ききって潤いを求める場合に「一雨ほしい」のように用いる。待ち望んでいる時の適量の雨に「**お湿り**」という和語を使い、そういう日照り続きのあとに降る恵みの雨に「**慈雨**」という漢語を用いる。

降り続く雨や雪が一時的に降り止む場合に「**小止み**になる」と言い、完全に止む前に降り方が弱まることを「**小降り**になる」と言う。そういう雨が「**小雨**」で、「小雨がぱらつく」などと使う。

降雨（こうう） 文 雨が降ること。また、降る雨。「—量」「人工—」

一雨（ひとあめ） ひとしきり降る雨。「—欲しい/来る」

お湿り（しめり） 雨を待ち望んでいる時の適度な雨。「いい—だ」

慈雨（じう） 文 日照り続きの後に降る雨。恵みの雨。「干天の—」

小降り（こぶり） 雨や雪の降り方が弱いこと。「—になる」↕大降り

小止み（こやみ） 雨や雪が少しの間降りやむこと。「雨が—になる」

小雨（こさめ） 小降りの雨。「—がぱらつく」↕大雨

阿部昭は『訣別（けつべつ）』で、「小雨もよいのその朝、父の遺体は藤沢火葬所の「い」号焼却炉というもので、九時半から約五十分かかって処理された」と、感傷を断ち切り、ひんやりとした筆致で描いてみせた。小雨のうち、ほんの少し降るのを「**涙雨**」と呼ぶが、この語には、悲しみの涙を思わせる葬式の折の雨をさす用法もある。

　そういう情緒と無関係に、わずかに降る小雨を「**微雨**」、細かい雨を「**細雨**」、煙るように降る雨を「**煙雨**」と呼び分けることもある。これらはいずれも、日常会話ではなく主に文章中に用いられるレベルの漢語である。霧のように粒の細かい雨を「**霧雨**」と書き、「きりあめ」とも「きりさめ」とも読む。「霧雨がけぶる」などと美的な表現に用いることもあるが、これはごく普通に日常会話でも使う。また、これは米の糠のように粒が細かく、音もなく降るところから、「しとしとと**糠雨**が降る」「そぼ降る**小糠雨**」などと、比喩的な名

涙雨（なみだあめ）　ほんの少しだけ降る雨。「ほんの―程度」

細雨（さいう）　文 細かい雨。霧雨。「―の中、式典が続く」

煙雨（えんう）　文 けむるように降る雨。霧雨。「―にかすむ山並」

微雨（びう）　文 わずかに降る雨。小雨。

霧雨（きりさめ）　霧のように粒の細かい雨。《秋》「―が煙る」「―にぬれる」〔記号●キ〕 異形 きりあめ

小糠雨（こぬかあめ）　米の糠のように粒が細かく、音もなく降る雨。

糠雨（ぬかあめ）　小糠雨（こぬかあめ）。霧雨。「しとしとと―が降る」

大降り（おおぶり） 雨や雪が大量に降ること。激しく降ること。「―になる」↔小降り

風雨（ふうう） 風を伴った雨。「―の中」「―が強まる」

暴風雨（ぼうふうう） 台風など、発達した低気圧によって起こる激しい風雨。「―のため欠航」

づけでなじみになっている。ちなみに、「小糠」は「粉糠」とも書き、「米ぬか」も「こぬか」も「ぬか」も同じく、玄米を精白する際に出る胚芽（はいが）と種皮の混ざった粉をさし、非常に細かいところから、頼りない、むなしいという意味合いを帯びる。

雨や雪が本格的に降るのを「**本降り**」、激しく大量に降ると「**大降り**」と言い、これも程度によっていろいろな呼び方をする。雨が大量に音を立てて勢いよく降る場合は、その音を模写して「**ざあざあ降り**」と呼ぶ。大粒の雨が激しい勢いで降る場合は「**土砂降り**」と呼ぶが、この「土砂」は宛て字らしい。この両語は改まらない会話的なレベルで使われる。大量に降るのが「**大雨**」、強い風を伴って雨が降るのが「**吹き降り**」で、これらは会話でも文章でも普通に使う。同じ意味で主に文章中に使うのが「**風雨**」、雨風ともにひどくなれば「**暴風雨**」となり、おおよそ日常語の「**嵐**」に相当する。

本降り（ほんぶり） 雨や雪が本格的に降ること。「―になる」

ざあざあ降り（ざあざあぶり） 大量に勢いよく降ること。「―になる」〔音からとらえた語。〕

土砂降り（どしゃぶり） 大粒の雨が激しい勢いで降ること。「―の雨」

大雨（おおあめ） 大量に降る雨。「―注意報/警報」↔小雨

吹き降り（ふきぶり） 強い風を伴って雨が降ること。「激しい―になる」

嵐（あらし） 激しい風雨。「―になる」「―が吹き荒れる/静まる/収まる」

風の如何にかかわらず強く降る雨が「**強雨**」であり、それが災害の起こる危険のあるほど大量に降ると「**豪雨**」となり、「集中豪雨」「豪雨に見舞われる」などと使われる。雷鳴や稲妻をともなって降るのが「**雷雨**」で、夏に多いところから季語ともなっている。雷雨に限らず、突然降りだしてすぐにやんでしまう雨をさす日常語が「**にわか雨**」である。小さな雨雲がすぐ通りすぎる局地的な雨であるところから「**通り雨**」とも呼ばれる。急に激しく降りだし、すぐに勢いが弱まったり、また強くなったりして間もなく止む雨をさした「**村雨**」という語は今や古風な趣を漂わせる。

吉行淳之介の短編小説の題名に用いられた「**驟雨**(しゅうう)」という漢語はやや硬い感じで、主に文章中に用いられる。藤沢周平はこれを訓読みにした「驟(はし)り雨」を小説の題としている。「雨はすっかりやんで、夜空に星が光りはじめていた」という作品末尾の一文は、男の見た現場の光景であると同

豪雨(ごうう)　災害の起こる危険があるほど大量に降る雨。「—に見舞われる」「集中—」

通り雨(とおりあめ)　ひとしきり降って、すぐにやんでしまう雨。「—に遭う」

驟雨(しゅうう)　文 にわか雨。夕立。「—に遭う/襲われる」

強雨(きょうう)　文 強く降る雨。「沛然(はいぜん)たる〔=激しく降る〕—」

雷雨(らいう)　雷鳴・稲妻を伴って降る雨。《夏》「—に見舞われる」

俄か雨(にわかあめ)　突然降り出して、すぐにやんでしまう雨。「—が来た」

村雨(むらさめ)　文 急に降り出してやむ雨。勢いよく降ったり弱まったりする雨。「秋の—」 異字 群雨・叢雨

時に、その男の内面をひとしきり雨のように驟り去った盗み心を象徴するシーンのようにも読める。

夏に雷雲が発達して局地的な激しい雷雨があるところから、夕刻に降りやすいそういう雨を「**夕立**」と呼び、夏の季語とする。漂泊の俳人種田山頭火の「夕立が洗つていつた茄子(なす)をもぐ」という句など、驟雨の去った後の爽やかさを伝えてすがすがしい。夏の夕立は白く見えるところから「**白雨**」という硬い漢語で呼び、「沛然(はいぜん)と白雨至る」などと格調高く表現することもある。

一般に、雨の降る日は天気が悪いが、日が照ったり雨が降ったり天気がすぐ変わることもある。そういう空模様の雨を「**照り降り雨**」と呼ぶ。日が照っているのに降っている雨のことを「**日照り雨**」と呼んだり「**天気雨**」と呼んだりする。どちらも日常語だ。そういう不思議な現象を昔はお伽話風に「**狐の嫁入り**」と呼んだりしたものだが、

夕立(ゆうだち) 夏の午後から夕方にかけて、局地的に激しく降る雨。雷を伴うことが多い。《夏》「夏の―」「―に-なる/遭う」

白雨(はくう) 文 夕立。《夏》「沛然(はいぜん)と―至る〔=夕立が激しく降る〕」

照り降り雨(てりふりあめ) 照ったり降ったりの空模様。

日照り雨(ひでりあめ) 日が照っているのに降っている雨。

天気雨(てんきあめ) 日照り雨。

狐の嫁入り(きつねのよめいり) 古 日照り雨。

自然▼雨

春雨（はるさめ）　春、静かに降る細い雨。《春》「―けむる」「―にぬれる」

蓑（みの）　菅（すげ）や茅（かや）、藁（わら）などを編んで作ったマントのような雨具。「―と笠（かさ）をつける」

現代ではそういう幻想に遊ぶ余裕がなくなったらしく、通じにくくなったようだ。

　季節ごとの雨を表す語彙も豊富だ。まずは春の雨である。「**春雨**」ももちろん春に降る雨にはちがいないが、この語は弱くしとしとと降る細かい雨という連想が強い。新国劇でおなじみの剣のヒーロー月形半平太が「春雨じゃ、濡れて行こう」などと粋な文句を吐く気になるのは、そういう雨だからであって、いくら春でも激しく叩きつけるような大粒の雨だったら、蛙や河童（かっぱ）でもないかぎり、誰もそんな気分にはならない。「春雨」という日本語には、煙るように細かくしとしとと降る雨というイメージが抜きがたくしみついているのである。

　与謝蕪村に「春雨やものがたり行く蓑（みの）と傘」という句がある。「蓑」と「傘」という雨具の違いが象徴的にそれぞれの所有者の身分の違いをほのめかす。「蓑」は漁師か樵（きこり）か農夫か、「傘」は村人

南画（なんが） ①「南宗（なんしゅう）画」の略。中国絵画の流派の一つ。柔らかな描線で山水を描く。↔北画 ②文人画。

五月雨（さつきあめ） 古 さみだれ（五月雨）。《夏》

五月雨（さみだれ） 陰暦の五月ごろ降り続く雨。梅雨。《夏》「―をあつめて早し最上（もが）川」

青梅雨（あおつゆ） 文 梅雨。《夏》〔新緑に雨が降り注ぐと緑が色濃く感じられるところから。〕

か町人か世捨て人か、あるいは女の人か、どういう関係の二人かは知る由もないが、どうやら身分の違うらしい二人連れが、何やら語り合いながら春雨の降る中を遠ざかって行く。ちょいと気になるそんな場面を描いて南画の風情を漂わせる。

陰暦の五月は今の六月ごろにあたる季節だから、「五月雨」と書けば「**さつき雨**」と読もうが「**さみだれ**」と読もうが、いわゆる「**つゆ**」にあたる。青梅の収穫の時期と重なるところから「梅雨」という字を宛て、「ばいう」と音読みすることもある。そういう語源を知ると一瞬紛らわしいのが、永井龍男の小説の題ともなった夏の季語「**青梅雨**（あおつゆ）」だが、これは青い梅ではなく、新緑に降りそそぐ雨をさす。濡れて緑がいっそう色濃く感じられるところからの命名らしく、「青梅雨の墓場を通らねばならぬ」という岡部弾丸の一句もあるという。ただし、「**菜種梅雨**」というのは、菜の花の咲く三月下旬から四月にかけてしとしとと降り続く雨

梅雨（つゆ） 五月中旬（沖縄県）から六月中旬（東北南部）に降り始め、約一か月半降り続く雨（の時期）。《夏》「―の晴れ間」「―に入る」「―が明ける」「――入り/明け/時/寒/晴れ」

菜種梅雨（なたねづゆ） 菜の花の咲く三月下旬から四月にかけてしとしとと降り続く雨。《春》

をさすから、こちらは春の季語となっている。

「梅雨時のしんめり冷やかな午後であった。千賀子はその日も坂に出て、人気の絶えた往来の静かさに浸っていた」という円地文子の小説『妖』の一節など、まさにこの季節の感触を伝え、額紫陽花の水色の花に目をやったあとに梅雨空を眺める場面である。「薄鈍びて空に群立つ雲の層が増して、やがて又小絶えている雨が降りはじめるのであろう」と、作者は千賀子の心に分け入り、「この季節の白い光線を滲ませて降る雨が好きなのである」と続ける。たしかに、白い光線を含んで降るような明るい雨である。

梅雨の季節に雨らしい雨がほとんど降らないと、それを「**空梅雨**」と呼ぶ。また、梅雨期の前に、その先触れのように雨の降り続く天気を「**走り梅雨**」、梅雨明けの後にまた梅雨のような天気に戻るのを「**戻り梅雨**」または「**返り梅雨**」と呼ぶことがある。

空梅雨《夏》 梅雨の季節にほとんど雨が降らないこと。

戻り梅雨 梅雨明けの後、また梅雨のような天気に戻ること。

走り梅雨 梅雨の前に、その先駆けのように雨の降り続く天気。

返り梅雨 戻り梅雨。

地雨（じあめ） 同じ強さで長く降り続く雨。梅雨期の雨など。「夕立が―になる」

秋雨（あきさめ） 秋に降る長雨。《秋》「―前線」［異読］しゅうう

淫雨（いんう） ［文］農作物に害を与えるほどの長雨。

梅雨期に限らず、同じような強さで長く降り続く本格的な雨が「**地雨**（じあめ）」だ。それが何日間も続くのが「**長雨**（ながあめ）」で、硬い文章では「**霖雨**（りんう）」という漢語を使う。秋の長雨はよく経験するところで、日常語では「**秋雨**」と呼び、「秋雨前線」という語もある。硬い文章ではそれを「**秋霖**（しゅうりん）」という漢語で表現することもある。夏に涼しさを運んでくる雨と心地よく受けとめれば「**涼雨**」という爽やかな感じの漢語となるが、農作物に害を与えるほどの長雨という意識が強くなると、やはり高級な漢語で「**淫雨**（いんう）」という語を用いる。

晩秋から初冬にかけてよく見られる「**時雨**（しぐれ）」は伝統的に冬の季語となっている。急に降りだしていつの間にか止んでいるというふうに、不規則に断続する気まぐれな細かい雨をさす。むらのあるそういう降り方から「**村時雨**（むらしぐれ）」とも呼ばれる。山沿いや盆地などに局地的に降る通り雨で、京都の北山時雨がよく知られている。冬という季節の到

長雨（ながあめ） 何日も降り続く雨。「秋の―」「―にたたられる」

霖雨（りんう） ［文］長い間降り続く雨。

秋霖（しゅうりん） ［文］秋雨。《秋》「―の候」

涼雨（りょうう） ［文］夏、涼しさを運ぶ雨。

時雨（しぐれ） 晩秋から初冬にかけて降る雨で、降ったりやんだりする通り雨。《冬》「―空」「北山（きたやま）―」

村時雨（むらしぐれ） ［文］ひとしきり降ってはやみ、やんでは降って通り過ぎてゆく時雨。《冬》［異字］叢時雨

初時雨（はつしぐれ） 文 その年の冬、初めて降る時雨。《冬》

雪景色（ゆきげしき） ①雪の降る景色。「外は見る見る―になる」②雪が降り積もった景色。

来を告げるように、その年のこの季節に最初に降りだすのを特に「**初しぐれ**」と言い、「初しぐれ猿も小蓑をほしげ也」という芭蕉の句は有名だ。日ごとに肌寒さを増すこの季節、時雨に濡れた山路を歩いていてふと猿に出合うと、なんだか寒そうに見え、お前もそうかと思いやった句らしい。寒さ自体は快適なものではないが、「初しぐれ」と物珍しがっているこのことばには、心の花やぎも感じられよう。さらに寒さがつのると、霙まじりの冷たい雨となり、「**氷雨**」と呼ばれる。いかにも冷たい感じの雨をさす「**冷雨**」という漢語はかなり硬い響きがあり、「しぐれ」「ひさめ」といったやわらかな雰囲気とは違う。

雪——粉雪・細雪・風花

日本の代表的な冬景色となれば、まず思い浮かべるのが「**雪景色**」だろう。ずばり『雪』と題する三好達治の詩は「太郎を眠らせ、太郎の屋根に雪ふりつむ」と始まる。『子守唄』と題する室生

氷雨（ひさめ） 霙混じりの冷たい雨。「―が降る」

冷雨（れいう） 文 冷たい雨。

幻聴（げんちょう） 実際には存在しない音が、聞こえるように感じること。幻覚の一つ。

外套（がいとう） 古 防寒・防水のために外側に着る衣服。《冬》

雪（ゆき） 大気中の水蒸気が凍って白い結晶となって降るもの。《冬》「—の結晶」「—が降る／積もる」

べと雪（べとゆき） 湿った感じの雪。《冬》

自然▼雪

犀星の詩は、「雪がふると子守唄がきこえる／これは永い間のわたしのならわしだ」と始まる。一度も母親の子守唄を聞かずに育った人間の、いわば幻聴である。「降る雪や明治は遠くなりにけり」という中村草田男の句も有名だ。青山南町の母校の前を通りかかったら、小学生が飛び出して来たので、ふと見ると、明治末年頃の黒い絣（かすり）の着物ではなく、黒い外套に金ボタンが光っており、もはや明治という時代は遠く過ぎ去ったことを実感した一句だという。

「雨」同様、「雪」に関しても驚くほど多様な日本語が使われてきた。まずは、その種類から眺めてみよう。気温の低い時に降る、乾いた感じのさらさらとした粉のように粒の細かな雪を「**粉雪**」、逆に、いくらか気温が高めの時に降る、融けかかって大きくふくらんだ雪は、形の似た花に喩（たと）えて「**牡丹雪**」と呼び、一般に湿ってべとつく感じの雪を「**べと雪**」と呼びならわしている。泡のようにす

粉雪（こなゆき） 粉のように細かく乾いた雪。《冬》「—が降る／舞う」

牡丹雪（ぼたんゆき） 牡丹の花びらのようにふんわりした雪片となって降る雪。《冬》〔「綿雪」より大きい。〕 異形 ぼた雪

泡雪（あわゆき） 泡のようにすぐに解けてしまう雪。【異字】沫雪

根雪（ねゆき） 雪解けの時期まで解けずに残っている雪。《冬》「―になる」「―が解ける」

新雪（しんせつ） 降って間もない新しい雪。「―を踏む」

粗目雪（ざらめゆき） 大粒の氷の粒子となって表面がざらざらになった根雪。《冬》

粉米雪（こごめゆき） くだけた米のように細かに降る雪。《冬》【異字】小米雪

はだら雪（はだらゆき） まだらに降った雪。《春》【異形】はだれ雪

ぐ融けてしまう雪が「**泡雪**」。同音の「**淡雪**」は春先にうっすらと積もる雪をさし、この語は春の季語となっている。「小諸なる古城のほとり」で始まる島崎藤村の詩、千曲川の旅情を詠んだ一節に、「しろがねの衾（ふすま）の岡辺　日に溶けて淡雪流る」とあるが、ここも早春の感覚的な発見である。

降り積もった雪が下になって春まで残るのを「**根雪**」、その上に降りかぶさったばかりの軽い雪を「**新雪**」と呼び分ける。「**積雪**」のうち、肌理（きめ）が細かく固く締まった感じのものを「**しまり雪**」、昼間の暖かさで表面の雪が一度融けた後に再びこちこちに凍結したものを「**堅雪**」、ざらざらになったものを「**ざらめ雪**」と呼んで区別する。

細かに降る雪が「**細雪**」で、これは谷崎潤一郎の長編小説の題名ともなった。ごく細かな場合は「**粉米雪**」と呼ぶこともある。たっぷり水分を含んだ雪を「**水雪**」、まだらに降り積もった雪は「はだれ雪」または「**はだら雪**」と呼んで区別する。

淡雪（あわゆき） 【文】春先にうっすら積もった雪。《春》「―のごとし」

積雪（せきせつ） 【文】降り積もった雪。「―三〇センチを記録する」「―量」

締まり雪（しまりゆき） 肌理（きめ）細かく固く締まった感じの積雪。《冬》

堅雪（かたゆき） 昼間の暖気で表面の雪が一度融けた後に再びこちこちに凍結した根雪。《冬》

細雪（ささめゆき） 【文】細かに降る雪。《冬》「―が降り敷く」

水雪（みずゆき） 水分をたっぷり含んだ根雪。《冬》

綿雪（わたゆき）　綿をちぎったような大きな雪片となって降る雪。《冬》「—が舞う」

筒雪（つつゆき）　電線などに凍りついて筒状に見える雪。《冬》

しずり雪（しずりゆき）　木の枝からずり落ちる雪。《冬》

雪庇（せっぴ）　［文］急な山の斜面に庇（ひさし）のように突き出した積雪。《冬》

大雪（おおゆき）　激しく多量に降る雪。また、大量に積もった雪。《冬》「—に見舞われる」↔小雪

どか雪（どかゆき）　［俗］一時に大量に降り積もる雪。

白くふんわりとした雪を餅に喩えて「**餅雪**」と呼び、雪片の大きなものは綿をちぎったように見えるところから「**綿雪**」と呼ぶこともある。

さらに、積もった雪の形状に注目し、電線などに凍りついた雪を「**筒雪**」、木の枝などに降り積もった雪が融け出して垂れ下がると「紐雪（ひもゆき）」、それが枝からずり落ちるのを「**しずり雪**」と言うようだ。門柱などに松茸（まつたけ）のような形に積もると「**冠雪**」と言うらしい。急な山の斜面に庇（ひさし）のように突き出した雪は「**雪庇**（せっぴ）」と呼ぶ。山などにふかぶかと積もった雪は**深雪**（みゆき）と呼び、「雪」の美称ともなって古風な趣をかもしだす。

降る量に注目すると、激しく多量に降り、または、大量に積もると「**大雪**」と呼び、一度に大量に降り積もると、俗に「**どか雪**」と言う。降り方に関係なく、ともかく大量の雪が降ると「**豪雪**」という漢語で呼び、「豪雪地帯」「豪雪に見舞われる」などと使う。反対に、少しだけ降るのが「**小**

餅雪（もちゆき）　餅に似て白くふんわりとした雪。《冬》

冠雪（かむりゆき）　門柱などに松茸（まつたけ）のような形に積もった雪。《冬》

深雪（みゆき）　［古］①しんせつ（深雪）。《冬》②「雪」の美称。

豪雪（ごうせつ）　大量の降雪。特に雪が多く降る地域に使う。「—地帯」

小雪（こゆき）　少し降る雪。《冬》「—がちらつく/舞う」↔大雪

雪」で、小雪が「ちらつく」とか「舞う」とかと使われる。中原中也の詩『汚れっちまった悲しみに……』に、「汚れっちまった悲しみに／今日も小雪の降りかかる」とある。

空が晴れているのに風が吹き始め小雪が舞うとき、はらはらと桜の花びらが散りかかるように見えるところから「**風花**（かざはな）」と呼ぶこともある。「かざばな」とも読むが、「かざはな」と読むほうがやわらかい雰囲気になるようだ。この語は、降り積もった雪の上を風が吹いて舞う雪片をさすこともあり、さらに、降雪地から風に乗って飛来する小雪をさすこともある。福永武彦にずばり『風花』と題する小説があり、その中に、自分の幼い日に、「これは風花っていうのだ。山の方で降った雪が、風に乗って運ばれて来たのさ」と教えてくれた父の声を思い出すシーンが出てくる。

その冬になって、または、新年になって、初めて降る雪が「**初雪**」で、物珍しい感じが漂う。小

風花（かざはな） ①降雪地から風に乗って飛来する小雪。②初冬、風が立ち雪や雨がちらちら降ること。《冬》「―が舞う」**異形** かざばな

初雪（はつゆき） ①その冬、初めて降る雪。《冬》「富士山で―を記録する」②新年になって初めて降る雪。

盆の窪（ぼんのくぼ） うなじの中央のくぼんだ箇所。盆のへそ。項窩（こうか）。

吹雪く（ふぶく） 雪が強風に吹かれて乱れ飛ぶように降る。「さっきまで吹雪いていた」

雪嵐（ゆきあらし） 雪が強い風に吹きつけられながら降ること。吹雪。

林一茶に「闇の夜の初雪らしやぼんのくぼ」という句がある。目で見るのではなく、うなじの真ん中のくぼみにひやりとしたものを感じ、触覚で雪と知るのである。

雪が強風に吹かれて乱れ飛ぶように降ることを「**吹雪く**（ふぶく）」と言い、そういう天候が「**吹雪**」である。「**雪嵐**（ゆきあらし）」と言うこともあるが、いくらか古風に響くかもしれない。気象用語としては「**暴風雪**」と言い、平均風速が毎秒二〇メートルを超えると警報が出る。「**地吹雪**（じふぶき）」というのは、降り積もった雪が強風にあおられて乱れ飛ぶ現象をさす。風で雪が煙のように舞い上がる現象は「**雪煙**」と呼び、冬の季語となっている。

宮沢賢治が「永訣の朝」に妹に差し出した「あめゆき」すなわち雨と雪との間の状態が「**みぞれ**」である。雪が融けかけて雨まじりに降るその「**霙**（みぞれ）」という語も、また、雲の中で雪の結晶や氷の粒につぎつぎに水滴が凍りついて直径が数ミリ

吹雪（ふぶき） 強い風とともに降る雪。雪嵐（ゆきあらし）。《冬》「―になる／巻かれる」「猛―」

暴風雪（ぼうふうせつ） 激しい風を伴う降雪。「―警報」（平均風速がおおむね毎秒二〇メートルを超えるものにいう。）

地吹雪（じふぶき） 降り積もった雪が強風にあおられて乱れ飛ぶ現象。「―に遭う」

雪煙（ゆきけむり） 風で雪が煙のように舞い上がる現象。《冬》「―を上げて滑る」

霙（みぞれ） 雪が解けかけて雨混じりに降るもの。《冬》

霰（あられ） 雪の結晶に次々と水滴が凍りついて直径二〜五ミリメートルの粒状になったもの。雪と雹（ひょう）の中間状態。《冬》

托鉢（たくはつ） 修行僧が鉢（はち）を持って家々を巡り、施しを受けること。乞食（こつじき）。「―僧」

行脚（あんぎゃ） 全国各地を歩き回ること。特に、僧が修行のために諸国を回ること。「―僧」「諸国／全国―」

近くに達した「**霰**（あられ）」も、当然冬の季語となっている。

「鉄鉢の中へも霰」という種田山頭火の自由律の俳句はよく知られている。母が自殺、家は破産、妻子とも離別して出家し、托鉢行脚（たくはつあんぎゃ）していた折の作だ。空から霰が落ちて来て、鉢の中にまで降り込んだのだ。おそらくその時、霰は音を立てて、かぶっている笠（かさ）や身につけている法衣（ほうえ）にも降りかかったはずだ。そんな状況を助詞の「も」に託した寡黙の一句である。その霰がさらに成長して直径五ミリ以上の氷の粒や塊となったのが「**雹**（ひょう）」である。これは積乱雲から降って来ることが多く、この「雹」という語は冬でなく夏の季語として扱われるという。

雲――茜雲・浮雲・入道雲

北原白秋の詩に山田耕筰が曲をつけた『この道』の歌は、「この道はいつか来た道」と始まり、「あの丘はいつか見た丘」「あの雲はいつか見た**雲**」と展開し、実体験がなくても人びとの遠い記憶を

法衣（ほうえ） 僧尼の着る衣服。

雹（ひょう） 積乱雲から降ってくる氷の粒で、直径五ミリメートル以上のもの。霰（あられ）が成長したもの。《夏》

雲（くも） 大気中の水蒸気が冷えて凝結し、大きな塊となって空中に浮遊しているもの。「―が湧（わ）く／かかる／浮かぶ／流れる」「―に覆われる」

呼びさまし、心理的な「既視感」を誘いだす。

「小諸なる古城のほとり／雲白く遊子悲しむ」と始まる島崎藤村の文語体の詩は、今でも高校の教科書でおなじみだろう。「おうい雲よ／ゆうゆうと／馬鹿にのんきそうじゃないか」と雲に呼びかける山村暮鳥の『雲』と題する口語体の詩も、中学あたりの教科書の常連かもしれない。「赤(あか)蜻蛉(とんぼ)筑波に雲もなかりけり」という正岡子規の俳句は、近景の赤とんぼと遠景の筑波山(つくばさん)とを一つのフレームに鮮やかにとりこんだ叙景の句だが、雲ひとつない秋晴れが印象的だ。「桐(きり)咲いて雲はひかりの中に入る」という飯田龍太の句は、淡い紫の花の咲く初夏の明るさに焦点をあてている。「ゆく秋の大和の国の薬師寺の塔の上なる一ひらの雲」という佐佐木信綱の有名な和歌は、やがて寒い冬へと向かう貴重な秋の季節を惜しむ心が「ゆく秋」という言いまわしに象徴され、澄みきった秋空に浮かぶ一片の雲を追って、暮秋という時の

遊子(ゆうし) 文 古 旅人。異字 游子

暮秋(ぼしゅう) 文 晩秋。陰暦では九月。《秋》

中を、「大和の国」から「薬師寺」へ、そしてその「塔」へと焦点を絞り、雄大な構図を決めた一幅の絵である。奈良薬師寺の東塔は遠く白鳳(はくほう)時代の様式をそなえた美しい姿、作者の心はその遥かな時代の面影を偲(しの)んでいたことと思われる。

小津映画『お早よう』に、たがいに好き合っていながら、会っても肝腎のことは口にせず、「あの雲、面白い形ですねえ」「アア、ほんと。面白い形」といったやりとり以上に進展しない男女が出てくる。たしかに日本人は、大気中の水蒸気が冷えて凝結し、大きな塊となって空中に浮揚している「雲」という現象を眺めては、その色や形に関心を持ってきた。色に注目しては「白雲」「黒雲」「茜雲(あかねぐも)」といった和語や「青雲」「紫雲」といった漢語を用いて区別している。暗く空を覆う「暗雲」、朝焼けや夕焼けの美しく映える「彩雲」もある。これを吉兆、すなわち、めでたいことの前兆と考えて「瑞雲(ずいうん)」と言うこともある。

白雲(しらくも) 白い雲。「—が流れる／なびく」

黒雲(くろくも) 色の黒い雨雲。「—に覆われる」 異読 こくうん

茜雲(あかねぐも) 茜色(=沈んだ赤黄色)に染まった雲。「—がかかる」

瑞雲(ずいうん) 文 めでたいことの前ぶれとして現れる五色に輝く雲。彩雲。

青雲(せいうん) 文 青みがかった雲。「—たなびく」 異読 あおくも

紫雲(しうん) 文 紫色の雲。「—立つ」(修行者が死ぬとき、仏がこの雲に乗って迎えに来るという。)

暗雲(あんうん) 暗く空を覆う雲。「—が漂う／立ち込める／垂れ込める」

彩雲(さいうん) ①文 夕焼けや朝焼けなどで、美しく映えた雲。②縁が美しく色づいた雲。日光の回折によるもので、高積雲などに見られる。瑞兆(ずいちょう)とされた。

雲の動きが「**雲行き**」で、特に天気の変化に関係する、雨や雷をもたらす黒雲の動きについて「雲行きが怪しい」などと使う。この表現は比喩的に世の中の動き、形勢をさしてしばしば使われるところまで広がっている。形に注目したものとしては、まず、空に浮かんで漂う「**浮雲**」があり、行方の定まらない人の運命などを象徴する意味合いを帯びて、二葉亭四迷や林芙美子の小説のタイトルにも用いられている。ちぎれた綿のように離れて浮かんでいると日常語で「**千切れ雲**」と呼び、小沼丹の小説の題にもなった。同じ意味で文体的レベルを上げると「**片雲**」という漢語を用いる。横にたなびく雲が「**横雲**」で、それが一面に空を覆うと「**棚雲**（たなぐも）」と呼んでいる。旗のようになびいている美しい雲を「**豊旗雲**（とよはたぐも）」と呼んだが、今では古めかしく感じるだろう。強風の折に孤立した高山の頂にできる笠状の雲が「**笠雲**」である。

「**雲形**」すなわち雲の形については、発生しや

雲行き（くもゆき） 雲の動いて行く様子。特に、雨や雷をもたらす黒雲にいう。空模様。「一雨ありそうな―」「―が怪しい」

浮き雲（うきぐも） 文 空に浮かんで漂う雲。「―を眺める」

千切れ雲（ちぎれぐも） ちぎれた綿のように浮かぶ雲。片積雲。「―が流れる」

横雲（よこぐも） 横に長くたなびく雲。「―がかかる」

豊旗雲（とよはたぐも） 旗のようになびいている美しい雲。

笠雲（かさぐも） 孤立した高山の山頂にかかる笠状の雲。

片雲（へんうん） 文 一片の雲。ちぎれ雲。「空は―もなく」

棚雲（たなぐも） 文 空一面に広がっている雲。〔「たな」は「一面に」「すっかり」の意の接頭語。〕

雲形（うんけい） 雲の形についての十種類の分類。出現する高度と発達の仕方によって分けられる。巻雲（けんうん）・巻積雲（けんせきうん）・巻層雲（けんそううん）・高積雲・高層雲・乱層雲・層積雲・層雲・積雲・積乱雲。雲級。

すい高さや発達の仕方に応じて十種類に分け、それぞれ漢語の専門的な名称が定められている。まず、五〜一三キロメートルの上空では、乱雑にひっかいた線のように見えるのが「**巻雲**」で、日常は訓読みして「**巻き雲**」と呼び、また、筋状に見えるところから通称「**筋雲**」と言う。同じ高空でも、白い斑点が集まったり並んだりしている雲は「**巻積雲**」と呼び、秋に多い。昔、鰯（いわし）の大漁の前兆とされたところから「**鰯雲**」と呼んだり、鯖（さば）の肌の斑点のように見えるところから「**鯖雲**」と呼んだり、魚の鱗（うろこ）に似て見えるところから「**鱗雲**」と呼んだりするのはいずれも通称である。同じく高空に白いベールのように一面に広がる雲は「**巻層雲**」と呼び、薄いところから通称「**薄雲**」と呼んでいる。高さが二〜七キロメートルの空にできる、まだら状の雲は「**高積雲**」と呼び、羊の群のように見えるところから「**羊雲**」、また、群がり集まるところから「**群雲**」という通称がよく用いられる。同

巻雲（けんうん） 高空（五〜一三キロメートル）にある、乱雑にひっかいた線のような雲。すじ雲。異字 絹雲

筋雲（すじぐも） 筋状に見える雲。「巻雲」の通称。

鰯雲（いわしぐも） 「巻積雲」の通称。《秋》〔昔、鰯の大漁の前兆とされた。〕

鱗雲（うろこぐも） 鱗のように並んで見える雲。「巻積雲」の通称。《秋》

巻層雲（けんそううん） 五〜一三キロメートルの高さに、白く薄いベールのように空一面に広がる雲。太陽や月を覆って暈（かさ）を作る。うすぐも。異字 絹層雲

羊雲（ひつじぐも） 羊の群れのように見える雲。「高積雲」の通称。

群雲（むらくも） 文 群がり集まった雲。「高積雲」の通称。「月に—、花に風」異字 叢雲

巻き雲（まきぐも） 巻雲。

巻積雲（けんせきうん） 五〜一三キロメートルの高さに白い斑点が集まったり、並んだりしている雲。秋に多い。異字 絹積雲

鯖雲（さばぐも） 鯖の体側にある斑点のように見える雲。「巻積雲」の通称。

薄雲（うすぐも） 薄くかかっている雲。「巻層雲」の通称。「—がかかる/切れる」「空が—に覆われる」

高積雲（こうせきうん） 高さ二〜七キロメートルにできるまだら状の雲。〔雲塊は巻積雲より大きい。〕

高層雲(こうそううん) 高さ二〜七キロメートルに現れ、薄墨色の幕のように空の広い部分を覆う雲。

朧雲(おぼろぐも) 「高層雲」の通称。《春》〔雨の前兆とされる。これを通して見る月が「朧月」。〕

乱雲(らんうん) ①文 乱れ飛ぶ雲。「ちぎれ飛ぶ—」②「乱層雲」の旧称。

乱層雲(らんそううん) 高さ二キロメートルぐらいに発生し、厚く全天を覆い、雨や雪を降らせる暗灰色の雲。

雨雲(あまぐも) 雨を降らせる雲。「乱層雲」の通称。「—が空を覆う」

雪雲(ゆきぐも) 雪を降らせる雲。「乱層雲」の通称。「—が垂れ込める」

層積雲(そうせきうん) 高さ二キロメートルより下に現れる、団塊状または薄い板状の雲。雲海を作る。うね雲。

雲海(うんかい) 高山や飛行機などから見える海のように広がった雲。《夏》「眼下に—が広がる」

じ高さの空でも、薄墨色の幕のように広い部分を覆う雲は「**高層雲**」と呼ばれる。雨の前兆とされ、ぼんやりと霞んで見えるので通称「**朧雲**(おぼろぐも)」。この雲をとおして眺める月が「**朧月**」である。高さ二キロメートルほどの低い空に発生し、厚く全天を覆う暗い灰色の雲を「**乱雲**」と呼んでいたが、現在は「**乱層雲**」と言う。雨や雪を降らせるので「**雨雲**」「**雪雲**」という通称で知られる。高さ二キロメートル以下の低い空に現れる、白か灰色の団塊状または薄い板状の雲を「**層積雲**」と呼ぶ。**雲海**をつくり、「畝雲(うねぐも)」「**曇り雲**」という通称を持つ。地上付近から二キロメートルまでの低空に、平たく垂れ込め、霧雨を降らせる雲を「**層雲**」と呼び、霧のように山の頂を隠すところから通称「**霧雲**」と言う。要するに「**霧**」なのだが、地面から離れている点が違う。夏の炎天下、底が平らで上に高く隆起し、垂直に発達した雲を「**積雲**」と呼ぶ。積み重なっているところから通称「**積み雲**」と言い、

朧月(おぼろづき) 春の夜のぼうっとかすんだ月。《春》「—夜」

曇り雲(くもりぐも) 「層積雲」の通称。

層雲(そううん) 地上付近から二キロメートルまでの高さに低く平たく垂れ込める雲。霧雨を降らせる。

霧雲(きりぐも) 霧のように山の頂上を隠したりする雲。「層雲」の通称。〔性質は「霧」と同じだが、「霧」が地面に接しているのに対し、「霧雲」は雲底が地面から離れている。〕

積雲(せきうん) 夏空の典型的な雲で、底面は平らで上に高く盛り上がった綿帽子のような形の雲。「雄大な—」

積み雲(つみぐも) 「積雲」の通称。

綿帽子（わたぼうし）　真綿を広げて作ったかぶり物。元は男女の防寒用だったが、後に婚礼で花嫁が用い、顔をも覆うような形になった。《冬》

積乱雲（せきらんうん）　急激な上昇気流によって積雲が高く盛り上がり山のような形になる雲。夏の雷雨や日本海側の豪雪をもたらす。

入道雲（にゅうどうぐも）　「積乱雲」の通称。《夏》［高く発達した形が大入道を思わせることから。］

鉄床雲（かなとこぐも）　上部が水平に広がった積乱雲。

雷雲（かみなりぐも）　稲妻・雷鳴・雷雨をもたらす雲。積乱雲であることが多い。異読 らいうん

夏雲（なつぐも）　夏に立つ雲。夏の雲。積雲・積乱雲を指すことが多い。《夏》「―が湧く」

綿帽子のような形で軽そうに浮かんでいるところから「**綿雲**」という通称でも知られている。急激な上昇気流によって「積雲」がさらに高く盛り上がり、山のような形になった雲を「**積乱雲**」と呼ぶ。その形が大入道を連想させるところから通称「**入道雲**」として親しまれている。また、山の峰のように高く盛り上がるところから「**雲の峰**」とも呼ばれる。上部が水平に広がった積乱雲を特に「**鉄床雲**（かなとこぐも）」と呼ぶ。稲妻・雷鳴・雷雨をもたらす雲を「**雷雲**」と呼ぶが、そのほとんどが積乱雲である。夕立を降らせる雲を「**夕立雲**」と呼ぶが、これも積乱雲である。積雲や積乱雲は夏に多いので「**夏雲**」と呼んでいる。

霧――靄・霞・朧

湿気の多い場所に温度差が生じると、大気中の水蒸気が微細な水滴となって煙のように浮かび、遠くがはっきり見えなくなる。そういう自然現象を日本人は程度や季節や時間帯に応じてさまざま

綿雲（わたぐも）　綿のように軽そうに浮かんだ雲。「積雲」の通称。

大入道（おおにゅうどう）　古 体の大きい坊主頭の男。

雲の峰（くものみね）　文 夏、山の峰のように高く盛り上がる雲。入道雲。《夏》

夕立雲（ゆうだちぐも）　夕立を降らせる雲。積乱雲を指す。《夏》

靄（もや） 大気中に水蒸気が立ち込めている現象。「—が出る／かかる／立ち込める／消える」〔気象用語では、視程一キロメートル以上で、霧より見通しがきく場合をいう。〕

霧（きり） 大気中の水蒸気が凝結して無数の細かい水滴となって地表近くに浮遊する現象。《秋》「—がかかる／立つ／立ち込める／消える／深い」「—に包まれる」〔気象用語では、視程が一キロメートル未満をいう。〕

霞（かすみ） 空気中にある微細な水滴や塵（ちり）、煙などのため遠景がぼんやり見える現象。《春》「—がたなびく／かかる／立つ」〔平安時代以降、「霞」は春のもの、「霧」は秋のものとして使い分ける。〕

朧（おぼろ） ぼうっとしてはっきりしないさま。《春》「—にかすむ」

春霞（はるがすみ） 春に立つ霞。《春》「—がかかる／立ち込める」

朝霞（あさがすみ） 朝方に立つ霞。《春》⇔夕霞

な日本語で呼び分けてきた。視界がぼやけていても一キロメートル以上見通しが利く場合は「**靄**（もや）」と呼び、それより視界が狭くなると「**霧**」と呼ぶが、平安時代以降、春の霧を「**霞**（かすみ）」と呼び、夜は特に「**朧**（おぼろ）」とぼかし、秋の霧と区別する慣習が生じた。歳時記などでは今もそれを継承している。

「**春霞**」はもちろん、「**朝霞**」や「**夕霞**」がどこかほのぼのとした感触があるのに対し、「**朝霧**」や「**夕霧**」や「**夜霧**」には何となくひんやりとした感触を受けるのは、春と秋という季節感の違いだろう。また、「夜霧」に対応する夜の霞をさす語がないのは、それ専用の「朧」があるからである。その結果、「霧」という語は、そのような現象全体を意味する用法と、特に秋の現象だけをさす用法とが混在し、季節感も複雑になっている。

北原白秋の詩『城ヶ島の雨』では、千利休好みのいくぶん緑がかった鼠色（ねずみいろ）の雨の一滴から「真珠」を連想し、眼前に広がる半透明の雨の幕から「夜

夕霞（ゆうがすみ） 夕方に立つ霞。晩霞（ばんか）。《春》⇔朝霞

朝霧（あさぎり） 朝方に立ち込める霧。《秋》「—がかかる」⇔夕霧・夜霧

夕霧（ゆうぎり） 夕方に立ち込める霧。《秋》⇔朝霧

夜霧（よぎり） 夜、立ち込める霧。《秋》「—のかなた」「—に隠れる／むせぶ」⇔朝霧

朧月（おぼろづき）　春の夜のぼうっとかすんだ月。《春》「―夜」

明けの霧」をイメージする。八木重吉には『霧がふる』と題し、「霧が　ふる」と始まる短い詩があり、水原秋櫻子に「白樺（しらかば）を幽（かす）かに霧のゆく音か」という句がある。ここは秋の情緒だろう。

「霞たつながき春日を子供らと手毬（てまり）つきつつこの日くらしつ」という良寛の歌は、無邪気な人柄を象徴する一首としてよく知られている。「霞たつ」は「春」を呼び出す枕詞（まくらことば）だが、霞のたちこめる春の実景であっても不思議はない。もしもここが「霧」であれば、秋の冷気を感じてさすがの良寛も一日中遊んでいる気分にはならないだろう。

「朧」ははっきりしない意の「おぼろげ」の「おぼろ」で、春の夜のぼんやりと霞んで見えるのが「**朧月**」、朧月の出ている夜が「**朧月夜**」である。霞むような朧月夜はまさに春の景観で、漱石に「朧夜や顔に似合ぬ恋もあらん」という句があるように、世の中にはむしろはっきり見えないほうがいい場合もたしかにある。春の「霞」も秋の「霧」

朧月夜（おぼろづきよ）　春の、ぼんやりと霞（かす）んだ月が出ている夜。《春》 異形 おぼろづくよもそれなりに情緒があるが、もう少し見通しのよい「**靄**」となると、そういう雰囲気を感じにくいごく普通の日常語だが、それでも漱石の随筆『硝子戸の中(うち)』に出てくる「縄暖簾(なわのれん)の隙間からあたたかそうな煮〆(にしめ)の香(におい)が煙(けぶり)と共に往来へ流れ出して、それが夕暮の靄に融け込んで行く趣」というあたりには懐かしさが感じられる。「**朝靄**」や「**夕靄**」という語にも、いくらか趣が感じられるかもしれない。

風——春風・緑風・木枯らし

藤沢周平は小説『溟(くら)い海』で、「闇がもの言うような、幽かな風の音」と、風の音に大胆な比喩を試みた。だが、「**風**」といえばまず思い出すのが、「秋来ぬと目にはさやかに見えねども風の音にぞおどろかれぬる」という藤原敏行の一首だろう。『紫式部日記』にも「やうやう涼しき風のけしきにも、例の絶えせぬ水の音なむ、夜もすがら聞きまがはさる」とある。日本人は風の音や感触

縄暖簾(なわのれん) 複数の縄を結んで垂らして作ったのれん。縄すだれ。「—をくぐる」

朝靄(あさもや) 朝、立ち込めるもや。「—がかかる」↕夕靄

夕靄(ゆうもや) 夕方に立ち込めるもや。「—にけむる海岸」↕朝靄

風(かぜ) 気圧の高い方から低い方に向かう空気の動き・流れ。「—が-吹く/やむ/収まる/ある/ない/涼しい/強い」「—を-起こす/入れる」「—に-当たる/吹かれる」

清い（きよい） ①汚れや濁りがない。「━流れ／水」②邪念がない。「━心／関係」異字 浄い

春風（はるかぜ） 春の暖かい穏やかな風。東風（こち）。《春》「━が吹く／頰（ほお）をなでる」

に季節感やさまざまな情緒を味わってきた。

良寛は「風は清し月はさやけしいざ共に踊り明さむ老の名残りに」と詠んでいる。風が肌に爽やかに吹きわたり、月は澄みきって明るい。こんな心地よい夜は、一晩中踊り明かそうか、年老いた身にとってきっといい思い出になる、そんな歌意である。時代は下って、美術史研究や書家としても知られる歌人の会津八一は、「はつなつ の かぜ と なりぬ と みほとけ は をゆび の うれ に ほの しらす らし」と平仮名でデザインしてみせた。これは秋の風ではない。初夏の風になったと御仏は指の先でほのかに知らせているようだと、仏像に季節感を表現してみせた。

山野三郎ことサトウハチローの作詞になる『うれしいひなまつり』には、「金のびょうぶに うつる灯を／かすかにゆする 春の風」とある。今度はやわらかな**春風**だ。このあたりは春らしい穏やかな風である。

無風（むふう） 風がないこと。「—状態／—地帯」

微風（びふう） 文かすかに吹く風。「—が頰（ほお）をなでる」

清岡卓行の詩『さびしい春』は、繁栄をきわめる大都会のビルや舗装道路の現実を眺めながら、敗戦直後の廃墟（はいきょ）に生い茂っていた雑草を思い出し、その幻におびえる。そこから連想は亡妻の幼時へと追い立てられていき、「今はこの世にいない妻が／まだ娘の頃その両親と住んでいた家の前の／歩道の敷石のいびつな隙間で／同じような淡い緑が／同じような春先の埃（ほこり）っぽく荒々しい風に／ほそぼそと揺らいでいたことを／鮮かに思いだしていたのだ」と展開するのである。

三好達治の詩『乳母車』には「はてしなき並樹（なみき）のかげを／そうそうと風のふくなり」とある。そうして、「母よ　私は知っている／この道は遠く遠くはてしない道」と、はるかな思いをかみしめながらフェードアウトのように消えてゆく。

風のない状態は「**無風**」、かすかに吹く風が「**微風**」で、このあたりは客観的な表現であり、特別の情緒は漂わない。柳田國男は『雪国の春』で「微風に面して落花の行方を思うような境涯」と書き、文学や芸術というものの誕生を想像している。同じ字面でも、これを「**そよかぜ**」と読むと、内村直也作詞『雪の降る街を』と題する曲の歌詞にも「みどりなす春の日のそよかぜ」とあるように、そよそよと心地よく吹くやわらかな風をさしている。「**軟風**」は風力3の旧称で、木の葉や細い枝が絶えず動き、旗がはたはたとはためく程度の風を意味する。

逆に、強く吹く激しい風は一般に和語の「**大風**」で総称し、漢語で「**烈風**」と呼ぶこともある。気象学ではいくつかの段階に分ける。まず、急に激しく吹く「**疾風**」があり、これは風力5の旧称で、葉のある灌木(かんぼく)すなわち低木が揺れ、池や沼に波頭が立つ程度の風をさす。和語の「**はやて**」がこれに当たる。一般に強い風と認識されている「**強風**」という語は風力7の旧称として、樹木全体が揺れ、風に向かって歩きにくい程度の風をさす。さらに

微風(そよかぜ) 静かにおだやかに吹く風。「高原/春-の—」

烈風(れっぷう) 文 激しく吹く強い風。「—が吹きすさぶ」

疾風(しっぷう) 急に激しく吹く風。「—迅雷/怒濤(どとう)」

疾風(はやて) 文 しっぷう(疾風)。「—のように現れる」「春—」〔「て」は「風」の意の古語。〕

軟風(なんぷう) 文 そよそよと吹く風。「海/陸—」

大風(おおかぜ) 激しく吹く強い風。「—が吹く」

強風(きょうふう) 強く吹く風。「—にあおられる」「—注意報」

暴風(ぼうふう) 激しく吹き、大きな損害を引き起こす風。「―が来る」「―圏内/域/害/警報」

颶風(ぐふう) 文 強烈な風。

突風(とっぷう) (寒冷前線や雷雨などに伴って)瞬間的に強く吹く風。

台風(たいふう) 北太平洋西部で発生する熱帯低気圧で、フィリピン・中国・日本などを襲う暴風雨。最大風速一七・二メートル以上をいう。《秋》「―の進路/目」「―が接近する/上陸する」「―一過」 異字 颱風

旋風(せんぷう) 文 つむじかぜ(旋風)。「―が巻き起こる」

旋風(つむじかぜ) 渦巻くように吹く強い風。辻風(つじかぜ)。「―が起こる」「―で木の葉が舞う」

竜巻(たつまき) 局地的に起こる、強いつむじ風。風速は三〇〜一〇〇メートルと推定される。「―に襲われる」〔主に積乱雲から漏斗状に垂れ下がった空気の渦巻きで、その形のイメージが竜であることから。〕

強くなると、風力11の旧称「**暴風**」があり、風速が毎秒三〇メートル前後に相当し、風力12の最も強い段階の旧称が「**颶風**(ぐふう)」だが、今では古めかしい響きがあるようだ。

寒冷前線の通過にともない、突然吹いて急にやむ風を「**突風**」と呼んでいる。西太平洋で発生する熱帯低気圧が最大風速一七メートルに達すると「**台風**」と呼ばれ、暴風雨をともなう。

渦巻くように吹く強い風を「**旋風**」と呼び、これを和語で「**つむじ風**」と読み、これが風速三〇メートル以上になると「**竜巻**」と呼ばれる。空気の渦巻く形から竜をイメージしたところからの命名らしい。

人間の進行方向に向かって背中を押すように吹く風を「**追い風**」、その逆の方向に吹く風を「**向かい風**」と呼び、漢語ではそれぞれ「**順風**」および「**逆風**」と言う。また、側面から通り抜ける風を「**横風**」と呼んでいる。

追い風(おいかぜ) 前に進むとき、後ろから吹いてくる風。追手(おいて)。「―に乗る/助けられる」「―を受けて帆走する」 ↕向かい風

向かい風(むかいかぜ) 進もうとする方向から吹いて来る風。↕追い風

順風(じゅんぷう) 追い風。船が進む場合にいうことが多い。「―に帆を上げる」「―満帆(まんぱん)」 ↕逆風

逆風(ぎゃくふう) 向かい風。↕順風

横風(よこかぜ) 横に吹く風。側面から通り抜ける風。「―を受けて転覆する」

凪（なぎ） 風がやんで、海が穏やかになること。↔時化（しけ）

朝凪（あさなぎ） 海辺で朝、陸風から海風に変わる時、風が一時やむこと。《夏》↔夕凪

夕凪（ゆうなぎ） 夕方、海辺で海風から陸風に変わる時、風が一時やむこと。《夏》↔朝凪

初風（はつかぜ） 文 元日に吹く風。《新年》

初凪（はつなぎ） 文 初風の収まること。《新年》

春一番（はるいちばん） 立春が過ぎたころ、その年初めて吹く強い南風。《春》「―の到来」「―が吹く」

春荒れ（はるあれ） 春先に南から吹く強く暖かい風。春嵐（はるあらし）。

花嵐（はなあらし） 桜の花が満開のころ、花びらを散らせてしまう春の強い風。

吹く時間帯によって「**朝風**」「**夕風**」「**夜風**」と呼び分ける。なぜか「昼風」は意識されないらしい。風が止んで海が穏やかになるのが「**凪**（なぎ）」で、これも時間帯によって「**朝凪**」「**夕凪**」と呼び分ける。また、元日に吹く風が「**初風**」、止めば「**初凪**」と、特別に呼んで新年の気分を味わう。

季節の風もある。漱石の『硝子戸の中』に「春風が折々思い出したように九花蘭の葉を揺（うご）かしに来る」とある。立春が過ぎた頃に吹く強い南風が「**春一番**」で、春先に吹く強い南風が「**春荒れ**」または「春嵐」、桜の花が満開の頃に吹く強い風を「**花嵐**」、春に吹く暖かい穏やかな風を広く「**春風**」と呼ぶ。春に「**風光る**」と視覚的にとらえた日本人は、夏には「**風薫る**」と嗅覚的にとらえ、初夏に若葉の香りを漂わせて吹く風を「**薫風**」と名づける。それが強い場合は「**青あらし**」と呼び、改まった場合には漢語で「青嵐（せいらん）」と言うこともある。なお、「晴嵐（せいらん）」と書くのは別語で、強い山風

朝風（あさかぜ） 朝方に吹くさわやかな風。↔夕風

夕風（ゆうかぜ） 夕方に吹く涼しい風。↔朝風

夜風（よかぜ） 夜に吹く風。「―が身にしみる」「―に当たる」

春風（しゅんぷう） 文 はるかぜ（春風）。《春》「―駘蕩（たいとう）〔＝のどかに吹くさま〕」

風光る（かぜひかる） 文 春風に揺れる若葉が日差しを反射して光るように見えるさま。また、そのようなさわやかな時候の形容。《春》「―季節」

風薫る（かぜかおる） 文 初夏、風が若葉を吹き渡る。《夏》「―五月」〔多く手紙で用いる。〕

薫風（くんぷう） 文 初夏、若葉の香を漂わせて吹く風。《夏》「―の五月」

青嵐（あおあらし） 文 初夏の青葉を吹き渡るさわやかな風。青嵐（せいらん）。《夏》

緑風（りょくふう） 文 青葉を吹き渡るさわやかな初夏の風。「―薫る初夏の候」

涼風（すずかぜ） 秋を感じさせる涼しい風。《夏》「―が立つ」

を意味する。青葉を吹き渡る爽やかな初夏の風を「**緑風**」と呼ぶ。

夏にも風は吹くが、「夏風」ということばは耳にしない。音だけ聞くと「夏風邪」と混同しそうだ。夏に快適に感じる「**すず風**」という語はあり、小林一茶は「涼風の曲がりくねつて来たりけり」と、表通りを吹き抜ける涼しい風がなかなかたどり着けないほど曲がりくねった路地の奥の長屋住まいをむしろ楽しんでみせた一茶らしい句である。

藤原俊成は「夕されば野べの秋風身にしみてうづら鳴くなり深草の里」という一首を残している。「真萩（まはぎ）散る庭の秋風身にしみて夕日のかげぞかべに消えゆく」という永福門院の一首も同様、「身にしみて」とあるように、「**秋風**」はむろん秋の風だが、心地よい「春風」とは対照的に、涼しいというより、どことなく心細い、寂しさを感じさせる。夏目漱石の「秋風や屠（ほふ）られに行く牛の尻」はもちろんだが、上林暁（かんばやしあかつき）の「秋風の吹きぬけて行

秋風（あきかぜ） 秋に吹く肌寒い風。《秋》「―が吹く／立つ」

屠る（ほふる） 文 敵や獲物を殺す。

く四畳半」という一句にしても、心地よい風に秋の到来を歓迎している雰囲気はなく、小さな和室を吹き抜ける冷ややかな風に何かしら心細い気分が伝わってくるようだ。

「野分（のわき）」は野の草を吹き分ける風という意味だが、秋に台風のような強い風が吹き荒れる場合に用いる古風な和語である。晩秋から初冬にかけて吹きすさぶ強く冷たい風を特に「木枯らし」と呼び、冬の季語としている。木を吹き枯らすという意味の名づけだが、国字すなわち和製漢字の「凩」を書くこともあり、二葉亭四迷は「凩や馬に物言ふ戻り道」という句を詠んでいる。寒くて馬にでも話しかけたくなるつらさなのだろう。「木がらしや目刺にのこる海の色」という芥川龍之介の句にもはっとする。きびしい風の吹く中、眼前の目刺しにかすかに残る青い色から、作者はそれが生きて泳いでいた海を想像するのだ。

冬に吹く、雨や雪をともなわない乾燥した強い

野分き（のわき） 文 秋に吹く強い風。台風。《秋》「―の風」「―立つ」〔野の草を分けて吹く風の意。〕 異形 野分け

木枯らし（こがらし） 晩秋から初冬にかけて吹く、冷たく強い風。《冬》「―一号」 異字 凩

空風（からかぜ） 冬に吹く、雨や雪を伴わない乾燥した強い風。《冬》「上州地方の―」

松風（まつかぜ） 松の梢（こずえ）を渡る風（の音）。「―を聞く」

風を「**空風**」と呼び、会話では「**空っ風**」と言うことが多い。シベリアから日本海を渡って来る**季節風**が山にぶつかって越後（えちご）に雪を降らせ、乾いた風が上州地方を吹きわたる例がよく知られる。川端康成の小説『雪国』の冒頭文「国境の長いトンネルを抜けると雪国であった」は、上州側から越後に入って一変する風景を描いたものである。

海――松風・松籟・波

松の木を吹きわたる風をさすためにわざわざ「**松風**」という風流な語を特注した日本人は、その音を「**松籟**（しょうらい）」と呼んで珍重してきた。竹西寛子の『山河との日々』所収の一編『蟻（あり）と松風』に、「波音に重なり合って聞こえる松風の音」に接した折の印象を記した箇所がある。それは「中空（なかぞら）に無数の羅（うすもの）の襞（ひだ）を寄せ続けているような松風の音」だと、絽（ろ）や紗（しゃ）のような薄い織物の襞を寄せ続けるという視覚的イメージは、ほんの微かな細かい震えを無数に帯びた繊細な音を思わせる。身近な風は肌で

空っ風（からっかぜ） 会 空風（からかぜ）。《冬》

季節風（きせつふう） 季節によって風向きを変え、夏は海から陸へ、冬は陸から海へ向かって吹く風。〔日本付近では、夏は南東の風、冬は北西の風となる。〕

松籟（しょうらい） 文 松風の音。「―吹き来（き）たる」

中空（なかぞら） 文 ちゅうくう（中空）。「―に月が浮かぶ」

波音（なみおと）

寄せては返す波の音。また、波がぶつかる音。

触覚的に感じることができるが、遠い風となると、肌ざわりというより、風物の揺れという視覚的な要素と、微かに聞こえる聴覚的印象との融合した感覚としてとらえるのが自然だろう。それと同時に、そこには、寄せては返す**波**の「低いけれども規則正しい」音も聞こえてくる。自然現象の背後にある大法則に思いを致すこの作家には、波の重低音は海の呼吸の音に聞こえたかもしれない。

松風の音がその「**波音**に重なる時、なぜかものの始まりの時に立ち合わされているよう」に感じたという。海の息づかいのリズムに、繊細きわまりない松の声が重なると、そこに地球の鼓動のような響きが伝わってきたのだろう。自分というものが今こうして存在しているこの大地、人間と世界との根源的なつながりの意識だったかもしれない。「躯（からだ）が次第に軽くなって行く」と展開するのは、自己の内面から何かが流れ出し、吸い込まれるように宇宙に還ってゆく、そんな感じだったろうか。

波（なみ） 主に風の力によって起こる海面などの連続的な起伏。「―が-立つ/寄せる/引く」「―に-洗われる/もまれる」 異字 浪

海（うみ） 陸地を取り巻く塩水をたたえた部分。地球表面積の約七〇パーセントを占める。↕陸

曇天（どんてん） 文 曇った空。曇り。「―続き」

もはや感覚と感情との区別さえさだかではないように読者に流れ入るのである。

若山牧水の「白鳥はかなしからずや空の青**海**の青にも染まずただよふ」という有名な一首には、詠嘆と憧憬の思いがあふれ、哀愁に満ちている。白く清らかな鳥が、紺青の空にも紫がかった瑠璃色の海にも染まることなく、その中を漂っている、そんな歌意だが、そうありたいと願う、恋する二人の影が重なって見えるともいう。中原中也の詩『北の海』は「海にいるのは／あれは人魚ではないのです。／海にいるのは／あれは、浪ばかり」と始まる。北の海は曇天を映す暗く冷たい水のイメージ。海は荒れて船影もなく、生命を感じさせるものは何も見えない。せめて伝説の人魚の姿でもと想像しても、見えるのは「歯をむいて、／空を呪っている」ような浪ばかりだ。これは生きることに疲れた作者の荒涼とした心象風景なのだという。山口誓子の「炎ゆる海わんわんと児が泣き

人魚（にんぎょ） 海中にすむという想像上の動物。上半身が女身、下半身が魚の形。マーメイド。

喚(わめ)き」という句は、炎天、炎暑の激しい直射日光を「炎える」ととらえ、その熱気の中、幼い子供が火のついたように大声で泣き喚き、両両相俟(あいま)ってますます耐えがたく感じるのだろう。

谷川俊太郎の『東京抒情』は東京の素顔を点描した詩で、「築地の格子戸の前で盛塩が溶けてゆく」「六本木の硝子の奥で古い人形が空をみつめる」といった各地の一行デッサンのフラッシュ映像が閃きすぎる展開だが、その一つに「東雲(しののめ)の海のよどみに仔猫(こねこ)のむくろが浮く」というシーンも登場する。

敗戦直後に出羽庄内にあった横光利一は、「淡海(あふみ)の海(み)**夕波**千鳥汝(な)が鳴けば情(こころ)もしのに古(いにしへ)思ほゆ」という柿本人麻呂の一首をとりあげ、『夜の靴』で「何という美しい一行の詩だろう」と讃美し、「たとえこのまま国が滅ぼうとも、これで生きた証拠になったと思われる」とまで述べている。

「大海の磯(いそ)もとどろに寄する波われてくだけて

炎天(えんてん) 真夏の燃えるように暑い天気。《夏》「―の下(もと)」「―に灼かれる」「―下」

夕波(ゆうなみ) 夕方に立つ波。「―千鳥」

磯(いそ) 海・湖・川などの岩石の多い波打ち際。「―釣り／遊び／千鳥／伝い」

炎暑(えんしょ) 文 真夏の燃えるような暑さ。《夏》「―の候」〔多く手紙で用いる。〕

山川(やまがわ) 山の中を流れる川。「—のせせらぎ」〔「やまかわ」と読めば、「山と川」の意。〕

さけて散るかも」という源実朝の和歌は、大海から眼前のこの磯に轟(とどろ)くように寄せて来る波は、次から次へと割れて、砕けて、そしてあたりに散ってゆく、そんな勇壮な調べとして知られる。しかし、小林秀雄は『実朝』と題する批評で「青年の殆ど生理的とも言いたい様な憂悶を感じ」るとし、多感な青年が孤独なわが身を嘆き、「或(あ)る日悶悶として波に見入っていた時の彼の心の嵐の形」だと説いている。

川——山川・小川・谷

『柿本人麻呂歌集』中に、万葉歌「あしひきの山川の瀬の響(な)るなべに弓月(ゆつき)が嶽(たけ)に雲立ち渡る」という心の昂揚を感じさせる雄雄しい響きがある。ここの「**山川**」は山と川を意味する「やまかわ」ではなく、山の中を流れる「やまがわ」をさす。山川が瀬音を響かせながら流れ下り、ふと見上げると弓月が嶽に雲が湧き立ち渡っている、そんな歌意の重厚な叙景歌だ。**瀬音**と雲にフォーカスを

瀬音(せおと) 浅瀬を流れる水音。「—を楽しむ」

合わせ、聴覚と視覚とを対峙させて力強い。鎌倉初期の随筆『方丈記』を、鴨長明は「ゆく河の流れは絶えずして、しかも、もとの水にあらず。淀(よど)みに浮ぶうたかたは、かつ消えかつ結びて、久しくとどまりたる例(ためし)なし」と書き出している。人も世も常に変化し人生は儚(はかな)いという無常観である。近代の北原白秋の詩『落葉松(からまつ)』にも共通の無常観が感じられる。「世の中よ、あはれなりけり。／常なけどうれしかりけり。／山川に山がはの音、／からまつにからまつのかぜ」と結ばれるが、いくぶん思想的と評されるのも、流れる水を人生の無常の象徴と見る日本人の根強い運命観が感じとれるからだろう。

　作詞者不明の唱歌『春の小川』は「春の**小川**はさらさらいくよ／岸のすみれや　れんげの花に」と流れ、山村暮鳥の詩『春の河』も、「たっぷりと／春の河は／ながれているのか／いないのか／ういている／藁(わら)くずのうごくので／それと知られ

泡沫(うたかた) 文古 水面に浮かぶ泡。「―がはかなく消える」

小川(おがわ) 小さい川。「―の―せせらぎ／流れ」

谷（たに）　山など高い土地に挟まれた細長いくぼ地。

渓谷（けいこく）　山に挟まれ、川が流れている谷。「―の紅葉」

沢（さわ）　山あいの谷川。「―登り」

せせらぎ　浅瀬などを音を立てて流れる小さな川（の音）。「―の音」「谷川の―」

る」と展開する。このあたりは伝統的な無常観とは無縁に見える。

　山と山との間の細長い窪地（くぼち）を「**谷**」と呼び、そこを水が流れるのが「**谷川**」で、谷川を含む谷間を「**渓谷**」と呼び、その渓谷の流れそのものを「**渓流**」と呼んでいる。また、山あいの広くて浅い谷状の低湿地を「**沢**」、浅瀬や細い小川を、その音とともに「**せせらぎ**」と呼ぶ。

　場所はどこでも、細い流れを「**細流**」、逆に、川幅が広く水量の豊かな川を「**大河**」と、いずれも漢語で呼んでいる。「**大川**」という和語も大きな川を意味するが、そういう一般的な意味ではなく、ある地域での大きい川として一定の川をさす用法もある。芥川龍之介の小品『大川の水』の「大川」はそれだけで隅田川を意味し、特に吾妻橋（あずまばし）より下流をさすことが多く、その右岸、両国橋から新大橋あたりまでの一帯を「大川端（おおかわばた）」と称した。大阪では淀川の下流をさすという。久保田万太郎

谷川（たにがわ）　谷間を流れる川。「―の音」

渓流（けいりゅう）　谷川。「―をさかのぼる」「―釣り」〔流れが速く、滝などの多い川という感じが強い。〕

細流（さいりゅう）　文 小川。「雪解けの―」

大河（たいが）　文（スケールの大きな）大川。「―の流れ」「我が国有数の―」

大川（おおかわ）　大きな川。「―端（ばた）」〔隅田川の下流や淀川（よどがわ）など、その地域に流れる大きな川の固有名詞代わりに使うことが多い。〕

の小説『末枯』で単に「公園のほうへ出る」として浅草公園という特定の公園をさすように、この「大川」もその土地でだけ通用する地域語として、方言色が漂っている。

山——山岳・山脈・山系

島崎藤村は大長編『夜明け前』を「木曾路はすべて**山**の中である」という大きなスケールの一文で起こした。明治の夜明け前の信州という作品の舞台を、時間的にも空間的にも見わたせる雄大な書き出しである。そうして、「あるところは**岨**づたいに行く**崖**の道であり、あるところは数十間の深さに臨む木曾川の岸であり、あるところは山の尾をめぐる谷の入口である」と、反復のリズムを利かせて展開する。

立原道造は『のちのおもいに』という詩を「夢はいつもかえって行った　山の麓のさびしい村に」と始めている。「水引草」や「草ひばり」など、これも信濃追分のイメージだろう。皆吉爽雨の「女

山（やま） 平地よりも著しく高く盛り上がっている地形。「高い―」「―に登る」「―を降りる」

崖（がけ） 山や岸などの険しく切り立っている所。切り岸。「―崩れ」 異字 厓

岨（そば） 文 山の切り立って険しい所。「―伝いの山道」 異読 そわ

湯もひとりの音の山の秋」という句は山の中にある人のけはいをよく伝えてほほえましい。男がひとり山の湯に浸かって秋景色を眺めながら、浸み入るような静かさを味わっていると、隣の女湯のほうから湯を遣う音が聞こえてきた。が、何人も入っているような音はしない。そのささやかな物音が、周囲の静寂をむしろ印象的にする、そういう山の雰囲気が鮮やかに伝わってくる。

川端康成の『山の音』に、こんな場面が出てくる。虫の声が耳につく晩、「木の葉から木の葉へ夜露の落ちるらしい」かすかな音を聴き分ける老人の耳に、突然地鳴りにも似た音が響く。そこに「ふと信吾の耳に山の音が聞えた」という一文が登場し、音がやんだあとで「死期を告知されたのではないかと寒けがした」と続く。

平地より著しく高く盛り上がっているのが「山」で、隆起して連なっている山がちの土地を「**山岳**」と呼ぶ。西條八十作詞『青い山脈』に「若くあか

夜露（よつゆ） 夜間に降りた露。《秋》「―にぬれる」↔朝露

地鳴り（じなり） 地盤の振動で起こる地響き。鳴動。

山岳（さんがく） 文 著しく山がちになっている土地。山。「―仏教／信仰／会」

自然▼山

るい歌声に／**雪崩**は消える　花も咲く／青い山脈　雪割桜」とある。山の尾根が連続して長く線状に連なる一続きを「**山脈**」と呼ぶ。複数の山脈が一つの系統をなすのが「**山系**」だ。内田百閒の紀行随筆にしばしば「ヒマラヤ山系」という後輩が登場するが、これは「平山さん」という音をもじった愛称だ。広い範囲にわたって山やまが集まり、起伏に富んでいる地域を「**山地**」と呼ぶが、この語は山中の土地という意味でも使われる。連なって続いている山やまを「**連山**」、その峰の連続を「**連峰**」と呼んでいる。その並びに注目した和語が「**山並み**」で、美的でやわらかい雰囲気となる。日常語としては漠然と「**山やま**」と言うケースが多い。

一つの山の最高地点を和語で「**頂**」、漢語で「**頂上**」と言い、山であることを明確にするために「**山頂**」と呼び、硬い文章では「**山巓**」とも言う。高い山の頂上を特に「**絶頂**」と呼び、硬い文章では

山脈（さんみゃく） 山の尾根が連続して、長く線状に連なる山地。「―が走る」「飛驒（ひだ）／アンデス―」

山系（さんけい） 二つ以上の山脈が密接な関係をもって一つの系統となるもの。「アルプス／ヒマラヤ―」

山地（さんち） ①山の多い土地。山の中の土地。②広い範囲にわたって山が集合した、起伏に富んだ地域。「出羽（でわ）―」

連山（れんざん） 連なって続いている山々。「箱根―」

連峰（れんぽう） 連なって続いている山の峰。「穂高―」

山並み（やまなみ） 文 山が連なって並んでいる様子。「―を望む」 異字 山脈

山々（やまやま） 多くの山。「―の装い」「遠くの―」

雪崩（なだれ） 斜面に積もった雪が大量に崩れ落ちる現象。《春》

頂（いただき） 山の頂上。「―に立つ」

頂上（ちょうじょう） その先には登るべき何もない最高所。「―に登りつめる」

山頂（さんちょう） 山の頂上。「―からの眺め」「―にたどり着く」

山巓（さんてん） 文 山頂。「峨々（がが）たる―」「―に立つ」

絶頂（ぜっちょう） （高山の）頂上。「―を極める」

尾根（おね）　山頂と山頂との間を結ぶ連続した高い部分。峰続き。峰すじ。「―伝い/歩き」

山稜（さんりょう）　文①尾根。②相並んで走る尾根と尾根の間を横切る形で谷を分断している尾根。

稜線（りょうせん）　峰から峰へと続く線。「なだらかな―を描く」

山際（やまぎわ）　山の稜線と空が接する辺り。「―にかかる雲」

山の端（やまのは）　文 遠くから見た山の空に接する辺り。「―に日が沈む」

山襞（やまひだ）　山の、ひだのように見える部分。「―が陰る」

山腹（さんぷく）　山の頂上と麓（ふもと）との間の部分。「―に位置する」異読 やまはら

中腹（ちゅうふく）　頂上と麓（ふもと）との中間の辺り。頂上に至るまでの中間地点。「山の―」

「**絶巓**（ぜってん）」と言うこともある。山頂を中心とする山の高い部分を「**峰**」と呼び、山頂と次の山頂とを結ぶ「峰続き」の部分を和語で「**尾根**」、漢語で「**山稜**（さんりょう）」と呼ぶ。その最上部を結ぶ線が「**稜線**（りょうせん）」で、空と接する部分であるところから、和語でやわらかく「**山ぎわ**」とか「**山の端**（は）」とかと呼ぶ。
　山の尾根と谷とが入り組んで襞（ひだ）のように見える部分を「**山襞**」と呼んでいる。山の頂上と麓との間の部分を「**山腹**」、その中間のあたりを「**中腹**」と言う。山の盛り上がりが始まるあたりの部分を和語で「**ふもと**」、漢語で「**山麓**」と言う。そのあたり一帯に広がるなだらかな土地を「**山裾**」または単に「**裾**」と言い、山の一番下の部分から平地へと広がるなだらかな斜面を「**裾野**」と呼ぶ。ほぼ同じ意味で使うが、「裾」は山の最下部、「麓」はさらにその最下部といったニュアンスがあるかもしれない。
　川端康成の小説『雪国』に、「駒子の髪の黒過

絶巓（ぜってん）　文 絶頂。

峰（みね）　山頂(を中心とした山の高い部分)。「―がそびえる」「―続き」異字 峯・嶺

麓（ふもと）　山の下に位置する場所。「―の村」

山麓（さんろく）　山の麓（ふもと）。「―に住む」「富士―」

山裾（やますそ）　山の麓（ふもと）でなだらかな広がりをもつ部分。〔「麓（ふもと）」「山麓（さんろく）」は山の本体と区別される下界、「山裾」は山の一部で下端というニュアンスがある。〕

裾（すそ）　山裾。「富士の―に位置する」

裾野（すその）　山の下方と平地との間に広がるなだらかな斜面。「―が広がる」

山峡（やまかい） 文 山に挟まれた狭い土地。

山間（やまあい） さんかん（山間）。「—の小道」

山間（さんかん） 文 山に囲まれた場所。山と山との間。「—の村」「—僻地（へきち）」

山中（さんちゅう） 山の中。山間。「—に迷い込む／潜む」

小山（こやま） 小さな山。低い山。「—を越える」

丘（おか） 周囲よりも小高く、ゆるやかな傾斜をもつ所。「—を越えて町に出る」〔「小山」より小ぶり。〕 異字 岡

丘陵（きゅうりょう） 文 丘（が次々に連続している所）。「—地帯」

山野（さんや） 文 野山。「—を駆け巡る」

ぎるのが、日陰の山峡（やまかい）の侘しさのために反ってみじめに見えた」とある。この「**山かい**」は「**山あい**」とも言い、山と山との間の山に囲まれた狭い土地をさす。漢語の「**山間**」にほぼ相当する。「**山中**」と書けば、それを音読みしても訓読みしても、もっと山の内部という気持ちが強いだろう。

低く小さな山を漠然と「**小山**」と呼び、「**丘**」となるとさらに小ぶりになる。丘が連続する一帯を「**丘陵**」と呼ぶ。高度の高い土地が「**高地**」で、その表面が比較的平坦な地形になっているのを「**高原**」と言う。その土地の海抜の高さとは関係なく、周囲より高く平坦になっている土地を「**台地**」と呼び、その小規模なものを「**高台**（たかだい）」と呼んでいる。

野——野山・原っぱ・野辺

野原や山という意味の和語「**野山**」は「春の野山」などと使う日常語レベルだが、ほぼ同じ意味の漢語「**山野**」は「山野を駆けめぐる」などと使

高地（こうち） ①海抜の高い土地。「—民族／訓練」②周囲よりも小高くなっている土地。「—の村落」↔①②低地

高原（こうげん） 海抜高度が高く、その表面が比較的平坦（へいたん）な地形。「—の空気／避暑地」「—野菜」「志賀—」

台地（だいち） 周囲より高く平坦（へいたん）で、一方ないし四方の縁が急斜面になっている地形。ほぼ水平な地層から構成される。例、武蔵野（むさしの）台地・牧の原台地。「海食／溶岩—」

高台（たかだい） 周囲よりも高くて、表面が平坦（へいたん）な土地。「—に住む」〔「台地」より狭い。〕↔平地

野山（のやま） 野と山。「—の植物」「春の—」

う文章語レベルの語だ。

「小諸なる古城のほとり」と始まる島崎藤村のあの詩は、「あたたかき光はあれど／野に満つる香りも知らず」と展開する。国木田独歩は『武蔵野』に、蕪村の「山は暮れ野は黄昏(たそがれ)の薄(すすき)かな」という一句を引用している。草やせいぜい低木の生えているだけの自然のままの広い平地をさす「**野**」ということばは、一拍の長さしかないので意味が伝わりにくいのか、今では会話でほとんど使わない。文字で書けば意味はわかるが、古風な感じは拭えない。

この語の周辺にも、関連する日本語がいくつもあって、それぞれの区別が紛らわしい。「**原**」という語も似たような意味だが、人家や耕地がないというあたりに焦点があるような気もする。くだけた会話では「**原っぱ**」という形になることが多く、宅地の近くにあって子供の遊び場となっている空地を連想させやすい。両方いっしょにした「**野**

野(の)　文①草や低木の生えた自然の広い平地。「—の花」「春の—」②広い田畑。野良。

原(はら)　文野原。特に、耕作していない平地。「武蔵野(むさしの)の—が広がる」

原っぱ(はらっぱ)　会原。「—で遊ぶ」〔住宅地の近くなどにあって、子供たちが遊ぶ空き地をいう。〕

野原(のはら)　草などが生えた広い土地。野。〔俗に「のっぱら」とも。〕

原」という語もあり、俗に「野っぱら」とも言う。これも「野」に近いが、野より狭いものをさす傾向があるという。

「**野辺**(のべ)」という古風なことばもあり、野原の意味のほか、「野辺の送り」「野辺の煙」などの形で間接的に火葬場をさす用法もある。「**野良**」という語も野原を意味するが、「野良仕事」のように、田畑のある場所をさす傾向が強い。「**野面**(のづら)」は野や野原の草に覆われた表面をさす。「**野中**」は「野中の一軒屋」のように野や野原の中、「**野末**(のずえ)」は野や野原のはずれを意味して使われる。

一面に草の生えている原っぱを和語で「**くさはら**」と言い、漢字で「草原」と書く。それを音読みする漢語の「**草原**(そうげん)」も似たような意味になるが、「見わたす限りの草原」などと用い、かなりスケールの大きなニュアンスを帯びる。

森――梅林・杉林・松林

北原白秋の詩『落葉松』は「からまつの**林**を過

野辺(のべ) 文 野原。野。「―の送り」

野中(のなか) 野原の中。野の中。「―の一軒家／清水」

草原(そうげん) 一面に草で覆われた広い原。「見渡す限りの―」「―地帯」

野良(のら) 野原。特に、田畑のある所。「―仕事／着」

野面(のづら) 文 草(花)に覆われた野原。「―を一陣の風が吹く」

野末(のずえ) 文 野のはずれ。野の果て。「―に咲く花」

草原(くさはら) そうげん(草原)。「―に寝転ぶ」(「草原(そうげん)」よりも小さく、身近にある場所をいう。)

林(はやし) 樹木が群がって生えている所。「明るい―」「松の―」(「森」と比べて密度が低く、規模も小さいものを指す。)

杉林（すぎばやし）
杉の木の林。

ぎて、／からまつをしみじみと見き。」と始まる。国木田独歩の『武蔵野』には「野は風が強く吹く、林は鳴る」とある。また、川端康成の小説『雪国』には、うつむいた駒子のうなじに目をやる場面があり、「その首に杉林の小暗（おぐら）い青が映るようだった」という描写が出てくる。

一方、村上春樹の小説『ノルウェイの森』には「彼女自身の心みたいに暗い**森**の奥で直子は首をくくった」とある。この「林」と「森」とはどういう関係になるのだろうか。両方の漢字を比べてみるとすぐわかるように、「林」よりも「森」のほうが木が多い感じがするし、大木も多いだろう。人間の森氏と林さんの体格とは違い、自然の「森」は「林」より全体としてスケールが大きいという印象もある。

「林」は木がまばらというほどではないにしろ、「森」に比べて樹木が密集している度合いが低く、奥行きが浅い感じがする。そのため、「森のこだま」

森（もり）
①樹木が多く集まり、こんもりと生い茂った所。「―の小道」「―に分け入る」②神社にある木立ち。「鎮守の―」 異字 杜

と違って、「林のこだま」は現象自体が起こりにくい。

「森」の中は草を掻き分けながら進む印象が強いのに対して、「林」の中にはすでに道がついている感じがする。「森」の中にも小道があることも少なくないが、林の中の道はそれより明るいイメージがあり、清純な恋が芽生えることはあっても、「森」と違って小人や魔法使いに出会いそうな雰囲気は感じない。規模が大きく、歴史も古く、奥深い「森」は幻想的な雰囲気が生まれやすい。おそらく全貌をとらえきれない未知なるものへの畏怖の念から、神秘的で夢幻的な存在として、人間は「森の精」を想像したのだろう。対する「林の精」というのを聞かないのは、明るく開放的な「林」ではイメージが違うせいにちがいない。

ただし、「林」は「森」ほどの厚みがないから、「林」の中の一軒家は、「森」の中の一軒家ほど不便な感じはなく、それだけ暮らしやすいという面

精（せい） ①自然物に宿るとされる神霊。「花/森-の—」②死者の霊魂。

もありそうだ。

また、「森」が自然のままに雑多な木が生えている感じなのに対し、人工的な感じの薄い武蔵野の雑木林などがある一方、「**梅林**」「からまつ林」「白樺林」「**杉林**」「**松林**」など、同じ種類の木を計画的に植えてあるケースも多い。それに、「森」が山や丘を連想させやすいのに対し、「林」は平地の連想が強く、明るく牧歌的で、田園的な雰囲気もある。

梅林（ばいりん）　梅の木の林。《春》「―をめでる」 **異読** うめばやし

杉林（すぎばやし）　杉の木の林。

松林（まつばやし）　松の木の林。「海岸の―」

牧歌的（ぼっかてき）　牧歌のように素朴で平和なさま。「―な風景」

木――雑木・若葉・緑陰

小沼丹の小説『枯葉』に「狭い庭に雑然と植わっている木は茂り放題に茂って、長いこと床屋に行かない頭のようになった」とある。この「**木**」はもちろんたいてい縦に生えている「**樹木**」であって、しばしば横になっている「**材木**」ではない。

このように、日本語で「木」といっても、「樹木」もあれば「材木」もあり、**丸太んぼう**のイメージの濃い「材木」とは別に、板の形になった「**木材**」

木（き）　地上部の茎が木質化した多年生の植物。「―を植える/切り倒す」「―が枯れる」 **異字** 樹

材木（ざいもく）　建築などの材料となる木。丸太や角材など。「―置き場」

丸太ん棒（まるたんぼう）　**会** 丸太の棒。

樹木（じゅもく）　木。「―を伐採する」（特に、立ち木の高木を指す。）

木材（もくざい）　建築や家具の材料に使えるように製材した木。角材や板など。「―を切り出す」

も、さらには木で造った木製品も含まれる。

「生木」という語も、「樹木」を意味するだけではなく、切ったばかりでまだ乾燥していない「木材」をさすこともある。

複数という概念が文法的に組織化されていない日本語にも、「人びと」「山やま」「星ぼし」「花ばな」「家いえ」といった言い方はあるが、けっして万能ではなく、「兄あに」とか「犬いぬ」とかとは言えないし、「親おや」などと言うと呆れられてしまう。それに、これらの名詞の反復形は、単なる複数というよりも、「咲き誇る花ばな」「夕映えの家いえ」など、かなりの数にのぼる対象を視野におさめた時のいくばくかの感慨をこめた表現のような気がする。「木木の緑」も例外ではなく、木が二本だけではイメージが合わない。

「木」を用途という観点から、檜や杉など品質のよい材木になる特定の木を除いた種種雑多の木を「雑木」とする。この漢字は「ぞうき」とも「ぞ

生木（なまき） ①地面に生えている木。②切ったばかりで、まだ十分に乾いていない木。

夕映え（ゆうばえ） ①夕日に反映して照り輝くこと。②夕焼け。「―の空」

雑木（ぞうき） 材木にならない木。種々雑多な木。「―林」 異読 ざつぼく・ぞうぼく

苗木（なえぎ） 樹木の苗。移植用の幼い木。「—を育てる」

老い木（おいき） 長い年月を経て衰えてきた木。↔若木

老樹（ろうじゅ） 文 長い年月を経た風格のある樹木。「日本でも有数の—」

双葉（ふたば） 二葉 双子葉植物が発芽したとき最初に出る二枚の葉。異字

うぼく」とも「ざつぼく」とも読む。「雑木林（ぞうきばやし）」は、いろいろな樹木が混ざって生えている林をさす。

木はそれぞれ成長の段階に応じてさまざまに呼び分ける。移植用の幼い木は「**苗木**（なえぎ）」、芽が出てからあまり年月の経っていない樹木は「**若木**」と呼ぶ。逆に、成長してから長い年数が経って年老いた樹木は「**老い木**」と言い、漢語の「**老木**」も用いる。「**古木**（こぼく）」となると、樹勢の衰えより貴重な存在という点が前面に出てくるような感じがある。「**老樹**」という語はさらに風格を感じさせるような気がする。

草木は茎や幹や枝だけでなく、**葉**にもさまざまな段階がある。芽を出したときに最初に出るのが「**双葉**」、「二**葉**」とも書く。朝顔などの双子葉植物では二枚出るのでこの名がある。「栴檀（せんだん）は双葉より芳（かんば）し」のあの「ふたば」だ。

「若葉の季節」などというあの「**若葉**」は、生え出て間もない若く新鮮な葉をさす。「不二（ふじ）ひと

若木（わかぎ） 芽生えてからあまり年数のたっていない木。↔老い木

老木（ろうぼく） 古木。「—の存在感/風格」

古木（こぼく） 文 長い年月を経た木。「樹齢千年の—」

葉（は） シダ植物・種子植物の茎につき、光合成を営み蒸散作用などを行う器官。

若葉（わかば） 生え出て間もない草木の葉。《夏》「—の季節」

洒脱（しゃだつ） 文 さっぱりして俗っぽくないこと。脱俗。「─な─人／文章／絵」「軽妙─」

縁先（えんさき） 縁側の端や、すぐ前あたり。

つうづみ残してわかばかな」という与謝蕪村の有名な句は、そびえたつ富士山だけを残して、あたり一面を若葉が埋め尽くしてしまった、という絵描きらしい構図で、山麓の新緑を誇張した壮大なスケールの作品である。

時代は下って室生犀星に、「わらんべの洟（はな）もわかばを映しけり」という意表をつく一句もある。「わらんべ」は「童（わらべ）」すなわち子供である。洟という汚いものに背景の若葉が美しく映っている、という何とも皮肉な光景だ。人と自然との一瞬の出会い、美と醜との偶然のめぐり合い、こういう思いがけない発見を可能にしたのは、鍛えられた感覚と洒脱（しゃだつ）な遊び心だったのだろう。俳味が心にくいほどだ。藤沢周平の小説『盲目剣谺返（こだまがえ）し』は、盲目の剣士が「縁先から吹き込む風」の運んで来る「若葉の匂い」を嗅ぐ場面で幕が下りる。

網野菊の小説『遠山の雪』で、「四度目の母が嫁いで来た」ショックもあり、最初の妻の子である主人公の良子は、「さめてもよし、さめなくてもよし」という気持ちで睡眠薬を多量に飲む。二、三日眠り続け、やっと気がついた時、「**新緑**のみずみずしい美しさを見ると」、「生きている喜びでふるえ」る。この「新緑」もまた、初夏の若葉の緑をさす。

江戸中期の文人山口素堂の「目には**青葉**山郭公(やまほととぎす)初松魚(はつがつお)」は、この季節を代表する一句だろう。まず字余りにして新緑の「青葉」を印象づけ、それに「ほととぎす」と「**初鰹**(はつがつお)」という初夏の景物を並べて弾むように展開する。小沼丹の小説『昔の仲間』に、昔友人と行ったことのある深大寺を何年後かにひとり再訪する場面が出てくる。寺の庇(ひさし)を借りて雨宿りをしながら、戦場に消えたその友人の記憶をたどる。「暗い長いトンネルがあって、トンネルを出てみたら、いつの間にか座席のあちらこちらに空席が出来ていて、座席の主は帰って来ない」。そして、「雨に濡れる青葉を見ながら」、

初鰹(はつがつお)　四～五月に南の海から北上してくる、その年いちばん早くにとれる走りの鰹。脂はまだのっていない。特に江戸で珍重された。《夏》

新緑(しんりょく)　初夏の若葉のつややかな緑。《夏》「―の候」

青葉(あおば)　初夏の青々とした木の葉。《夏》「―が目にしみる」［「若葉」のあと、勢いよくもえ出る木々の葉についていう。］

景物(けいぶつ)　四季折々の風物。「初夏/季節-の―」「―詩」

「棚の上に残されたのは、追憶と云うトランクだけ」という美しく重いメタファーを置き去りにして作品はフェードアウトのように消えてゆく。

単なる「緑」でも「新緑」でもおさまりきれないスケールの大きな生命感を、中村草田男は「**万緑**の中や吾子の歯生え初むる」とほとばしらせた。降るように旺んな井の頭公園あたりの緑の中で、わが子の口に小さな白い歯が生え始めたことにふと気づいた瞬間の感動を描いた生命讃歌だ。天地万象の緑である。

万緑（ばんりょく） 文 見渡す限り草木の緑に覆われていること。《夏》

木陰（こかげ） 木の陰。特に、根元辺りの陰をいう。「—で涼む」

暑さに向かうこの季節、「**陰**」を求めて語彙が広がる。まずは「木陰で憩う」の「**木陰**」で、木の下になって雨や日光が直接あたりにくい場所をさす。山口誓子に「木陰より総身赤き蟻出づる」という句がある。炎天下の木陰から蟻が這い出て驚いて見ると、それが血のように赤い。不気味な戦慄が走る。似たような意味でも、「**樹陰**」という漢語は会話では使わず、また、葉の茂った大木

陰（かげ） ①光の当たらない所。「山の—になる」②物に遮られて見えない所。「柱の—」「岩—」 異字 蔭

樹陰（じゅいん） 文 木陰。「—慕わしい時節」

葉陰（はかげ） 草や木の葉の陰。葉隠れ。「椰子（やし）の―」

花（はな） 種子植物の生殖器官。茎に相当する花軸と葉に相当する花葉とから成る。花葉は花の主体で、雌しべ・雄しべ・萼（がく）・花冠に分化している。《春》「―が咲く／散る」

のイメージが強くなるかもしれない。

「**葉陰**（はかげ）」となれば、木の下だけでなく草の陰も含まれる。生い茂った木の葉が自然につくりだす木陰を意味する、近代の季語となった「**緑陰**（りょくいん）」という美的な語には、暑い季節に燃え立つような日差しを避けてほっと息をつく都会の生活感が漂うかもしれない。「緑陰に黒猫の目かつと金」という川端茅舎（ぼうしゃ）の句は、絵画的な着眼で、にらむような迫力にはっとする。

花――花冷え・花衣・桜月夜

良寛が「形見とて何か残さむ春は花山ほととぎす秋はもみぢ葉」と詠んでいるこの「**花**」、単に「花」とあるが、むろん花全般ではなく**桜**の花をさしている。こんなふうに、日本人はしばしば「花」ということばでその代表である桜をさしてきた。時代が下って三好達治の詩『甃（いし）の上』も、「あはれ花びらながれ／をみなごに花びらながれ」と展開するが、これも寺の境内の「甃の上」にはらはら

緑陰（りょくいん） 文 木陰。《夏》「―に憩う」

桜（さくら） バラ科サクラ属の落葉高木または低木。春、淡紅色の五弁または八重の花をつける。古来より日本の代表的な花で、平安後期以降「花」といえば桜を指した。花と葉は塩漬けにして食用。《春》

花見（はなみ）　桜の花を眺めて遊び楽しむこと。桜見物。《春》「――客／時（どき）」

花冷え（はなびえ）　桜の花の咲くころ一時的に戻ってくる寒さ。《春》「――の夕暮れ」

と散る桜の花びらの風情である。

「**花見**」も桜見物を意味し、椿（つばき）や薔薇（ばら）を観賞する場合には使わない。大岡昇平の小説『花影（かえい）』の一節「花の下に立って見上げると、空の青が透（す）いて見えるような薄い脆（もろ）い花である。／日は高く、風は暖かく、地上に花の影が重なって、揺れていた」という描写も、「花」が桜花をさすから優美なイメージが広がるのである。

桜の咲くころに一時的に戻ってくる寒さを「**花冷え**」と言い、その時期に多い薄曇の空を「**花曇**」と呼ぶ。「茹（ゆ）で卵むけばかがやく花曇」という中村汀女の句はそれで、つやつやとした白身が曇り空に一点の明るさを投じたという発見がポイントだろう。花見用の晴れ着を「花衣（はなごろも）」と呼ぶ。「花ごろも」という言い方にはどこかうれしい響きがある。大勢の花見客に交じって満開の桜を堪能していささか興奮ぎみに家路につく。帰宅してその衣装を脱ぐと、ほっとし、どっと疲れが出る。そ

花曇り（はなぐもり）　桜の咲くころの、空が薄く曇っている天気。《春》「――の空／日」

花明（はなあ）かり 文 桜の花が満開でほんのり明るく感じられること。

れさえも特別に「花疲れ」と呼んで楽しむ。千原叡子（えいこ）の「花衣ぬぐやみだるる恋に似て」という句は、脱ぎ捨てた花見の衣装と乱れる恋とのイメージの交錯が悩ましい。

春の闇の中に満開の桜がほんのりと白く浮き上がって見え、その周囲が夜でも薄明るく感じられる現象を、日本人は「**花明り**」という美しいことばで季語とした。夜に月の光などで花の影ができると「花影」と称し、和語で「はなかげ」と読む。「雀（すずめ）来て障子にうごく花の影」という漱石の句は、晴れた日、障子に鳥影がさして、雀が桜の枝にとまったのか、障子に映る花の影が揺れていると、微妙な影の動きをとらえた作品だろう。「かえい」と音読みした漢語は高尚な感じで文体的なレベルが高い。同じ「はなかげ」でも「花陰」と書けば、花の下の陰になったところをさす。高村光太郎の詩『レモン哀歌』に出てくる「写真の前に挿した桜の花かげに／すずしく光るレモンを今日も置こう」の「花かげ」は、そういう意味合いで使ってあるように思われる。

絢爛（けんらん）と咲き誇った桜花もわずか数日であっけなく散ってしまう。「久方の光のどけき春の日にしづ心なく花のちるらむ」という広く知られた紀友則の和歌は、花の散る風情に思いを馳（は）せた一首である。日本人は、散る花も、散った花も一幅の絵に仕立て、観賞の対象としてきた。及川貞の「ひとひらのおくるるしじま**花吹雪**」という一句は、かたまりをなして散り落ちる花びらを追うように、ひとひらだけ遅れて舞う、その思いがけない一瞬の間をはっと見つめた作品で、舞い散る桜のはなやかな**落花**シーンを、寒風に雪の舞う「吹雪」のイメージでとらえる慣用的な隠喩で結んでいる。

川べりの桜が一斉に散り、川面に散り敷いた花びらが面をなして流れると、それを材木を並べて縄で結び水に浮かべる、あの「筏（いかだ）」のイメージで

花吹雪（はなふぶき）　桜の花びらが風に吹かれて吹雪のように舞い散ること。《春》「一面の―」

落花（らっか）　文（桜の）花が散り落ちること。また、その花。《春》

とらえ、「花いかだ」と風流な趣向を楽しむ。
「花」とぼかさず、はっきり「桜」と特定する場合も、日本人にははなやいだ雰囲気が感じられる。桜の葉で包んだ「**桜餅**」、桜の花の塩漬けを入れた「桜湯」を味わって季節感を満喫する。桜の開花日の地域による違いに着目し、天気図に寄せて「桜前線」なるものを考え出すのも日本人らしい発想だろう。与謝野晶子の「清水へ祇園をよぎる桜月夜こよひあふ人みなうつくしき」という一首は、桜を詠んだ絶唱である。あでやかな女性の姿と花街（かがい）祇園の夜桜、そういう自然の中の人をとらえた描写のアングルが新鮮だ。幻想風の美化が春の夜の浮き立つ気分を引き立てる。「桜月夜」という新鮮な造語は、まさにその象徴としてよく働いているように思われる。

　桜の連想から生まれたことばも多い。桜の花の色を思わせるあえかなピンクを「**桜色**」と呼ぶ。それに似た色であるところから「**桜えび**」、「**桜貝**」、

桜餅（さくらもち）　①小麦粉・白玉粉・寒梅粉などを皮種（かわだね）にして焼き、こし餡（あん）を包んで、塩漬けの桜の葉で巻いた菓子。関東風。《春》②蒸した道明寺粉で餡を包み桜の葉で巻いた菓子。関西風。《春》

桜色（さくらいろ）　桜の花のような薄紅色。薄赤色。「頬（ほお）が—に染まる」

桜海老（さくらえび）　赤みを帯びたごく小さなエビ。天日干しにして丸ごと食用にする。「—の素干し」

桜貝（さくらがい）　ニッコウガイ科の二枚貝。《春》〔殻の形と色が桜の花びらに似る。〕

桜草(さくらそう)　サクラソウ科の多年草。春から秋にかけ、紅・紫・白・黄などの桜に似た花を茎頂に数個つける。《春》

桃(もも)　バラ科の落葉小高木。春、淡紅・紅・白色などの五弁または八重の花をつける。邪気を払う霊木とされ、雛(ひな)祭りに飾られる。果実は初夏に熟し、美味。《秋》

「**桜草**」、「**桜飯**」と称し、馬肉を「**桜肉**」と呼び、略して「さくら」とも言う。桜の開花の時期に産卵のため内湾に集まる真鯛(まだい)を「**桜鯛**」と名づける。どこか気分を楽しんでいるような感じがある。

もちろん、日本語の「花」は桜専用のことばではない。山野三郎ことサトウハチロー作詞の『うれしいひなまつり』は「あかりをつけましょ　ぼんぼりに／お花をあげましょ　桃の花」と始まり、ここでは**桃**の花だ。茨木のり子の詩『見えない配達夫』に「三月　桃の花はひらき／五月　藤の花々はいっせいに乱れ」とあるのも、桃の花や**藤**の花をさしている。安西均の詩『花の店』には「かなしみの夜の　とある街角をほのかに染めて／花屋には花がいっぱい」とある。花屋の店先だからさまざまな種類の花が並んでいるのだろう。そのあとに「賑(にぎ)やかな言葉のように」という思いがけない比喩表現が続いて、一瞬、読者を黙らせる。

網野菊の小説『さくらの花』にこんな場面があ

桜肉(さくらにく)　馬肉。〔俗謡「咲いた桜になぜ駒つなぐ」から、または肉色が桜色であるからといい、この肉を使ったすき焼きを「桜鍋(なべ)」という。〕 略形 桜

桜鯛(さくらだい)　桜の季節、産卵を前に紅色の鮮やかさを増したマダイ。瀬戸内海沿岸のものが有名。《春》

藤(ふじ)　マメ科のつる性落葉低木。五月ごろ、つるの先から薄紫や白の総(ふさ)状の花を下垂させる。つるは縄や細工物に利用される。《春》「―の実《秋》」

る。病気で入院していた妹が亡くなって駆けつけると、付き添い看護婦が「**菊**の花は入れないで下さい。奥さんは、菊の花はおきらいでしたから」と指示し、「葬儀屋は白菊の花を足もとに捨てた」。よし子が見ると、「入院して間もなくの大晦日(おおみそか)に、正月の花にと思って二本自分がゆう子の病室へ持参したのと全然同型同色の中輪の花だったので、ハッとした」とある。これは菊の花だ。

小沼丹の小説『小径』は「しいんと静まり返った家のなかに人の気配は無く、裏山の辛夷(こぶし)が白い花を散らしているばかりである」として結ばれる。伯母が死んで人手に渡った家をふと思い出すシーンだ。ここの「花」は**辛夷**の花である。過去をふりかえっている場面でも、単なる幻想でもない。過ぎ去った事実が記憶の中でおのずと形を変えて生き続け、こんなふうにその人間の心の絵模様を形づくるのだろう。

菊(きく) キク科の多年草。古来から観賞用に栽培。秋に一重または八重の様々な色と大きさの香りのよい花をつける。《秋》「―の節句」「―人形」

辛夷(こぶし) モクレン科の落葉高木。山地に自生し、庭木ともする。春、芳香のある白い大形の花をつける。《春》〔つぼみの形が子供の握りこぶしに似ることから。〕

芽——芽ぐむ・萌える・萌す

日本語には、植物が**芽**を出すことを表す動詞が豊富である。種子から芽が出ることを「**発芽する**」と言い、「**出芽する**」とも言う。どちらも漢語の名詞に「する」をつけた動詞で、主として文章の中で用いる。学術的な雰囲気が漂う客観的な用語で、くだけた会話にはなじまない。「**芽生える**」「**芽ぐむ**」「**芽吹く**」「**芽ざす**」「**芽が出る**」「**芽を出す**」あたりは会話にもなじむ日常語だ。京都大学で美術史を講じた沢村胡夷(こい)の作詞になる旧制三高の寮歌には「紅(くれない)萌ゆる岡の花／早緑(さみどり)匂ふ岸の色」とある。この「**萌える**」は「**萌え出る**」とともに、いくぶん古風で詩的な雰囲気がある。ほぼ同義的な「**萌(きざ)す**」も文章語的なレベルにあるだろう。それぞれに語感の微差はあっても、意味の面ではいずれも発芽現象を表しており、農耕民族の名残を思わせるほどに、この面の語彙は実に豊かで、並べてみると驚く。「愛」や「恋」には「芽生える」

芽(め) [文] ①茎・葉・花が伸長する前の未発達の状態。「木の—がふく」②種子から出たばかりの草木。「朝顔の—が出る」

発芽(はつが) 種子が芽を出すこと。「種子／大豆-が—する」〔枝や根などから芽が出ることもいう。〕

出芽(しゅつが) [文] 種子が芽を出すこと。発芽。「麦が—する」

芽生える(めばえる) 芽が出始める。〔主に草花の芽が土から顔を出すことをいう。〕

芽ぐむ(めぐむ) [文] 草木の枝から芽がちょっと出始める。

芽吹く(めぶく) 樹木の枝から芽が勢いよく出始める。「柳／街路樹-が—」〔主に樹木について一面に、一斉にという感じ。〕

芽差す(めざす) [文] 芽が出る。「柳が—」

芽が出る(めがでる) 草木の種や枝、球根・地下茎の一部が膨らみ、やがて葉・茎・花などに生長する部分が出る。

芽を出す(めをだす) 芽が出るようになる。芽を吹く。「早く芽を出せ柿の種」

萌える(もえる) [文] 草木の芽が出る。「若葉が—」

萌え出る(もえでる) [文] 草木の枝から芽が出て伸びる。「草木／新芽-が—」

兆す(きざす) [文] 芽生える。「若草が—」 [異字] 萌す

庭（にわ） 敷地の中に草木を植えたり泉水を設けたりした場所。「—の手入れ」「—造り」

園（その） 文 花・果樹などを栽培する一区画。「桜の—」 異字 苑

が最適で、「萌す」も使えそうだが、芽が出るという基本的な意味はすべて共通しているのだからいささか感動的である。

庭——苑・園・林泉

「**庭**」というと、すぐに観賞用の草木や池や築山などを連想するが、この漢字はもともと宮殿内の式場を意味したらしい。日本語の「にわ」も古くは、現在のような眺めて楽しむ対象ではなく、家屋の周囲にある空地をさし、祭りとか農作業とか何かを行うための場所を意味したという。現代語の「場」に近いことばだったようだ。

万葉の昔、大伴家持の詠んだ「春の苑紅にほふ桃の花下照る道に出で立つ乙女」という一首に出てくる「**苑**」という漢字も、新宿御苑などの連想から観賞用の立派な庭園を連想させる。しかし、これも古くは草花や果樹、それに野菜などを植えておく一区画の土地をさしたらしい。「**園**」という漢字も、本来は塀をめぐらした場所という意味

だったらしく、そこから果樹や野菜を植える「苑」の意に転じたという。

その二つの漢字が合併してできている「**庭園**」という漢語は、築山や泉水を設け、樹木を巧みに配置し、あるいは芝生を植えたような立派な庭を思わせるだろう。座敷から眺めるだけでなく、ぐるりと歩いて多角的に観賞する「回遊式の庭園」もある。公衆の憩いや保養のために設けると「**公園**」と呼ばれ、日常親しまれている。

林と泉、すなわち、木立と泉水のある広い庭園を文章中に「**林泉**」と書くこともあったが、今では高級で古めかしく感じることばだろう。

眺め――景色・風景・光景

「春のうららの隅田川」と始まる武島羽衣作詞・滝廉太郎作曲の『花』は、「眺めを何にたとふべし」と終わる。この「**眺め**」は「眺める」という動詞からできた名詞だけに、「眺めのいい部屋」「車窓からの眺め」など、眺める対象だけでなく、人間

庭園（ていえん） 鑑賞や憩いの目的で、樹木や芝生を植えたり築山（つきやま）・噴水・花壇・池などを設けたりする場所。「日本／屋上―」（「庭」よりもかなり広くて格調の高い感じがある。）

公園（こうえん） ①市民の憩いのために設けられた公共の庭園や遊び場。「―のベンチ」②特に自然保護や観光のために指定され、種々の規制が加えられる広大な地域。国立公園など。

林泉（りんせん） 文 木立や小川・池・泉などのある庭園。「美しい―」

眺め（ながめ） 見渡した景色。「―がよい部屋」

眺望（ちょうぼう） 文 見晴らし。「―を楽しむ」「―絶佳」

見渡す（みわたす） 広い範囲にわたって見る。「―限り白一色」「湾内を―」

自然▼眺め

が見る位置や方角が意識にのぼりやすい。「眺めのもっとも美しいもう一つの場所は、島の東山の頂きに近い燈台である」という三島由紀夫の『潮騒』の用例も、眺められる景色ではなく、眺める場所に対する言及である。

「**眺望**」という語も、「眺望が利く」「雄大な眺望が楽しめる」というふうに、そこで**一望**する風景という対象ではなく、広く景色を眺めるという意味合いが強い。太宰治の小説『富嶽百景』に「頂上のパノラマ台という、断崖の縁に立ってみてもいっこうに眺望がきかない」とある例も同様だ。芥川龍之介の随筆『あの頃の自分の事』に「見晴しの好い二階の廊下」とあるように、「**見晴らし**」という語は、眺望のうち、さえぎるものなく遠くまで**見渡せる**場合に使うようである。

「**景色**」という語は主に、眺める対象としての自然をさすようだ。漱石の『坊っちゃん』に「赤シャツは、しきりに眺望していい景色だと云って

一望（いちぼう） 広い眺めを一目で見渡すこと。「山河/平野-を―する」「―千里」 異字 一眸

見晴らし（みはらし） 遠くの景色を広く見渡すこと。また、その眺め。「遠くまで―が利く」「―台」

景色（けしき） 目の前に広がった自然の様子や趣。「海/山-の―」「冬/雪―（げしき）」

る」という例があるが、これも自然の眺めをさしている。川端康成の中編小説『雪国』の冒頭は、列車がトンネルを抜けて雪景色に入る感動を「雪国であった」という一文にこめて始まる。この作品の初めの部分は、最初『夕景色の鏡』と題する短編として発表された。あたりが暗くなると、硝子の窓は車内を映す鏡と化すが、夕方だと外と内との二重写しとなる。車窓からの景色を楽しんでいた島村の眼に葉子の瞳が映ってはっとするシーンだ。それが「**夕景色**」である。「**夜景**」となると、ビルの窓明かりや店のネオンが主体となるが、「**雪景色**」を含め、この「景色」という単語は自然の風景をさす例が圧倒的に多い。

　窓の外の風景と車内の光景とのその二重写しとなった映像を、作者の川端は「人物は透明のはかなさで、風景は夕闇のおぼろな流れで、その二つが融け合いながらこの世ならぬ象徴の世界を描いていた」と展開する。

夜景（やけい）　夜の景色。「港/百万ドルの—」「—を撮る」

雪景色（ゆきげしき）　①雪の降る景色。「外は見る見る—になる」②雪が降り積もった景色。

夕景色（ゆうげしき）　夕方の景色。「山村の—」

それでは、そこに出てくる「**風景**」という語はどうだろう。「風景画」「田園風景」「山里の風景」など、これも自然の景色をさす例が多いようだ。井上靖の小説『猟銃』に「冷たく沈んだ瀬戸物の絵のような、伊豆の美しい雑木林の風景」という一節があるが、これも例外ではない。

また、藤沢周平は『日本海の落日』と題する随筆を、「庄内平野と呼ばれる生まれた土地に行くたびに、私はいくぶん気はずかしい気持で、やはりここが一番いい、と思う」という一文で起し、「折から海に日が沈むところ」に行き合うと、「胸の中では、こんなうつくしい風景がよそにあろうか、とつぶやいていた」と、照れくさそうに結ぶ。この「風景」もまた落日の**大観**という自然の景色である。

しかし、この語は「サッカーの練習風景」「夫婦の仲睦（むつ）まじい風景」というふうに、人間活動のワンシーンなどについて用いる場合があり、「眺

風景（ふうけい）　景色。「—画」「田園／歳末—」〔自然と人事の両方についていう。〕

大観（たいかん）　文 壮大でおごそかな眺め。「落日の—」

め」や「景色」と違う。

ちょっとした風景という意味の「**小景**」という語は、「雨中小景」などと詩や絵画の題としてしばしば用いられる。「ふるさとは遠きにありて思ふもの／そして悲しくうたふもの」と始まる室生犀星の詩も『小景異情』というタイトルである。

「**光景**」という語は、そういった一場面として外から見かけた人間や場所の一瞬のありさまをさす例のほうがむしろ中心のようだ。武田泰淳の『風媒花』に「大活躍の光景が、なつかしくも幻燈画のように、彼の脳裏を去来する」とある例もそうである。

町――街角・巷・場末

「まち」という和語にはさまざまなニュアンスがともなう。多くは「町」と書くが、「街」と書く例も少なくない。「**町**」という漢字は、もともと田を区切る畦道(あぜみち)を意味し、境界という意味に広がったらしく、今でも「**市**」や「**村**」と並ぶ行政

光景(こうけい) その場で目に見えるありさま・様子。「見慣れた／わびしい／ほほえましい――」〔目に映じていることに重点がある。〕

町(まち) ①人が多く集まり住んでいる所。「織物の―」「城下―」②地方公共団体の一つ。町(ちょう)。

市(し) 五万人以上の人口があり、都市としての条件を備えている地方公共団体。「―の条例」「―役所」「京都―」

小景(しょうけい) 文 ちょっとした眺め。「湖畔の―」↔大景

村(むら) ①田舎で人家が集まって村民が住んでいる所。「―を形成する」②地方公共団体の一つ。村(そん)。

区分としての「まち」や、「市」の構成要素としての「まち」を表す場合には、通常この漢字を用いる。「町外れ」とか「町の名称が変更になる」とかという用法はそれにあたる。

茨木のり子の『はじめての町』と題する詩には、「はじめての町に入ってゆくとき／わたしの心はかすかにときめく」とあり、町の空に「きれいないろの風船が漂う」と、「その町に生れ　その町に育ち　けれど／遠くで死ななければならなかった者たち」の魂だと考えるともあり、さらに、「水のきれいな町　ちゃちな町／とろろ汁のおいしい町　がんこな町／雪深い町　菜の花にかこまれた町／目をつりあげた町　海の見える町／男どものいばる町　女たちのはりきる町」などと展開する。このように点描される「町」は、いずれもそういう意味合いだと考えていい。

一方、「**街**」という漢字は、もともと道路が交差する十字路を意味したらしく、そこから大通り

点描（てんびょう）　線を使わず、点の集合で絵を描く画法。

街（まち）　市街地（の中で商店の集まっている所）。「—に出る」

市街地(しがいち) 人家や商店、ビルが密集している地域。市街。

の意に広がり、ひいては**市街地**をさすようになったようだ。そのため、商店街や**繁華街**などのにぎやかな地域をさす「まち」にはこの漢字を使うことが多い。北村太郎の詩『雨』に、「春はすべての重たい窓に街の影をうつす」とあるのは、そういう一例だろう。また、鮎川信夫の『繋船(けいせん)ホテルの朝の歌』という詩に、「悲しみの街から遠ざかろうとしていた」とあるのも、そういうニュアンスだろう。

「花」と「言葉」とがたがいにイメージを通わせ合うあの安西均の詩『花の店』にも、「とある街角をほのかに染めて」とあるように、「**まちかど**」という語には「街角」という字を宛てる。そして、「夜の街角を曲る」頃には「かなしみのなかで何でも見える心」を取り戻す、とある。

「ネオンまたたく」と来れば「街」がなじむが、「まちの灯(ひ)」という場合は微妙だ。田舎から町に出て目に入るのは「町の灯」だが、町の人がぶらぶら

繁華街(はんかがい) 商店や飲食店などが並び、人通りが多くにぎやかな地域。「—を通る」

街角(まちかど) 文 ①街の道の曲がり角。「—の喫茶店」②街頭。「—の雑踏」「—に立つ」 異字 町角

巷（ちまた） 文 人通りが多く、にぎやかな所。「―のうわさ」「夜の―」 異字 岐・衢

盛り場（さかりば） 歓楽街。「―へ繰り出す」

町外れ（まちはずれ） 町の端の方で家々がまばらになり、町並みが途絶えようとする辺り。「―にある寺を訪ねる」

自然▼町

歩いていて目にするのは「街の灯」が自然だろう。

「**巷**」という漢字は、もともと村の中を通り抜けている道を意味し、それが町の小道の意にまで広がり、やがて村や町そのものを表すようになったらしい。それを訓読みした「ちまた」という和語は、もとは道の分かれる場所すなわち分岐点をさしたが、そこから通り道、町通りそのものを意味するようになり、やがて「巷に雨が降る」のような人びとの住む場所や、「巷の噂（うわさ）」といった世間の意にまで広がったようだ。「**陋巷**（ろうこう）」は狭くてむさ苦しい街を意味する。

町の中でも、人家や商店などが立ち並んでいる場所が「市街地」、中でも人通りが多くにぎやかで栄えている地域が「繁華街」、飲食店、商店、娯楽施設などが集中していて人の集まる一帯が「**盛り場**」、娯楽施設の集中する区域が「**歓楽街**」である。町の中心から遠く離れた場所を客観的にさすのが「**町はずれ**」。「**場末**」となると、うらぶ

陋巷（ろうこう） 文 雑然としていて、むさくるしい裏町。「―でその日の衣食に窮していた三文文士」「―に窮死する」

歓楽街（かんらくがい） 酒場や映画館、ゲームセンターなどの娯楽施設の多いにぎやかな所。「―の中心に位置する劇場」

場末（ばすえ） ①繁華街を離れて人通りも少なくなる所。「―のクラブ」②町外れ。

れた雰囲気が漂い、小池滋の『行間を読む』に「場末の駅」とある。謙遜して用いる場合もある。

人間

一生（いっしょう） 生まれてから死ぬまでの間。「人の—」〔副詞的にも用いられる。「—忘れない」〕

人生——一生・生涯

生き物が生まれてから死ぬまでの時間を日常語で「一生」と呼ぶ。人間にはもちろん、ぴったりはまるし、犬でも鳩でも鯉でも蝉でも、あるいは樹木でも草花でも、遠い星でも、時には「一生」と言うことがありそうだ。ビフィズス菌や白癬菌などでさえ、この語を絶対使えないわけではない。が、あとに出るものほど比喩的な雰囲気が強くなり、極端になるとふざけた感じに響く、という傾向のあることは否定できない。

また、「恵まれた一生」だとか「運に見放された一生」だとか、通常は生涯のすべてをさすが、「一生のお願い」だとか「御恩は一生忘れない」だとか、生まれてからではなく、その時から死ぬまでの時間を意味することもある。室生犀星が萩原朔太郎に宛てた手紙を「僕は酒に一生を托する気にはならないが、一晩や二晩は托する気持になる」と結んだのも、もちろん生後すぐは含まず、成人して

生涯（しょうがい） 一生。「―独身を通す」〔一生のうちのある部分をいうこともある。「公―」〕

岐路（きろ） 文 道が分かれている場所。

から以降をさすだろう。

「**生涯**」とすると少し硬い感じにはなるが、意味するところはほとんど同じで、「短い生涯を閉じた」のように誕生から死去までのすべてをさす用法と、「君のことは生涯忘れない」というふうにその瞬間以降を意味する場合とがある点でも、よく似ている。ただし、「一生」に比べて、人間以外に対して使いにくく、それだけ比喩的になる用例も少ないようだ。

「人生の岐路に立つ」などと使う「**人生**」という語は、さらに明確に、人間の一生を意味しており、豚やダボハゼなどについては用いない。「人生、山あり谷あり」とも言うが、定年退職の挨拶状で、自分が主任を務めた専攻の運命の実情に合わせて、そのあとに「谷あり谷あり」を追加して正確を期した。大学院文学研究科の委員長がそれを朗読したらしく、並み居る先生方を笑いの渦に誘ったという昔を思い出す。

人生（じんせい） 人間の生きている間。人の一生。「―わずか五十年」「―は夢のごとし」

卒業や結婚に際し「人生の門出」と祝ったり、職業や配偶者などの変化に応じて、揶揄ぎみに「第二の人生」とおだてたりするケースもあるから、必ずしもその人間の一生涯全体に対応しない用法もある。

福原麟太郎のエッセイ『交友について』に、「私は、私に与えられた小さな盃で、私の人生の酒を飲んでゆく」とある。このように、「人生」という語の背景には、その人間の生き方という具体像が見え隠れする。「人生相談」「人生案内」という使い方も同様だ。時間的にとらえた感じの「一生」や「生涯」に比べ、この語にはそういう事実そのものより、「人生とは何か」「人生の意義を問う」など、それについて思考する対象として使われる例が目立つ。「人生観」や「人生論」などという場合に「一生」や「生涯」という語が不適切なのはそのためである。

ホモサピエンス 「現生人類」の学名。ヒト。〔旧人以降の化石人類を含む場合もある。ラテン Homo sapiens（知恵ある人）〕

人間▼人

人 ―― 人間・人類・人物

「人間」を「じんかん」と読めば、人の住むこの世間という意味になり、「人間到る所青山あり」として使われるが、ふつうはこれを「**にんげん**」と読み、動物のうちの一種であるヒトの類をさす基本的な漢語として用いている。だが、つねに、単なるホモサピエンスという現生人類一般をさすだけでない。

夏目漱石の小説『それから』に出る、「ほかの人間と話していると、人間の皮と話すようで歯痒（はがゆ）くってならなかった」という例では、最初の「人間」は個個の「人」、二番目の「人間」は「人類」に近い用法だろう。「田舎の人間」のように、個人よりも平均的な人といういくらか抽象化した用法もある。

他の動物とは違って、道徳やたしなみを身につけ、礼節を重んじ、慈（いつく）しみの心をそなえている存在と考え、「人間の道」とか「人間として恥ずか

人間（にんげん） （社会の中の）人。「――国宝／愛／関係」

人格（じんかく） 一個人として独立しうる資格。また、道徳面での人柄。「立派なー」「ーを-認める/疑う」「ー形成/者」

人類（じんるい） ヒト。「ーの祖先」〔他の動物と区別するときの語。〕

しい」とかと言う。「人間ができている」とすれば、むしろ「**人格**」的な意味合いが強くなる。「人間関係に悩む」という例では、人と人との交友関係をさすだろう。

「人」に比べ、「人間」という語には傍観者的な視点が感じられるとも言われる。

「**人類**」という語は、人間を他の動物と区別する場合の呼称であり、「人類の祖先」「人類愛」「人類学」など、つねに人間一般をさし、個人は考察の対象とならない。

もっとも日常的な「**人**」という基本語は多様な使われ方をするが、大上段に構えた感じの「人間」より生活に溶け込んだ温かみを感じさせ、社会の構成員としての人間といった視点が感じられる。

「人の道を外れる」という場合の「人」は、道徳的な判断力を当然身につけているはずの「人間」という存在を思い描いているだろう。「尋ね人」の場合はある特定の個人。「道行く人」の場合は、

人（ひと） 特定の人間。また、社会に生きる人。人材。「ーの道」「ーを-呼ぶ/立てる」

不特定の人びと。「英会話の達者な人を探している」の場合は「人材」に近い意味合いが感じられる。夏目漱石の『坊っちゃん』に出てくる「猿と人とが半々に住んでる様な気がする」という例は「人類」に近い用法だろう。

それでは、「人に頼る」「人の真似をする」という場合の「人」はどういう意味だろう。実は、これこそ「人間」でも「人類」でも代用できない「人」独自の意味なのだ。「ひと」は本来、自分自身をさす「われ」と対立し、自分以外の人間をさすことばだった。「ひとのことなどかまってはいられない」「ひとの気も知らないで」「このつらさはひとにはわからない」という場合の「ひと」は、いずれも当人以外の人間をさしている。だから、自分に関係のないことは所詮「ひとごと」である。この「ひと」は「人間」という意味ではなく、自分以外の人間をさすから、「人」と書いて「人間」という意味に誤解されないよう、わかりやすく「他

達者（たっしゃ） 修練によって物事に熟達しているさま。「英語が―だ」「芸―」

所詮（しょせん） いろいろ考えてみたが、結局。「―かなわぬ夢」「―(は)助からない命だったのだ」

人間▼人

人事」という漢字を宛てた。ところが、この親切があだとなった。「ひとごと」と読ませるつもりが、「たにんごと」と誤読する人類が出現して繁栄をきわめ、ついに新しいことばの誕生を認知せざるをえなくなったという。

「**人材**」という語は、才能があって世の中の役に立つ人を意味し、「人材の育成」「人材を登用する」「人材派遣」などとして使われている。

「**人物**」という語は、三つの別の意味で使われていると考えたほうがいい。一つは、「登場人物」「危険人物」「架空の人物」などと使われる、「人間」という意味だ。二番目は、「人物は保証する」などという場合の「人格」といった意味合いだ。三島由紀夫の戯曲『鹿鳴館（ろくめいかん）』に「あの男は立派な高潔な人物かね」と出てくるのは、そういう例と考えられよう。

もう一つは、「なかなかの人物だ」というだけで、有能な人材、立派な人間をさす用法である。

人材（じんざい） 才能・知識があって役に立つ人物。「―の育成」

人物（じんぶつ） ①ひと。「架空の―」「危険／登場―」②人柄。「―は保証する」③立派な人材。「なかなかの―」

高潔（こうけつ） 文 気高く立派なこと。「―の士」「人格―」

身体（しんたい） (人間の)体。肉体。「—検査/—強健」

体（からだ） ①頭から足のつま先までまとめていう語。「—を横たえる」 ②頭・手足を除いた胴。「—を乗り出す」 ③体格。骨格。体つき。「がっしりした—」 **異字** 身体・軀

体——人身・体軀・肢体

「からだ」ということばは、人間を含めた動物の頭から足までの全体をさして使われる。通常「**体**」という漢字を書くが、人間の場合は「**身体**」と宛てる例も少なくない。ただし、その表記は、「身体検査」「身体の機能」などと使う、正式な感じの音読みの「シンタイ」という漢語との区別が紛らわしい。事実、志賀直哉の『暗夜行路』の「痩せた身体に似合わぬ幅のある、はっきりした声」という例では「身体」を「からだ」と読むほうがしっくりくるが、野間宏の『暗い絵』に出てくる「痩せているが強靱（きょうじん）な身体」という箇所など、どちらに読んでも特に違和感のない例も珍しくない。

幸田文の『余白』と題する随筆には、「横も縦も軍曹とあだなされるくらい不器用に大きなからだをしていた」と、平仮名表記で出てくるから、読み方に迷うことはない。

だが、多くは「体」という漢字で出てくる。小

津安二郎監督の映画『戸田家の兄妹（きょうだい）』のシナリオに、「体は大事にせんといかんのう」という例があるように、「からだ」という単語は、肉体を意味するだけでなく、健康状態にある肉体の意味でも使われる。

村上春樹の『ノルウェイの森』には、「やわらかな月の光に照らされた直子の体はまだ生まれおちて間もない新しい肉体のようにつややかで、痛々しかった」とある。ここの「体」という語は、その後に出る「肉体」という語とほぼ同義だろう。

昔、帝国ホテルで執筆中の吉行淳之介をインタビューした折、自分の小説では女性の体はたいてい「軀」という漢字で書くとイメージが合うという体験談が出て、この作家は、もっとも僕の小説に登場する男性はやはりそれで間に合うかもしれないと補足した。そういえば、竹西寛子も随筆『蟻（あり）と松風』に、「既知の顔、未知の顔が現れては消え、私の軀が次第に軽くなって行く」と、やは

身（み） 生きている人間の体。（精神を含めた）身体。「—が軽い」「—を粉（こ）にする／投じる／引く」

人身（じんしん） 人間のからだ。人体。「—事故」「—売買を禁じる」

人体（じんたい） 文 人間の体。「—に有害」「—模型／実験」

肉体（にくたい） 生身の体。「—的に衰える」「—労働／美」↔精神

人間▼体

りこの漢字を書いている。

一方、「**身**」という単語は、「身の安全を図る」という例では「身体」同様、肉体を意味するが、「身に覚えがない」という例では、肉体的な「からだ」というより、むしろ「自分自身」という意味合いが強い。また、「身の程知らず」といった用法になると、肉体とは直接関係のない「身分」を意味すると考えられる。

「**人身**」という語では、「人身事故」「人身保護」のように、もちろん肉体を含むが、個人の身柄、あるいは境涯といった意味合いを帯び、いずれにしても「肉体」以外を含めた感じが強くなるようだ。「**人体**」という語は、人間の肉体を意味し、「人体実験」「人体に及ぼす影響」などと使われる。井伏鱒二の小説『本日休診』に、「人体の骨組か何かを露出さしたような手術台」という例が出てくるが、「人間」から精神面を除外した部分をさすだろう。また、「**肉体**」という語は、人間の生

身の体といった意味で、「肉体美」「肉体労働」「肉体的な衰え」などと使われる。横光利一の小説『ナポレオンと田虫』に、「その若々しい肉体は（略）割られた果実のように新鮮に感じられた」という例が出てくる。

「**体躯**（たいく）」という語は、体の大きさの外見を意味し、阿部知二の小説『冬の宿』に、「堂々たる体躯はたちまちみなを威圧してしまった」とあり、北杜夫の小説『夜と霧の隅で』にも、「そのずんぐりした体躯はまったくビール樽（だる）そっくり」といった例が登場する。

関連する語としてもう一つ、「**肢体**」を取り上げよう。この語は、手脚などに注目した体つきをさして、「しなやかな肢体」のように使われる。徳永直（すなお）の小説『太陽のない街』に出てくる「蛇のようにうねらせる肢体のうごき」という例にしても、頭や胴体だけでなく、手脚のイメージが重要な部分をなしているような気がする。

体躯（たいく） 文 体。体つき。体格。「しなやかな／堂々たる／並はずれた——」

肢体（したい） 文 手足と体。「しなやかな——」

死者（ししゃ） 死人。「事故で—を出す」「—の霊を慰める」〔客観的にいう語。〕↔生者

死人（しにん） 死んだ人。「—に口無し」

死体——死人・死者・死骸

岩野泡鳴の小説『耽溺（たんでき）』に「半ば死人のように固く冷たいような気がした」とあり、大江健三郎の小説『死者の奢（おご）り』には「半白の頭髪を短く刈った死者の小さな顔を見た」とある。この「**死人**」と「**死者**」はまったく同じものをさすのだろうか。どちらも、死亡した人間をさすという点では共通している。ただ、語感の違いはある。「死人」のほうがやや古い感じの会話的な日常の漢語表現なのに対し、同じく漢語でも「死者」はやや改まった正式な感じで、くだけた会話にはなじまない。また、「多数の死者を出す大惨事」という例では、いくらか古風に響くものの「死人」と換言できるが、「死者の霊を弔う」「死者の冥福を祈る」のような例になると、「死人」では少し違和感があるような気がする。「死者」のほうが大切に扱う雰囲気があるだけに、個個の人間を意識させやすいからかもしれない。そのせいか、「死人に口なし」

「死人のように蒼ざめる」というふうに、死んだ人間一般をさす場合には、「死者」ではなじまないような気がする。

梶井基次郎の『桜の樹の下には』は「桜の樹の下には屍体が埋まっている！」という一文で始まる。そうでも考えないと、「あたりの空気のなかへ一種神秘な雰囲気を撒き散らす」までのあの満開の桜のみごとさが信じられないというのである。

林芙美子は小説『浮雲』に「棺へおさめた時の、煎餅のように薄べったくなっていた邦子の死骸」と書いている。阿部昭は『訣別』に「小雨もよいのその朝、父の遺体は藤沢火葬所の「い」号焼却炉というもので、九時半から約五十分間かかって処理された」と書き、肉親の死をあえて事務的に記録した。島崎藤村は小説『新生』に「遺骸の始末まで病院の方の世話に成る」と記している。それぞれの作品に出てくる「死体」「遺体」「死骸」「遺骸」はみな同じ意味なのだろうか。あるいは、それぞれどう違うのだろうか。

「死者」や「死人」が、死んではいても「人」や「者」というともかく人間という対象をさしているのに対して、これらの語はどれも、生命活動が停止した結果、そこに残された物体的な存在としてとらえた感じが強い。

このうち「**死体**」という語は、「死体で発見される」「死体を運ぶ」「死体を解剖する」というふうに用い、中心はあくまで人の場合だが、人間以外の動物に使っても特に違和感がなく、「**死骸**」となるとそれ以上に動物を含む感じが強まる。肉が落ちて骨ばかりになった「骸骨」の「骸」は、もともと「骨」を意味し、そこから死んで骨と化した「死体」の意に広がった。そのため、死の直後から使える「死体」に比べ、死後ある程度の時間が経過した雰囲気があり、生きて活動していた存在というイメージからますます遠ざかり、すっ

死体（したい）　死んだ体。「—遺棄／解剖」「白骨—」〔客観的にいう語。〕異字 屍体 ↔生体

死骸（しがい）　人間や動物の死体。「子猫の—」「—が連なる」異字 屍骸

遺体（いたい） 死んだ人の体。「遭難者の―」「―を安置する」〔「死体」に比べて、人格を認め丁重に扱う感じがある。〕

死人（しにん） 死んだ人。「―に口無し」

かり物的な存在と化した意識が強いのだろう。

「**遺体**」は、日常語の「死体」よりやや文章語的な語感があって丁重な雰囲気をまとっているため、人間以外の動物にはなじまない。「**遺骸**」はそれよりさらに文体的なレベルが高く、改まった感じが強いだけに、ますます動物には使いにくい。

ほかにも、「死体」をさす「**死屍**（しし）」という硬い漢語的文章語があり、有島武郎の『或る女』に「花のかたまりの中にむずと熱した手を突っ込んだ。死屍から来るような冷たさが葉子の手に伝わった」という例が出るが、今ではあまりに古めかしい感じがして、めったに使われないだろう。また、「死人」を「**しにん**」と読まず、「**しびと**」と読む古めかしい和風表現もあり、芥川龍之介の『偸盗（ちゅうとう）』に「死人が犬に食われるのさえ見ていられない程、やさしい」という例が出てくるが、これもまた、いかにも昔のことばという古い感じで、今では時代小説や古典落語などでまれに耳目にふれ

遺骸（いがい） 文 遺体。なきがら。「―を荼毘（だび）に付す」

死屍（しし） 文 しかばね。「―に鞭（むち）打つ」「―累々」

死人（しびと） 古 しにん（死人）。「―が出る」

嬰児（えいじ） [文] 赤ん坊。「—殺し」

屍（しかばね） [文] (人の)死体。かばね。「生ける—」「—を晒（さら）す」(「死にかばね」から。) [異字] 尸

る程度である。

今度は、これらに対する和語表現の場合を比べてみよう。まず、「野にかばねを曝（さら）す」「かばねを乗り越えて」などと使う「**かばね**」という語は、「死体」を意味する文語的な表現である。獅子文六の小説『沙羅乙女』に「嬰児（えいじ）のかばねを抱えた母」という例が出てくるものの、よほど古風に仕立てた文章ででもない限り、ほとんど見かけない。

次に、「生けるしかばね」「しかばねに鞭（むち）打つ」などと使われる「**しかばね**」は、やはり「死体」を意味する和風の文語的な表現ではあるが、「かばね」よりは現代でもわかりやすく、大岡昇平の『花影』に「葉子を抱くと、しかばねのような感じがした」という例が出てくるなど、今でも古風な文章中に使われているようだ。

「なきがらを手厚く葬る」「なきがらに取りすがって泣き崩れる」のように使われる「**なきがら**」という語は、漢字で「亡骸」と書くように、「死体」

屍（かばね） [古] 死体(の骨)。「—を葬る」 [異字] 尸

亡骸（なきがら） [文] 死んで魂の抜けた体。「父の—」「—に取りすがる」 [異字] 亡軀

というよりは「遺体」特に「遺骸」に近い意味合いの古風な和風の表現で、堀辰雄の『大和路』に「山に葬られた貴（とうと）いお方の亡骸が、塚のなかで、突然深いねむりから（略）呼びさまされる」という例がある。古めかしい語感はあるものの、死者に対する敬意や親愛の情をこめて、手紙や丁重な文章中に、現在でもしばしば見かける気がする。

もう一つ、「むくろが散乱する」「累累とむくろが積み重なる」などと使う**「むくろ」**を取り上げよう。この語は特に情がこもった感じはないから、「死骸」に相当する和語の文語的表現と考えてよさそうだが、今はめったに使わない。有島武郎の『生れ出ずる悩み』に「防波堤は大蛇の骸（むくろ）のような真黒い姿を遠く海の面に横たえて」という比喩に用いた例が現れる。漢字の「骸」を宛てるように、単に語感が古めかしいだけでなく、死後の時間の経過とともにかなり損壊された姿をイメージさせ、より残酷な雰囲気が漂う。

累々（るいるい）［文］積み重なってたくさんあるさま。「死屍（しし）——」

骸（むくろ）［文］①死体。特に、首のない胴体だけの死体。②体。特に、胴体。「——と化す」［異字］軀

顔（かお）　頭部の目・鼻・口などのある前面。「—を洗う」

顔——つら・面立ち・風貌

人間や動物の頭部のうち前の部分を、基本的な日常語で「**顔**」と呼んでいる。以下、人間の場合について述べると、両耳より前、額から顎までの範囲で、目・鼻・口や両頬などのある部分をさし、「丸顔」「色白の顔」「顔を洗う」などと使う。

夏目漱石『吾輩は猫である』に登場する、近所の富豪の金田は、低いのは鼻だけでなく「顔全体が低い」と酷評され、子供のころ「土塀へ圧（お）し付けられた時の顔が四十年後の今日迄（まで）、因果をなして居りはせぬかと怪しまるる位平坦な顔」と誇張して揶揄（やゆ）される。

内田百閒は随筆『山高帽子』で、相手の顔を一言「広い」と評したばかりに自分の顔について反撃され、「それは太ったと云う顔ではありません。ふくれ上っているのです。はれてるんです。むくんでるんです」「もう一息でのっぺらぼうになる顔です」と畳みかけられた話を、いくぶん誇張を楽しんでいる調子で紹介する。
室生犀星は小説『愛猫抄』で、「なまじろく、うどんのような縒(よ)れたかお」と書いた。川端康成は小説『千羽鶴』で、「文子は顔を赤らめた」と書き、「その恥じらいがぱっと咲いたようであった」と続けている。これは「恥ずかしそうな顔をした」とも言えそうだが、このように「顔」という語は、感情が顔に現れた「表情」という意味合いでも使われる。

慣用的に「財界の顔」「顔を出す」「顔を貸せ」などと、象徴としてその人間自身をさしたり、「顔を立てる」「顔がつぶれる」のように、その人の名誉をさしたりする例もあるにはあるが、基本的には作品中の例のように、人間のその部分を意味して使われる。「花のかんばせ」などと「顔」を美化して表現する「**かんばせ**」という語は、古風な雅語として美文調の文章などに今でもまれに使われるようだが、そのもととなった「顔ばせ」と

顔(かんばせ) 文古 顔の様子。顔つき。「花の―」〔「顔ばせ」の転。〕

顔面（がんめん）　顔の表面。「―蒼白（そうはく）／神経」

面（おもて）　文 顔面。顔。「―を伏せる／上げる」「細―」

面（つら）　俗 顔。顔つき。「どの―下げて」「にきび―（づら）」

いう形では、今やほとんど見かけなくなっている。「顔面神経痛」「顔面を強打する」「顔面蒼白（そうはく）」などと使われる「**顔面**」という語は、顔の表面の部分、特にその皮膚に注目して、やや改まった会話や文章中に用いられる漢語である。その「面」という漢字を「**おもて**」と読み、顔の表面をさして「面を伏せる」「面を上げる」などと使われたが、今ではまれに古風な文章語として用いる程度になっている。しかし、ほっそりとした面長の顔をさす「細おもて」の形では今でもよく使われる。

その「面」を「**つら**」と読むと、上っつらだけでなく顔そのものを意味する、ぞんざいなことばとして、くだけた会話などでよく使われる。漱石の『坊っちゃん』に「面（つら）でも洗って議論に来いと云ってやったが、誰も面を洗いに行かない」とあるのがそれである。ぞんざいな感じの語だから、「大きなつらをしやがって」などと相手をののしるときなどによく使う。

顔付き(かおつき) 顔立ち。「親に似た―」

顔形(かおかたち) 顔のつくりや様子。「―のはでな人」 異字 顔容・顔貌

面付き(つらつき) 俗 顔つき。「小生意気な―」

谷崎潤一郎の『細雪』に「感覚を失ったような茫然(ぼうぜん)たる**顔つき**」とか「顔つきなども昨日あたりから死相が現れたとでも云うのでしょうか、眼がすわって、顔面筋肉がじっと動かないようになってて、見るとぞっとするようで気味が悪い」とかという例が出てくる。このように、性格や感情や状態などのあらわれた顔の形やようすを表す「顔つき」という語の場合も、そのぞんざいな表現として、「小生意気なつらつき」というふうに「**つらつき**」という語を使うことができる。ただし、「不敵なつら魂」と言うときの「つらだましい」はもちろん、「しかめっつら」や「どのつら下げて」などの場合など、「顔」で代用の利かない「つら」専用の用法もある。

「**顔かたち**」という語は、「顔」のうち、表情の面を除き、顔のつくりという点に注目した日常の用語で、「端正な顔かたち」のように使われる。「きりりとした顔立ち」「上品な顔立ち」「顔立ちは悪

目鼻立ち（めはなだち） 目や鼻のありさま。「整った―」

道具立て（どうぐだて） 生まれつき備わっている部分。顔のつくりなど。「―が備わった顔」

くない」など、評価の高い例の目立つ「**顔立ち**」という語も、表情にも用いる「顔つき」とは違って、顔のつくりをさして日常よく使われる。谷崎の『蘆刈』に「童顔という方の円いかおだち」とあるが、これも悪い評価ではない。このような顔の外見という意味を明確にするために、「眉目秀麗」などと目のまわりで代表させる言い方もある。曽野綾子の『たまゆら』に「目鼻立ちも日本式に細く優しい」と出てくる「**目鼻立ち**」もその一種である。「**道具立て**」「**輪郭**」などとぼかす言い方をする例もある。「甘いマスク」などという「**マスク**」の用法も似ている。

「面立ちがいい」「整った面立ち」のように使われる「**面立ち**」という語や、「面ざしが母親によく似ている」のように使われる「**面ざし**」という語も似たような傾向があるが、やや古めかしい響きがあり、日常語よりも文体的レベルが高く、主として改まった手紙や文章の中で使われる傾向が

顔立ち（かおだち） もって生まれた顔のつくり。目鼻立ち。「端正な／上品な―」

輪郭（りんかく） 顔立ち。「―が整っている」 異字 輪廓

マスク 顔立ち。容貌。「甘い―」〔mask〕

面立ち（おもだち） 古 顔立ち。「整った―」

面差し（おもざし） 古 顔の感じ。顔つき。「亡夫に似た―」

ありそうだ。「百面相」の「**面相**」は、「ひどい御面相」などと逆に低い評価に用いられ、揶揄する感じが目立ったが、今はめったに聞かない。

「若い頃の母の面影がある」のように用いる「**面影**」という語にも似たような用法があるが、思い起こしたり思い浮かべたりするイメージであり、顔だけでなく姿をも含めた感じがある。また、「江戸の面影を残す街並み」のように人間以外についても用いる。

古めかしい漢語に「**面体**（めんてい）」というのがあったが、この場合は顔の美醜よりも顔から身分や素性（すじょう）が見てとれるところに重点があるようだ。最近はほとんど例を見ない。「容貌魁偉（かいい）」などとして使われる「**容貌**」という語は、逆に美醜に重点をおいた顔のつくりをさす例が目立つ。「**風貌**」となると、顔だけでなく姿を含めた感じが強くなる。「容顔美麗」などと使われた「**容顔**」という語は顔だけを問題にしているが、いかにも古めかしく、現在

面相（めんそう） 顔のありさま。「ひどい御—」「百—」

面影（おもかげ） 思い浮かべたり思い起こさせたりする顔や姿。「亡き人の—を偲（しの）ぶ」「目元に母の—を残す」 異字 俤

面体（めんてい） 古 （素性や身分の表れる）顔形。面相。「いかがわしい—」

容貌魁偉（ようぼうかいい） 顔つきがいかつく立派なさま。

容貌（ようぼう） 文 顔かたち。顔の様子。「—魁偉（かいい）」

風貌（ふうぼう） 人の顔と体全体の姿かたち。「怪しい—の男」「大家（たいか）の—がある」 異字 風丰

容顔（ようがん） 文 古 容貌（ようぼう）。「—若かりしころ」「—美麗」

容色（ようしょく） 文 女性の美しい顔かたち。「—に恵まれる」「—が衰える」

紅顔（こうがん） 文 年若く血色のよい顔。「—の美少年」「—可憐（かれん）」

ではほとんど見かけなくなったようだ。もっぱら美しさという観点からとらえたことば、「容色が衰える」の「**容色**」という語や、「器量よし」の「**器量**」という語は、すぐに女性を連想させる。「見目麗（みめうるわ）しい」の「**見目**」も同様だが、最近は消えつつある。

紅顔——赤ら顔

ずうずうしい人間というものは、男にも女にもいるし、若者にも年寄りにもいる。性別や年齢を問わず、ひとしく「厚顔無恥」というレッテルをはられる。しかし、「**紅顔**」となると、ちょっと事情が違ってくる。血色がよくて顔が赤みを帯びている人は、女性や若者だけに限られるわけではないのだが、「紅顔の頑固おやじ」と言うと、どこかイメージがしっくりしない。「紅顔」という語の意味として、性別や年齢の制限が明確にきまっているわけではなさそうだが、従来、この語を中年以上の人物に使用する習慣がなく、「紅顔」

器量（きりょう） 美しさの観点から見た顔立ち。「—のよい娘」「—自慢／好み」〔多く、女性にいう。〕 異字 縹緻

見目（みめ） 顔立ち。器量。「—が良い」「—麗しい」「—形」

厚顔無恥（こうがんむち） 厚かましく、恥を恥とも思わないこと。「—を絵にかいたような男」

というと、まずは若若しい女性の麗しい容貌を連想し、男性であっても健康で初初しい少年の血色のいい顔を思い浮かべてきた。そういうこの単語の使用の履歴が、いつかこのようなイメージをつくりあげてきたのだろう。

「利口」と違って「利発」という語が子供を連想させ、「若づくり」という語が中年以上の人間を想起させるのと、よく似た現象かもしれない。辻邦生の『安土往還記』にも「紅顔を輝かしていた若者」とある。そのため、「紅顔可憐な」とくると、たいてい「美少女」か「美少年」と続くのが相場で、顔立ちの整った健康そうな人でも、「紅顔の美老人」といった言い方をしないのだろう。つまり、爺さんや婆さんには不向きな用語なのだ。だから、「頑固おやじ」のほうは、いくら矍鑠としていて血色がよくても、こういうつやつやしたことばはなじまない。「赤面」は意味が違うから、残念ながら「**赤ら顔**」に甘んじなくてはいけない。

利発（りはつ） 文 賢いさま。「—そうな子供」「—者」

利口（りこう） 賢いさま。物分かりのよいさま。「—な子供／やり方」 異字 悧巧 ↔ばか

若作り（わかづくり） 実際の年齢より若く見せようと、服装・化粧などに気を配ること。「—に余念がない」

矍鑠（かくしゃく） 老齢となっても、健康で達者であるさま。「—とした老人」「まだ—としている」

赤ら顔（あからがお） 日焼けや酒焼けなどで赤みを帯びた顔。「—の男」 異字 赭ら顔

目め　光の強弱や波長を感じる器官。左右一対の眼窩(がんか)内にあり、眼球・視神経・眼球付属器から成る。「青い―」「―が―見える/疲れる」「―に涙を浮かべる」「―を閉じる」 **異字** 眼

目――ひとみ・めだま・まなざし

顔のつくりを目鼻立ちとも言うように、顔の印象には「**目**」が大きくかかわっている。「め」という和語は、漢字で「目」と書くことが多いが、「畳の目」「結び目」「分かれ目」「目盛」「太目」「三日目」など、「目」という字は実に多様な意味合いで使われることもあってか、「眼」という字を書いて意味を明確にする例も多い。漢字としては、「目」は人の目の形を模したものを縦にした字形であり、「眼」はそれに仕切りを表すつくりを添えて、もともと眼の窪(くぼ)みを意味し、のちに目全体の意味に広がったものだという。

夏目漱石は『吾輩は猫である』で「眼が切り通しの坂位な勾配(こうばい)で、直線に釣るし上げられて左右に対立する」と幾何学的に誇張して楽しんでいる。

島尾敏雄は『われ深きふちより』で「視覚ばかり鋭敏になって発達してしまった皮膚のうすい熱っぽい、自らを統御できなくなった困惑に満ち

たまぶたに一種の幼なさをただよわせた眼」と、精神に異状のあらわれた妻の目のあたりを細密画のように描いた。

網野菊の『震災の年』には「夫人の、少しもこだわりのない優しい、明るいお眼を仰いだ時」とあり、幸田文の『流れる』にも「じいっとこちらを見つめている眼が美しい」とあり、藤沢周平の小説『山桜』にも「眼は男にしてはやさしすぎるほど、おだやかな光をたたえている」とあるなど、文学作品では一般的な「目」よりも「眼」という漢字を用いる例が多いように思われる。

漱石は『道草』の中で、魂との交流を失った眼というものをとりあげて、「黒い大きな瞳子(ひとみ)には生きた光があった」と書き、「けれども生きた働きが欠けていた」とし、その瞳は「魂と直接(じか)に繋(つな)がっていない」と解釈してみせた。

川端康成が『雪国』で描いた、車窓がなかば鏡となり、列車の外の景色と車内の風景が二重写しとなる場面を九二ページに紹介したが、実に印象的だ。窓ガラスに映った女の顔の奥を夕景色が流れる不思議な映像を眺めていると、民家の窓明かりが「小さい瞳のまわりをぼうっと明るくしながら」、偶然「娘の眼と火とが重なった瞬間」に、島村は「夕闇の波間に浮ぶ、妖(あや)しく美しい夜光虫」をイメージして驚く。

永井龍男は小説『一個』の中で、抱かれている赤ん坊の「大きな瞳が、何等の不安なく、大胆に白い吊り手を見詰めて」いるようすを「ああ、天使のようだ」と思う場面を描いている。

これらの例に出てくる「**ひとみ**」という語は、本来、「**瞳孔**(どうこう)」を意味するのだが、「黒い瞳の若者」「瞳を輝かす」「つぶらな瞳」のように、瞳孔を含む「眼」全体をさす美称としてもよく使われる。瞼で覆うことを「目を閉じる」と表現する慣用があるが、それを「瞳を閉じる」などと気どると、いささか違和感を覚える。「ひとみ」という響き

夜光虫(やこうちゅう)　ヤコウチュウ科の原生動物。直径一～二ミリメートルの球形。海面に群れ、刺激されると青白い光を放つ。《夏》

瞳孔(どうこう)　眼球の虹彩(こうさい)の真ん中にある円形の小孔(こあな)。虹彩の働きによって光の量を調節する。「—が開(ひら)く」

瞳(ひとみ)　①瞳孔(どうこう)。また、黒目(＝虹彩(こうさい)と瞳孔)。②目。「つぶらな—」「—を凝らす」 異字 眸

が好感度が高いところからしばしば女性の名前として使われる。サトウハチローの小説の中に、その名を聞いて「目玉か」とからかう場面があったような気がする。同じような意味でも、「めだま」や「くろめ」では、どこの親もわが子に命名する気にはならないだろう。

目玉（めだま）　眼球。「―を動かす」

「**めだま**」は「目玉」と書くから、「眼球」をさすことはわかりやすい。日常会話向きのくだけたことばである。小津安二郎監督の映画『秋刀魚（さんま）の味』に、加東大介の演ずる坂本が、海軍時代の上官だった笠智衆（りゅうちしゅう）の演ずる平山に、「もし日本が勝ってたら、どうなってますかね」と、終わったばかりの戦争の話題を出し、「目玉の青い奴（やつ）が丸髷（まるまげ）か何か結っちゃって三味線ひいてますよ」と言うシーンがある。「敗（ま）けたからこそね、今の若い奴等、向うの真似（まね）しやがって、レコードかけてケツ振ってますけどね」という社会批判に続けたことばである。戦勝国に影響されやすい国民感情とい

丸髷（まるまげ）　楕円（だえん）形の平たい髷をつけた、既婚女性の髪型。［異形］まるわげ

う理屈はよくわかる。しかし、観客は、丸髷結って三味線をひいているアメリカ人の姿を想像できない。それだけに、これは痛烈な皮肉だと受け取る。特攻隊に行くなど、多くの仲間が命を落としてからまだ何年も経たないうちから、そんなことを忘れてすっかりアメリカかぶれになっている日本人の変わり身の早さを、小津はよほど苦苦しく思っていたのだろう。

「**眼球**」という漢語は、球形の視覚器官、すなわち「目玉」を意味する医学の学術的な用語に相当する。小川洋子の小説『沈黙博物館』に、「目(ま)蓋(ぶた)の下で眼球が微かに動き、唇が震え」と老婆の最期を冷静に描いた場面がある。

幸田露伴の小説『五重塔』に「涙に浮くばかりの円(つぶら)の眼(まなこ)を剝(む)き出し」という箇所がある。「金壺(かなつぼ)まなこ」「まなこを開く」のように用いた「**まなこ**」ということばは、「目」を意味する古風な和語で、「まなこを閉じて思いにふける」などと表現する

特攻隊(とっこうたい) 「特別攻撃隊」の略。航空機や魚雷に乗って敵に体当たりする、自殺的攻撃。「——を志願する」

眼球(がんきゅう) 視覚をつかさどる脊椎(せきつい)動物の感覚器。強膜(前面は角膜)・脈絡膜・網膜の三層の膜に包まれ、内部に水晶体・硝子(しょうし)体などが入っている。

眼(まなこ) 古 目玉。「どんぐり/寝ぼけ——」〔「目の子」の意で、古くは瞳(ひとみ)を指した。〕

と、昔の恋を思い返すとか、作品を読み終えた余韻にひたるとか、ついそんな趣のある時間を想像してしまうのは、この語の優雅な雰囲気のせいだろう。ただし、現在ではいかにも古めかしく、「寝ぼけまなこ」といった趣のない使い方で見かける程度になっているようだ。

目付き（めつき）

何かを見る時の目の様子。「いやらしい―」

「目つきが鋭い」「泥棒のような目つき」のように使われる「**目つき**」ということばは、「目」そのものでなく、対象を見るときの視線の動かし方など、目のようすをさして用いる日常の和語である。川端康成の小説『千羽鶴』に「自分の鼻を見るような目つき」という例が出てくる。尾崎一雄の小説『芳兵衛』には「にっこり笑った」の次に「「どう?」」という目付だった」とあり、織田作之助の『聴雨』には「自信たっぷりのその眼つき」とある。自然な視線ではなく性格や意図や感情などの現れた目の動きをさすようだ。

「温かいまなざし」「やさしいまなざしを注ぐ」

眼差(まなざ)し 目の表情。「優しい―を注ぐ」**異字** 目差し

のように使う「**まなざし**」という語は、対象を見る時の目の表情をさす、いくぶん古風でどこか詩的な雰囲気を感じさせる和語で、多く文章の中で使われる。幸田文の小説『流れる』に出る、「重い花弁がひろがってくるような」「咲くという眼(ま)なざし」という例は印象的だ。茨木のり子は『わたしが一番きれいだったとき』と題する詩に、長い戦争の頃を振り返り、自分が一番きれいだったとき、「男たちは挙手の礼しか知らなくて／きれいな眼差(まなざ)しだけを残し皆発(た)っていった」と書いた。彼らが生きて帰って来たかどうかはわからない。時代にふりまわされる悲劇だろう。

「視線を落とす」「弱弱しい視線を投げかける」「意味ありげな視線を注ぐ」などと使う「**視線**」という語とも関連するが、こちらは眼球の中心と見る対象とを結ぶ仮想の直線をさしている。小沼丹は随筆『猿』で、「猿はちょいと視線を外して、尻を掻(か)いた」というふうに、猿を人間めかして描

視線(しせん) 目と見ている対象とを結ぶ線。見ている方向。「―を―そらす／感じる／浴びる」

き、とぼけたユーモアの味を出してみせた。近年は映画・演劇の世界から出たという「**目線**（めせん）」という俗語が一般社会にまで広がり、役者気どりらしいこの語形が会話では本家の「視線」を凌（しの）ぐほど盛んに使われる。「上から目線」という言いまわしも流行した。

乳房――乳・胸・おっぱい

病院の乳腺科の手術で「乳房の一部を摘出する」などと表現する場合は、「乳房」を「にゅうぼう」と読み、医学用語となるようだ。

しかし、女性の胸にある乳汁を出す隆起した器官を通常は同じく「乳房」と書き、「**ちぶさ**」と読む和語として使っている。高浜虚子の「浴衣着て少女の乳房高からず」や、桂信子の「ふところに乳房ある憂さ梅雨ながき」といった俳句でも、当然「ちぶさ」と読むはずだ。川端康成の小説『千羽鶴』に「ちか子は茶の間で胸をはだけて、あざの毛を小さい鋏（はさみ）で切っていた」とあり、「あざは

目線（めせん） ①《演劇や映画などで》演技者などの目の向いている方向や位置。「―が高い」②俗 視線。「―が合う」

乳房（ちぶさ） 女性の胸にある乳腺（にゅうせん）の開口部で、皮膚の盛り上がったところ。成熟や妊娠につれて発達する。異読 にゅうぼう

乳（ちち）

乳房。「—が張る」

左の乳房に半分かかって、水落の方にひろがっていた」と続く例も、村上春樹の小説『ノルウェイの森』に「丸く盛りあがった乳房」と出てくる例も同様である。

庄野潤三の小説『流木』には、「涼子の裸身を見て、その美しさにはっと息を呑んだ。固い果実のような**乳**が二つ、沼の眼を射た」とある。ここでは「乳房」でなく「乳」となっているが、同じものをさすだろう。ただし、この語は、乳房を意味するだけでなく、赤ん坊が母親の「乳」を飲んで育つなどと、乳腺から分泌される白い液体をもさす。

平林たい子の小説『鬼子母神』に、「七月の葡萄（ぶどう）の粒のような小さい二つの乳」と書き、「この中に豊穣（ほうじょう）な稔りを約束する腺や神経が絹糸ほどの細さで眠っているのだと思えば、蕾（つぼみ）の時から実の形をつけている胡瓜（きゅうり）や南瓜（かぼちゃ）のなり花のように、こましゃくれて見えた」と、小さな女の子の小さな乳に、将来の可能性を想像している。

尾崎一雄の小説『擬態』には、「乳房の様子をうかがっていたのだ。乳首にぽつりと白い玉が浮かんで来た」という描写例がある。乳房の先の突き出た部分を、日常語でこのように「**乳首**」と呼ぶことが多い。林芙美子は小説『放浪記』に「じっと柔かい自分の乳房をおさえていると、冷たい乳首の感触が、わけもなく甘酸っぱく涙をさそってくる」と書いている。やや改まって「**乳頭**（にゅうとう）」と言う場合もある。「乳嘴」と書いて「にゅうし」と読む語もあり、かなり専門語の感じが強いが、外村繁の『岩のある庭の風景』に「乳房の先には、黒い、大きな乳嘴が突き出ていた」とあり、文学作品にも使われている。

岸田国士の『紙風船』に「お前の胸は、そんなにふっくらしていたのか」とある。ふつう、体の前面の首と腹との間の部分を「**胸**」と呼んでいるが、おそらくここでは、そこに位置する乳房の部

乳首（ちくび） 乳房の先に突き出た、乳腺（にゅうせん）の開口部。「―をしゃぶる」 異形 ちちくび

乳頭（にゅうとう） 文 乳首。

胸（むね） 「乳房」の婉曲（えんきょく）表現。「―が大きい/膨らむ」「―を隠す」

分を中心に「ふっくら」と形容しているのだろう。女性の場合、このように、露骨に「乳房」と限定せず、焦点をぼかして「胸」と指示対象を広げる間接表現がしばしば見られる。円地文子の小説『なまみこ物語』に、「宮のおん胸には白い牡丹(ぼたん)の蕾(つぼみ)のような紅をふくんだ冷たい丸さがあった」という表現が出てくる。ここの「おん胸」もそういう一例と見られるが、それを含む胸部全体をさすとも考えられる。その場合は、乳房を「紅をふくんだ冷たい丸さ」と抽象化して表現したことになる。川端康成の『雪国』に現れる「島村の掌(てのひら)のありがたいふくらみはだんだん熱くなってきた」という表現は、その典型的な例と言えるだろう。

なお、乳房を意味する「**おっぱい**」という幼児語があり、「赤ん坊がおっぱいにかぶりつく」のように使われるが、くだけた会話ではしばしば大人も俗語として使用する。いくらか照れぎみに、あるいは照れ隠しにあえてふざけた感じを演出す

おっぱい

乳房。〔幼児語だが会話でもよく使う。〕

るのかもしれない。

生理――月のもの・月経・メンス

医学的に述べれば、成熟期の女性に見られる周期的生理現象で、排卵後に受精しない場合に、子宮の内膜が脹れて厚くなり、剝(は)がれて数日間にわたり出血することを意味する正式の呼称は「**月経**」だろう。

健康な女性の自然な現象だから、それ自体は別に恥じることはないのだが、人前ではその方面の話題を避けるという社会的な伝統があり、必要があっても、すぐそれとわかる露骨な語は控えて、できるだけ婉曲(えんきょく)な表現を試みてきた。昔は「**月の障り**」とヒントだけを示し、さらに「**月のもの**」とぼかしてきた。どちらの表現も今ではあまりに古めかしく、ほとんど通じなくなっている。幸田文が何かの作品に「赤い知らせ」だったか「赤い通達」だったかという間接表現を試みていたような記憶があるが、世間に広がるところまではいか

月経(げっけい)　成熟した女性の子宮に起こる周期的な出血現象。「――不順/痛」

月の物(つきのもの)　古「月経」の婉曲(えんきょく)表現。

月の障り(つきのさわり)　古 月のもの。

なかったようである。

耳から聞く分には、「月桂樹（げっけいじゅ）」や「月桂冠」などの連想もあり、響きは必ずしも悪くないのだが、ともかく「月経」という直接的な語だけは何とか避けたいと考え、はっきり特定しにくい言い方を工夫する。その一つの手段として、実際の内容よりも広い範囲を意味する語を用いることで、ことばの指示機能を緩め、漠然とそちらの方向を指し示す表現が試みられた。そうして誕生したのが「**生理**」というとぼけたぼかしである。

文学部に入学したての頃、ちょっぴり絵を習ったことがある。週に一度、水道橋にあった二科会系の某画伯の研究所にデッサンに通った。石膏像（せっこうぞう）を木炭で写生するだけでなく、時には生きた人間を相手にする。ある日、そのモデル嬢が来週は休むという。セーリがどうのこうのという声が聞こえたので、部屋の整理整頓ぐらい日曜にやればいいのにと、見当違いのことを考えた記憶がある。

生理（せいり） 月経。「―が―始まる／止まる」〔婉曲（えんきょく）表現の一般化。〕

笑い話じみてはいるが実話で、若き日の恥ずかしい体験談である。つまり、昭和三十年代の前半には、「生理」という語の現代的な用法が、まだ誰でも知っているというところまで普及しておらず、ぽっと出の少少ぼんやりした学生がそんなトンチンカンな誤解をしかねない段階だったという厳粛な事実を物語るのかもしれない。

本来、生物が生きていく上でのもろもろの現象や機能のすべてをさす、この「生理」という語を、その面のうちのほんの一点にすぎない意味に極端に限定して用いるこの婉曲表現は、当時としてはきっと大胆で画期的な試みだったのだろう。が、今や誰にでもすぐに伝わり、「生理日」「生理休暇」「生理用品」などの用語も広がっていて、もはや間接表現としての稀薄（きはく）効果はすっかり影をひそめつつある。この語が直接響くようになったら、上位概念の語にすりかえる方向でぼかすには、もはや「現象」というあたりまで広げるほかはないのだが、はたしてそれで通じるか知らん？

　雑誌の座談会の折、谷川俊太郎がこんな体験談を話した。半年ばかりアメリカの地で過ごした時期に、意識的に日本の週刊誌のようなものを一切読まず、わからないながらも英語の新聞を読んでいたという。四ヶ月ほど経ったある日、友人宅を訪ねたら日本の週刊誌があるのに気づき、なにげなく広げてみたら、「語の一つ一つが微細にわかる」。猥雑（わいざつ）で一種の懐かしさもある、そんな混乱した感じが襲ってきて驚いたらしい。英語の本を読んでいるときには情報を得るだけで満足して語感など考える余裕もないから、抽象的な理解にとどまっていたことに気づいたという。その点、日本語の文章は、意味もことばの感じも、骨の髄から圧倒的によくわかる。よほどの衝撃だったのだろう。

　このように日ごろ慣れ親しんでいない外国語の場合は、意味はわかっても語感が働きにくく、日

猥雑（わいざつ）　文 ごたごた入り乱れていて下品な感じがするさま。「―な都会/印象/感じ」

本語だと人前で言いにくいことでも、英語だと特に抵抗もなく発音できる。ウーマン・リブの先頭を走る日本の女流詩人が、アメリカのそういう詩人の作品を日本語に訳して朗読する機会があったときに、原詩の中にある「ファック」にあたる日本語を堂堂と発音するのを楽しみにしていたら、勇ましい彼女もそこだけ英語で読んだので拍子抜けがしたと、谷川は笑う。素知らぬ顔でにこにこ司会を務めた座談会の終了後、帰宅直後ひそかにその英単語を辞典で調べ、そこだけ日本語に訳さなかった事情がのみこめた。

「生理」というとぼけた力作も、誰にでもすぐ通じるようになれば間接表現としての効果が消え失せる。そのことばが鼻についてきたら、日本人の語感の働きにくい外国語に逃げを打つのも一策だ。その後、「メンスが遅れる」などと使われだした「**メンス**」という見慣れないカタカナ語は、それを意味するドイツ語に切り換えただけではな

メンス

月経。〔ドイツ Menstruation〕

い。その語頭だけであり、綴(つづ)りの三分の二を省略してよけいわかりにくくした苦心の作らしい。

ところが、これも便利なことばとして使いすぎた結果、当初意図した婉曲性が次第に減少し、今ではむしろどきりとするようなことばに語感が変質しつつあるという観察もある。そのためか、広告業界などでは「アンネ」「チャーム」「フリー」などという、ほとんど関連のたどれない形を使い捨てしてしのいでいるようだ。晩酌の折など、テレビのCMにそんなことばが流れると、息子たちが見るような見ないような曖昧な表情になるから、親としてはむずかしい顔で、果てしない言語遊戯に呆れるほかはない。

屁――おなら・ガス・出物

「屁をひる」「屁をこく」などと使われる「**屁**」ということばは、腸内で発生し、肛門(こうもん)から排出される気体をさし、主に男性がくだけた会話や改まらない文章で用いる、ぞんざいな感じの和語であ

屁(へ)　腸の中のガスが肛門(こうもん)から漏れたもの。「―をひる／こく」「―が出る」

透かしっ屁 俗 音の出ない放屁。すかしべ。〔意図的な場合も含む。〕

る。井伏鱒二の『丹下氏邸』に「所詮は、屁はカゼですがな」と達観する名文句が出る。

小津安二郎監督の映画『お早よう』にこんな場面が出てくる。男の兄弟が親に反抗して口を利かないことにし、しゃべるときはタンマをする約束になっている。兄が黙ってブッと一発ぶっぱなすと、弟がタンマをするので、「オナラはいいんだイ」と説明するシーンだ。この「**おなら**」という語形は、「鳴らす」の「鳴ら」に「お」をつけて丁寧にした昔の宮中の女官の女房詞の生き残りらしい。

音が出ない場合は、俗にそのことを「透かす」、そのものを「**透かしっ屁**」と称する。音の有無に関係なく、そういう行為によって排出される気体をさすのに、英語を借りて「**ガス**」とぼかすこともあるが、これもかなり俗っぽい言い方だ。

「出物腫れ物所きらわず」という言い方で、「**出物**」の部分から間接的に「屁」を想像させる言い方もあるが、これもまた俗な表現であることに変

おなら 会「屁」の丁寧な表現。「―をする」

ガス 屁。〔オランダ gas〕

出物 俗 屁。「―腫れもの所嫌わず」〔「できもの」の意にも。〕

わりはない。

太宰治の小説『富嶽百景』に、「井伏氏は、濃い霧の底、岩に腰をおろし、ゆっくり煙草を吸いながら、放屁なされた」とある。ここは物質でなく行為をさすが、「屁」でも「おなら」でもなく、格調高く「**放屁**」と書いたのが注目される。やっと三つ峠の頂にたどり着いたのに霧でまったく眺望が利かず、憮然としている姿を描いた、作者会心の一文であったろう。悠揚迫らぬ態度で「放屁」する人物に対して「なされた」という敬語まで添えてある。

井伏鱒二の随筆『亡友』にこの放屁事件の顛末が記されている。「三つ峠の頂上で、私が浮かぬ顔をしながら放屁した」とあるのは「読物としては風情ありげなことかもしれないが事実無根である」と当人が断言し、そのことを太宰に問い詰めたが、「たしかに、なさいました」「微かになさいました」と言い張って譲らないというその後の二

放屁（ほうひ） 文 屁をすること。

顛末（てんまつ） 事の始めから終わりまでの経緯。「事件/話-の―」「―書」

事実無根（じじつむこん） 事実に基づいていないこと。「その話は―だ」

人のやりとりを紹介したのち、井伏は「放屁なさいました」という太宰の発言に関し、「話をユーモラスに加工して見せるために使う敬語である」と解説している。

そういえば、小説の中でも「放屁なされた」と尊敬表現を用いており、井伏の行為に関する他の箇所の扱いとずれが見られるのが注目される。

円地文子は随筆『押入れの中』に「放屁会」という優雅な催しにおける椿事を紹介している。蠟燭をともし、後ろ向きに臀部を近づけ、音をともなって発する空気の振動でその火を消す古風な遊びらしい。ある人の芸で真っ暗になった瞬間、異様な臭いが充満し、灯をともしたら脱糞していたそうだ。品格を重んじるこの作家が、祖母から聞いた雅の遊びの顛末だという。

息――吸気・呼気・呼吸

「息が苦しい」「息が切れる」「息を殺す」というふうに使う「**息**」ということばは、口や鼻で空

脱糞 文 大便を排泄すること。

臀部 文 骨盤の背部、臀肉のある部分。

息 口や鼻から空気を吐いたり吸ったりすること。また、その空気。「―が荒い/切れる」「―をつく/弾ませる」「肩で―をする」

気を吸ったり吐いたりする気体やその行為を意味して、くだけた会話から硬い文章まで幅広く用いられる基本的な和語である。やや専門的には、吸う空気を「**吸気**」、吐く空気を「**呼気**」と称する。久保田万太郎の小説『うしろかげ』に「ゆかた一枚になって、細く長い息を糸のように吐く」とあるように、「息」という語で、呼吸の際の空気を意味することもあり、特に呼気をさす例が多い。

一方、「**呼吸**」という漢語は、もっぱら息をする行為をさすから、「息が臭い」「息のかかるほど近くにいる」などの例では「呼吸」に換言できない。

健康――元気・恙無い・矍鑠

「健康診断」「健康増進」「健康な体」「健康を損ねる」などと日常よく使われる「**健康**」という基本的な漢語は、心身ともに元気な意で、会話にも文章にも広く現れる。網野菊の小説『風呂敷』にも、「追い追い快方に向って、四、五ヶ月後にはまったく健康を回復した」という例が出てくる。

吸気(きゅうき) 吸い込む息。↕呼気

呼気(こき) 吐く息。↕吸気

呼吸(こきゅう) 生物が酸素を取り入れ二酸化炭素を排出する生理作用。「―器」「人工―」

健康(けんこう) 体や精神の状態。「―に注意する」「―状態/管理/診断」

追い追い(おいおい) 会 急がず順を追って。「―(に)慣れてくるだろう/説明する/分かってくる/暑くなる」

人間▼健康

似たような意味の「**健勝**」という漢語は、主に手紙文の中で、「ますます御健勝のことと存じます」という形で、挨拶として用いられる。

やはり心身の健やかな意味で、「健全なる精神は健全なる身体に宿る」などと、会話にも文章にも使われる「**健全**」という漢語は、「健全な考え方」「健全財政」「健全な娯楽」のように、抽象的な意味の拡大用法として盛んに使われる。吉本ばななの『哀しい予感』にも「彼の健全さを異星人のように嫌悪した」という例が出てくる。

「健やかに育つ」「健やかな成長」のように使われる「**健やか**」という形容動詞も、心身ともに健康な状態を表す。日常会話より文章中に用いられ、感触がやわらかく、いくぶん詩的な雰囲気の漂う和語で、「どうぞ末永くお健やかに」という形で、改まった挨拶にも用いられる。

小津安二郎監督の映画『秋日和』に「お前、また元気が出て来たな」というせりふが出てくるが、

健勝（けんしょう） 文 健康なこと。「ご—を祈ります」〔多く手紙文で使う。〕

健全（けんぜん） 体や心が健やかであるさま。「子供が—に育つ」

健やか（すこやか） 文 丈夫で病気をしないさま。「—な成長／笑顔」「—に育つ」

元気（げんき）健康で体調がよく、活力に満ちているさま。「―にしている／暮らす」

丈夫（じょうぶ）①体がしっかりしていて健康なさま。「―な体」「―に育つ」「―で暮らす」②物の作り方がしっかりしているさま。「―な生地／造り」

ぴんぴん 会 元気で勢いのよいさま。「病気どころか―している」

人間▼健康

この「**元気**」という語は、体調がよく活力に満ちている状態をさし、くだけた会話から文章まで幅広く使われる日常の基本的な漢語である。「元気いっぱい」「元気がみなぎる」あるいは「元気をなくす」のように用い、「健康」よりも会話的だ。ただし、健康状態それ自体よりも、精神的な活力に中心があるように思われる。

「**丈夫**」という漢語は意味が広く、「丈夫な生地」「丈夫な橋」のように、物品が頑丈な場合にも使われる。「丈夫な体」「子供が丈夫に育つ」「丈夫で長生きする」というふうに人間に用いた場合は、健康で体がしっかりしている状態をさすが、「健康」や「元気」に比べていくらか古風な響きがあるかもしれない。

「丈夫でぴんぴんしている」などと、くだけた会話で使う「**ぴんぴん**」という語は、「元気」以上に元気そうだが、文体的に俗っぽいレベルにある。

「身体壮健」のように用いられる「**壮健**」という漢語は、もっぱら体が元気で丈夫な意を表し、改まった手紙や文章に用いられ、精神的な意味合いではあまり使われない。

「無病息災」あるいは「一病息災」などとして使われる「**息災**」ということばも、無事で健康だという意味合いの古めかしい漢語で、古井由吉の小説の題ともなった。

「つつがなく暮らしている」のように使う、恙虫の害にあわない意から出たらしい「**恙無い**」というやや古風な和語は、病気や事故など、格別の異状がないという場合に用いられ、健康状態だけではない。

「**矍鑠**」というやや古風な漢語は、年齢のわりに元気に活動している状態をさして、比較的改まった会話や文章に用いられる。「矍鑠とした老人」「老いてなお矍鑠としている」のように、肉体的に衰えて満足な活動がおぼつかなくなるはず

壮健（そうけん） 文 健康で元気盛んなさま。「ご—の由」「身体—」

息災（そくさい） 古 健康で無事なこと。「—に暮らす」「無事—を祈る」「—延命」

恙無い（つつがない） 文 病気や異状がない。無事である。

矍鑠（かくしゃく） 老齢となっても、健康で達者であるさま。「—とした老人」「まだ—としている」

達者（たっしゃ）　古 丈夫。壮健。「―で長生きする」「お―で」

の老齢の人物に対して、いくぶんの驚きと感動をこめて用いることが多い。井上靖の小説『闘牛』にも「古武士のような矍鑠たる七十をこした老人」という例がある。

小津映画『秋日和』にこんなシーンがある。美人と結婚した友人が先立ち、その七回忌に出た帰り、同級生たちが酒を酌み交わしながら、「あんな綺麗な女房持つと、男も早死にするもんかね」などと談笑しているところに、店の女将がお銚子を持って現れた。すかさず「おかみさん、ご亭主、達者だろうね」と話しかけ、何も知らない女将が「エエ、お蔭さまで」とにこにこする場面だ。この「**達者**」という古風な漢語も、体が丈夫だという意味で使われる。ただし、この語は、漱石の『坊っちゃん』に「読み書きが達者でない」という例が出るように、健康とは無関係に、優れているという意味合いでも使われる。「英会話が達者だ」などはその典型的な例だろう。「足が達者だ」とい

まめ 〔古〕健康なさま。元気。「―に暮らしている」 異字 達者

体調（たいちょう） 体の調子。「―が‐悪い／すぐれない」「―を‐崩す／整える」

う例でも、健康状態より能力に重点があるだろう。「まめに暮らす」というふうに使う「**まめ**」という古風な和語も、この「達者」とよく似ていて、身体的に丈夫であるという意味のほか、真面目（まじめ）という意味での「まめに働く」「筆まめ」といった使い方もある。

「体調管理」「体調がいい」「体調がすぐれない」などと使う「**体調**」という漢語は、文字どおり「体」の「調子」という意味であり、その「**調子**」という日常の基本的な漢語は、広く物事の進み具合や機械などの動きの滑らかさについて用いる。「胃の調子が思わしくない」などと人の体について使えば、「体調」の意味になる。

「仕事の進み具合」「機械の具合を調べる」などと、人や物の動き方の状態をさす「**具合**」ということばも、広く「調子」というような意味で使うが、人間について「体の具合が悪い」のように使う場合は結果として「体調」をさす。小津安二郎監督

調子（ちょうし） 体や気分などの状態。「最近どうも―が良くない」

具合（ぐあい） 健康状態。「―が悪い」「―を見る」「お体の―はいかがですか」 異字 工合

の映画『東京物語』に、「お母さんどうも具合が悪いんですがね」と、医者をしている長男が母親の病状を心配し、長女が「悪いってどうなの?」と質問すると、「イヤ、よくないんだよ」と堂堂めぐりのやりとりとなる場面がある。

もと、塩と梅酢による味加減を意味した「**塩梅**（あんばい）」は、「塩梅がよくわからない」「いい塩梅に晴れてきた」などと、似たような意味で改まらない軽い文章に使う古風な漢語だが、健康状態について「どうも体の塩梅がよろしくない」などと言うこともあり、戦後は「按配」とも書く。

塩梅（あんばい） 古 体調。「—が良い/悪い」 異字 按配

病気——疾病・不快・容態

「病気になる」「重い病気」「病気が峠を越す」のように用いる「**病気**」という語は、体や心の異状をさして、くだけた会話から硬い文章まで幅広く使われる日常の基本的な漢語である。網野菊は小説『風呂敷』に「主治医の見立て通りで、不治の病気ではないことがハッキリした」と恩師の志

病気（びょうき） 身体や精神に異状が生じ、苦痛を伴う状態。「—に-かかる/なる」「—が治る」

病（やまい）　古 病気。「―に倒れる／冒される」「―は気から」

賀直哉を思う気持ちを述べている。「病は気から」「心の病」「病を得る」「病があらたまる」のように用いられる「**病**」という語は、「病気」と同じ意味で、主として文章中に使われる古めかしい和語である。

「長期にわたる疾病」などと使われる「**疾病**（しっぺい）」という語も、意味は「病気」と同じだ。が、主に正式な感じの文章の中で用いられ、専門的な雰囲気を漂わせる漢語だが、いくぶん古風な感じを伴うかもしれない。太宰治の『浦島さん』に、「パンドラの箱の中には疾病、恐怖、怨恨、哀愁、（略）などのあらゆる不吉の妖魔がはいっていて」というふうに、名詞を列挙する際に現れる。

「胸部疾患」などとして使われる「**疾患**」という語も「病気」に近い意味合いだが、専門的な雰囲気の漢語で、患部を限定して指示する際に多く使われる傾向が見られる。「長患い」の「**患い**」という古めかしい和語も、「病気」という意味で

疾病（しっぺい）　文 病気。「―手当」〔医学用語。〕

疾患（しっかん）　文 病気。「胸部／慢性―」〔医学用語。〕

患い（わずらい）　古 病気。「長（なが）の―」

不快（ふかい） 「病気」の婉曲（えんきょく）表現。「ご—の折」

容態（ようだい） 病気の具合。「—が悪化する／急変する」 **異字** 容体 **異読** ようたい

古風な文章中に用いられることが多い。

「**不快**」という漢語は、気分が悪いという意味だが、「ご不快の折」などとして使われる例では、実質的に「病気」に似た意味合いを控えめにやわらかく表現したことになる。「容態が安定する」などと使われる「**容態**（ようだい）」という漢語は、病気の状態を意味して、やや改まった会話や文章に用いられ、少し古い雰囲気を感じさせる。阿部昭の小説『父と子の夜』に、「わたしどもがまた腹ごしらえをしようとしている時に父の容態が急変した」という例が出てくる。現代の語感では、「**病状**」より重大なけはいを感じさせる。

病状（びょうじょう） 病気の様子。「—が悪化する／回復する」

「病状の悪化を招く」「病状の回復を待つ」などと使われる「病状」という漢語も、同じような意味で幅広く用いられ、比較的軽い症状でも特に違和感がない。また、「症状」に比べ総合的な判断を思わせる。

「自覚症状」「禁断症状」「症状が消える」など

症状（しょうじょう） 病気や傷の状態。「発熱の―を訴える」「自覚／禁断―」〔「病状」は一般的な病気の様子で、「症状」は病気の種類によって生じる種々の状態（発熱・頭痛・化膿（かのう）など）を表す。〕

病勢（びょうせい） 文 病気の勢い。病気の進行状態。「―が-募る／衰える／悪化する」

と使われる「**症状**」という漢語は、それぞれの病気に伴って生じる現象をさして、会話にも文章にも広く用いられている。「病状」に比べ、部分的・具体的な連想が強いようだ。

「症候群」という形で近年よく見かける「**症候**」という漢語も、心身に現れる病的変化をさすから「症状」とほぼ同じ意味になるが、やや専門語に近い響きがある。

「病勢が募る」「病勢が衰える」のように使われる「**病勢**」という漢語は、病気の進行具合の意味で、やや改まった文章で用いられる。

「小康状態」「小康を得る」として使われる「**小康**」という漢語は、病気が深刻な段階に陥らずに落ち着いていることを意味し、会話にも文章にも使われる。

「快方に向かう」として使われる「**快方**」という漢語は、病気や怪我が好ましい状態に向かう、すなわち、回復傾向を意味して、やや改まった感

症候（しょうこう） 心身に現れた病気の状態。「―を呈する」

小康（しょうこう） 文 病気が少し良い状態になること。「―を-保つ／得る」「―状態」〔一時的な感じ。〕

快方（かいほう） 病気やけがの状態が良い方に向かうこと。「病気が―に向かう」

じの会話や文章に用いる。

治癒――癒える・回復・全治

「肺炎が完全に治癒する」などと使われる「**治癒**」という漢語は、病気や怪我が治るという意味で、主として文章中に用いられ、正式でやや専門的な響きを感じさせる。梅崎春生の小説『日の果て』に「傷がまだ治癒せず歩行が困難である」という例がある。この漢語は、「治す」「治る」「治まる」の「治」と、「癒す」「癒える」の「癒」という漢字で構成されている。次に、それらの和語の意味用法に言及する。

まず、「病気を治す」の「**治す**」という語は、治療して回復させるという意味で会話や文章に広く使われている日常語で、遠藤周作の小説『海と毒薬』に「肺結核を治す新方法」とある。「**治る**」は、そういう手当てを受けるなどして病気や怪我が癒えて元の状態に戻るという意味として、これもくだけた会話から硬い文章まで幅広く使われて

治癒（ちゆ） 文 治ること。「病気／けが―／が―する」

治す（なおす） 治療する。「病気／骨折―を―」

治る（なおる） 病気やけがが治まり体が健康な状態に戻る。「病気／けが―が―」

いる日常の基本的な和語である。森鷗外の小説『高瀬舟』に「どうせ治りそうにもない病気だから、早く死んで少しでも兄きに楽がさせたい」という例が出てくる。「恢復(かいふく)」という漢語ほど大仰な感じがなく、ちょっとした擦り傷の場合に使ってもさほど違和感はない。「**癒える**」も、病気や負傷した箇所などが治るという意味で、やや改まった会話や文章に用いられる古風な和語だが、鼻風邪程度の軽い病にはなじまない。また、「傷が癒える」のように具体的な箇所をとりあげる例が多い。一方、「傷ついた心が癒える」「悲しみが癒える」のように精神的な痛みが消える場合の拡大用法は「治る」で代用できない。

　本来は「恢復」と書き、常用漢字表内の「**回復**」で代用することの多いこの日常の基本的な漢語は、「景気回復」「信用を回復する」「天気が回復する」のように、一度失ったものを取り戻し、本来の好ましい状態に戻るという意味合いで幅広く

癒(い)える 文 病気やけがが治って痛みや苦しみがなくなる。「傷/病-が―」

回復(かいふく) 病気やけがが治り、健康な状態に戻ること。「体力/意識-が―する」「―期」 異字 快復・恢復

使われる。病気や怪我が治るのもそれに相当するところから、「病気が回復する」とも言う。その場合は「快復」という漢字を宛てる場合もある。転んで膝を擦り剝いた場合にも使える「治る」に比べ、この語は、治るまでに時間のかかる、ある程度重い病気や大怪我などに使われる例が多いようだ。網野菊の小説『風呂敷』に「その恢復には肉体の恢復におけるごとく、一種のさわやかさと悦びがあることを、ミツは感じた」とある。直接には、自分が精神的に立ち直ったことに気づいてこみあげてくる嬉しさだが、それが肉体的な恢復の場合と同じく爽やかな心地であることを発見したシーンである。「ここまで来れば本復も近い」「ようやく本復までこぎつける」のように使われる「**本復**」という古風な漢語は、「本格的な恢復」という意味で、主として文章中に用いられる。長期間にわたる重い病気を連想させる。

「全快祝い」の「**全快**」という日常の漢語も、

本復（ほんぷく）　文古 病気やけががすっかり治って、元の体に戻ること。

全快（ぜんかい）　病気やけががすっかり治ること。「—祝い」

人間▼治癒

平癒（へいゆ） 文 病気が治ること。「―祈願」

快癒（かいゆ） 文 病気やけががすっかり治ること。

全治（ぜんち） 病気やけがが完全に治ること。「―一週間のけが」 異読 ぜんじ

それと似たような意味であり、こちらは古風な感じもなく会話でもよく使われる。怪我の連想もある「全治」という語と同様、この語もやはり長い病気の場合に用いる傾向が強い。

「平癒を祈願する」などと使う「**平癒**」という漢語は、古風で硬い感じがあり、文章中に用いられる。「治癒」という語が恢復程度に幅のある感じなのに対し、この語は完全に治った状態をイメージさせやすい。

「**快癒**」も「**全癒**」も、病気や怪我がすっかりよくなるという意味で使われる漢語だが、どちらも会話ではほとんど用いないようだ。強いて比べれば、前者は気分がよくなる点に、後者は完全にという点に、それぞれ焦点があるかもしれない。

「全治」と「完治」と「根治」も、病気や怪我がすっかり治るという、よく似た意味で使われる、やや専門的な漢語である。「**全治**」が治癒までの予定期間をさして医者の診断書などに記されるのに対

全癒（ぜんゆ） 文 快癒。

完治（かんち）　全快。「病気／けが／傷-が―する」 異読 かんじ

消毒（しょうどく）　薬品・熱湯などで病原菌を殺すこと。「傷口を―する」「―液」「日光／熱湯―」

殺菌（さっきん）　熱や薬剤などにより細菌を殺すこと。「―剤／効果／消毒」「低温―」

し、「**完治**」は完全に治ったかどうかを問題にする際に使われる傾向があるようだ。一方、「**根治**」は、治りきったという段階の問題よりも、ぶり返したり再発したりする危険を除去したというニュアンスが感じられる。

消毒――殺菌・滅菌

「日光消毒」「消毒液」「傷口を消毒する」などと使われる「**消毒**」という日常の漢語は、薬品や熱湯などを用いて病原菌の働きを阻止することを意味する。太宰治の小説『人間失格』に「その電話機、すぐ消毒したほうがいいぜ」という例があるように、この語は家庭でもできそうな手軽な予防措置や手当ての段階を連想させる。

　一方、「殺菌効果」「低温殺菌」「熱湯で殺菌する」などと使う「**殺菌**」という漢語は、薬剤や熱などの作用で有害な微生物を殺すことをさし、「消毒」と意味がよく似ているが、もっと大仰な感じがあり、結果として生じる効果という現象に重点があ

根治（こんじ）　治りにくい病気を根本から治すこと。また、治ること。「持病を―する」「病気が―する」 異読 こんち

る。

近年、もう一つ「**滅菌**」という専門的な漢語も見かけるが、この語は空間または物質から微生物を除去するという意味で使われる医学用語であるらしい。

看病――看護

「看病疲れ」「付きっ切りで看病する」のように使われる「**看病**」は、病人の世話をするという意味で、くだけた会話から文章まで幅広く使われる日常の漢語だが、若干古い感じが出てきたかもしれない。怪我人の場合はなじみにくいようだ。

「完全看護」「手厚い看護を受ける」のように使われる「**看護**」も、病人や負傷者の手当てや世話をする意味だから、よく似ているが、「看病」という語が家庭内を連想させるのに対し、「看護」のほうは病院を連想させ、それだけ専門的な雰囲気が漂う。古井由吉の小説『息災』に「夜勤の看護婦」という例があり、現在は男女を問わず「看

滅菌（めっきん） 熱や薬剤などで殺菌し、物質や空間から細菌を除去すること。「―ガーゼ／室／装置」〔細菌を殺す過程よりも、細菌が除去された後の状態を思わせる。〕

看病（かんびょう） 病人やけが人のそばに付き添って介抱すること。「つきっきりで―する」「―疲れ」

看護（かんご） けが人や病人の手当てをしたり世話をしたりすること。「手厚い―を受ける」「―師」

息災（そくさい） 〔古〕健康で無事なこと。「―に暮らす」「無事―を祈る」「―延命」

病人（びょうにん）　病気にかかっている人。「—を看病する」

患者（かんじゃ）　けがや病気などで治療を受ける人。

命（いのち）　①生物の生きる力。「—の恩人」「—を-落とす／失う／賭ける」②一生。生涯。「短い／はかない—」

人間▼命

護師」という語を用いることになっているが、いずれにしろ「看病」という語はなじまないようだ。

病人———患者

「家庭に病人が出る」「病人を見舞う」のように使う「**病人**」は、文字どおり病気になった人をさす日常の漢語で、くだけた会話から硬い文章まで幅広く用いている。

その「病人」も病院に出かけて行くと一般に「**患者**」と呼ばれることが多い。「入院患者」「患者を診（み）る」「待合室に患者があふれる」などと、この語は病院や医師など、治療を行う立場から見た用語という感じがあり、それだけ専門的な雰囲気が漂う。また、「病人」と違って、怪我人を含む場合もある。

命———生命・一命・寿命

「命を授かる」「命にかかわる」「命の恩人」「命からがら逃げる」「命を落とす」などと幅広く使われる「**命**」は、生きものが生きるために必要な力の源泉、また、生きている期間を意味する基本的な和語である。川端康成の『雪国』に、「駒子の生きようとしている命が裸の肌のように触れて来もする」という例がある。久保田万太郎の「湯豆腐やいのちのはてのうすあかり」という一句は幻想的である。真白い豆腐が湯の中で煮えてゆくのを、ひとりじっと見ていると、だんだん周りがぼうっと霞んできて、ついには目の前のその豆腐しか目に入らなくなる。そんな錯覚に襲われて眺めると、何だか豆腐の肌にほんのりと赤みがさしているように見え、あたかも命の薄明かりのように感じられる。最後に愛した女に先立たれた直後の作というから、思いがけない幻想が痛痛しい。

「生命を賭して事に当たる」「生命の危険に曝される」のように使われる「**生命**」という硬い感じの漢語も意味はほとんど同じで、古井由吉の『影』に「人間の生命は結局のところ、半浸透膜で外と隔てられた細胞のようなものである」という比喩

生命（せいめい） 「命①」の客観的で改まった表現。「新しい―の誕生」「―保険／力」

表現が出てくる。意味は同じでも文体的なレベルに差があり、「命ということばを使う」に対して「生命という語を用いる」といった対立が見合う。硬いだけに正式な雰囲気があり、「生命保険」といった名称に利用される。「命の保険」だと商品名と勘違いされそうだ。

「人命尊重」「人命救助」などと使われる「**人命**」という漢語は、人の命、人間の生命という意味だから、もちろん人間以外については使わない。

「一命を取り留める」「一命を賭して闘う」などと使われる「**一命**」という漢語は通常、人間について、一人の命という意味で用いる。

「露命をつなぐ」として使われる「**露命**」という漢語は、人の一生を短くはかないものと感じ、「露」に喩えた表現である。その和語表現に相当する「**露の命**」という言い方はやわらかい印象を与えるが、同時に古めかしい感じを伴う。

「平均寿命」「寿命が延びる」「寿命が尽きる」

人命（じんめい） 人の命。「—には代えがたい」「—救助/尊重」

一命（いちめい） (一つの)命。「—を-落とす/なげうつ/とりとめる」

露命（ろめい） 文 露の命。「—をつなぐ」

露の命（つゆのいのち） 文古 露のようにはかない命。

人間▼命

寿命（じゅみょう） 命の長さ。「人の―」「―が長い／縮まる思いをした」「―で死ぬ」

などと使われる「**寿命**」という日常的な漢語は、生命を維持している期間をさし、人間に限らず動植物にも用い、「建物の寿命」のように生物以外に適用する比喩的な表現も見られる。

「天命を知る」「天命が尽きる」のように、「**天命**」という漢語にも、天から与えられた命という意味で「寿命」に近い用法があるが、この語は「人事を尽くして天命を待つ」のように、天の下す命令という意味合いで、運不運の現象などに使う用法もある。

天命（てんめい） 文 天から与えられた寿命。「五十にして―を知る」「―が尽きる」

誕生――出生・生誕

こんな笑い話じみた実話があるという。赤ちゃんの生まれた家に、市長名でお祝いの手紙が来たらしい。「ご出産おめでとうございます」という文面で、宛名が赤ん坊になっていたという。子供は「誕生」したほうであり、「出産」したのは母親のほうだ。発信した側は、赤ん坊は文字が読めないから、実際に読むのは母親だろうと気をまわ

誕生（たんじょう） 生まれること。「生命の—」「—を祝う」「長女が—する」「—日」

しすぎ、宛名とつじつまの合わない文面になってしまったのだろう。よくありがちの失態だが、書いている間に一度でも相手の立場で読み返すことがあったら、小学生でも気づきそうなものである。

この「**誕生**」ということばは、小沼丹の随筆『登高』に「僕の誕生日は九月九日である」とあり、「誕生石」「第一子の誕生を喜ぶ」「誕生祝を贈る」「誕生記念パーティー」などと、日常生活で広く使われる一般語である。

ただ、その事実を役所に届け出る際には「**出生**」という語に換言し、「出生届」というものを提出することになる。日常的な「誕生」に比べ、この語は改まった雰囲気があるだけではない。祝意のような感情をこめずに「出生率」「出生の地」「出生の秘密」などと客観的な記述に用いるのに適した用語だけに、時には事務的に扱ったような雰囲気を伴い、個人的な話題では冷たく響くこともあるだろう。

出生（しゅっしょう） 子が生まれること。「—の秘密」「—率／届」 異読 しゅっせい

なお、この語は伝統的に「しゅっしょう」と読んできたようで、「誕生」などに比べると、やや古風な感じがするかもしれない。ところが、現代では「しゅっせい」と読む例が増えているらしく、その場合でも依然として改まった感じは残るが、古風な印象は消えるような気がする。

同じ意味で「**生誕**」ということばが使われることもある。「生誕の地」「生誕百年の記念事業」というふうに、歴史的に著名な人物に使う例がほとんどで、自分の先祖などに用いると偉そうな雰囲気が漂い、顰蹙を買うかもしれない。まして「お誕生会」や「お誕生パーティー」などに「生誕」などという語を使うのは噴飯ものだろう。デカルトやアインシュタインや夏目漱石ほどの人物でも、世間に偉人と認められるまでは、「生誕」という語は似つかわしくなかっただろう。

死――永眠・逝去・昇天

一、二、三、四と号令をかけながら体操をしてい

生誕（せいたん） 文（著名な人物が）生まれること。「―の地」「―二百年祭」

顰蹙（ひんしゅく） 不快感・嫌悪感から眉（まゆ）をひそめること。「―を買う」

噴飯物（ふんぱんもの） おかしくて思わず吹き出してしまうような事柄。「この話はまさに―だ」

る風景は、昔も今もあまり変わらない。掛け声も多分、イチ、ニ、サン、シのままなのだろう。ところが、数を数える場合、近年、イチ、ニ、サンのあとをヨンと読み、以下、ゴ、ロク、ナナ、ハチと続ける人が増えた気がする。「七回忌」や「四十九日」もナナとかヨンとか読まれそうで心配になる。そのうちに赤穂四十七士が「ヨンジュウナナシ」と読まれ、ＡＫＯ47と書かれて思わぬ人気を博する時代が到来するかもしれないと、よけいな心配をすることもある。「ヨン」は、ヒ、フ、ミ、ヨ、イツ、ム、ナナ、ヤという日本語の伝統的な数え方の「ヨ」の転、「ナナ」はその七番目に相当するから、漢語の中に和語が混入しており、いかにも整然としていない。四のシと、七のシチとは、音が似ていて、聞いていて紛らわしいため、その誤解予防の対策として生じた現象だと説明される。あえて「ヨン月」とか「ナナ時」とかと発音して正確を期する場合など、そういう面もたしかにありそうだ。

が、その背景として、「死」を連想させる「シ」という音を避ける風習が根強くあったことも考えられる。できればその音を自分で発音したくないという心理は、今でも広く働いているように思われる。落語によく登場するように、昔は「シの字嫌い」と言われるほど極端に縁起をかつぐ人が多かったようだ。偉そうにアーサーと名乗ることになったとたん気位の高くなったコーギー犬との散歩で、朝夕、近所をブラついていると、あちこちに駐車場がある。一台分ずつ番号が振ってあって、よく見ると、ほとんどが3から5に飛んで、4番を避けており、大きな駐車場では、「苦」の連想から9番も避けるケースが多い。中には、そういう面倒を嫌ってか、一工夫こらして、数字の代わりにアルファベットを用いている所もある。ところがあいにく、それでも四番目は「D」となり、やはり英語のdeathすなわち「死」の連想が働く。

越年草（えつねんそう）　秋に発芽し、冬を越して春に開花・結実して枯れる草本。麦・大根など。

早春に咲くキク科の越年草の英語名「シネラリア」を「サイネリア」と読みたがる心理もわかる。

人の生死にかかわる施設では、最新の医療設備を誇る病院などでさえ、患者が気にすることを避けるため、仮に第4診察室があったとしても、病室ではきまって3号室から5号室に飛び、14号室や24号室も控える傾向が強いようだ。

昔、文化庁の所属だった国立国語研究所に勤務していたころ、対外試合のためにチームのみんなでバレーボールのユニフォームを新調したことがある。胸に機関名を英訳したナショナル・ランゲージ・リサーチ・インスティチュートの頭文字NLRIを貼り付けた、通称ヌルリの一着である。問題は背番号で、縁起をかつぎ、誰も4を希望しない。やむなく、野球では憧れの四番打者と言い聞かせつつ自分が引き受けた。

当時は七月末に文部省の所轄機関の大会があった。国家公務員の身分だから勤務時間に開催で

一張羅（いっちょうら）　会 ①所有している衣服のうちで一番上等な(ただ一枚の)もの。②たった一枚しかない衣服。「―で通す」

きず、土曜の午後と日曜ですべての試合をこなす。一日半に八チームの総当たり戦が強行されるのだ。その大会では研究所の単独チームでなく、オール文化庁として試合に臨むのだが、お揃（そろ）いのユニフォームがないから、自分は一張羅のヌルリを着用し、炎天下に東京学芸大学の体育館で一試合、外のコートで六試合に出場。セッターとして華麗なトスワークを見せるつもりが、ずっと地味になった気がする。背番号のせいか知らん?

数字でさえこのとおりだから、まして本物の「死」に対しては拒絶反応が甚だしく、できるだけそのことをことばに出さない工夫をしてきた。動物の死に際しても、魚の場合は「あがる」、鳥の場合は「落ちる」というふうに、命を落とす場合の形態に注目した表現を採用し、いずれも死という厳粛な事実に正対せず、その現象の別の側面にずらして間接的に表現してきた。

そういう文化にどっぷりとひたってきた日本人

は、『葉』と題する太宰治の初期の小説のように、一編がいきなり「死のうと思っていた」などと始まるとびっくりする。単に唐突だというだけでなく、たいていの読者はどきりとすることだろう。同じ意味でも、こんなふうに露骨に表現せず、「果てしなく遠い世界へとひとり旅立とうと考えていた」などとぼかしておけば、読者の衝撃もそれだけやわらいだことだろう。

　しかし、現代人があまりにもストレートな言い方だと考え、できれば避けたいと思っている「死ぬ」という露骨に響く語も、「しおれる」意、「過ぎ去る」意、「息が止まる」意など諸説あるものの、ともかく語源的にはなんらかの間接的な表現であったらしい。何かをしてしまうという意味から、それが過去のものとなる、つまり、終わるといった意味合いが生じ、そこから、生きものの終焉(しゅうえん)である「死」へと広がった、というあたりが大筋の流れのようだ。人間だれしも、考えたくもな

死（し） 死ぬこと。命がなくなること。「非業／不慮―の―」「―に―臨む／瀕（ひん）する」「その―を悲しむ」↕生

死亡（しぼう） 人が死ぬこと。「―通知／届／率」

死去（しきょ） 文「死亡」の改まった言い方。亡くなること。「―の報に接する」

落命（らくめい） 文 災難などで命を落とすこと。「事故で―する」

い好ましからざる事実については、昔からあからさまに口にしなかったようだ。多分に言霊（ことだま）思想の影響もあったのだろう。

「**死**」という漢字はもともと人の死を意味したらしく、「非業（ひごう）の死を遂（と）げる」のように用いる単語の「死」も、そのこと自体を表す直接表現と考えられる。「死亡届」の「**死亡**」、「死没者」の「**死没**」あたりは、その事実を明確に伝える客観的な表現で、間接化の配慮は感じられない。「死去の報に接する」の「**死去**」は、その場を立ち去るという意味を添えたぶん、いくらか露骨さが減じ、それだけ改まった感じとなる。「**絶命**」は「命が絶える」、「**落命**」は「**命を落とす**」という意味であり、実際にそういう和語表現も使われる。どちらも「死」に比べれば露骨な感じが少ないものの、ストレートで意味がわかりやすく、かなり直接表現に近いだろう。

人物紹介や年譜などに「一九八〇年歿」のよう

死没（しぼつ） 文「死亡」の改まった言い方。「―者」異字 死歿

絶命（ぜつめい） 文 命が絶えること。「路上で―する」

命を落とす（いのちをおとす） 不慮の死を遂げる。「戦争で―」

没する 文 死ぬ。〔社会的に重要な人物の死に用いられることが多い。〕異字 歿する

没 文 死ぬこと。〔死亡した年を示すのに用いられる。「平成二十七年―」〕異字 歿

に記す「歿」はどうだろう。この漢字の基本的意味は「なくなる」ことらしいが、左側の部首が「死」と同じであるように、そこから「終わる」意や「死ぬ」意を含み、これも直接表現に近い。「する」をつけて「**歿する**」というサ変動詞にしても同様だ。ただ、この漢字が当用漢字表や常用漢字表に採用されず、その代用漢字として使われ出した「**没**」のほうは、本来は「水にもぐる」という意味だったそうだ。「日没する国」も「日没」も「沈む」という意味であることがよくわかる。そこから「溺れる」という意味でも使われるようになり、やがて、その結果として生ずる「死ぬ」という意味にまで広がったようだ。ただし、「旅先で没する」とあっても水難とは限らないように、もちろん人物辞典にこの代用漢字が使われている人物がすべて溺死しているわけではない。もはや「死ぬ」という意味一般にまで広がったと考えてよさそうだ。

物故（ぶっこ）

文 人の死を改まっていう語。「―者」

「物故者」などとして使う「**物故**」も死を意味する。漢字の「物」は左が牛偏、右の「勿」は「切る」意で、もともとは、切って神に供える牛の肉をさしたという。そこから存在そのものの意味に広がり、「歿」と同様、人の死をも意味したらしい。「故」は古くなる意という。この語は「もっこ」とも読むらしいが、芥川龍之介の『孤独地獄』に「物故してから、もう彼是（かれこれ）五十年になるが」として出てくる用例では「ぶっこ」と読むようだ。

間接表現といっても、あたりをやわらげる程度には、もちろんさまざまな段階がある。最初は、それとなくほのめかすだけの婉曲（えんきょく）な表現であっても、その語をくり返し使っているうちに、次第に意味がすぐ伝わるようになる。そうなっては間接表現としての働きを失うため、新たに間接表現を工夫しなければならず、次から次へと別の言い方が生まれてきたのだろう。どこの国でも事情は似ていようが、日本語にもそういう婉曲な表現で間接化した配慮の跡が数多く見られ、そのうちのいくつかは今でも広く使われている。

その一つである漢語の「**永眠**」は、「永い眠り」という意味で、「死」という忌まわしい現象を消滅と考えず、「睡眠」という一時的な休息と捉え直そうとした懸命の発想転換だったろう。これも「永い眠りに就く」または「永遠の眠りに就く」という和語的な表現として使われる。

「**瞑目**」は単に瞼（まぶた）を閉じて目を覆うという意味だから、必ずしも眠りに陥らなくてもよく、また、「永い」という時間の制約もないから、単に目をつむってじっと考える場合にも使える。それを実際の死について使う場合は、安らかな死に方を思わせる。「もって瞑すべし」という形で、ものごとがうまく運び、これで安らかに死ねると、満足できる結果であることを強調する場合にも使われる。単に「**目をつぶる**」という形で死を意味する場合は、かなり婉曲な言い方で、それだけ丁重な

永眠（えいみん） 死ぬこと。〔永遠に眠る意。〕

瞑目（めいもく） 文 安らかに死ぬこと。〔目を閉じる意。〕

目を瞑る（めをつぶる） 文 死ぬ。

人間▼死

逝去（せいきょ）　[文] 他人の死去を敬っていう語。「—を悼む」

あの世（よ）　人間が死んだ後に行くとされる世界。「—に旅立つ」「—行き」↔この世

雰囲気が漂うようである。

「**逝去**」は行き去ってその場にいなくなるという意味だから、「ご逝去を悼む」などと、他人の死をさす婉曲な表現に入る。「**長逝**」という語も同じ発想で、去ったまま永久に戻らないという意味合いから、死ぬ意の婉曲な表現となる。

「**あの世**へ行く」と行く先を明示してしまえば、かなり直接表現に近いが、「遠いところへ行く」とぼかせば間接表現となる。そこから離れるという基本的な意味を持つ、この和語動詞「**ゆく**」単独で、この世から去る、つまり「死ぬ」意を婉曲に表すこともある。ただし、「行く」や「往く」と書いたのでは、単なる物理的な移動の連想が強いため、特に「逝く」という漢字を宛てて、「死ぬ」意をほのめかす。もともとあたりをやわらげる目的で美化した表現だから、やや文学的な匂いがともなう。読むときには古風に響く「ゆく」と発音することが必要で、現代風に「いく」と発音した

長逝（ちょうせい）　[文] 死ぬこと。〔永久に去って帰らない意。〕

逝く（ゆ）　[文] 死ぬ。「巨匠—」〔あの世へ旅立つ意。〕

身罷る（みまかる） 古 身内の者が死ぬことをやや改まっていう語。〔体があの世へ去る意。〕

世を去る（よをさる） 死ぬ。〔この世からいなくなる意。〕

のでは雰囲気がそこなわれる。また、そのような語感が働いて、日常会話で使ったのでは気障（きざ）な感じに聞こえるかもしれない。

なお、ごく親しい間柄で、「あいつも、とうとう、いっちゃったか」と言う場合の「いく」も、同じ発想に立つ間接表現なのだが、この場合は特に「逝く」といった特別の意識ではなく、まだ「行く」の域を出ていないように思われる。

古語の動詞「**みまかる**」も、「身」が「罷（まか）る」という意味だから、体がこの世を辞去するという発想の間接表現で、そこから「死ぬ」意を類推させようという機構になっている。「**世を去る**」「**この世を去る**」という現代の表現も、これと類似の考え方に立っている。

その場から姿を消すととらえれば、旅に出るのもその範囲に入る。「**死出の旅**に出る」という言いまわしは、冥土にあるという険しい死出の山に出かけるという意味であり、冥土に旅立つことか

この世（よ） 命ある人間が生きている世界。「―ながらの極楽」「―の見納め」「―を去る」↔彼（あ）の世

死出の旅（しでのたび） 古 死ぬこと。「―に出る」〔冥土（めいど）にあるという険しい死出の山に出掛けること。〕

ら「死ぬ」という意味を感じとらせる表現だが、字面に「死」という文字が明記され、特に文章中では間接化の効果は低い。その点、「**帰らぬ旅**に出る」のほうがいくらか遠まわしだが、永久に戻って来ない旅行は考えにくく、これもすぐに死とわかる。その点、単に「**旅立つ**」と表現したほうが婉曲になる。特に「旅立ち」という名詞は、子が巣立つ、子供が社会に出るといった意味合いで、卒業の際によく使われるという背景があり、死を意味する用法では、それだけ婉曲さが増す。当人が気が進まずぐずぐずしていると、あの世にあるという冥土から「**お迎えが来る**」こともあり、いやいや旅立たなければならない。

漢語の表現を借りて「**不帰の客となる**」と有り余る教養がほとばしり出たり、それを和語に開いて「**帰らぬ人となる**」と気どったりする例も見かけるが、これも発想は似ている。家を出たまま帰って来ないケースはこういう言い方をしないから、

帰らぬ旅（かえらぬたび） 文 死出の旅。「―に出る／赴く」

旅立つ（たびだつ） 文 世を去る。「天国に―」

お迎えが来る（おむかえがくる） 死期が近づく。〔仏が浄土に呼び寄せに来る意。〕

不帰の客となる（ふきのきゃくとなる） 文 死ぬ。〔二度と戻って来ないことから。〕

帰らぬ人となる（かえらぬひととなる） 文 不帰の客となる。帰らぬ命となる。

死の婉曲表現に限られるだろう。慣用的な固定表現だから、「となる」を「になる」に変更するわけにはいかない。

「若くして他界する」などのように使う「**他界**」という語は、今生きて暮らしているこの世とは「別の世界」、すなわち、あの世をさし、たがいに住む世界を異にするという意味から、死を暗示する表現である。「幽明境(さかい)を異(こと)にする」という表現はまさにこれだ。「幽」は暗いという意味であの世をさし、それに対する「明」はこの世をさし、死んで別別の世界に分かれるという意味になる。

「**往生**」は、その別の世界、あの世に出かけて行って、そこで生きることを意味する。立派な最期をさす「**大往生**」も発想は同じだが、「眠るが如き大往生を遂げる」というように、安らかな死を意味する例が多いようだ。行き先はできれば極楽のほうがいいが、現実には存外むずかしそうだ。映画監督の小津安二郎は一九三八年執筆の『撮影

他界(たかい) 文「死亡」の婉曲(えんきょく)表現。「若くして―する」

往生(おうじょう) 死ぬこと。「彼岸に―する」〔仏教で死後、極楽浄土に生まれかわる意。〕

大往生(だいおうじょう) 人が安らかに死ぬこと。また、立派な死に方。「百歳で―を遂げる」

に就てのノオト』にこんな話を記している。軍隊で、お寺の坊さんである兵士に、「俺が死んだら、うまくお経上げてくれよな」と冗談半分に頼んだら、いとも簡単に引き受け、「よし、どっちに行きたい、地獄か極楽か」と問われたらしい。当然「極楽がいいな」と答えたところ、僧侶はまじまじと顔を見ながら「そりゃ一寸無理だな」と応じ、「極楽へ行くと友だちいねえぞ」と続けたらしい。なだめたのかもしれないが、報道されるこの世の中を眺めても、あるいはそんなものかもしれないという気がする。死の影など微塵もない明るい挿話である。

成仏 死んで仏になること。「安らかに／迷わず――する」

「成仏」は、もともと悟りを開いて仏となることを意味したのだろう。仏教で、死者が迷わず浄土に生まれ変わることをさし、一般には、単に、死ぬという意味で使われる。理屈をこねれば、死んでも迷ってまだ成仏できずにいる段階もあり、あの世とこの世との間の「その世」あたりをさま

仏（ほとけ）　死人（の霊）。「―の顔」「―になる」「―を拝む」

入寂（にゅうじゃく）　釈迦や高僧が死ぬこと。〔仏教語。〕

入定（にゅうじょう）　入寂。〔仏教語。座禅を組み、無我の境地に入る意。〕

遷化（せんげ）　入寂。〔仏教語。教化の土地をこの世からあの世へ移す意。〕

よっていることになるかもしれない。この種の仏教語を用いずに単に「**仏になる**」という言い方もあるが、やや俗っぽい感じに響くような気がする。物を作り損なうことを俗に「**お釈迦になる**」と言う。それは駄目になることに通じるため、「死ぬ」意味の俗っぽい表現としても使われる。

仏教の世界では、釈迦や高僧が死ぬことを「**入寂**」「**入滅**」といった特別の言い方で呼ぶ。坐禅を組んで無我の境地に入る意の「**入定**」、煩悩を去って悟りの境地に入る意の「**寂滅**」、あるいは、教化する土地をこの世からあの世に移すことを意味する「**遷化**」といった語を用いて、間接的に死という意味を伝える例もあるという。

なお、いかにも仏教に関連しそうな「**お陀仏**」ということばも死を意味することがあるが、これは仏教で死ぬときに「南無阿弥陀仏」と唱えるところから出た、まったくの俗語である。

「天にも上る心地」なら申し分ないが、実際に

お釈迦（しゃか）　俗 ①作り損なうこと。作り損なったもの。「―にする」②役に立たなくなったもの。「車が大破して―になる」

入滅（にゅうめつ）　入寂。〔仏教語。〕

寂滅（じゃくめつ）　死ぬこと。〔仏教語。煩悩を去り悟りの境地に入る意。〕

お陀仏（だぶつ）　俗 死ぬこと。「もう少しで―になるところだった」〔仏教で、死ぬ時に「南無阿弥陀仏」を唱えることから。〕

上ってしまってはこの世に戻れない。「**昇天**」は、文字どおり天高く昇ることを意味するが、キリスト教では、イエス・キリストが復活して、四〇日間弟子たちとともに過ごした後に天に帰ったことをさすようだ。一般に、死ぬことを意味して広く使われる。信者が死ぬことをキリスト教で「天に召される」と考え、その意味合いでは「召天」と書く。

　天子などのごく高貴な方専用の「**崩御**（ほうぎょ）」は、「くずれる」「こわれる」という意味合いの語で、このような漢語にも、死というものを何とか別の概念でとらえようとした必死の試みの跡が透けて見えて、痛痛しく感じられる。「**崩ずる**」という動詞でも使われる。やはり身分の高い人の死を敬って言うことばに「**登仙**（とうせん）」という語があり、仙人となって天に上るという発想らしい。

　病人が死んだ瞬間など、医者が遺族に「ご**臨終**です」と告げて静かに頭を下げることがあるが、

天子（てんし）　天に代わって人民を治める人物。「―の位に就く」

登仙（とうせん）　文 身分の高い人の死去を敬っていう語。〔仙人になって天に上る意。〕

昇天（しょうてん）　人が死んで魂が天に昇ること。

崩御（ほうぎょ）　文 天皇・皇后・皇太后・太皇太后の死去を敬っていう語。「天皇陛下が―された」

崩ずる（ほうずる）　文 崩御する。異形 崩じる

臨終（りんじゅう）　(医者が遺族に)その人の死を敬っていう語。「ご―です」

これは人生の終わりに臨むという意味に言い換えて間接的に伝える表現である。ただし、これは人の死という現象を広くさすわけではないから、その時にしか使えない。「終焉(しゅうえん)の時を迎える」のように用いる改まった文章語の「**終焉**」も同様だが、こちらは「終焉の地を見いだす」などと、隠居して晩年を過ごす場合にも使うから、さらに遠まわりした表現である。

死を人生の最後と考え、特に「**最期**」という漢字を宛てて「死」をさすこともある。「壮絶な最期を遂げる」などと使われるのがそれで、やはり間接表現の一つとなる。小津映画の『東京物語』にこんなシーンがある。老夫婦が長男夫婦や長女夫妻の住む東京に出かけた帰りに、老妻が病気になり、尾道の自宅に帰って床に就いたまま意識が戻らない。医者をしている長男が東京から駆けつけて容態を見たあと、笠智衆の演ずる老父の周吉が「で、どうなんじゃ?」と問う場面だ。長男が

終焉(しゅうえん) 文 命の終わり。「—の時を迎える」

最期(さいご) 死に際。「壮絶な/潔い—」「—を-遂げる/看取(みと)る」

「明日の朝までもてばいいと思うんですが」と答え、周吉は「そうか……いけんのか」と二度くり返してから、「そうか……おしまいかのう」と言う。この「**おしまい**」という言い方も、ここでは人生の終わりを意味し、何とか「死」ということばを避けようとする必死の婉曲表現として、観客に悲痛に響く。ずうっと続いてきた命の緒というイメージを浮かべ、それが切れると表現することで死を暗示する表現もある。「**事切れる**」「**絶え入る**」「**絶え果てる**」や単なる「**果てる**」にも、そのような発想が感じられるかもしれない。

世の中に不幸な出来事はたくさんあり、盗難、火災、地震、大気の汚染などいろいろあるが、「あのお宅に**不幸**がある」という言い方をすれば、そういう種類の不幸ではなく、その家族や親類の誰かが死んだ時に限られる。

さらに婉曲に、「**もしもの事**」で死を暗示し、「もしもの時」「万一の場合」とぼかす例もしばしば

お仕舞い（おしまい） 会 物事が駄目になること。「二人の関係もこれでもう―だ」 異字 お終い

事切れる（ことぎれる） 文 呼吸が止まり死ぬ。 異字 縡切れる

絶え入る（たえいる） 文 息絶える。

不幸（ふこう） 家族・親類の死去の間接表現。「突然の―」「打ち続く―」「―がある」

若しもの事（もしものこと） 思いがけない不慮の事故や死。万一の事。「あなたの身に―があったら―」

絶え果てる（たえはてる） 文 息絶える。

果てる（はてる） 命が尽きて死ぬ。「かの地で―」

万一（まんいち） ①万に一つ。めったにないこと。「―に備える」「―を願う」 ②もしも。「―駄目だった時は」

見られる。これらの表現も、いくら思いがけないことでも、三つ子が生まれたとか、離婚や尿漏れが現実のものとなったとか、そういう場合には使わず、ほとんどが死を暗示していると考えられる。

改まった場では漢語表現が多用される傾向が強いが、和語でもさまざまな間接表現が試みられてきた。その場合、「死ぬ」を他の一語に置き換えるだけでなく、いろいろな工夫が見てとれる。「心臓が止まる」あるいは「心臓が停止する」といったかなり露骨な表現もあるが、それでも、言及する対象を一器官だけにしぼってあり、「死」という現象そのものを全体として明確に指示することは控え、限定的に暗示するという間接化の配慮は認められよう。

その結果として「脈が上がる」あるいは「脈が止まる」と表現する例も、死ぬという決定的な認定を忌避している点で、類例と考えられる。このように血の流れに言及する表現のほか、呼吸停止に着目する間接表現も多い。「息をしなくなる」という表現は慣用的でないが、「息が止まる」「**息を引き取る**」「**息絶える**」などはよく使われている。阿部昭は『父と子の夜』で、「それはめでたいことなので、父の死そのものは誰も悲しまなかった」と書き、「どころか父の死の一瞬ははなはだ喜劇的な一瞬でもあった」と続ける。こんなふうに、二つの文でともに「死」という直接表現で記したあと、その喜劇的とした事件を述べる箇所では、「父が息をひきとるのと、ソバ屋の出前持ちが病室のカーテンごしに威勢よく声をかけるのとがほぼ同時だった」と、今度は「息をひきとる」というやや間接的な言い方を用いている。

　危篤状態となり昼も夜も家族が病室に詰めているが、なかなかその時がやって来ない。この病人のように食えなくなったらおしまいだと、父親の目を盗んで出前を頼んだところ、容態が急変し、ついにその時が来た。あいにくその直後に出前が

息を引き取る（いきをひきとる） 文 死ぬ。「家族に見守られ静かに――」

息絶える（いきたえる） 文「死ぬ」の間接表現。〔呼吸停止の側面からとらえた語。〕

届いたのだ。まさか病室の中でそんなことが起こっているとは知らない出前持ちは威勢よく声をかける。が、「医者や看護婦ともどもいっせいに故人の上にかがみこんでいて」、注文をした遺族もさすがに誰も返事をしない。聞こえないと思った出前持ちは、「お待ちどおさま！」とさらに大きな声で叫んだ。「父の死は、息子たちにとってはある意味で待ちに待ったものだった」から、自分たちの気持ちを代弁してくれたような気もしたという。頭を抑えつけられる重い存在だったのだろうが、その瞬間を病室で徹夜で待たされたことも関係していそうだ。

人の死という現象に直面した人間が感じる気持ちのほうをことばに出して、側面から描く表現もある。「あえなくなる」「いけなくなる」「**はかなくなる**」「**むなしくなる**」といった言いまわしは、そういう方法による間接表現である。一面に氷でおおわれた島を「グリーンランド」と名づけ、ご

儚くなる（はかなくなる） 古 死ぬ。〔あっけない命ととらえた表現。〕 異字 果敢無くなる

空しくなる（むなしくなる） 古 死ぬ。〔死を空虚ととらえた表現。〕 異字 虚しくなる

みの埋め立て地を「夢の島」と呼ぶなど、逆のイメージで価値の転換を図る技法があり、レトリックでは「逆語法」とか「語意反用」とかと呼ばれるが、その原理を利用して、不吉な死というものを逆に「めでたい」と価値転換を図り、「死ぬ」ことを俗に「おめでたくなる」ととらえる言い方もしばしば見られる。

そのほかにも、さまざまな表現の工夫が見られる。そのうち、「露と消える」や「海の藻屑（もくず）となる」などは比較的よく知られているだろう。「星になる」という表現もあるらしく、「土に戻る」や「アトムに帰る」という表現もあるという。

このように、あるいは抽象化し、あるいはイメージ転換を図るなど、間接性を高めた表現ほど、受け取る側には、その人間が〈死〉という現象をいかに忌避しているか、という心の動きも同時に伝わってくる。その事実にも注意を促しておきたい。

自身（じしん） 自分そのもの。「—が乗り出す」「彼—」

わたくし——あたくし・ぼく・おれ

「会社自身の責任」「そういう考え自身が問題だ」のように使う「**自身**」という漢語は「**自体**」とも換言できる意味だが、「自身で選ぶ」「自身の手で作り上げる」のように使う場合は、当人・本人としてのその人をさし、「自分」という語と近くなる。

その「自分」という漢語は、「自分中心の考え方」「自分のことは自分でやる」のように、考えたり行動したりする主体としての当人をさしている。志賀直哉の『山鳩』に、「撃ったのは自分ではないが、食ったのは自分だ」とあるのもそういう用法と考えられる。ただし、「自己」や「自身」という語が、思考の対象としての内面の自分自身をさす意識なのに対して、この「**自分**」という語は思考する主体としての自分自身を思わせる傾向がある。そのため、古くは軍隊その他で一人称の代名詞としても用いられた。武者小路実篤の『お目出たき人』に「自分は今年二十六歳である。自

自体（じたい） ①その物事を強調する言い方。自身。「それ—は光を発しない」「それ—が誤っている」「それ—はどうでもいい/無理だ」「スーツケース—の重さ」②古 そもそも。もともと。元来。「—、答弁になっていない」

自分（じぶん） 行動したり考えたりする主体自身。「—のことは—でするよ」↔他人

私（わたくし）　男女共通で用いる最も改まった一人称。「―が参ります」

私（あたくし）　会「わたくし」の、少しくだけた垢ぬけた言い方。「―そう申し上げましたかしら」

分は女に餓えている」とあるのも、そういうニュアンスだろう。

話し手や書き手が自分をさす一人称代名詞のうち、男女共通の最も改まった丁寧な言い方は、「わたくしがいたします」「わたくしどもといたしましては」などと使う「**わたくし**」という和語である。井伏鱒二の小説『珍品堂主人』に蘭々女が「本日から、わたくしは人妻でございます」と挨拶する例が出てくる。

これがいくらか崩れた語形が「あたくし存じません」「あたくしでおよろしかったら」などと使った「**あたくし**」で、小津安二郎監督の映画『お早よう』に、三宅邦子の演ずる林民子がこういう言葉遣いをするのを、近所の口さがない主婦連中が、上品ぶっていると批判するシーンが出てくる。井伏の『珍品堂主人』にも、顧問格で料亭に入ったあの蘭々女というしたたかな茶の師匠が、上品ぶって「あたくしが悪うございました」と心にもなく頭を下げてみせる場面がある。

一九七六年三月五日、雑誌の作家訪問の企画で、鎌倉雪ノ下の永井龍男邸を訪ねた折、「東京では「あたくし」ということばを女の人がよく使」ったものだが、「このごろあまり使わなくなったんで「あたくし」なんて書いても通用しない」と思うものの、「わたくし」じゃ感じが出ない、「田舎っぽくなっちゃって」と、繊細な言語感覚で知られるこの名文家は嘆いた。とっさに、「「あたくし」には都会の女性の甘えがあるんでしょうか」と水を向けると、「そうかもしれませんね」と応じ、「教養を柔らかくしたような感じもあるかな」と補足した。小沢昭一や桂歌丸といった男の芸人にこの語形が細ぼそと残っているのを耳にした記憶がある。

「**わたし**」という語形には、「わたくし」ほど改まった感じはない。男女共通で使うが、「ぼく」と使い分ける関係で、男性の「わたし」のほうが

私（わたし） ①女性が普通に使う一人称。「―でよかったら」②やや改まった場面で用いる男女共通の一人称。「―も皆さん同様」〔社会人があまり親しくない同等程度の相手に対しても用いる。〕

人間▼わたくし

相対的に丁寧に響く。特に家庭内では、通常「おれ」か「ぼく」と言っている夫が、ある日「わたし」などと言い出すと、妻は別れ話かとどきりとするかもしれない。一方、女性の場合は、「あたし」ほどはくだけないごく普通の一人称で、子供でも使うから、男性の場合ほど改まった雰囲気にはならない。

大昔、時枝誠記教授の大学院の国語学演習を聴講していたデール・クラウリーという米人宣教師が質問しかかり、こんなやりとりがあったのを鮮明に覚えている。「わたし」と言いかけて「ぼく」と言い直した瞬間、その理由を尋ねられた。家では宣教師として人に接するので「わたし」と言っているが、ここでは学生として発言するのだから「ぼく」のほうが適切だと判断した旨、釈明したところ、日本語はそういう言語ではない、自分が何であるかという基準でことばを選ぶのではなく、相手との関係でことばがきまるのだ、と教授は解説した。ここでは大学院における教員と学生という関係だから「ぼく」より「わたし」のほうがむしろ適切だということになる。「わたくし」のほうがさらにふさわしいのかもしれないが、そこまでの言及はなかった。この聴講生はのちにハワイ大学で教鞭をとったという噂を聞いたような気がするが、そんな日本語論をもっともらしく講じたかもしれない。

女性の場合、肩のこらない日常場面では、「ねえ、あたし、わかる?」「あたしとしたことが」というふうに、「**あたし**」という語形をよく使う。小津映画の『秋日和』で、縁談を持ち込まれた司葉子の演ずるアヤ子が「あたしこのままでいいの」と母親に断る。井伏鱒二の小説『貸間あり』にも「あたしいろいろ考えたんですけれど」という例が出る。男性の場合は「ぼく」とくつろぐ選択肢があるのでそうなりにくいようだ。

「君とぼく」「ぼくんち」などと使う「**ぼく**」と

私(あたし) 会「わたし」の、少しくだけた言い方。「きのう—そう言ったでしょ」「—が行くわよ」

僕(ぼく) 男性が普通に使う一人称。「君と—」「先生、—が行きます」

いう語形は、「わたし」よりぞんざいで、「おれ」よりは丁寧な男性用の自称。サトウハチローに『母とボクと鯉のぼり』と題する詩があり、「ボクが大きくなったのが／ちょっぴりさびしい　母でした」という一節が出てくる。三木卓の詩『系図』でも、「ぼくがこの世にやって来た夜」「せんだってぼくにも娘ができた」などと、「ぼく」という語が使われている。この語は青少年が多用した印象があり、高齢層の口から出ると一瞬おやっと思うかもしれない。会話的な語感があり、硬い文章にはなじまない。

漱石の『坊っちゃん』の主人公は、自分のことをふだんは「おれ」と言うが、他人の前では「僕の前任者が誰に乗ぜられたんです」と、この自称詞を用いている。

ひところ、ある中学教師の話によると、女子生徒の間でもこの「ぼく」が使われていたらしい。ことばの性差別に対する反感だとすると、この語の男性的な響きを強く意識していることになる。
近年、東京の女子の小中学生の間で関西方言の「**うち**」を一人称に使いたがるという話も聞く。どちらも一過性の現象らしく、高校生になるころにはすっかり影をひそめるそうだ。思春期の不安定な情緒に発する一時的な揺れかと思われる。

「おれとお前の仲」「貴様とおれとは同期だ」「おれに任せろ」などと使う「**おれ**」という語形は、「ぼく」より乱暴だが、親しみのこもった感じもあり、男性がくだけた会話で仲間に向かってよく使う和語である。漱石の『坊っちゃん』に「是で中学の教頭が勤まるなら、おれなんか大学総長がつとまる」という例が出てくる。森繁久弥の作詞作曲になるという『知床旅情』にも「はまなすの咲くころ／想い出しておくれ　俺たちのことを」とある。ただし、そこでは対称が「**お前**」でなく「**君**」となっている。

近年、ドラマを観ていると、会社などで上司に

内（うち）　会《関西で》女性・子供が使う一人称。

俺（おれ）　会 男性がごく親しい間柄の人に対して使うぞんざいな一人称。「お前と―の仲」

お前（まえ）　会 主に男性がごく親しい間柄や目下の相手に用いるぞんざいな二人称。「おれと―の仲」

君（きみ）　主に男性が親しい間柄や目下の相手に用いる二人称。「―と僕」「―、ちょっと手を貸して」(女性教員(女性の上司)が男子生徒(男性の部下)に対して用いることもある。)

人間▼わたくし

向かって用いる例も散見するようになり、使用範囲が広がってきたような気がする。以前、大学院のゼミで「おれでございますか」という言い方に邂逅したこともある。あるいは、「ぼく」という語に子供じみた雰囲気を感じて、使用をためらうせいかもしれない。

邂逅（かいこう）　文　思いがけなく人に出会うこと。

女（おんな）　人間の性別のうち子を産む機能を有する方。↕男

女――女性・女子・婦人

「若い女」「女の一人旅」「女の自立」などと使われる「**女**」という日常の基本的な和語は、性別のうち男でないほうをさす。永井荷風の小説『濹東綺譚』に、「檀那、そこまで入れてってよ」と「傘の下に真白な首を突込んだ女」という例がある。川端康成は『雪国』で、「雪に浮ぶ女の髪もあざやかな紫光りの黒を強めた」と、夜が明けかける光の微妙な変化を、鏡の映像で印象的に描いた。安岡章太郎は『朝の散歩』で、「女の高い声が、澄み切った秋の空に響く」場面を描いている。杉田久女の「張りとほす女の意地や藍ゆかた」とい

う句には、成熟した女性の生き方が一本貫かれているようだ。

　このように、本来は特にマイナスイメージのなかったこの語も、かつての男中心の社会で家庭を守る存在と位置づけられ、「女子供」と一括されて庇護(ひご)される対象として扱われてきた長い歴史のうちに、いつかそう呼ばれることに抵抗を覚える女性が増えて、今や男性側でも使用する際にためらいを感じるまでになっている。「女だてらに」「女のくせに」といった蔑(さげす)みの眼の感じられる言いまわしでは、「女子」や「女性」で代替が利かないという事実からも、好ましくない語感のしみついていることはよくわかる。容疑者など好ましからざる人間として扱う場合には、きまって「四十代の女」「若い女が怪しい」などと表現し、「女性」も「女子」も使われないのもそのせいだろう。

　しかし、「女湯」「女持ち」「女物」はもちろん、茨木のり子の詩『汲む』に、「立居振舞(たちいふるまい)の美しい

立(た)ち居(い)振(ふ)る舞(ま)い　立ったり座ったりする、日常の何気なく行う動作。「―に気品が漂う」

／発音の正確な／素敵な女のひとと会いました」とあるように、「女の人」「女の方（かた）」などとして使う場合は、そういう悪い語感は働かない。

女性（じょせい）　「女」の改まった言い方。ふつう成人に用いる。「――議員／語／誌／ホルモン」↕男性

「女性に人気がある」「女性向けの雑誌」「注目を浴びている女性」などと使う「**女性**」ということばは、主に大人の女の人をさす最も正式な感じのやや改まった語である。この語には大人の雰囲気が漂うため、女の小中学生はもちろん高校生に使っても違和感がともなう。当然ながら、その違和感は年齢の低いほど大きく、園児だと冗談になってしまう。

高田保のコラム『ブラリひょうたん』に、「女は女であるとき最も女性である」という、ほとんど同義循環に見える諺（ことわざ）めいた一文が出てくる。男とは違って、自分を隠すすべを心得ている女の人の、その神秘的なところに男は魅了されるのだ、そんな主張らしい。最後だけが「女性」という語になっているのは、その語が、たしなみをそなえ

女子（じょし）　女性。「―学生/社員/トイレ」↕男子

た一人前の大人の女の人という評価を伴うからだと考えられる。

「女子校」「女子マラソン」などの「**女子**」という語は、主に女児や若い女をさし、学校生活やスポーツの世界など集団で使われてきた日常の漢語である。サトウハチローの長編随筆『僕の東京地図』に、「何故（なぜ）女子大学の中を通行するのがそんなに嬉（うれ）しかッたか、いまでもわからない」とあるように、通常の学生の年齢、せいぜい二十代あたりまでが「女子」のイメージだったような気がする。だから、「女子トイレ」とあれば学校を連想させ、デパートなどでは「女性用トイレ」とでもしないとイメージが合わなかった。ここの「女子大学」という名称も、へたに「女性大学」と変更したりすると学問の雰囲気が薄れ、社会人教育どころか、キャバレーの店名かと誤解を招きかねない。「女子美」という大学の略称も、もしも「女性美」だったら、誰も大学とは思わないだろう。「若

い女性」のことを「若い女子」と言いにくかったのも、そういう年齢の語感が邪魔して、「子供の赤ん坊」「年寄りのお婆さん」のような重複感があったからである。

ところが、近年、どうも「女子」の年齢幅が広がったらしく、会社のかつての女性社員も女性事務員も、今や女子社員、女子事務員に若返ったようだ。「女子会」なるものに後期高齢者もためらわず参加するようだから、ほとんど年齢制限がなくなったかに見える。あるいは、いつまでも若く、女子でありたい人びとの集いなのだろうか。

女子おなご

古女。〔現在では方言の感じを伴う。〕

「おなご衆」「おなごの仕事」などと使った「**おなご**」ということばも、もともとは漢字で「女子」と書き、「おんなご」と読んでいたのが約つづまった語形らしく、女の子という意味から、大人の女や女中をもさすように広がったのだという。現代ではいかにも古めかしい和語で、関西方言の響きを残しているともいう。夏目漱石の『坊っちゃん』

女性(にょしょう) 文 じょせい(女性)。

女人(にょにん) 文 女性。「――禁制／高野(＝室生寺(むろうじ))」

婦女(ふじょ) 古 婦人。「―をいたわる」「―暴行」

婦女子(ふじょし) 古 ①婦人。②婦人と子供。

婦人(ふじん) 「(成熟した)女性」の改まった言い方。「―服」↕殿方

に「今時のおなごは昔と違うて油断が出来んけれ」という例が出るが、松山の人の発言だ。「女性」と書いて「**にょしょう**」と読む語もあるが、これも古めかしく、今ではめったに耳にしない。また、「**女人**」と書いて「にょにん」と読む古めかしい語もあるが、これも今では「女人禁制」という形で目につく程度である。

大人の女を意味する「**婦女**」という、やはり古めかしい語は、「婦女暴行」という形でまれに目にふれるか、「**婦女子**」の形で、子供とともに労(いたわ)りの対象として扱われるか、そんな程度にごく限定的に用いられるにすぎない。

「貴婦人」「婦人参政権」「婦人服」「妙齢の婦人」などとして使われる「**婦人**」ということばは、大人の女、特に、既婚女性をさす、やや改まった感じの漢語である。古くは、庶民の場合に「妻」、武士階級の場合に「婦人」と称したともいう。以前より使用頻度が減った感じはあるが、今でもま

だ使われる。「女性」以上に、落ち着いた年齢の家庭人を思わせるためか、現代の女子学生に質問すると、自分は「女性」ではあるが「婦人」という意識はないという回答が多い。井伏鱒二の小説『文章其他』は「自分が破産したと自覚した日の夜から、急に青春時代のように性欲が盛んになってしまった」という「すでに五十歳の婦人」の滑稽で悲痛な告白で始まる。

森まゆみは『女のきっぷ』の「まえがき」でこう述べている。この「きっぷ」は、「思い切りよく、さっぱりした気性」を「きっぷがいい」という、あの「気っ風」である。むろん、券売機では買えない。著者は言う。「婦人」という語はしっくり来ないし、「女性」という和製漢語も好きではない、「女性自身」などということばは気色が悪いと述べたあと、きっぱり「おんな、でいい」と言い放つ。さわやかだ。これが気っ風である。

結婚式（けっこんしき） 婚礼。「―に招く」

「教会で結婚式を挙げる」「結婚式の披露宴で祝辞を述べる」などと使う「**結婚式**」ということばは、ある一組の男性と女性が夫婦になることを第三者の前で誓い合う儀式をさす類義語の中で最も一般的な呼称だろう。式そのものが洋風でも和風でも、豪華でも質素でも、この語を用いて違和感はない。芥川龍之介の『疑惑』に「近々結婚式を挙げようと云う間際になって、突然破談にしたいと申すのでございますから」とある。

婚礼（こんれい） 結婚の儀式。「―の祝辞」「―衣装」

「婚礼の日取り」「婚礼に招かれる」のように使われる「**婚礼**」という語は、それより少し古めかしい感じだが、さほどの齢（とし）とも思えない人の間でさえ、今でもまだ時折耳にするような気がする。改まった感じがあるため、「婚礼の儀を執り行う」などという格式ばった表現にはぴったりだ。島崎藤村の『破戒』に「つい二三日前、この家に婚礼があった」という例が出てくる。

結婚式――婚礼・華燭の典・祝言

本来、どういうことばを選ぶかは表現する側の問題であって、描かれる対象自体の問題ではないのだが、何となく、ことばが古いと古くさく感じられる。「婚礼」にはいくらか古風な語感があり、どうしても「結婚式」という言い方より、和服姿の花嫁花婿を連想させやすい。少なくとも、ウエディングドレスの金髪の女性がマーチに乗って靴音高く登場するシーンは想像しにくくなる。

「婚礼」の美称だった「**華燭の典**」という表現は、今や一流大学の学生にも通じないらしい。「華燭」は華やかな灯火を意味するのだが、耳で聞くと「過食の店」という連想が働くかもしれない。芥川の『疑惑』に「とうとう所謂華燭の典を挙げる日も、目前に迫ったではございませんか」という例が出てくる。美称だけに豪華なイメージがあり、今でも簡素な挙式には使いにくい雰囲気がある。

これがさらに古めかしい「**祝言**」ということばになると、すぐ角隠しが目に浮かび、「高砂や」

華燭の典（かしょくのてん） 文「婚礼」の美称。

祝言（しゅうげん） 古 婚礼。「—を挙げる」「仮—」

が出ないとしっくり来ないような雰囲気となる。今ではかなりの高齢者でも当人の口から出ることは考えにくい。『水戸黄門』か『遠山の金さん』といったテレビの時代劇で聞いた昔懐かしいことばとして記憶に残っている程度なのかもしれない。

ことばが古いと、どうしてもイメージが古くなりやすい。そのため、類は友を呼ぶで、関連する語がたがいにマッチしやすいよう、似たようなレベルのことばのネットワークができあがっているように思われる。「結婚式」の場合は「新郎新婦」でも「花嫁花婿」でもまったく違和感がないが、「婚礼」となると「花嫁花婿」のほうが納まりがいい。「婚礼」を挙げた「花嫁」は、ファッションモデルになるとは思えず、外交官試験を受けたり商社に勤めたりすることも、旧姓のまま社会の表舞台で羽ばたくこともなく、良妻賢母として一生を送りそうな雰囲気がそれとなく漂う。

どの組み合わせも古さが同じ幅で対応するわけではないが、おおざっぱに整理すればこんな図式になるかもしれない。「婚礼」を挙げた「**花嫁花婿**」は、伊勢か出雲かの「蜜月旅行」先から帰って「所帯」を持ち、いつか「亭主」にもしものことがあると、「嫁」は「**後家**(ごけ)」になる。三木卓の『系図』という詩に、「後家のはぎしり／がんばって　ぼくを東京の大学に入れて」という箇所が出てくる。一方、「結婚式」を挙行した「**新郎新婦**」は「ハネムーン」先のハワイかカナダあたりから帰国して「家庭」を持ち、いつか「夫」に不幸があると、「妻」は「**未亡人**」となる。

　こういう雰囲気の違いは、いったいどうして生まれるのだろう。「結婚式」ということばが普及して広く使われるようになると、それだけ「婚礼」という語の使用頻度が落ち、その語が盛んに使われていた当時の挙式や披露宴のことが懐かしく思い出され、その頃のようすが、あたかもその語の

花嫁(はなよめ)　結婚式や披露宴で、「嫁」の美称。「―衣装／姿」↕花婿(はなむこ)

花婿(はなむこ)　結婚式や披露宴で、「婿」の美称。↕花嫁

新郎(しんろう)　新しく夫になる男。花婿。↕新婦

新婦(しんぷ)　新しく妻になる女。花嫁。「―の入場」↕新郎

後家(ごけ)　古 未亡人。「―を通す」

未亡人(みぼうじん)　夫に先立たれた妻。

夫（おっと）　夫婦の男の方。「―の趣味」
異字 良人 ↕妻

配偶者（はいぐうしゃ）　文 結婚している相手。「―控除」「多く公的文書で使う。」

意味でもあるかのようにイメージとして結びつく。その語を使う人の年齢だけでなく、イメージの中の人物も昔風に映ってくるのだろう。

夫――亭主・主人・旦那

「夫」という漢字は、もともと、成人して一人前の存在となった男性を意味したらしいが、日本語で「夫の言い分」「夫を信頼する」「夫をかばう」などと使う「**夫**」ということばは、結婚している女性から見たその**配偶者**をさして、幅広く用いられる基本的な和語である。夏目漱石は『明暗』で、「良人というものは、ただ妻の情愛を吸い込むためにのみ生存する海綿に過ぎない」と、「夫」を「スポンジ」に喩えている。佐藤春夫は『秋刀魚の歌』と題する詩で、「あはれ／秋風よ／情あらば伝へてよ、／夫を失はざりし妻と／父を失はざりし幼児とに伝へてよ／――男ありて／今日の夕餉に　ひとり／さんまを食ひて／涙をながす　と。」と書いている。

主人（しゅじん）　妻が他人に向かって自分の夫をいう語。「―は今留守にしています」〔「ご主人」は、他人の夫の敬称。〕

近年、妻が他人に向かって自分の配偶者のことを話す場合、「主人」という偉そうな漢語に抵抗を覚え、代わりにこの語を用いる例を散見する。講演に遠征した際だったか、某国立大学に集中講義に赴（おもむ）いた折だったか、そこの教授をしている女性に目の前でその語を使われ、一瞬、応対に窮した経験もある。「主人」と言って話を切り出されたら、「ご主人は」とすぐにその話題に入れるのだが、まさかこちらが「夫さん」と言うわけにはいかないし、無神経にも、先方がわざわざ使用を避けたことばを当方が使い、「ご主人」と言って不興を買うのも本意ではないからだ。当人は男女平等の社会をめざす信条というほどの強い気持ちでなく、客観的で中立的な語という感覚で使っているそうだ。それでも対応は難しい。

その「主人」という漢語は、家や奉公先の店などのあるじを意味し、漱石の猫の「吾輩」もその家の主である苦沙弥（くしゃみ）先生のことを「主人は眼がさ

旦那（だんな） 夫をややぞんざいにいう語。〔「旦那さん」は他人の夫の敬称。〕

めて居るのだか、寝て居るのだか、向こうむきになったぎり返事もしない」と述べている。それが、やはりその一家のあるじという意味で、妻が夫のことを他人に話す際にもこの語を用いるようになり、その用法がかなり広く行われた。が、夫婦が平等でないという感じに抵抗が大きくなって、近年では使用を控える傾向があり、そのぶん結果として古風な語感がしみつくようになった。

これとよく似た語に「**亭主**」がある。これも本来は一家の主人を意味し、古く宿屋や茶店の店主をさして使われた。この語もやはり、「亭主関白」「髪結いの亭主」「亭主を尻に敷く」のように、妻から見た夫の呼称としても使われた。「主人」以上に古風な語感があり、今ではめったに使われなくなったようだ。ちなみに室生犀星の小説『杏っ子』に「亭主という兵営」という隠喩表現が出てくる。

「**旦那**」という語は、もともと「布施（ふせ）」を意味

亭主（ていしゅ） 古 夫をややぞんざいにいう語。「娘の―」〔「ご亭主」は、他人の夫の敬称。〕

お布施（おふせ） （法要の謝礼として）僧などに施す金品。

檀家(だんか) 特定の寺に所属して財政を助けながら諸仏事を依頼する家々(の人)。檀越(だんおつ)。

良人(りょうにん) 古 夫。異読 りょうじん

する梵語(ぼんご)の音を漢字で模写したものという。それが寺院や僧侶に金品を寄進する信者、すなわち「施主(せしゅ)」や「檀家(だんか)」をさして使われ、次第に「大旦那と若旦那」「呉服屋の旦那」というふうに、商家などの主人という意味に広がり、さらに、一家の主というところから、妻から見た夫をさしても使われるようになった。この語で「夫」をさす用法は「主人」同様に古風な響きはあるものの、今でもまだかなり使われているらしい。

「良人」という漢語は、もともと文字どおり善良な人という意味であり、君主をさすこともあったようだが、のちに妻が夫をさして使うようになったらしい。日本語でもこれを「りょうじん」と音読みして、同じく夫を意味して用いられたこともある。また、これを「おっと」と読んで「夫」の意味で使う例も多かった。今では、どちらもほとんど使われなくなり、古めかしい語感が定着したようだ。

夫君（ふくん）　文　他人の夫を敬っていう語。「—によろしく」

愚夫（ぐふ）　文　自分の夫をへりくだっていう語。〔「愚」は自分側に付す謙称。〕

家の人（うちのひと）　会　夫。「—は帰りが遅い」〔気軽な相手にいう語。〕　異字　内の人

妾（めかけ）　古　妻以外に関係をもち金銭的な面倒を見ている女。「—を囲う」

「**夫君**（ふくん）」という漢語は、もともと、妾（めかけ）が旦那を呼ぶときのことばだったというが、一般に妻が夫を呼ぶときにも使うようになったようだ。日本語ではそのまま他人の夫をさす尊敬表現として、男性がよく用いたようだが、これもほとんど見かけなくなった。

「**愚夫**」という漢語もある。もとは一般に愚かな男を意味したが、文字どおり愚かな夫という意味になり、その後、自分の夫を謙遜して他人に言う際の呼称となったらしい。とかく集中砲火を浴びやすい、のちにふれる「愚妻」と対になる表現だが、残念ながら今ではほとんど見かけない。

「**うちの人**」という和語表現もあり、かなり古い感じがするものの、これはまだ時たま見かけるような気がする。「内の人」または「家の人」と漢字で書くこともある。家にいる人間という意味から、特に夫をさすことを推測させようとする婉曲表現である。

宅（たく） 会 古 夫。「―に相談してから」

表六玉（ひょうろくだま） 俗 まぬけな人をののしっていう言葉。異字 兵六玉

旦つく（だんつく） 俗 旦那（だんな）のやつ。宿六（やどろく）。

住まいを意味する「**宅**」が、「宅からもよろしくとのことです」というふうに、妻が他人に対して、自分の夫をさすことばとして使われることもあったが、これも廃れた。

古くは「うちの宿六（やどろく）」などと、「**宿六**」ということばで夫を意味する俗語もあったし、間の抜けた人という意味の「**兵六玉**（ひょうろくだま）」という語でやはり夫をさす俗な表現も見たことがある。どちらもことばは乱暴だが、照れをまぶした愛情が感じられる。

「旦那」を「**旦つく**」と軽んじて言う俗語もあったが、今はほとんど耳にしなくなった。

もう一つ、外国人が驚く表現がある。それは「庄野はただ今出かけております」「辻村もそう申しております」というふうに、妻が夫を苗字で呼ぶ日本人特有の表現である。夫婦別姓の家ででもない限り、妻自身もその姓を名乗っているはずだから、理屈の上で奇妙な感じがするのだろう。自分がその家に嫁いで来たという意識が抜けないのだ

宿六（やどろく） 俗 自分の夫をへりくだってぞんざいにいう語。

ろうか。

妻──女房・家内・かみさん

「妻を娶る」「妻に迎える」「妻の両親」などのように使う「**妻**」ということばは、夫から配偶者をさす、現代で最も一般的な基本的和語である。阿波野青畝の「妻の嘘夫の嘘や漱石忌」という微妙な句がある。清岡卓行の詩『さびしい春』に「今はこの世にいない妻が／まだ娘の頃その両親と住んでいた家の前の」とあり、木山捷平の小説『大陸の細道』にも、「長い間の貧乏にやつれた妻が、女のひとり旅、夫の遺骨を首にぶら下げて汽車にのっている図なんか思っただけでもみじめで」とある。「つま」という和語は、古くは男女を問わず配偶者をさし、男の場合は「夫」という漢字を宛てた。

昔懐かしい「恋女房」、珍しくもない「女房の尻に敷かれる」などとして使われる伝統的な「**女房**」という古風な漢語も同じ意味で用いられた。

妻（つま） 夫婦の女の方。「─の実家」「─をめとる」↕夫

女房（にょうぼう） 自分の妻をいうやや古風な表現。「─一筋」「恋─」 異形 にょうぼ

小沼丹の随筆『十年前』に「女房の代りに、今迄出て来たことも無い亭主が現れたから面喰(めんくら)ったのだろう」とある。「房」は「部屋」を意味し、もと宮中の部屋に住んだ身分の高い女官をさしたが、のちに貴族の侍女を含み、やがて広く一般の婦人を意味するようになったらしい。

「家内のやつ」「家内の実家」などとしてよく使われた「**家内**」ということばは、へりくだって自分の妻をさしたが、今ではやや古風な感じになりつつある。島崎藤村の小説『破戒』にも「家内はまた家内で心配して」という例が出てくるが、その字面からいかにも家庭の中に閉じこもっているような連想があるところから、近年は女性に敬遠される傾向がある。封建的な思想の持ち主と思われそうで、男性も使いにくくなっている。

「細君に頭が上がらない」「細君と連れ立って出かける」などと使う「**細君**」という語は、他人に向かって自分の妻をへりくだって言うことばであ

家内(かない) 夫が他人に向かって自分の妻をいう語。

細君(さいくん) 古 ①自分の妻を(へりくだって)いう語。「—に頭が上がらないよ」 ②同等以下の男の妻を指す語。 異字 妻君

妻（さい） 古 自分の妻をへりくだっていう語。「—の手料理」

上さん（かみさん） 会 妻をややぞんざいに親しみを込めていう語。「うち／お宅—の—」

人間▼妻

るが、漱石の『吾輩は猫である』の語り手である猫の吾輩が、「現在連れ添う細君ですら、あまり珍重して居らん」と述べているように、相手が同等以下の場合などに「早く細君をもらえよ」と言って先方の妻をさしたり、「隣の細君」などと「奥さん」と同様に使ったり、用法が広がった。ただし、どの用法でも、現在はかなり古風な感じを与える。ちなみに、「細」は肥満の度合いとは無関係で、取るに足りない存在の意の謙称である。「妻君」は宛て字。

「妻」を**サイ**と音読みし、「妻が申しております」などと、自分の妻を他人に対して少し改まって言う例も昔はあったが、現在ではほとんど見聞きしなくなったようだ。

「かみさんの親」「うちのかみさんと来た日には」などと使う「**かみさん**」ということばは、もと商人や職人の妻をさした語で、永井荷風の『ふらんす物語』にも「巴里で宿屋のかみさんが呉れた」

愚妻（ぐさい）　文 自分の妻をへりくだっていう語。山妻（さんさい）。〔「愚」は自分側に付す謙称。〕

という例が見える。その後、自分の妻を、親しみと照れをもって言う俗っぽい表現としてよく使われた。適用範囲を広げて、「うちのやつ」「うちの者」などとぼかす言い方にも、発言者の照れが感じられる。

小津映画の『一人息子』に、大久保先生が自分の妻を「**愚妻**です」と紹介する場面が出てくる。夫から馬鹿呼ばわりされたくない世の奥様たちの不評を買い、今では使うのに相当の勇気を要する。「愚夫」「愚妻」の名コンビも今や風前のともしびだ。高田保が新聞連載のコラム『ブラリひょうたん』の中でこの語を使ったところ、読者からファッショだと猛烈な批判を浴びせられたという。この場合の「愚」は馬鹿という意味の「愚か」ではなく、人生経験がとぼしく、まだ至らないところがある、という程度の意味であり、日本人は謙虚なのだと解説し、それがお気に召さなければ「賢妻」とでも呼んでみようかとけしかける。そして、自分は

荊妻（けいさい） 文 自分の妻をへりくだっていう語。

「いとしの」という気持ちをこめてこの語を使っていると書いたあと、「大日本」でなく「愚日本」と称しておれば日本も戦争など起こさなかったと痛快に結ぶ。まさにそのとおりなのだが、正論は常に少数派である。

なお、「愚婦」という語もあるらしく、愚かな女の意から「妻」の謙称となった由。

「**荊妻**（けいさい）」ということばもあり、やはり自分の妻をさす謙称となっている。「荊」は「いばら」という意味で、いばらの簪（かんざし）を挿したという中国『列女伝』の故事から出たという。「**嫁**」という和語は、息子の妻をさすのが普通だが、関西方面の出身者の中には、自分の「妻」をさす用法もあるように見受けられる。

「かかあ天下」「かかあのやつ」などと使う「**かかあ**」という言い方もあり、漢字で「嬶」と書くが漢語ではなく、和製漢字すなわち国字である「嚊」とも書いたらしい。時により親しみ・軽蔑・

嫁（よめ） ①息子の妻(になる女)。「―がよくしてくれる」②(結婚しての)妻。「―に迎える」〔妻をややぞんざいにいう語としても用いる。「うちの―さん」〕③結婚相手の女性。「―の来手がない」⇔①～③婿（むこ）

嬶（かかあ） 会 自分の妻をぞんざいに親しみを込めていう語。異字 嚊

謙遜などさまざまな気持ちをこめて、自分の妻を呼ぶ古風な俗語である。小津映画『東京物語』にも、東野英治郎の演ずる沼田が、「かかあの機嫌ばッかりとって、このわしを邪魔にする」というせりふを口にしている。

「ワイフが里帰りしている」などと、この重要な日本語を意味するためにわざわざ英語を借りて「**ワイフ**」と呼んだ時代もある。この「妻」の意の古風な外来語は、おそらく照れから、ストレートに言うのを回避し、語感の働きにくい外国語に逃げた表現だったのだろう。当初は新奇な響きがあったのだろうが、今ではかえって古めかしく感じられる。

一見崇拝しているように見える「**山の神**」ということばもある。実は尊敬しているように見せかけ、口うるさい女房を、亭主がからかい半分に親しんで言う俗語である。小林秀雄は『作家の顔』の中に、正宗白鳥がトルストイについて書いてい

ワイフ 自分の妻を気取っていう語。〔wife〕

山の神（やまのかみ） 俗 自分の妻を軽い恐れを込め、おどけていう語。

ることばを「人生救済の本家のように世界の識者に信頼されていたトルストイが、山の神を怖れ」と引用し、「恐らく彼は山の神を怖れる要もなかったであろう。正宗白鳥氏なら、見事に山ノ神の横面をはり倒したかも知れないのだ」と切り返している。

年寄り——高齢者・老人・翁

志賀直哉の『暗夜行路』に「頬はすっかりこけ、頭だけがいやに大きく、恰で年寄りの顔だった」という例が出る。この場合は、それほどの年寄りでない人物を年寄りじみて見えると描写した箇所だろう。「**年寄り**」という語は、むろん基本的には、実際に年をとった人をさすが、「老人」や「高齢者」と違って、中年以下の人の間でも、相対的に年上という意味で使うこともある。

「**高齢者**」という語も、年をとった人間をさして使われる。昔は「高」の部分にいくぶん尊敬の意味合いが感じられたが、近年は「高齢者医療」

年寄り（としより） 老人。「お—をいたわる」「—に免じて」

高齢者（こうれいしゃ） 多くの年齢を重ねた人。〔特に、六十五歳以上を指す。〕

人間▼年寄り

などと役所の窓口で使われることも多く、事務的で冷たい語感も付着してきた。特に「後期高齢者」という形で一括されると、社会の厄介者扱いされた雰囲気もあり、この世に生きているのが申しわけない気分になる。せめて「高貴な好齢者」と書くぐらいのユーモアがほしい。

「**老齢**者」もほぼ同様の意味合いで使われているが、「高齢」よりさらに老いた連想が働くから、言われた当人はいっそうみじめな気分になるかもしれない。

同じく『暗夜行路』に「老人は山の老樹のように、あるいは苔むした岩のように、この景色の前にただそこに置かれてあるのだ」という例も出てくる。「**老人**」というこの語もまた、年をとった人をさすが、「年寄り」に比べ、親しみや蔑みといった特別の感情が働きにくく、それだけ客観的な感じで、やや改まった雰囲気がある。

林芙美子の『市立女学校』に「にこやかなる翁(おきな)

老齢(ろうれい) 高い年齢。老年期にあること。「—の両親」

老人(ろうじん) 年をとった人。「—医療/介護/福祉法」

の面」とあるが、この「**翁**」という語は男の老人をさす古語に近い和風の表現で、優雅な文章では今でもまれに用いられる。現代語の文章に使うと、古風なだけでなく雅びやかな雰囲気があり、近所の徘徊(はいかい)老人を「翁」と呼んだりすると違和感がある。なお、女の老人をさす古語の「**おうな**」のほうは、現代語として使う例を見かけない。

子供——餓鬼・小児・青年

小津安二郎監督の映画『東京物語』で、東野英治郎の演ずる沼田は「子供というもんも、おらにゃおらんで寂しいいし、おりゃおるで、だんだん親を邪魔にしよる」とぼやく。要するに、子供はいてもいなくても、どちらにしてもいいことはない、ということになるから、ひどく実感のこもったアイロニーである。

この場合の「**子供**」という語は、親にとっての息子や娘をさすが、「子供服」「子供料金」などという場合の「子供」は、そういう親子関係ではな

翁(おきな) 文古 年老いた男性。「竹取の―」↔媼(おうな)

媼(おうな) 文古 年老いた女性。↔翁(おきな)

子供(こども) 生まれてからの年数が少なくまだ発育の途中で、家族や社会が守ってやらなければならない年ごろの者。「―のけんか」↔大人(おとな)

人間▼子供

く、大人になる前の年齢という意味で、幼年幼女や少年少女をさして用いられる。

漱石の『坊っちゃん』は「親譲りの無鉄砲で小供の時から損ばかりして居る」と始まる。このように「小供」と書く「こども」は、もっぱら「大人」に対する「こども」を意味する。

「小人」と書いて、「こびと」と読めば白雪姫などがぱっと浮かぶが、これを「**しょうにん**」と読むとまったくの別語になる。すなわち、「大人」と書いて「だいにん」と読む語の対で、制度や慣習のうえで成人扱いを受ける前の年齢を意味し、料金などについて「小人は半額」などと使われたが、近年はあまり見かけないようである。

仏教で無縁の亡者などをさす「**餓鬼**(がき)」という語も、年少者をののしって言う俗語として、「がきの使い」だとか、「がきの分際で生意気な口を利くな」とかと使われた。

芥川龍之介の『侏儒(しゅじゅ)の言葉』に「軍人は小児に

小人(しょうにん) 文 中学校に上がる前までの子供。〔入場料などにいう。「―料金」〕↔大人(だいにん)

餓鬼(がき) 俗 子供をののしっていう語。「うるさい―だ」「―大将」

小児（しょうに） 小さい子供。「―科/病」

少年（しょうねん） ①幼年期と青年期の間の年ごろの子。「―犯罪/法」〔児童福祉法では小学校に上がってから十八歳に達するまで。〕②男の子。「―時代はサッカーに夢中だった」「―雑誌」↔少女

少女（しょうじょ） 少年期の女の子。乙女。「―漫画」↔少年

青年（せいねん） 青春期にある人。「―団」「好/万年―」〔男を指す用法がふつう。〕

近いものである」と極言する一文が現れる。英雄らしい身ぶりを喜ぶ、動物的勇気を重んじる、ラッパや軍歌に鼓舞されると欣然と戦う、酒も飲まずに自慢げに勲章を下げて歩くといった、大人げない態度を人間としてみっともないと痛烈に批判するくだりである。この「**小児**」という語も児童を意味するが、「小児科」「小児麻痺」「小児喘息」など複合語の中に現れるだけで、現代では「小児」を単独で使う例をほとんど見かけない。

今では「**少年**」や「**少女**」という語の使用も減りつつあり、たいてい「**男の子**」「**女の子**」という言い方で間に合わせる。「女の子」にはかわいい子も憎たらしい子もいるはずだが、古風に「**乙女**」と呼ぶと、不思議に、意地の悪い子が連想しにくいから妙だ。

「**青年**」という語は、青春期にある男女すべてをさすはずだが、そのうち男性を連想するケースが圧倒的に多く、青春期の女性をさす場合に苦労

男の子（おとこのこ） 男の子供。〔若い男性の意にも。〕↔女の子

女の子（おんなのこ） 女の子供。〔若い女性の意にも。〕↔男の子

乙女（おとめ） 古 年若い娘の美称。「うら若き/汚（けが）れを知らぬ―」「―心（ごころ）」 異字 少女

する。

野口雨情の作詞になる『七つの子』は、「烏なぜ啼(な)くの　烏は　山に　可愛い　七つの」まで、すべての文節の最初がア段の音で始まる。次の「子があるからよ」で途切れるのだが、その「**子**」という語は、「親子」の「子」だ。藤沢周平の『蟬(せみ)しぐれ』に、藩主の手がついて今では身分の違ってしまった服喪中のお福さまが、仏門に入る前に昔の恋人に忍び逢い、「文四郎さんの御子が私の子で、私の子が文四郎さんの御子であるような道はなかったのでしょうか」と言う場面がある。この「子」もやはり「親」に対する「子」である。「子」のこういう用法は、今ではめったに見られず、「わが子」「子持ち」などの構成要素として使われる程度になっている。

児童——生徒・学生

小学校に通う子供に限定して使う「**児童**」は教育学の専門語だが、一般には、学校に関係なく漢

服喪(ふくも)　文 喪に服すこと。「―中」

子(こ)　異字 児　子供。「良い―」「鍵(かぎ)っ―」

児童(じどう)　小学校に通う年ごろの子供。「―劇／文学」「学齢―」〔児童福祉法では十八歳未満を指す。〕

学童（がくどう） [文] 小学生。「—保育／疎開」

生徒（せいと） 中学・高校などで教育を受けている者。「—会／指導／数」「全校—」

学生（がくせい） 大学・短大・専門学校等で教育を受けている者。「—証／運動」

然と子供をさす。「児童遊園」「児童文学」などの「児童」である。「学童疎開」「学童保育」などと使う「**学童**」は、**小学生**をさして使われる。

同じく「**生徒**」は、学校教育の専門語としては**中学生**と**高校生**をさすが、一般には小学生を含めて使うことが多い。

「**学生**」という語は、学校で教育を受けている人をさす。特に四年制の大学で学ぶ**大学生**をさすことが多いが、短期大学の場合も含まれる。高校と短大にまたがる年齢層が在学する高等専門学校の場合、下級生を「生徒」、上級生を「学生」と呼び分けることはせず、大人の自覚を持たせるためか、最初からすべて「学生」と呼ぶことが多いと聞く。また、大学院に在籍中の場合は、「**院生**」という俗称が広く使われているが、大学院の学生と言う例もあり、やはり「学生」の中に含まれると考えてよい。

小学生（しょうがくせい） 小学校に通う子供。

中学生（ちゅうがくせい） 中学校の生徒。

高校生（こうこうせい） 高等学校の生徒。

大学生（だいがくせい） 大学で教育を受けている学生。

院生（いんせい） 「院」と名のつく教育機関で教育を受けている者。特に、大学院生。

女生徒（じょせいと） 古 女子の生徒。女子中・高生。

女学生（じょがくせい） 古 ①女生徒。②旧制の女学校の生徒。

女子大生——女学生・女子学生

太宰治に『女生徒』と題する作品がある。この「女生徒」という単語は、女子である生徒をさすから、通常、中学や高校に通う女子という意味になる。

それでは、「女学生」はどうだろうか。文字どおりに解釈すれば、「女」の「学生」だから、短大を含む大学に在籍する女子をさしそうだが、現実には少し複雑で、二つの別の意味で使われている。

一つは、旧制度で、男子の「中学校」に対し、女子に中等教育を受けさせた、旧制の高等女学校の生徒という意味である。もう一つは、中学・高校に学ぶ女子生徒であり、「女生徒」にあたる。井上靖の『猟銃』に「花のような修学旅行の女学生の一団」という例があり、現代では、女子高生の連想が強いかもしれない。「学生」という名がついていても、大学生の女子は含まないと解するのが一般的だろう。いずれにしろ、「セーラー服の女学生」も今ではすっかり古風な語感がしみつ

女子学生（じょしがくせい） 女子の学生。

いたようだ。

大江健三郎の『死者の奢（おご）り』に「女子学生は、非常に老けた、疲れきった表情をしてい、それは病気の鳥のような感じだった」という例が出てくる。この「**女子学生**」は、「女子」である「学生」を意味し、女の主に大学生をさして広く使われる。

女子大生（じょしだいせい） ①女子の大学生。②女子大学の学生。

紛らわしいのは「**女子大生**」で、こちらは明らかに二つの違った意味で使われる。一つは、お茶の水女子大学や東京女子大学など、女子だけを対象とした大学、すなわち、女子大学の学生をさす用法であり、もう一つは、女子である大学生、すなわち、女子学生一般をさす用法である。つまり、その語の語構成を「女子大＋生」と考えるか、「女子＋大生」と考えるかの違いである。近年、女子大の一部に大学院は共学という例がいくつか出てきたこともあり、最近では「女子学生」と同義で使う傾向が強くなったようだ。

美人――佳人・別嬪・美女

「才子佳人」という語は、才知に秀でた男と美しい女をさすから、「才子」は男、「**佳人**」は女に限られるようだ。事実なのか、羨んでケチをつけるのか、統計調査による実態把握はできていないが、ともかく「才子多病」「佳人薄命」などと言われると、いささか気になるのかもしれない。この古風な漢語にはこのところめったにお目にかからない。口頭表現では「歌人」と誤解されやすいこともある。同じく古風な漢語である、かつて「男装の麗人」などと使われた「**麗人**」もまた、今は古めかしく、よほど堅苦しい文章ででもなければ使われなくなったようだ。

夏目漱石の『倫敦（ロンドン）塔』に「倫敦にゃ大分**別嬪**（べっぴん）が居ますよ、少し気を付けないと」という例がある。この「別嬪」も美人という意味で使われた古めかしい漢語である。

小津安二郎監督の映画『大学よいとこ』には「向

佳人（かじん）　文 美人。「―薄命」「才子―」〔知的・幻想的な感じ。〕

薄命（はくめい）　文 短命。「美人―」〔はかなむ感がある。〕

麗人（れいじん）　文 美人。「男装の―」〔近寄りがたい端正さを感じさせる。〕

別嬪（べっぴん）　古 美人。「とびきりの―」「近所の―さん」

シャン 古 美人。「バック――」〔昔の学生用語。ドイツ schön〕

うに迚（とて）もシャンが行くぞ」という例が出てくる。この「**シャン**」はドイツ語から入り、戦前に学生の間で盛んに使われた、「美人」を意味する俗語だが、外来語なのにいかにも古い感じで、今では例を見ない。

川端康成の『山の音』に主人公の信吾が、妻と比べ、「同じ腹と信じられぬほど姉は**美人**だった」と思う例が出てくる。「美しい人」と書くように、昔は顔立ちの整った男性にも使ったようだが、男は強さや地位や財力などが主な評価の対象となるのに対して、女は容姿の美しさが評価における主な要素になったせいか、いつか美しい女性をさしてこの語が用いられるようになり、今日に至っている。そのため、「美人コンテスト」に男性は応募資格がないようだ。美貌の人をさす「**美形**」も女性が優勢かもしれない。

そうなると、「美男美女」のうち「**美女**」は「美人」とほとんど重なってしまう。稲垣足穂の『弥（み）

美人（びじん） 容姿の美しい女性。「――画／姉妹」⇔不美人

美形（びけい） 文 美しい顔だちの人。

美女（びじょ） 文 美しい女性。「絶世の――」

美男（びなん） 容姿の美しい男。男前。「—美女」

色男（いろおとこ） 色気のある魅力的な男。「—金と力はなかりけり」「希代の—」

ハンサム 〔handsome〕 男性の顔立ちのよいさま。「—な青年」

勒（ろく）』に「美女というものは何事を持ってきても似合うな」とあるが、近年は「美女を侍（はべ）らせる」「美女コンテスト」「美女軍団」などと興味本位で使う例が多く、「美人」に比べて気品に欠ける感じがする。「美人」という語が女性専用になってからは、男性は「**美男**」か「**美男子**」と呼ばれたが、この両語には特に気品に欠ける雰囲気はない。

昔は「**色男**」という言い方もあったが、これには「情人」という意味もあって紛らわしく、また、いかにも金と力がなさそうな雰囲気もあるし、今では古めかしく感じられる。

「**ハンサム**」という英語もよく使われたが、近年は「**イケメン**」なる俗語が幅を利かせている。なかなかのものだという意味を帯びた「行ける口」の「いける」から出た「いけてる」に英語の「メンズ」を組み合わせたという語源説もあるようだ。複数の「メン」になぜわざわざ複数のSを加えるのか疑問に思うと、「メンズウエア」「メン

美男子（びだんし） 美男。「はっとする—」 異読 びなんし

イケメン 俗 かっこいい男性。「—美容師／俳優」

ズルーム」のあの「メンズ」なのだと主張する人もある。それでもぴんと来ないが、いずれにしろ顔の話なので、「メンズ」という音からすぐに「面」が連想され、「容姿」のうち「容」すなわち顔だけを問題にした感じが強く、姿のほうはずんぐりむっくりでも使えそうに思うのは当方のひがみか知らん？

警官――警察・巡査・お巡りさん

「**警察**」という用語は、本来、公共の安全や秩序を維持するために、犯罪を取り締まる、その任務を意味するが、「警察に通報する」「警察の捜査が入る」のように、一定の地域を管轄し、その任務を遂行する「**警察署**」という組織や場所をさす用法が多い。志賀直哉の『児を盗む話』が「私は警察へ曳かれた」と終わるのもそれだ。また、「警察を呼ぶ」「警察が来る」「警察に捕まる」のように、その任務を遂行し、社会公共の安全を維持する公務員という人間、すなわち「**警察官**」をさす

警察（けいさつ） ①公共の安全・秩序を維持するために、犯罪などを取り締まる任務（を果たす行政機関）。「――官/権」②「警察署」「警察官」の略。「――に通報する」「――を呼ぶ」

警察署（けいさつしょ） 一定の地域を管轄する警察機関。

警察官（けいさつかん） 警察の職務を遂行する国家・地方公務員。〔警視総監・警視監・警視長・警視正・警視・警部・警部補・巡査部長・巡査の九階級がある。〕

警官（けいかん）「警察官」の通称。「―に呼び止められる」

用法もある。それらの場合は、「警察署」および「警察官」の略称として「警察」という語形を用いたことになる。

「警察官」の略称はもう一つあり、真ん中の漢字を省略して「**警官**」とするのがそれである。正式の書類や改まった文章には、略さない「警察官」のほうを用いるのが本筋だ。また、正式名称だけに権威がありそうで、気軽に道を尋ねにくい雰囲気がある。意味は同じでも、「警官」のほうが緊張しないで済むような感じになる。もっと気軽に話しかけやすいのが「**巡査**」だろう。

井伏鱒二の『多甚古村』は「左の文章はその巡査の駐在日記である」として小説が始まる。ただし、「警察官」と「警官」は同じものをさすが、この「巡査」はまったく同じ意味ではない。警察官の階級の一つであり、警備や捜査などの現場で任務を担当する最下級に位置する。「巡査の戸籍調べ」だとか、「巡査が交通整理にあたる」とか

巡査（じゅんさ）①警察官の最下位の階級。②一般の警察官。「―派出所」

といった表現はごく自然だが、「腕利き」や「敏腕」、あるいは「私服」という形容がついたり、「張り込む」という動詞と結びつくような場合は「**刑事**」という語を用いるほうがしっくり来る。志賀直哉の『暗夜行路』に「遠巻に何人かの刑事が取り捲いている」とあるのも、そういう例である。この語は「刑事事件」「刑事訴訟」「刑事責任」のように、「民事」と対立し、刑法に関する事柄をさすのが本来の意味である。その任務を遂行する巡査が、「刑事係巡査」であり、その略称である「刑事」という語が広く使われているのである。

「交番のお巡りさん」などと親しまれている「**お巡りさん**」は、担当地域をパトロールする、その巡視の職務などに注目した呼称だろう。こうなると、「巡査」以上に話しかけやすく感じられる。尾崎一雄を小田原下曽我の自宅に訪ねた折、この作家は「修業時代に受けた検閲の問題」を話題にし、「読む人が読めば随分エロチックなことを書

刑事（けいじ） 犯罪捜査にあたる（私服の）警察官。刑事巡査。

お巡りさん（おまわりさん） 会「巡査」の親称。「—に道を聞く」〔巡回するところから。〕

検閲（けんえつ） 調べ改めること。特に、当局が思想統制や治安維持などのために、出版物・映画などの内容を強制的に調べること。「—を通る」「—でひっかかる」「—制度」

いてるのに、お巡りにはわからない、そういう書き方」を試みたことを述懐した。「井伏鱒二だって永井龍男だって」、「その制約のうちでできるだけ技を発揮する苦労を重ねてきたから、あの通り（文章が）うまい」のだと力説した。この「お巡り」という語は、くだけた会話で使われる俗っぽい和語だが、いくらか蔑む感じが伝わる場合もある。

駐在（ちゅうざい） 駐在所に勤務する巡査。「村の―さん」

「駐在日記」の「**駐在**」は、「交番」の旧称で、通常は、駐在所に勤務するという形態を意味するのだが、「村の駐在さん」などと人をさす用法が広く見られた。井伏鱒二の『多甚古村』に登場する甲田巡査も「駐在さん、駐在さん」と呼びかけられ、親しまれている。なお、この作品では、「隣村の駐在に連行し」とその駐在すなわち交番をさすだけでなく、その「隣村」でさえ、「カイゼル髭（ひげ）の隣村が主任になって、取調べた」というふうに、隣村に駐在している巡査をさして使われている。

カイゼル髭（ひげ） ドイツ皇帝ウィルヘルム二世風の、両端が跳ね上がった八の字形の口ひげ。〔「カイゼル」は、ドイツ皇帝の称号。〕

教員（きょういん） 学校の職員として直接に教育を行う人。教育職員。「―免許」

教師（きょうし） 学問・技能・芸術などを教える人。「家庭―」

人間▼先生

先生――教員・教師・師匠

夏目漱石の『坊っちゃん』に、「もう教員も控（ひかえ）所（じょ）へ揃（そろ）いましたろうと云うから、校長に尾（つ）いて教員控所へ這入（はい）った」とある。「控所」は今の「控え室」で、教員ロビーに相当する。同じ作品に「博物の教師と漢学の教師の間へ這入り込んだ」ともあり、「先生と呼ぶのと、呼ばれるのとは雲泥の差だ」ともある。似たような意味のこの三語、「教員」と「教師」と「先生」とは一体どういう関係になるのだろうか。

「**教員**」は、小学校・中学・高校・大学などの学校で教育の職務に従事する人をさし、「教員免許を取得する」「教員採用試験」「中学・高校の教員の資格を持っている」などと使う。「教師」に比べ、正式の資格として公認されている感じが強く、職業欄に職業名として記載する際にこの語を用いることが多い。芸事などにはなじまない。

「**教師**」も、学校などで児童・生徒・学生に学

雲泥の差（うんでいのさ） 優劣の差の甚だしいこと。「実力は―だ」

芸事（げいごと） 琴・三味線（しゃみせん）・踊り・謡物・華道・茶の湯など、遊芸に関する事柄。「―を習う／始める」

問や技術を指導する立場の人をさすが、「教員」と違い、「家庭教師」「ピアノの教師」などのように学校以外の場合にも使う。そのため、「日本語教員」といえば学校の正式科目として日本語教育に携わる人に限り、「日本語教師」というと個人教授でもよく、また、市民団体の活動にボランティアで参加する場合なども含まれる感じがある。

「**教諭**」は小学校・中学校・高等学校や看護学校その他の特殊学校、それに幼稚園の専任教員をさす。正式名称だけに堅苦しく、日常会話ではたいてい「先生」で通す。

その「**先生**」も基本的に、学校などで人を指導する立場にある人間をさすが、そういう呼び名自体に敬意が含まれている感じがあり、「先生稼業」とはいうものの、職業欄などに自分で記載する場合には用いにくい。

「踊りの師匠」「師匠譲りの芸」など、学問や技芸を教える人を以前はよく「**師匠**」と呼んだもの

教諭（きょうゆ） 幼稚園や小・中・高等学校などの正規教員。

先生（せんせい） 学校の教師や師匠、医者・弁護士・政治家などを敬っていう語。「担任の―」

稼業（かぎょう） 生活費を得るための仕事。「役者―」

師匠（ししょう） 学問・技芸などを教える人。師。「お花/三味線-の―」

だ。落語界など伝統芸能の社会ではまだ残っているようだが、近年は「お花の先生」などと「先生」と呼ぶ例が増えている。また、教員以外でも、医者や弁護士や作家、あるいは美容師、それに議員などの敬称として用いる例も広がっている。相手を持ち上げる態度が露骨になると、卑屈に感じられる場合もある。あまりに軽く扱われる風潮から、「先生と呼ばれるほどの馬鹿じゃなし」という川柳も誕生した。

今の「教育大学」の前身である旧制度の「師範学校」「高等師範学校」は、小学校や旧制中学などの教員を養成する主として公立の学校である。この「**師範**」も学問や技芸を教える人をさし、「剣道の師範」などと使った。

先生関連でもう一つ、「**宗匠**」という語がある。これは和歌・連歌・俳句、それに茶道などの師匠に相当する。

師範（しはん）　学問や技芸などを教える資格のある人。「柔道の―」

宗匠（そうしょう）　和歌・連歌・俳句・茶道・華道などの道を究めた師匠。

医者——女医・医師

医者を親にもつ息子が父親は弁護士だと言ったとしよう。一瞬その子が嘘をついたように思うのは、「医者」という語から無意識に男性を連想しやすいからであって、母親が医者であればすんなりと筋が通る。大昔は医者といえば男にきまっていたせいで、「医者」ということば自体が男性的なニュアンスを帯びているのだろう。

最初は女性の医者が珍しかったので区別するために「**女医**」という言い方が生まれたのだろう。しかし、その後、「男医」という語を造って区別することは起こらず、病気や怪我の診察・治療を職業とする「**医者**」という語には、現代でも男性と女性の両方が含まれる。川端康成の『千羽鶴』に「医者が来ていないのかと菊治は驚いたが、はっと気がついた」とあり、改行して「夫人は自殺なのだ」と続く。この「医者」も同様だ。

徳永直の『太陽のない街』に「道化師のように

女医(じょい) 女性の医者。

医者(いしゃ) 病気やけがの診断・治療をする職業の人。「―にかかる/通う/行く」

愛嬌のある医師」という例が出てくる。この「**医師**」という語も、ことばが指し示す対象は「医者」と同一だが、もっと正式な感じのある硬い漢語である。「医師免許を取得する」「医師が同行する」「医師の所見を仰ぐ」などと用い、正式の職業名としては通常この語を記載する。「代代医者をしていた家に生まれた息子はやはり跡を継いで医者になる」というような場合には、「医師」では不自然な感じだ。「医者に相談する」といった例では違和感なく両方使えるが、会話的な日常語である「医者」に比べ、「医師」という改まった語を使うと、その大仰な語感から重篤な病状を想像させやすいかもしれない。

俳優——女優・男優

「**俳優**」ということばからも、男の役者をイメージしやすいようだ。そのため、「**女優**」という語を造って、女性の俳優を区別した。ここまでは「医者」のケースとよく似ている。しかし、医者の場

医師（いし）　(国家試験に合格した)医者の正称。「—の免許」

女優（じょゆう）　女性の俳優。「主演—」

重篤（じゅうとく）　文 病状が深刻であるさま。「—な患者」

俳優（はいゆう）　映画・演劇などで、演技を仕事とする人。「舞台—」

合は「女医」に対する「男医」という語が生まれなかったのに対し、俳優の場合は「女優」に対する「**男優**」という用語ができている。

医者のうちの女性の割合がまだ少なく、珍しいという感じがいくらか残っているのに対し、俳優のうちの女性の割合は男性と同じぐらいで、物珍しい感じがまったくないという事情も関係しているだろう。「男優助演賞」「女優主演賞」などと別別に評価されることもあって、「女医」のケースとは違うのかもしれない。有島武郎の『或る女』に「自信ある女優が喜劇の舞台にでも現れるように」という比喩表現の例がある。

職業を尋ねられたら、男も女も「俳優」と答えるのが一般的だろう。「女優」と答える女性もありそうだが、「男優」と答える男性は考えにくい。

作家――文学者・文士・物書き

文学関係の仕事をしている人を呼ぶ用語として、最も広義なのは「**文人**」だろうか。この語は

男優（だんゆう） 男性の俳優。〔特に男性であることを強調する場合に使われ、ふつうは「俳優」を用いる。〕

文人（ぶんじん） 詩文などをたしなむ風雅な人。「―墨客」

文学者（ぶんがくしゃ）　①文学作品を創作する人。作家や詩人など。②文学を研究する人。

文芸家（ぶんげいか）　作家・評論家・詩人・歌人・俳人など、言語芸術の創作を職業とする人。

人間▼作家

二つの意味で使われる。一つは「武人」と対立する用法で、学問や芸術に関する文事に携わる人間をさす。もう一つは「文人墨客（ぶんじんぼっかく）」のように使われる場合で、詩文や書画などをたしなむ風雅な人をさす。「文人宰相」も縁遠く、この語は今あまり使われなくなったようだ。

現代では「**文学者**」が広いかもしれない。小説家や劇作家のほか随筆家や批評家、詩人・歌人・俳人など、各ジャンルの文学作品を書く人のすべてを包含し、さらに、文学を研究している学者らをも含めた広い範囲を漠然とさしている専門性の薄い日常の漢語である。小林秀雄は『文学者の思想と実生活』の中で、「文学者の間には、抽象的思想というものに対する抜き難い偏見がある」と述べている。

これが「**文芸家**」となれば、小説などの文芸作品を執筆することを主たる職業とする人に限られ、少なくとも文学の研究者は含まれないはずで

武人（ぶじん）　[文]軍事に携わる人。武士。軍人。↕文人

作家（さっか）　①文芸家。特に、小説家。「流行／女流――」②芸術作品一般の制作者。「陶芸／映像――」

小説家（しょうせつか）　小説の創作を中心とする文学者。

ある。

「**作家**」という語は、文学作品、特に小説などの作者をさす日常の一般的漢語で、「作家志望」「芥川賞作家」「流行作家」などと使われることが多いが、小林秀雄の『私小説論』に「客観小説に抗する最も聡明な才能ある作家として登場」とある。随筆家や劇作家を含む点で「小説家」より意味が広い。また、さらに広く「陶芸作家」のように芸術作品の制作者を含めて呼ぶ場合もある。

「**小説家**」は小説の創作を職業とする人をさし、「小説家の卵」「小説家の仲間入り」などと使われる。「作家」の中心をなすが、適用範囲はもっと狭い。小林秀雄は『川端康成』と題する批評文で、「小説家の好奇の対象となるものに、この作家が、どんなに無関心であるか」と書いている。

その小林秀雄を鎌倉の自宅に訪問した折、インタビューの最後に「日本語観ということで、日ごろ文章を書きながら、肌で感じていらっしゃる日本語の性格」と話を向けて、「国語というものをそんなふうに問題にしちゃいけない。僕ら日本人にとって、国語問題は僕らの外部にはない。僕らが国語の中にいる。国語は僕らの肉体なんだよ」とこっぴどく叱られた。そのまま「本日はどうも」と結ぶわけにはいかず、険悪な空気を感じながらも、とりあえず弁明に努めた。

「日本語を批判的に見ているわけではなく、あるがままの日本語が持っている性格、関係詞がないとか、テンスが心理的だとか、正書法が確立していないとか、読点の打ち方のルールがはっきりしていないとか、そういった日本語の特色は論理を運ぶ上でどうなのか、フランス文学に浸られた立場から具体的な御苦労があるかと思ってうかがったわけです」と恐る恐る説明すると、思いもかけず、みるみる表情がやわらぎ、「言語学者のやり方と作家のやり方とは違ってくるのは当たり前のことでしょう」と、大所高所からまとめたの

正書法（せいしょほう）　ある国語を書き表すための標準的な書き方。

で、当人の意識として「批評家」が「作家」に含まれることが判明した。

著作者（ちょさくしゃ） 書物や論文などの筆者。「―の権利」

「著作家」は著述業を営む人をさし、「著作家として身を立てる」などと使う。著作者や著作権などを話題にする際などに使用することが多い。「**著作者**」という語は、著作を行った人をさす法的な感じのする用語で、日常の会話にはなじまない。永井龍男の小説『そばやまで』に、こんな逸話が出てくる。戸籍調べにやって来た巡査に職業を尋ねられ、「作家」とか「小説家」とかと名乗れるほどの一人前の物書きに達していないという意識から、とっさに「著述業とでも申しますか」と応じると、チョジュツのチョはどんな漢字を書くかと聞かれる。草冠に者と教えて、ちらとのぞくと、「著術」と書きつけてある。それを見て笑いかけながら、なんだか自分のような未熟な物書きにふさわしいような気もしたという。当時、この語はまだ一般に知られていなかったのかもしれない。

職業を特定する場合には「**文筆家**」という語を用い、「文筆家として生計を立てる」などとする例も多い。「著作家」よりいくらか古風な感じで、そこにはなにがしかの自負めいた雰囲気が漂っているかもしれない。

近年「ルポライター」「ゴーストライター」などとしてよく使われる「**ライター**」という語も、文章を執筆することを職業とする点で共通するが、個人の名が表に出ない場合もあり、オリジナリティーの問題もあって、もっと軽い感じになるだろう。

小林秀雄の『私小説論』に「思想の力によって文士気質なるものを征服した」とある。この「**文士**」という語は、「三文文士」などと揶揄(やゆ)したり謙遜したりする場合もあるが、「文士の魂」「文士根性」などとも言うとおり、生活費を稼ぐための仕事というより、業(ごう)とも言うべき自負を感じさせる。「作家」より古風だというだけでなく、その点で異質

文筆家(ぶんぴつか) 文 文章を書くことを職業とする人。

ライター 文筆家。記者。「ルポ／フリー／コピー―」〔writer〕

文士(ぶんし) 古 文筆家。特に、小説家。「―気質」「三文―」〔凜とした時代の気概を感じさせる語という。〕

物書き（もの か）　「文筆家」の控えめでくだけた言い方。「しがない―」〔生活のために書くというニュアンスを伴うことも。〕

文豪（ぶん ごう）　偉大な文学者。大作家。「幾多の―を輩出した」

である。

「売文」というほど露骨ではないが、立松和平は「**物書き**」という語にしみついている、生計のためという自虐的なにおいを嗅ぎとった。それにひきかえ「文士」という語には、凛然（りんぜん）としていた時代の空気が感じられると述べたことがある。尾崎一雄が没した折に「最後の文士」と評されたのも、そういう文士としての気概を漂わせる雰囲気を身にまとっていたせいだろう。

きわめて優れた名作を数多く残した大作家の場合は「**文豪**」と崇められることもある。この語には賞讃の意味合いがこめられているから、もちろん自分で勝手に判断して職業欄にそう記載するわけにはいかない。近年、単なる「作家」に近い感覚でやたらに使われる風潮が目立つが、意識してしまうと慎重になりすぎる。夏目漱石と森鷗外は文豪と称しても誰にも文句がないだろう。あと無難なところでは、永井荷風・志賀直哉・谷崎潤一郎、あるいは芥川龍之介あたりになるだろうか。それに川端康成・井伏鱒二あたりも文豪と呼ばれるにふさわしいかもしれない。太宰治、三島由紀夫あたりはどうなのか。この語の威厳から、現代作家となるとそう呼ぶのが気分的に抵抗があるようだ。

パネリスト――パネラー

ある問題について数人の代表者が聴衆の前で討論を行い、その後で聴衆の質問や意見などを募って一緒に議論を進める方式の討論会を「パネルディスカッション」と呼ぶ。その際、最初に問題提起をする役の討論者を英語で「**パネリスト**」と称する。それとは別に、夜の「ナイト」から夜間試合を意味する「ナイター」という和製英語を作り出したあの要領で、「パネル」から「**パネラー**」を捻(ひね)り出してその討論者をさす例もしばしば見かける。これは日本人が勝手にこしらえた和製英語だから、当然ながら日本人の間でしか通じない。

パネリスト パネルディスカッションなどの公開討論会で問題提起や討論をする人。〔panelist〕

パネラー パネリスト。〔和 panel＋er〕

品格の点でも、正式名称としてはこの「パネラー」を避け、やはり「パネリスト」と呼ぶほうが無難である。

外人――異人・外国人

野口雨情の作詞になる童謡『赤い靴』の歌詞に「赤い靴はいてた女の子　異人さんにつれられて行っちゃった」という文句が出てくる。この「**異人**」ということばは、外国人、多くは欧米人をさして、「異人船」「異人の館」などと使った、今では古めかしい感じの語である。

その後しばらくして「**外人**」という語に換言され、長い間、「外人墓地」「外人部隊」「外人特有のジェスチャー」「外人に英語で道を聞かれる」などと日常生活で広く使われた。これは日本人を意味する「邦人」と対立する語だが、「異人」同様、主として欧米人をイメージさせる傾向がある。正式名称というよりは日常会話というレベルの語と言えよう。ある時期、日本語ぺらぺらの外国人を

異人（いじん）　古 外国人。ふつう白人を指す。「―船／館」

外人（がいじん）　会 外国人。「―部隊／墓地／さん」〔物珍しい感じや排他的・差別的な語感がある。〕

邦人（ほうじん）　文 自国の人間。日本から見れば日本人。「―の保護」「在留―」〔外国に居住または旅行中の場合に使う。〕

さす「変なガイジン」という言いまわしが流行したこともあり、その揶揄するような調子が、対象を小馬鹿にした感じのマイナスイメージを喚起して問題となった。その結果、なるべく「**外国人**」と呼ぶように気をつける風潮が生じ、今では特に若年層ではほとんど使用されなくなったようだ。そういう事情からこの語自体がいささか古風な雰囲気を身につけた感がある。

「外国人留学生」「外国人観光客」「外国人の在留資格」「外国人に対する日本語教育」などと、現在ふつうに使われる「外国人」という語は、「異人」や「外人」と違って特に欧米人を連想するということもなく、中国人や韓国人、フィリピン人などの東洋人をも含めて、外国の人びとを広くイメージさせる、という語感の違いが見られる。

外国人（がいこくじん）　その国の国籍をもたない人。「—留学生」

裸（はだか）　身に衣類を着けていないさま。《夏》「—の男」「上半身—になる」

人間▼裸

裸——丸裸・素っ裸・真っ裸

衣服を身につけず、肌が剥き出しになった状態を「**裸**」と呼ぶ。藤沢周平は『喜多川歌麿女絵草紙』でこう描写している。着物を着ていても裸同然の薄っぺらな女と違って、おこんは「一枚一枚衣装を剝いでいって、最後に裸があったというようなものです」と歌麿は滝沢馬琴にその奥深い魅力を説明し、「その裸の奥に、まだ何かありそうだ」と、さらに掘り下げる。「裸の奥」となれば当然、内に秘めた美しさにつながる。

椎名麟三の『自由の彼方で』に、「風呂から上った全裸の彼女を見る」という例が出てくる。そこでは、「特別料理につかう真白な食皿のように白くかたくしまっている」とその状態を比喩的に解説したあと、「それだけなのだ」と魅力に欠けることを強調する。評価はともかく、この「**全裸**」という語は、下着ひとつ身につけていないまったくの裸であると念を押す場合に用いる、感情の入らないそっけない漢語である。

「**赤裸**（あかはだか）」も同じ意味だが、古めかしい和語である。この場合の「赤」は肌の色ではなく、まったくの

全裸（ぜんら） 全く何も身に着けていないこと。「―の死体」〔客観的にいう語で、報道などでも用いる。〕

赤裸（あかはだか） 古 丸裸。赤肌。〔「赤」は、全くの意。〕

という意味の強調の役をしている。

夏目漱石の『坊っちゃん』に「丸裸の越中褌(ふんどし)一つになって」という例が出てくる。ここは、ふんどし一つなのに驚いて、「裸」を「**丸裸**」と強調したまでのことであり、最低限の下着は身につけているが、ふつうは、「丸裸で露天風呂を楽しむ」というふうに全裸の状態をさす和語であり、「赤裸」のような古めかしさはなく、今でも日常の会話でよく使っている。

もっとくだけた「**素っ裸**」や「**真っ裸**」も意味は同様だが、これについては忘れられない思い出がある。二〇〇五年の晩秋、『三省堂類語新辞典』発刊にあたり、取次などの関係者を招いてその特色などをＰＲする催しが東京ドームのホテルで行われた。新辞典の紹介を無事に終え、ほっと乾杯のビールを飲み干したところで事件は起こった。そこで突然、スピーチの要請を受けたのである。

こちらは何の準備もない。それに人前でしゃべ

丸裸(まるはだか) 身に何も着けていないこと／体。《夏》「―にされる」

真っ裸(まっぱだか) 全くの裸。《夏》「―の子供」

素っ裸(すっぱだか) 会 丸裸。「―で飛び出す」

るのが大の苦手だ。学内の研究所の所長在任中は、乾杯の音頭をふられると、「それでは一言」と前置きしていきなり「乾杯！」と文字どおり一言発声し、それだけで挨拶を済ませたり、酒の席でスピーチを強要されると、冒頭から「はなはだ簡単ではありますが、これをもちましてご挨拶とさせていただきます」と言って相手を煙に巻いたりして、危うく難を逃れてきたが、こういう席ではまさかそんな手は使えない。

何食わぬ顔でしきりに困っていると、編集者が「素っ裸」と「真っ裸」はどう違うかという話題を持ち出し、「先生はどう思いますか」と迫る。いきなり何の話かと怪訝(けげん)な表情を浮かべると、なんでも言語学の権威、柴田武先生が会う人ごとに意見を聞いて調べているのだという。ふだんなら「さあ、どうでしょうね」と応対すれば済むのだが、ここは辞典の編集主幹として席に連なっているのだから、何か意見を述べないわけにいかない。順

怪訝(けげん) 事情がよくのみ込めず不思義に思うさま。「―そうな様子」「―な顔をする」

番を待つ間に考えてみて、それをスピーチの話題にした。

「素っ裸」の系統に「素肌」「素手」「素足」などがあり、それらは衣服や手袋や足袋・靴下などの衣類を何も身につけていない状態をさすことに気づいた。「素顔」の場合は衣類ではないが、化粧品などを塗っていない状態を意味する。

一方、「真っ裸」の系統の「真っ赤」「真っ暗」「真っ正直」などは、いずれもその状態に連続的に接近するという関係にあり、「真っ昼間」や「真っ逆さま」「真っ正面」などもそういう性格の強調となっている。

つまり、前者は何かを取り去ることによって瞬間的にその状態が実現するという共通点があり、後者はその状態に連続的に迫ってゆくという共通点がある。いわば、前者はデジタルの接近、後者はアナログの接近と見ることができそうだ。

狐につままれたような聴衆を前に、スピーチを

アナログ 量やデータを連続的な物理量で表現する方式。「——時計/人間」〔analog〕↕デジタル

人間▼裸

デジタル 量やデータを0と1などに数値化して表現する方式。「——データ/カメラ」〔digital〕↕アナログ

ここでやめておけばいい恰好ができたのだが、川端康成の『伊豆の踊子』にそういう状態の踊子が登場する場面があったのを思い出し、あそこは「真っ裸」ではいかにも品がないから、「素っ裸」だったかもしれませんなどと、よけいな一言を追加したばかりに、思わぬ恥をかくこととなった。

気になったので、帰宅してすぐ調べると、問題の箇所はこうなっていた。前の晩、踊子の今夜が汚れるのではないかと気を揉んでいた「私」は、翌朝、踊子の無邪気な行動を見て、洗われたようにほっとする。原文にはこうある。「仄暗い湯殿の奥から、突然裸の女が走り出して来たかと思うと、脱衣場の突鼻に川岸へ飛び下りそうな恰好で立ち、両手を一ぱいに伸して何か叫んでいる」。そして、見ると、それは「手拭もない真裸だ」。前夜あれほど心配した踊子が、こんなふうにまだ子供のままなのを発見し、「私」は内心安堵する。「若桐のように足のよく伸びた白い裸身を眺め」

ながら、「私」は「心に清水を感じ、ほうっと深い息を吐いてから、ことこと笑った」。そんな場面である。

小説としては名場面かもしれないが、自分の予想はみごとに外れ、そこには「真裸」とある。ショックをやわらげようと、それを「まっぱだか」ではなく「まはだか」と読むことにした。そう読めば、気品の点でも申し分ない。むろん、「素裸」も「すはだか」と読めば同様だ。

竹西寛子は『モーツァルト交響曲四〇番ト短調に』と題する短文で、「上質のうすぎぬをまとっているような明るさ」と表現した。促音抜きの「真裸」も「素裸」も、どちらも古風で、それこそ上質のうすぎぬをまとったような雰囲気となるかもしれない。

柳腰——小股の切れ上がった

学生時代に、「**小股の切れ上がった**」という形容からどういう体型の人を連想するかと教師に質

小股の切れ上がった

足が長くすらりとして粋な女性の姿の形容。

人間▼柳腰

問され、「かっちりした」と答えたところ、「がっちり」と間違えられて失笑を買った苦い思い出がある。正解は「すらりとした」だが、「かっちり」は引き締まった体をさすから、それほど的外れではないのだが、言語学の権威に向かってその聞き違いを指摘したりすると、相手の語彙力を疑うような雰囲気になりかねないから、そんな大人げないまねは控えたものの、心の刺(とげ)は今も抜けない。

ことばの意味としては、脚の長い状態をさすだけだが、慣例として婦人の形容に用いてきた関係で、長身力士に使っては違和感がある。近年は、これが日本人かと驚くほど脚部の発達した女性も見かけるが、この古風な形容はもともと着物姿の粋な女に用いてきたため、女性でもレビューガールや女子バレーの選手などに使ってはしっくり来ない。語義というより、表現する対象の側に伝統の重みに似たものがあり、ことばの意味とは別に、実際の使用に際し、従来の用法の照り返しとして

レビュー 踊りや歌を中心にして寸劇を組み合わせ、場面を次々と転換する華麗なショー。〔フランス revue〕

柳腰(やなぎごし) 古 柳の枝のように細くしなやかな腰つき。「―の美人」

そういう無言の制限が働く。

「**柳腰**」ということばにも、それと似たような語感がしみついている。これはもともと、柳の枝のように細くしなやかな腰という比喩的な発想で成立した漢語で、本来「りゅうよう」と読むものらしい。それを訓読みして「やなぎごし」という和語が誕生した。われわれ現代人が連想するのも、歌麿などの浮世絵や、せいぜい鏑木清方(かぶらききよかた)あたりの絵に登場する美人ぐらいまでだろう。本来、まとう衣装には関係ないはずだが、ジーンズ姿の女子高生や体操競技の選手には使いにくい。まして、ボクサーや腕白坊主に使えば噴飯ものだ。それどころか、「柳腰の」と来れば伝統的にぴたりとはまるのは「女」だ。「女子」や「女性」ではぎくしゃくするし、「婦人」でさえしっくりとなじまないほどだ。

豊満――グラマー・恰幅・押し出し

そんなふうに、意味は同じでも、性別の違いが語感として働いて、男女共通に使いにくいことばもある。昔、早稲田の大学院の演習でそんな話をしたら、「豊満」といえば女性、「恰幅(かっぷく)がいい」といえば男性を連想するのも、そういう例ではないかと、ロンドンで何年か暮らした細身の青年が頼もしいことを言った。鋭い言語センスを武器に、今ではミュンヘン大学で日本語を講じている。

広津和郎の『再会』に「美貌とは云えなくとも吉祥天のように豊満な肉体」という例が出てくるように、たしかに「**豊満**」という語は、肉づきのよい女性の肉体美を高く評価する例がほとんどだ。いくら肉づきがよくても、あんこ型の力士や太鼓腹の紳士に使ったら違和感が大きい。

同じく豊かな感じで美しく見える肉体を形容するのに「**豊麗**」という語を用いることもあるが、これもやはり女性に限られるようである。

一時期盛んに使われた外来語「**グラマー**」ということばも、女性の性的魅力に富んだ肉体美をさ

豊満(ほうまん) (女性の)肉づきがよいさま。「―な肉体/胸」

豊麗(ほうれい) 文 (女性の)体などが豊かで美しいさま。

グラマー (女性が)豊満な肉体で性的な魅力のあるさま。「―な女優」〔glamour〕

した。がりがりに痩せた女性にも美人はいるだろうが、それは肉体美とは言えず、この語も「豊満」に近い肉づきをさし、やはり男性には用いない。

一方、網野菊の『妻たち』に「恰幅のよい、背の高い、そして豊かな顔立ちの男」という例が出てくるように、「**恰幅**」という語は、例の学生の指摘どおり、やはり男性に対する形容に使われている。「恰幅」は肉づきを中心とした体つきを意味する、やや古風な漢語である。だから、「恰幅がよい」となれば、肉づきがよく立派に見えるという意味で、人中に出た折の姿を問題にしている。伝統的に社会に出て働くことの多い男性について、その堂々とした姿に見える点を取り上げて使われてきた。そのため、女性の社会的進出のめざましい現今でも、中年以上のもっぱら男性を連想させる。

なお、似たような意味で「押し出しがいい」という表現も用いられるが、「恰幅」が主として体

恰幅（かっぷく） 肉づきの具合などから見た体つき。「—のいい紳士」〔多く中年以上の男性にいう。〕

つきを問題にしているのに対して、「**押し出し**」となると態度を含めての堂堂たる感じをさしているように思われる。

押し出し(おしだし) 人中に出た時の姿や格好。「堂々とした―」「―がいい」

しとやか――貞淑・清楚・楚々とした

体つきではなく、主として物言いや立居振舞、しぐさなどが、落ち着いて気品のあるようすを形容する「**しとやか**」という語は、誰についてでも使えるだろうか。身分の高い老紳士や、良家の若様などには、当然そういうふるまいをする例が多く見られるはずだ。が、「しとやかな陸軍軍曹」とか「しとやかな次男坊」とかとは言わない。それはむろん、その陸軍軍曹や次男坊ががさつで、落ち着きや気品がそなわっていないからではない。「しとやか」ということばの意味ではなく、その語感とどこかイメージが合わないのだ。

淑やか(しとやか) (女性の)起居動作が落ち着いていて品のよいさま。もの静かでたしなみ深いさま。「―なしぐさ」「―に歩く」

国語辞典を引いてみよう。仮にそこに性別に関する注記がなくても、「女性」「令嬢」「婦人」「奥様」といった女の人の例ばかりで、「しとやかな爺さん」とか「しとやかなお坊ちゃま」などといった男の人の例は載っていない。どうも女性に限られるようだ。

そうかといって、女であれば誰でも資格があるかといえば、どうやらそうでもないようだ。「しとやかな老婦人」という言い方にはまったく抵抗がないが、いくら家柄がよくておとなしい女の子がいたとしても、「しとやかな幼稚園児」などという言い方はしないし、「しとやかな女の子」という言い方でさえ、ぴったりとはしない。つまり子供には使わないらしいのだ。おそらく女子高生あたりがボーダーラインで、この語の適用範囲は成人女子にほぼ限られそうな感じがあるからだろう。

芥川龍之介の『侏儒（しゅじゅ）の言葉』に「白蓮（びゃくれん）女史ほど美人ではない。しかし白蓮女史より貞淑である」という例が出てくる。操が堅くしとやかなようすを表すこの「**貞淑**」という古風な漢語も、操を立てることを女性に要求してきたかつての社会通念

操（みさお）　自分の信念を守り貫くこと。特に、貞操をいう。「――を立てる」

貞淑（ていしゅく）　女性のみさおがかたく、しとやかであること。↔不貞

女史（じょし）　【古】教養をもち社会的地位のある女性の姓名の下に付け、敬意を表す語。「与謝野晶子（よさのあきこ）――」

の関係で、現代でもほぼ女性専用のことばと考えられるが、操に対する考え方の変化もあり、性差別の撤廃を謳う時代の趨勢から、この語自体があまり使われなくなったように思われる。

吉本ばななの『TUGUMI』に「閉じた長いまつ毛も、枕に広がる髪も、まるで本物の眠り姫のように清楚で美しく」とある。清らかで飾り気がないという、ことばの意味だけなら男女共通の状態をさすはずだが、伝統的に女性について用いることが多かっただけに、この「**清楚**」という語も、「しとやか」や「貞淑」と同様、やはり女性専用という感じが強い。いくらそういう感じのする男性でも、「清楚なおやじ」とか「清楚な祖父」とか言いにくいのは、意味というよりそういう語感のせいである。

もう一つ、「**楚楚とした**」という表現を取り上げよう。谷崎潤一郎の『細雪』の中に「弱々しいが、楚々とした美しさを持った顔」という例が出

清楚（せいそ）　(女性の容姿が)清らかでさっぱりとしているさま。「—な身なり」

楚々（そそ）　文 清らかで美しいさま。「—たる-花/女性」「—とした姿」〔多く、若い女性にいう。〕

てくる。清らかで美しいようすをさすから、意味としては男女いずれにもありうるはずだが、「楚楚」という語が伝統的に若い女性に対して用いられてきた関係で、「楚楚とした感じのやさしそうな青年」といった使い方には多少の違和感を覚える。まして「楚楚とした野郎」などは滑稽に響く。

ばんカラ――野蛮・がさつ・粗野

今時の若者は身なりも暮らしもすっかりスマートになり、学生のなかには一種のおしゃれとして、わざわざ野暮ったい恰好(かっこう)を衒(てら)う連中も出てきた。逆転のモボやモガといったところだろう。たしかに、大昔は学生帽をむりやり汚して貫禄をつける風潮があったようだ。その時代から何十年も経って、当時は東京の北区にあった国立国語研究所に通った。環状七号線を延延と走るバスに乗るため、毎朝中央線の高円寺駅前の停留所で待つのだが、その折、腰手拭をした姿を見かけたと言う研究補助員がいて面食らった。その前に国際基督教大学

衒(てら)う 文 見せつける。とくに学問や知識などがあることを見せびらかす。「衒った文章」「奇を――」

において助手の身分で外国人に日本語を教えていたころ、愛用の下駄を履いていて、校内をサンダルで歩いてはいけないと注意され、下駄はサンダルではないと抗弁した身ではあるものの、学部学生の時代ならいざ知らず、そんな時代がかった姿で通勤した記憶はまったくない。別に恥ずかしいわけではないが、まるで身に覚えがないから相手にならないでいたところ、なぜかその美人が目撃したと言い張り、心外ながら、噂(うわさ)はいつしか伝説となっていた。案外ほんとだったのか知らん？今となっては、もう確かめる術(すべ)はない。

学内風景であれば、平成の御世になってからも、学らんの上のボタンを外し、腰に手拭をぶら下げて朴歯(ほおば)の下駄を突っかけて闊歩(かっぽ)する姿をまれに見かけたものだ。むろん自然体ではなく、今の世では異様に映る、そういう時代がかった姿を誇示する、早稲田乞食とか称するグループも存在したようだ。いわゆる昔の「ばんカラ」だが、今でもそ

学(がく)ラン 俗 詰め襟の学生服。特に、襟が高く上着の丈が長い、だぶだぶズボンのものをいう。「―姿」

ハイカラ 古 洋風で、または目新しくて、しゃれているさま。「―な格好をする」「―趣味」〔明治時代に、洋風好みの人の間で丈の高いえりが流行したことから。和< high+collar(えり)〕

れを「ばんカラ」と呼んでいるのかどうかは知らない。

「学らん」の「らん」は洋服を意味する江戸時代の隠語だと言われるが、「ばんカラ」の「カラ」は隠語ではない。明治時代に、洋行帰りの紳士が気どって丈の高いカラーを着用したところから、「**ハイカラ**」という語が大流行した。「**ばんカラ**」という語は、そこに「**野蛮**」の「蛮」を宛てた語呂合わせとして誕生した造語らしい。

わざと粗野な恰好や振る舞いをしたがるのは、別に学生とは限らないし、男性とも限らないはずだ。事実、このごろでは勇壮活発なお嬢様連中がキャンパス内を闊歩する姿を毎日のように見かける。その中には、わざと汚い恰好を衒っているのではないかと疑われる、かわいい娘さんも交じっているが、それを「ばんカラ」とは呼びにくい。やはり、伝統的に「蛮カラ」という語で形容されてきた人物がことごとく男性であったという歴史

蛮(ばん)カラ 古 野蛮・粗野の風を装うこと。「―な校風」「―を気取る」〔「ハイカラ」をもじってできた語。〕

野蛮(やばん) ①未開な状態にあること。「―な風習」②無教養・無作法で、言動が粗暴なこと。「―な人/行い」

的な事情があるからだろう。
もとになった「野蛮」という語は、嗜（たしな）みがなく洗練されておらず荒荒しいという意味だが、男の場合が例としては圧倒的に多いとしても、この語を女に使えないということはない。事実、太宰治の『斜陽』に「そんな野蛮な仕草も、お母さまがなさると」という例が見られる。

細かいところまで神経が行き届かず、ことば遣いや動作などが荒っぽいようすを「**がさつ**」と言うこともある。この語は、感情的になることとは無関係に、性格や育ちによって身についた粗雑さをさす傾向が強く、男にも女にも用いる。

態度や言動が野性的で洗練されておらず、無神経な振る舞いの多いようすを「**粗野**」と形容する。意味からいって男性を連想しやすいが、これも必ずしも男には限らない。

他人に危害を加える恐れがあるほど、性格や行動が荒荒しい場合は、「**粗暴**で手がつけられない」

がさつ 注意が足りず言葉や動作が荒っぽいさま。「―な―人／振る舞い／物言い／性格」

粗野（そや） 性質・言動が荒っぽくて洗練されていないさま。「―な―言葉遣い／男」

粗暴（そぼう） 荒々しく乱暴なさま。「―な―振る舞い／行動」

狂暴（きょうぼう） 誰もどうにもできないほど、乱暴をすること。また、そのさま。「―なふるまい」「―になる」

などと言い、さらにひどくなって、狂ったように暴れるようすは、有島武郎の『或る女』に「倉地は嵐のような狂暴な威力を示した」とあるように「**狂暴**」という語で表すことがあるが、これもそう感じられるほどであれば、女が暴れる場合に使っても特に違和感はない。

お転婆——おきゃん・跳ね返り

夏目漱石の『坊っちゃん』に「かの不貞無節なる御転婆（おてんば）」という例が出てくる。この「**オテンバ**」という語は、馴らして手なずけるのが困難といった意味合いのオランダ語に漢字を宛てたものらしく、この場合、「婆」という漢字はバという音に対応するだけで、女の年寄りという意味とは無関係で、事実、若い女の子が慎みなく活発に動きまわるようすをさして使われた。今では古めかしい単語になったが、漫画のキャラクターの形容などに使われ、女子校の保護者会などでまだ使われているとの情報もある。年齢はともかく、伝統的に

お転婆（てんば） 古 奔放快活に行動する―さま／少女。「あの―にも困ったものだ」「―娘」

女専門の用語で、男には用いなかった。

お俠(きゃん) 古 おてんば。

よく似たことばに「**おきゃん**」という語があり、「おきゃんな町娘」などと昔は使ったようだが、今では「おてんば」以上に使われなくなった古めかしいことばである。「キャン」は漢字の「俠」の唐音だという。これも若い女の子が活発で軽はずみなようすをさし、男には用いない。

跳(はね)**っ返**(かえ)**り** 古 おてんば。 異形 跳ね返り

似たようなことばとしてもう一つ、「**跳ね返り**」という語をあげておこう。この意味では「跳ねっ返り」という言い方が多く、これも、軽はずみで、慎みなく騒ぎまわる女を形容する古めかしい語で、やはり現代ではめったに使われない。

じゃじゃ馬(うま) 会 気性が激しく男まさりの女性。

「**じゃじゃ馬**」は、もともと扱いきれない暴れ馬を意味したが、それを比喩的に、利かん気でわがままで扱いにくい女をさして使っていた時期がある。

腕白――やんちゃ

小沼丹の随筆『コタロオとコジロオ』に、「男

腕白(わんぱく) 子供が元気すぎて言うことを聞かないこと。「―に育つ」「―小僧／盛り」

の子は腕白で悪戯(いたずら)ぐらいした方が良いと面白がる」という例が出てくる。子供が言うことを聞かずに無茶ないたずらや乱暴な振る舞いをするようすをさす、この「**腕白**」という語は男の子専用である。意味だけで言えば、女の子にもそういう子供はいくらでもいそうだが、伝統的に男の子に使ってきた関係で、「腕白坊主」「腕白小僧」などと、すぐ男の子の連想が働くのだろう。「ワンパク」は「関白」をもじったものという語源説があるが、もしそうなら、そこから男を連想させやすいのかもしれない。

よく似たことばに「**やんちゃ**」という語がある。幼い子供が親の言うことを聞かずに勝手なふるまいをする場合に使うが、「腕白」と違って必ずしも腕力と直結しない。また、男の子を連想させることが多いものの、こちらは女の子にも使えそうだ。

やんちゃ 俗 子供がわがままを言ったり悪さをしたりすること。また、そういう子供。「―坊主」

失礼―――不敬・無礼・失敬

礼儀正しくないことを表すことばもいくつかあ

不敬（ふけい） 文 敬意がなく失礼であること。「―にも土足で上がる」「―罪」

無礼（ぶれい） 礼儀に外れる-こと/さま。「―な態度」「―を働く」

り、それぞれ微妙に違う。そのうち使える範囲の最も狭いのが「**不敬**」という語だろう。昔、天皇や皇族などに対して敬意を欠いた言動をとると「不敬罪」のかどで罰せられたらしいが、旧刑法は戦後間もなく廃止になった。この「不敬」の対象は、このような皇室関係と社寺に限定されていたようだ。

「**無礼**」という語には身分不相応というニュアンスが感じられる。士農工商と身分がはっきりしていた江戸時代には、「無礼者」とか「無礼な振る舞い」とかで、武士の面目を汚したと無礼討ちになる例があったらしく、そんなシーンを時代劇でたびたび目にする。小沼丹の『タロオ』に「タロオを横目に睨（にら）んで、片足上げて垣根に小便を引掛けて行く。この無礼な振舞にも」とある。ここは犬どうしのやりとりだが、この「無礼」という語は、人間の場合、「失敬」や「失礼」に比べ、自分の立場もわきまえず、分を越えた態度や口の

失礼（しつれい） 礼儀を欠く—こと／さま。「—な—言い方／人」「—に当たる」「—にもほどがある」

失敬（しっけい） 人に対して礼儀を欠いているさま。「全く—なやつだ」「—なことを言う」

利き方をするような場合によく使われるようである。

「挨拶もしないとは—千万」「—なふるまいに及ぶ」「それではここで—する」などの場合は、「**失敬**」とも「**失礼**」とも言うことができ、ことばの意味としてはほぼ同義と見られる。小津安二郎監督の映画『彼岸花』で、佐分利信が「ちょいと失敬」と言って席を立ち、笠智衆も「どうも失敬した」と言って帰って行く。恩師の波多野完治先生も別れの挨拶はきまって「じゃあ、失敬」だった。この「失敬」という語は、今日では古めかしい響きがあって、どこか懐かしい。どの例も、今ではほとんどの人が「失礼」と言う場面だろう。

今の学生に比べれば大人だったように想像する大昔の学生にも、意外に子供っぽい面があったようだ。カフェならぬ喫茶店やバーならぬ居酒屋などに大挙して乗り込むような場合、いかにしてバレないように店の小物をひそかに持ち去るかを

棟梁（とうりょう） ①大工の親方。②集団の長。「武家の―」

競ったらしい。明らかに違法性があるのだが、当時は当人も「盗む」などという罪意識はなく、店の者も「泥棒」などと大仰に騒ぎ立てなかったのだろう。ちょっとしたいたずらで済んでいた時代の話である。中央線大久保駅の近くに、井伏鱒二はもちろん、小沼丹、庄野潤三、三浦哲郎ほか、そのゆかりの作家たちが贔屓（ひいき）にしていた店があった。「くろがね」という名で、井伏家を建てた広瀬という棟梁（とうりょう）が設計したらしく小粋な造りになっていた。

何度か訪れて酒と料理と文学的な香りを楽しんだが、ある晩、そこの女主人から、帰りに酒盃（しゅはい）をいくつか土産にもらった。すべて馴染（なじ）みの客がよその店から「失敬」してこの店に持ち込んだものだという。文学をやっていると、いくつになっても学生気分が抜けないものらしい。むろん、宝石や金庫などではなく些細な物に限られるが、このように他人の所有物を無断で持ち出すことを「失

珍蔵（ちんぞう） 珍しい物として所蔵すること。「―品」

短気（たんき） ①気が短くて、最後まで待てないさま。「―な性格」「―が災いする」②すぐに腹を立てること。「―を起こす」

気短（きみじか） 気が短いさま。「―な-性分/行動」↕気長

敬する」と言った。これはとうてい「失礼」では済まないだろう。文学に敬意を表して、今でもひそかに珍蔵している。

短気――気短・せっかち・性急

「親譲りの短気な性格」のように、気が短い性質をさす「**短気**」という語は、「短気を起こす」「短気を慎む」のように、怒りっぽくこらえ性のない状態として、癇癪（かんしゃく）を起こす場合などを表現する例が多い。庄野潤三の『プールサイド小景』に出る「お願いだから短気起こさないで」という例もそれに近い。

その二つの漢字の順序をひっくり返して並べた「**気短**（きみじか）」という語は、もちろん「短気」の反対の意味ではない。むしろよく似た意味を表し、「気短ですぐかっとなる」とも言える。しかし、いかにも怒りやすいというイメージの「短気」という語とは違って、「気短でじっと待っているのが苦手だ」というふうに、待っていていらしてい

るようなイメージが強い。

漱石の『坊っちゃん』に「おれと同様にせっかちで肝癪持らしい」という例が出る。その「**せっかち**」という語も、怒りっぽい「癇癪持ち」と区別してあるところを見ると、「せっかちな性分だから、すぐやりたがる」というように、先を急ぎすぎて落ち着かない性格をさすと考えられる。

宮本百合子の『伸子』に「自分たちの運命に対して性急になってきた」という例があるように、「**性急**」という語は、焦って急ぎ過ぎる場合などに使う。「性急に結論を出す」「性急の誹りを免れない」のように、熟慮の足りないことを非難するような意味合いで使う例が目立つようだ。

役不足――力不足

「**役不足**」という語は本来、「あれほどの人物にこんな任務では、さぞ張りあいがないだろう」というふうに、与えられた役割が、その人間の能力に比べて不当に軽すぎるという判断を評する表現

せっかち 落ち着かず先へ先へと急ぐさま。「―な人」「―に仕上げる」

誹る(そしる) 他人のことを悪く言う。「陰で人を―」 異字 譏る・誹る

性急(せいきゅう) 先を急いで気短なさま。せっかち。「あまりに―な対策」「―に事を運びすぎる」

役不足(やくぶそく) 与えられた役目が軽すぎて、力量を発揮できないこと。「こんな端役では―だ」「―をかこつ」〔近年「力不足」との混同が目立つ。〕

だった。ところが、近年、「役不足で自分に務まるかどうか自信が持てない」というふうに、むしろ反対の意味で使う例がしばしば見られるようになり、世間の話題になっている。当人は謙虚な表現のつもりだから扱いにくい。あるいは「**力不足**」との混同から始まった現象かもしれない。

普通――並み・人並み・十人並み

「**並み**」という語は、普通程度、中ぐらいという意味で「並みの大きさ」「並みの成績」などと使われる。

「**人並み**」という語は、普通の人と同じ程度という意味合いで、「人並みの暮らしがしてみたい」などと使う。

「**十人並み**」ということばもある。これも似たような意味で、多くの人と同程度であることをさす。容姿や才能などが格別よくも悪くもない場合に、「十人並みの顔立ち」などと使われる。

「**世間並み**」という語は、世間一般と変わりが

力不足（ちからぶそく）　腕力や実力が足りないこと。「―で及ばなかった」

並（なみ）　中ぐらいなこと。普通。「―の人／成績／大きさ」

人並み（ひとなみ）　一般の人と同じ程度・レベル。「―の生活」

十人並み（じゅうにんなみ）　容色・才能などが人並みなこと。「―の才能／器量」

世間並み（せけんなみ）　世間一般の人と同じ程度。「―の暮らし／付き合い」

人間▼普通

普通（ふつう） 特別ではないこと。一般並み。「―の―人／考え／成績」
↔特別・特殊

ない程度という意味合いで、「なんとか世間並みの生活を続ける」のように使う。

　これらはどれも普通という意味合いなのだろう。その「**普通**」という語は、特に変わったこともなく他と同様であるとか、ありふれているとかという意味に用いるのが、まさに普通の用法である。梶井基次郎の『冬の日』に「お前の身体も普通の身体ではないのだから大切にして下さい」という例が出てくる。この場合の「普通」は、多くの人のように健康な体を意味し、それを否定することで、病身という意味合いをほのめかす表現である。

　したがって、「普通に」となれば、他と比べて格別の違いがなく、といった意味合いになるのだが、近年、「フツーにかわいい」のように、この語形で別の意味を表す新しい用法が現れ、若年層を中心に広まった。年齢層によって解釈が異なるため、行き違いが生じる場合もある。軽井沢に

馬鹿野郎（ばかやろう） 俗 ばかな人。ばか者。「大（おお）——」

ある早稲田大学セミナーハウスで夏のゼミ合宿でもした折にだろうか、哲学の某教授が塩沢湖近くの別荘に学生たちを招き、奥方が腕をふるって自慢のカレーをふるまったところ、「フツーにおいしい」と言われ、啞然（あぜん）としたらしい。言われた側にとって「普通」は五段階評価の3程度だから、ショックで寝込んだとしても不思議はない。だが、学生としては、特にどうと言うこともない、ごくありふれた味だと言いたかったわけではあるまい。おそらく、お世辞でも誇張でもなくほんとうにといった気持ちだったのだろう。世代間の解釈のずれが引き起こした悲劇である。

馬鹿——阿呆・たわけ・頓馬

馬鹿につける薬は無いとされ、蘇州薬局（夜曲）で売っているリコーラン（李香蘭）が効くという笑い話があったが、山口淑子を知らない世代には通じない。その「馬鹿」を意味する日本語には事欠かない。「馬鹿」「馬鹿者」「**馬鹿野郎**」「**馬鹿た**

馬鹿たれ（ばかたれ） 俗「ばか」を強調した言葉。

阿呆（あほう） ばか。「踊る—に見る—」 **異字** 阿房 **異形** あほ

れ」、「**阿呆**（あほう）」「あほたれ」「あほんだら」、「たわけ」「たわけ者」、「間抜け」「頓馬」、「とんちき」「あんぽんたん」など、愚かな人をさす日本語は実に豊富で、いささか感動的だ。「痴（し）れ者」という語も、源氏物語にも出てくる由緒あることばで、長く使われたが、今ではあまりに古めかしく、たまに時代劇の中で使われる程度だろう。

芥川龍之介の『侏儒の言葉』に「阿呆はいつも彼以外の人々を悉（ことごと）く阿呆と考えている」という例が出てくる。この「**阿呆**」は関西方面の方言で、「踊る阿呆に見る阿呆」が有名だが、「アホくさ」「アホちゃう?」などと、くだけた会話に盛んに使われる。強調する場合は接辞をつけて「ど阿呆」と言い、意味だけでなく響きもきつくなる。

「馬鹿たれ」と同様、「阿呆」に「垂れ」をつけて「あほたれ」。「**あほんだら**」はその音転だろう。「**あんぽんたん**」は「安本丹」という漢字を宛てると薬の名のように見えるが、どうも「あほたら」

阿呆んだら（あほんだら） 俗「あほ」の強調。あほたれ。 **異形** あほだら

あんぽんたん 俗 愚かな者をののしっていう語。

戯け（たわけ） 俗「たわけ者」の略。ばか者。「この—めが」異字 白痴

頓馬（とんま） 俗 頭が鈍くて、まぬけな人。

頓痴気（とんちき） 俗 とんま。

が撥音化したものらしい。

「**たわけ**」という語にも方言色が感じられ、「このたわけ者めが！」といった言い方になると時代がかった雰囲気になる。なお、この語は「たわける」という動詞としても使われ、「たわけたことを抜かすな」のように言うこともある。

「間抜け、ちゃんと前見て歩け」のように、「**間抜け**」という語もやはり愚鈍な者をさして使うことがあるが、もともとタイミングが遅れて間が抜けた感じがするところから出ただけに、生まれつきの愚かな人間というより、何か失態をしでかしたことに対する評価というニュアンスが濃い。

「**頓馬**（とんま）」も、とんだ失敗をやらかしたことに対する評価という面が強く、人を罵る場合にはさらに俗っぽい「**とんちき**」ということばも使われるが、どちらも今ではかなり古めかしい感じになっている。

中でも最も幅広く使われるのが「**馬鹿**」である。

間抜け（まぬけ） することに抜かりのある‐さま／人。とんま。「—な‐話／奴（やっ）／表情」「—面（づら）」

馬鹿（ばか） 頭の働きが悪く、考える能力に欠けている人。「—の一つ覚え」「—につける薬はない」「—と鋏（はさみ）は使いよう」異字 莫迦 ↔利口

愚かで考える能力の低い「馬鹿野郎」が代表的で、「馬鹿と鋏(はさみ)は使いよう」や例の「馬鹿につける薬はない」や「馬鹿の一つ覚え」なども そういう人間をさすが、この語は愚かという意味だけではない。「馬鹿も休み休み言え」では、道理に合わない常識外れのことをさすが、「馬鹿な遊び」では、単につまらない無益なことをさし、「親馬鹿」や「専門馬鹿」では、一つのことだけに夢中になり、客観的な判断力を失う意味になり、「馬鹿陽気」では、程度の甚だしい意味になり、「馬鹿当たり」では、予想外にうまく運ぶことを意味し、「馬鹿正直」では正直すぎて融通の利かないことをさし、「馬鹿力」では、常識では考えられないほどの強い力に呆れる意味合いとなり、「馬鹿丁寧」では、必要以上に丁寧すぎることをさし、「馬鹿笑い」では、つまらないことをむやみに笑う意味となり、「馬鹿にならない」では、軽視できない意となり、ねじなどが「馬鹿になる」では、機能しなくなるという意味になり、「馬鹿を見る」では、不当に損をすることをさすなど、実にさまざまなニュアンスで使われる。

ちなみに、「阿呆」と言われて育った関西人が、東京に出て来て「馬鹿」と言われるとショックが大きいと聞く。「阿呆」ということばには慣れているということももちろんあるだろうが、ひょっとすると、「馬鹿」の語頭の音が「バ」という濁音であり、しかも、その最初のbという子音が、発音するときに、閉じている唇を勢いよく開く破裂音であるために、よけいきつく感じられる一因として働いているのかもしれない。

ずるい――こすい・狡猾・悪賢い

夏目漱石の『坊っちゃん』に赤シャツのことを「元来女の様な性分で、ずるいから、仲がよくなかった」と評する例が出てくる。女は一般にずるいということを前提にした記述だから、当たっているかどうかは別にして、現代では問題発言にな

狡い（ずるい） ごまかして、自分の利益にしようとするさま。「——男／やり方」

狡い（こすい） 〔会〕悪賢い。「——奴（やつ）／やり方」

るだろう。この「**ずるい**」という語は、自分の利益になるよう、目立たない形で巧妙に立ちまわるという意味で使われる。

小津安二郎監督の映画『東京物語』に、原節子の演ずる紀子が、笠智衆の演ずる夫の父親に、「あたくし狡（ずる）いんです」と言う場面がある。戦場に行ったまま戦後何年か経っても帰って来ない夫のことを「そういつもいつも昌二さんのことばっかり考えてるわけじゃありません」「このごろ、思い出さない日さえあるんです。忘れてる日が多いんです」「一日一日が何事もなく過ぎてゆくのがとても寂しいんです。どこか心の隅で何かを待ってるんです」というあたりが、自身を「ずるい」と判断する根拠のようだ。

志賀直哉の『暗夜行路』には、「狡そうな眼つきをして笑った」とあり、この場合は「こすい」と読む。この「**こすい**」も、自分が得をするようにうまく立ちまわるようすをさすが、「ずるい」

に比べて俗っぽく、また、いくぶん方言じみた感じもある。意味も「ずるい」より狭く、全体的な性格というより、個個の行為に対する評価として使う傾向が強いようだ。

佐藤春夫の『田園の憂鬱』に「義理も何も心得ぬ狡猾(こうかつ)漢だ」という例が出てくる。この「**狡猾**」も、ずるい意で、「狡猾な手口」「狡猾な策略をめぐらす」などと多く文章に使われる漢語だが、「ずるい」「こすい」に比べ、より悪質な連想が働く。

「ずる賢いやり方でぼろ儲(もう)けする」などと使う「**ずる賢い**」も、自分の得になるようにずるく立ちまわるという意味で使われる。単なる「ずるい」よりも、さらに巧妙に立ちまわるイメージだが、「悪賢い」ほど悪辣(あくらつ)な感じはしない。

その「**悪賢い**」という語は、悪いことにかけては実によく頭が働くという意味合いで、「悪賢い相手だから油断がならない」などと使う。伊藤整の『変容』に「彼女がだらしないのでもなく、私

狡猾(こうかつ) [文] 悪賢いさま。ずるいさま。「―な手口/策略」「―極まりない人物」

狡賢い(ずるがしこい) 悪知恵にたけて巧妙にするさま。「―奴(やつ)」

悪賢い(わるがしこい) 悪事にかけて才気がある。「―奴(やつ)だから油断がならない」

が悪賢いのでもない」という例がある。「ずるい」や「こすい」以上に、悪い方面で頭を使うイメージが濃い。

国木田独歩の『初恋』に「今までの生意気な小賢しいふうが次第に失せてしまった」と出てくる「**小賢しい**」という語も、「小賢しく立ちまわる」などと、悪知恵を働かせる抜け目のない意味で使う例もあるが、基本的には、ろくに力もないのに無理をして一人前の言動をとったり、変に利口ぶって小生意気なようすをしてみせたりする意味で、「小賢しくいっぱしの口を利く」のように使う例が多いようだ。

小賢しい ずる賢い。「―策を巡らす」

「あざとい売り方」のように、「**あざとい**」という語も、やり方が抜け目なく、あくどく、また、押し付けがましいような場合に使われる。しかし、この語は、小利口で浅ましいといった意味合いで、「あざとい言い方」などと使うのが、どうやら本筋のように思われる。

あざとい ①やり方がずるく、悪賢い。「―駆け引き」②思慮が浅い。浅はか。「うけねらいの―企画」

感覚

静か（しずか）　音がしないでひっそりしているさま。「—な-夜／環境」「—に-する／聞く」

静か——静やか・静かさ・静けさ

人や動物の声、車の音などの騒音に悩むことなく、心の落ち着くようすを「**静か**」と言い、「静かな環境」「静かな秋の夜」などと使う。宮本輝の『螢川』に「静かであればあるほど、しんしんと迫ってくる音を聞く」と、雪の降るけはいを感じる場面がある。

この語は、音よりも動きのない状態に重点をおく用法もある。村上春樹の『遠い太鼓』の「静かな入江が広がっている」のあとに「うつらうつらと眠りこんでしまった」と続く箇所などは、そういう例だろう。「春の池は静かで、たくさんのボートがひっそりと行きかっていた」という吉本ばなな『血と水』の例は、動きは多いので音に重点があると思われる。

福永武彦は『風花』で、晴れているのに風が吹いて小雪がちらついたり、積雪の上を風が吹いて雪片が舞ったりする「風花」をこう描いている。「かすかな粉のようなものが、次第に広がりつつあるその裂け目から、静やかに下界に降って来た」とある。この「静やか」という語は音響よりも、穏やかで落ち着いた感じである点に中心があるように思われ、美的な文章中にまれに使われる古めかしい和語である。

「静か」という形容動詞の語幹に「さ」をつけた名詞「静かさ」は、山形立石寺で詠んだ「閑かさや岩にしみ入る蟬(せみ)の声」という松尾芭蕉の句を想起させる。円地文子の『妖』には「その日も坂に出て、人気の絶えた往来の静かさに浸っていた」という例が出る。人声や物音のほとんど聞こえない状態をさすが、類義語の「静けさ」に比べ、物の動きが途絶えた雰囲気が感じられるかもしれない。

一方の「**静けさ**」という語は、「森の静けさ」「寝静まった夜の静けさを破る悲鳴」などと使われ、やや古風な響きがある。永井龍男の随筆『蚊帳(かや)』に、

静(しず)けさ

静かなこと。「鳥の鳴き声一つしない夜の━」

感覚▼静か

暗い夜に煙管でタバコを吸う場面があり、「やがて吐月峰をたたく音がして静けさが戻ってくる」という例が出てくる。客観的な判断の「静かさ」に比べ、この語にはいくぶん美化した感じがあり、せせらぎの音や虫の音など、耳に心地よい自然の音響は聞こえていてもいい雰囲気がある。

阿川弘之の『夜の波音』の冒頭に、「列車が遠去かるにつれて、波の音は又夜の静寂さの底から涌いて来た」とある。この「**静寂**」は、ひっそりと静まり返っている状態をさす漢語で、「静寂を保つ」「静寂を破る」などと使われる。

石川達三の『日蔭の村』に「普門寺は日だまりに転び寝したような閑寂さの中に古りさびていた」とある。この「**閑寂**」という漢語は、物静かで趣がある風情を表すのに用い、古風な感じがする。

「**静粛**」という漢語は、人間が声を出さずに静かにしている意味であり、自然の音響とは無関係

静寂（せいじゃく） 周囲の様子がもの静かで寂しいこと。「―を破る」「―に包まれる」

閑寂（かんじゃく） 文 ひっそりともの静かなさま。「―な‐庭／住まい／趣」

静粛（せいしゅく） 声を出さないよう静かに慎んでいること。「御―に願います」

煩（うるさ）い 耳障りな音を立てる。「隣室がうるさくて寝られない」**異字** 五月蝿い

騒（さわ）がしい 様々な物音や多くの人のおしゃべりで静まらない。「客席/教室-が―」

らしく、聴衆に向かって「ご静粛に願います」などと言う例が多い。

うるさい――騒がしい・騒々しい・やかましい

「**うるさい**」という語は、耳障りな声や音が続いていて気分が落ち着かない場合に、「深夜まで車の音がうるさい」「隣の部屋がうるさくて眠れない」などと使う。

「**騒がしい**」も似ているが、この語の意味範囲はもっと狭く、人びとが騒いでいるらしい物音が響いてきて、うるさく感じられる場合にほぼ限定される。まれに、「風が出てきたらしく、林が騒がしい」などと、木木の枝が擦れ合う不規則な音にも使うが、音が大きくても、チャイムやエンジン音のような規則的な音には使いにくいようだ。マイナス評価ではあっても、「うるさい」や「やかましい」ほど不快感が前面に出ない。また、「世間が騒がしい」のように、実際の具体的音響と無関係に、落ち着きを失っている状態をさす用法も

ある。

ほぼ同じ意味の「**騒騒しい**」も、「表がばかに騒騒しい」とか「やたらに騒騒しい音楽」などと使われ、「騒がしい」以上に、マイナス評価が前面に立ち、それだけ感情的に響く。その関係で、雑多な種類の音が不規則に聞こえる場合にふさわしく、太鼓の音のようにリズミカルに響く場合は、この語ではしっくり来ないようである。

漱石の『坊っちゃん』に「八釜(やかま)しくて騒々しくって堪(たま)らない」と、「**やかましい**」とこの「騒騒しい」とを併用した例が出てくる。志賀直哉の『濠端(ほりばた)の住まい』には、「暴れる猫の声がやかましく、気になった」という例が出てくる。さかりのついた猫の鳴き声だとか、車の警笛やジェット機のエンジン音だとか、この語は大きな音に悩まされて不快な気持ちになる際に使われる。「うるさい」の場合よりも音量が大きく、それだけに妨害される不快感がひどい。また、相手の話し声の大きさに

騒々(そうぞう)しい (尋常でないほど)騒がしい。「—観衆」

喧(やかま)しい 神経をいらだたせる大きな音を立てる。「工事の音が—」

口煩い（くちうるさい）　どうでもいいようなことにまで、いちいち文句を言うさま。「—親父（おやじ）」「口うるさく小言を言う」

感覚▼うるさい

かかわらず、批判がましいことを言い立てられて、それを強くさえぎる場合に「やかましい、いいかげんにしろ」などと使うこともある。さらにこの語は、必ずしも音を伴わなくても、「親がやかましくて、無断外出がしにくい」のように、細部にわたり厳格なことを不満に思う場合にも使う。

「うるさい」という語は漢字で「煩い」「五月蝿い」などと書くこともあるように、髪の毛が額に垂れ下がって目の前まで覆いかぶさるとか、藪蚊（やぶか）がしつこくまつわりつくとか、音とは無関係な場合にも使うから、しつこくて神経に障る不快感というほうに意味の重点があるのかもしれない。尾崎一雄の『虫のいろいろ』に「蝿（はえ）はうるさい。(略)布団にあごまで埋めた私の顔まで遊び場にする」とあるのは、まさに音と関係のない不快感を表現した例である。

この語はさらに、「口うるさい」とか「味にうるさい」とか「注文がうるさい」とか、細かい点にまでこだわる場合にも使われるから、きわめて意味が広い。

つや——照り・光沢

幸田文は随筆『蜜柑(みかん)の花まで』で、三月末の山形の季節感について、こんなことを記している。「あちらはまだ梅のつぼみがようやくふくれ」と書いた後、「桜の幹もいくぶん照りを持ちはじめたかなという気候」と続けた。ふつう、「**照り**」といえば、日照りや照り焼き、それにせいぜい木の葉、特に椿の葉の照りぐらいだろうから、桜の蕾がふくらみを持ち始める前、それに先立って幹が照りを帯び始めるのを感じとる繊細な感受性には驚く。

よほど光って見えないかぎり、木の葉などは「**つや**」と言うほうが一般的だろう。いや、「**光沢**」と言うほうが客観的な感じがするかもしれない。「つやがある」「つやが出る」「磨いてつやを出す」などは、いずれも「光沢」と換言できる。それで

照(て)り ①つや。光沢。「―を出す」②日照り。「―が続く」

光沢(こうたく) (金属など硬質の物体の表面の)つや。「―がある」「―を出す/つける」

艶(つや) 滑らかな面の優美な光。「―を出す/消す」

は、和語の「つや」と漢語の「光沢」、この両語は意味用法がまったく同じなのだろうか。

松本侑子の『植物性恋愛』に「ぬめぬめと重い光沢が揺れる絹の紅い下着」という例が出る。光沢のあるものとして連想されやすいのは、金属類、宝石、ガラス製の器、あるいはこのような布地などだろう。陶磁器や漆器、木製の机などは「つや」でも「光沢」でもまったく違和感なく使えそうだ。

人の肌については、通常「つや」と言うことが多く、それをあえて「光沢」と言うと、自然な感じではなく、オイルを塗りたくって海岸で美しく日焼けしようとしている裸体か、きれいに禿げ上がって金属のように輝いているやかん頭などが思い浮かぶ。「つや」よりも「光沢」のほうが、物体の表面の反射光を直接イメージさせる傾向があるからだろう。

一方、「つや」ということばからよく連想されるのは、人の肌や顔色や髪の毛のほか、果実、木製の家具や木の廊下などだろう。大江健三郎の『芽むしり仔撃ち』に「粗土の壁は柔い金色の艶のある光を照りかえしていた」とあるから、塗り壁なども含まれそうだ。「光沢」に比べ、この「つや」という語は、比喩的にも幅広く使われる。「艶っぽい女」とか、「声に艶がある」とか、「舞台を重ねるにつれて芸に艶が出てくる」とか、「人間として円熟の境地に達し、人柄に艶を加える」とかのような例は、「光沢」で代用するわけにはいかない。

におい――匂い・臭い・香り

「におい」の動詞形「におう」は歴史的仮名遣いで「にほふ」と書く。原義は、このうち「ニ」は「丹」で赤色、「ホ」は「穂」「秀」で外に現れる意を表し、もともとは赤くくっきりと色づく状態の変化をさしたという。現代ではもっぱら嗅覚に用いるが、原義は「朝日ににほふ山桜花」のように視覚的な状態を意味したわけだ。旧制三高の

脂粉（しふん） 文 おしろいと紅（べに）。化粧。「―の―香り／匂い」「―を―凝らす／施す」

感覚▼におい

寮歌に「紅萌ゆる岡の花／早緑（さみどり）匂う岸の色」とある例も、赤い色ではないが視覚的に映えているという意味合いだろう。円地文子の小説『なまみこ物語』に「下襲（したがさね）の紅の鮮やかに匂っている袖口」という例がある。これは東京上野の通称暗闇坂の自宅でインタビューした折に直接伺った例だが、古語的な意味合いも交えて使っていると作者自身が解説した。たしかに、現代文の中に古典的な雰囲気を漂わせる効果が期待できるのだろう。

夏目漱石の『硝子戸の中』に出る「あたたかそうな煮〆（にしめ）の香（におい）」という例は、完全な嗅覚的な例だし、川端康成の『花のワルツ』に出てくる「楽屋のなかには、踊の衣裳（いしょう）や花束のために、また彼女等の脂粉のために、まだ晩春の匂いがこもって」の例も同様だ。この川端の『千羽鶴』には、「文子は温い匂いのように近づいただけであった」という象徴的な比喩表現も出てくる。女性が自分に倒れかかり、信じられないしなやかさで体勢を立て直したシーンである。同じ作者の『眠れる美女』にも、「娘の匂いがただよううちに、ふっと赤んぼの匂いが鼻に来た」という老人の感覚が描かれている。

好ましいにおいは「**匂い**」、厭(いや)なにおいは「**臭い**」と書き分ける傾向があるが、厳密に実行するのはむずかしい。人類を善人と悪人に二分するのが乱暴なように、人間の嗅覚を刺激する多種多様なにおいを、好悪ですぱっと二分するのは無茶だからだ。

岩本素白の随筆『街の灯』に「覚束(おぼつか)ない白粉の匂いが、重い夜気のなかにほのかに漂っていた」とある。散歩の途中で、湯屋帰りらしい女の人たちとすれ違ったときの、かすかなにおいの記憶だ。それからわずか二日後に関東大地震が起こり、そのあたり一帯は焦土と化し、あの人たちも無事だったかどうかわからない。おぼつかない白粉のにおいを真夏の夜の夢のように思い出しているの

匂(にお)い　よいかおり。香(か)。香気。「花／香水／線香－の―」

臭(にお)い　におうこと。くさみ。「鼻につく／どぶ／石油－の―」「―がする」

湯屋(ゆや)　古 風呂屋(ふろや)。

だろう。これは原文どおり「匂い」と書くのがふさわしいように思う。

宮本輝の『二十歳の火影（ほかげ）』には、「部屋に沈んでいた女の匂いが浮いてきた」というシーンが出てくる。間もなく亡くなる父親と屋台の酒を酌み交わしながら昔話をしたあと、二十歳の息子が、母親とは別の女と住んでいる家に、足元のふらつく父親を送り届けると、その女は留守。真っ暗な中で蛍光灯をつけると、壁にかかっていた真っ赤な長襦袢（ながじゅばん）が畳の上に落ち、その瞬間に息子が感じたにおいである。これは悪臭ではないだろうが、そういう環境にあるその息子にとってけっして好ましいにおいではないはずだ。

開高健の『パニック』には、「課長は胃がわるいのでひどく口が匂う」とある。これなどは、むしろ「臭う」のほうがぴったりだろうが、作者は「匂う」と書いている。井上光晴の『地の群れ』にも、「腋臭（わきが）の匂いのする女」だとか、「にんにくを焼く

長襦袢（ながジュバン） 着物の丈と同じ長さのジュバン。

ような、いやな匂いを吹きかける」とかという例が現れ、明らかに好ましくないにおいでも「匂い」と記している。

芥川龍之介の小品『東洋の秋』では、「苔の匂や落葉の匂が、湿った土の匂と一しょに」と書き、「うす甘い匂のするのは、人知れず木の間に腐って行く花や果物の香り」とも書き、「青ざめた薔薇の花が一つ、土にもまみれずに匂っていた」と書いてある。必ずしも芳しい香気ばかりではないが、すべて「匂い」という漢字で通している。また、同じにおいでも、納豆やブルーチーズのように人によって好き嫌いの分かれるものもある。

こう考えると、好悪で「匂い」と「臭い」とに分けるよりも、全体を「匂い」と書き、汗くさいとか、へどろやトイレのにおいなどを、あえて悪臭として区別したい場合、特に「臭い」と書くと考えたほうが現実に合うようである。

となると、いい匂いであることをはっきりと伝

香り(かおり) ほのかなよいにおい。「花／茶-の―」「馥郁(ふくいく)たる―」「―が-する／高い」 異字 薫り

芳香(ほうこう) 文 かぐわしいかおり。「―を-放つ／漂わす」

香気(こうき) よいかおり。「―が-漂う／満ちる」「―を放つ」

えることばも欲しくなる。その場合は、漢字による書き分けではなく、「**かおり**」という別語を使う。この語には美化した雰囲気があり、「馥郁(ふくいく)たる香り」などと文章に用いることが多く、日常会話では「匂い」のほうがよく使われる。この「香り」でも「匂い」と同じだと不安に思うのか、「香気が漂う」「芳香を放つ」などと、「**香気**」「**芳香**」といった漢語を用いて、その美的な要素をさらに明確にすることもある。「香気」については、井伏鱒二の『無心状』に「領頸(えりくび)あたりから発散する香気を間近く嗅ぎつづける余裕も出た」という例が出てくる。古本屋の店内で女学生の脇に立って本を眺めるふりをしながら胸の動悸を気にしている場面だから、当然これも、その男にとって好ましい匂いの部類に入るはずだ。

　ただし、「いい匂い」と言えても、「香り」という語がぴたりと合わない気がする場合もありそうだ。鼻よりも口で味わいたいせいか、なぜかうま

そうな焼きたてのパンなど、多くの人が「匂い」と言うような気もする。「涎の出るほどうまそうな匂いが鍋から立ちこめる」などという例も、プラス評価ではあるが「香り」という語となじまないような気がする。食べ物では、カレー、ラーメンのような汁物や、おでん、鰤大根のような煮物の場合は、「香り」より「匂い」のほうがしっくりするような感じがある。逆に、山椒、緑茶、紅茶、コーヒー、それに香水や檜風呂などは「香り」がぴったりするような気がしてならない。梅の花は「香り」だが、実が梅干になると「匂い」に変わる。

「菊の香や奈良には古き仏達」という芭蕉の句はよく知られている。この「香」も「香り」を意味する。日常よく使う「移り香」の「香」で、「磯の香」「梅が香」「木の香」「湯の香」のような形で現代でもまれに使われる、古語に近い和語である。

香（か） 文 におい。かおり。「磯／潮／木ーの—」

さっぱり 簡素・清潔で気持ちがよくなるさま。「―した性格」「一風呂浴びて―する」

あっさり――さっぱり・さばさば

「考えてもさっぱりわからないので、あっさり諦める」という例だと、「さっぱり」は「一向に」「まるっきり」といった意味であり、「あっさり」は「ねばらずにすぐ」といった意味だから、両語は意味がまったく違うと言ってもいい。

「さっぱりした人」と「あっさりした人」となると、かなり共通点がありそうで少し紛らわしい。**「さっぱり」**した性格というのは、物事に熱中しても長続きせず、いつまでもくよくよ悩んだり、根に持ったりしないという印象だが、「あっさり」した性格のほうは、物事に熱中するほど深くのめりこまず、物事に対する執着心の薄い印象がある。

化粧であれば、「さっぱり」は、口紅や白粉の濃淡というより、髪型や衣装を含めた清潔感が中心、「あっさり」は口紅や白粉を厚く塗りたくっていない軽い化粧といった連想が働くように思う。

つまり、「さっぱり」は、しつこくなく、すっきり爽やかな状態なのに対し、「あっさり」は淡白な感じなのだ。だから、料理の味であれば、「さっぱり」は酢の物や梅干、サラダなどのイメージであり、「あっさり」は白身の焼き魚や鮑の刺身などが思い浮かぶ。

からい——辛い・塩辛い・しょっぱい

水上勉は『土を喰う日々』で、大根のことを「ぴりっと辛くて、威勢がいい」と書いている。舌をぴりぴり刺激するような味覚をさしている。「山椒は小粒でもぴりりと辛い」というときの辛さも同様だ。山葵や生姜や辛子や唐辛子や胡椒、カレーなどの味が中心をなす。

一方、塩味の濃い場合に感じる味は通常「**塩辛い**」と言って区別することが多い。内田百閒の『かしわ鍋』に「中身のバタは真っ黄色で、そうしてひどく塩辛い」とあるのもそれである。

佐藤春夫の詩『秋刀魚の歌』に「さんま、さんま、／さんま苦いか塩っぱいか」の一節はよく知られ

さっぱり 味がしつこくなく、さわやかなさま。後口がいいこと。「—した酢の物」

あっさり 味などが濃厚でないさま。淡泊。「—した料理」

辛い(から) ①唐辛子やコショウのように舌がひりひりするような味がする。「—カレー」↕甘い ②塩辛い。「—漬物」異字 (②)鹹い

淡泊(たんぱく) 濃厚でないこと。あっさりしていること。「—な味の白身魚」異字 淡白 ↕濃厚

塩辛い(しおから) 塩気が強い。「—味付け」

しょっぱい 会 塩辛い。「―味噌(みそ)汁」

美しい(うつくしい) 視覚・聴覚に快くいい感じがする。精神的に立派で感心するものにもいう。「―人/行為/話/友情」↕醜い

ている。藤沢周平の『塩ジャケの話』にも「辛塩というからには相当にしょっぱいのかと思うと、これがとんだ看板倒れ」という例が出てくる。この「**しょっぱい**」は「塩辛い」という意味の俗っぽい口頭語で、東京方言から広がったらしく、東日本で広く用いられている。この場合、西日本では単に「からい」と言う傾向があり、そうなると、胡椒やカレーなどの辛さとの区別が紛らわしい。

美しい――綺麗・麗しい

形や色や音、あるいは行為や心栄(ば)えなどが、うっとりするほど美的で心地よく感じられるようすを「**美しい**」と呼んできた。小林一茶の俳句に「うつくしや障子の穴の天の川」とある。星空の美を観賞するのに、わざわざ「障子の穴」を持ち込むことで、一茶らしく貧乏暮らしを楽しんでみせた。

武者小路実篤は『友情』で、杉子という好きな女性が自分の脇にいるという幸福感を、「自然はどうしてこう美しいのだろう。空、海、日光、水、

砂、松、美しすぎる」と、天衣無縫の人間まるだしに、手放しで表現した。

川端康成は『伊豆の踊子』で、「美しい空虚な気持」と書き、「頭が澄んだ水になってしまっていて、それがぽろぽろ零れ、その後には何も残らないような甘い快さ」と解説する。また、『雪国』では、鏡台を眺めながら「雪のなかに女の真赤な頬が浮んでいる」と自然と一体となった駒子の美しさを「なんともいえぬ清潔な美しさであった」ととらえ、葉子の澄み切った声を耳にしては、「悲しいほど美しい声であった」と感動する。

尾崎一雄は『町子への手紙』で、「あんたが美しいのでびっくりした、というと失礼のようだが、先ずびっくりしたことに間違いはない」という率直な感想を書き送る。

檀一雄の『花筐』には、「白い花弁がぼそぼそ散りかかってそれが肩の上に融けてしまいそうな美しいよろこび」と、美を触覚的に感じた例が出現する。

太宰治は『斜陽』に、「夕日がお母さまのお顔に当って」「幽かに怒りを帯びたようなお顔は、飛びつきたいほど美しかった」という表現を残し、幸田文は『流れる』で、芸者置屋の女主人を「じいっとこちらを見つめている眼が美しい」と書いている。

そして、谷川俊太郎は『東京抒情』という詩のなかで、「美しいものはみな嘘に近づいてゆく」という、はっとするような一行を残した。

この「美しい」という和語とよく似たことばに、「**綺麗**」という漢語がある。林芙美子の『山中歌合』に出てくる「背戸には遅咲きのおいらん草が、顔を洗ったように綺麗だった」という例などは、「美しかった」と書いても何の違和感もない。九五ページでもふれたが、茨木のり子は『はじめての町』という詩で、町の空に「きれいないろの風船が漂う」のを眺め、「その町に生れ　その町に育

綺麗 調和・均整がとれていて美しい。「―な‐人／声／顔」
異字 奇麗

ちけれど／遠くで死ななければならなかった者たち」の魂だと感じる、はっとするような展開を見せた。このあたりも「美しい」で代用が利くだろう。

もっとも、女性に「この頃また一段とお綺麗になって」と言えば、相手が素直に喜びそうだが、「お美しく」と言うと、人によっては歯の浮くようなお世辞と受けとられかねない。これは意味の問題ではなく、会話的な「綺麗」に比べ、顔や姿をさす「美しい」は文章語のレベルに近いため、わざとらしく響くせいだろう。小津映画『東京物語』での「ああ、綺麗な夜明けじゃった」という笠智衆のせりふも、「美しい」では気障（きざ）っぽく聞こえるかもしれない。

これらは語感の違いだが、「綺麗」は「美しい」より意味範囲が広く、清潔という意味合いでも使う。だから、「空気がきれいだ」とか「きれいに洗う」とかという例では、「美しい」に換言できない。また、「写真がきれいに撮れている」といった「鮮明」の意や、「きれいに平らげる」「きれいに忘れてしまう」といった「すっかり」の意の例でも、「美しい」は使えない。

このように「綺麗」の意味は「美しい」よりかなり広いが、逆に、「綺麗」に置き換えられない「美しい」の用法もないわけではない。「美しい行い」「美しい友情」のように、愛情に満ちて好ましく立派だといった意味合いの場合がそれだ。「美しい愛の物語」の「美しい」が「綺麗な」になると、プラトニック・ラブの雰囲気が漂うかもしれない。

阿川弘之の『雲の墓標』に「完璧な社会でも、麗しい社会でもない」という例がある。この「**麗しい**」も意味としては「美しい」に近い。昔は「見目麗しく情けあり」などと使ったが、今では古風な感じで雅語的でもあるから、日常の会話にはなじまず、語感的に浮いた感じになりやすい。また、この語には「晴れやか」に近い意味用法もあり、「ご

雅語(がご) 上品で優雅な和語。特に平安時代の和歌などに使われた言葉。↕俗語

麗しい(うるわしい) 文 ①魅力的で美しい。美しくて立派だ。「――花/友情」②晴れやかである。「ご機嫌麗しくお過ごしのことと存じます」

機嫌麗しく」などと使うが、これは「美しい」で代替が利かない。

粋――垢抜けた・洒落た・洗練

織田作之助の『夫婦善哉』に、「白い料理着に高下駄という粋な恰好」という例が出てくる。この「**粋**」ということばは、人の容姿、身なり、態度、身のこなし、あるいは建物、街並みなどが、さっぱりしていて、洗練されており、すっきりとした中にも、人の情に訴える品のいい色気が感じられるようすをさし、「粋な姿」「粋な年増」「帽子の粋なかぶり方」「粋な小部屋」「粋なつくりの店」「粋な町筋」などのように使われる。

また、人情の機微に通じ、さばけているという意味にもなり、「粋な計らい」といった用法もある。いずれも、その逆の、垢抜けないのが「野暮」である。

ちなみに、「粋」は漢語の「意気」から転じた和語らしい。「粋なお方やおまへんか」などとい

粋（いき）　①容姿・身なりや行動の仕方などが、洗練されていて色気を感じさせるさま。「―な姿/格好」②人情の機微に通じているさま。「―な計らい」⇔(①②)野暮

捌けた（さばけた）　世慣れていて物分かりがいい。「―人」

う上方の「すい」に対抗して、江戸の心意気を誇るために、同じその漢字を「意気」に通わせて使ったものだというのである。

そこから出た「粋筋」という語は、「粋」関連の事柄を意味し、典型的には「花柳界」をさすが、また、それとなく男女の情事を意味する用法もある。

「**小粋**」といえば、「ちょいと粋な」という意味合いになるが、実際には、粋な程度が小さいというより、どことなく垢抜けしていて、どの点か特定しがたい場合に使う傾向がありそうだ。「小粋な女」「小粋な身なり」「小粋なたたずまい」などと用いる。また、女性のなまめかしく色っぽいようすをさす「婀娜っぽい」の「**婀娜**」と並べて「婀娜で小粋で」と強調する使い方も見られる。

一方、威勢がよく、強きを挫き弱きを助けそうな俠気が見え、しかも身のこなしが洗練されている、そんな粋な男のようすを「**いなせ**」と呼び、「い

小粋（こいき） どことなく粋なさま。ちょっとしゃれているさま。「—な-おねえさん／構えの料理屋」 異字 小意気

婀娜（あだ） (女性が)洗練された色気があり、なまめかしいさま。「—な姿の女」

鯔背（いなせ） 古 勇ましく、なおかつ粋であるさま。「—な-姿／男」

味な（あじな） 会 ちょっと気の利いた。機知のある。「—まねをする」「—ことを言う」

なせな若い衆」などと使う。江戸日本橋の魚河岸の若者が、ボラの幼魚であるイナの背に似た髷（まげ）を結ったところから出たとも言い、そこから漢字で「鯔背」と書くこともある。

「乙な味」などと使う「**乙**」という語も、ちょっとしゃれていて気が利いているようすをさし、「粋」と共通点がある。

「味のある文章」「渋いが、なかなか味のある絵だ」などと使う「**味**」という語も、物事の味わい、趣について用いる。中谷宇吉郎は随筆『立春の卵』を「立春の卵の話は、人類の盲点の存在を示す一例と考えると、なかなか味のある話である」と結んでいる。

「こぢんまりとしているが、なかなか気の利いた造りの建物だ」などと言う場合の「気が利く」という言いまわしも、ちょっとした点にも心が行き届いていて粋だという意味合いで使われる。

「枯淡の境地」などと使う「**枯淡**」という語も、

乙（おつ） ①ちょっと気の利いた面白みがある。「—な味／趣向」「なかなか—なことをするね」②いつもと違って変に気取ったさま。「—に澄ます」

枯淡（こたん） 淡々としていて深い味わいをもつさま。「—な人柄」

洒脱（しゃだつ） 文 さっぱりして俗っぽくないこと。脱俗。「―な―人／文章／絵」「軽妙―」

洒落（しゃれ）**た** 趣味がよく気が利いている。「―デザイン／家／造り／ネクタイ」

小洒落（こじゃれ）**た** 会 ちょっとしゃれた。小粋な。「―店」

俗を離れ、あっさりしている中にも趣があり、深い味わいが感じられるようすをさすので、これも「粋」とつながる。

「軽妙洒脱（しゃだつ）」の「**洒脱**」といういくぶん古風な漢語も、飾りや気取りがなく俗を離れた趣をさし、やはり「粋」との共通点がある。福原麟太郎は『好色の戒め』という随筆で、「いきであるとか、さびであるとか洒脱、枯淡などと言っているものも、みな同じようなもの」と述べ、それを仄（ほの）かな艶と呼んだ。

「洒落（しゃれ）た造りの家」「洒落たデザイン」などと使う「**洒落た**」という表現もある。この語も、気が利いて、洗練され、垢抜けたようすを意味するから、やはり「粋」に通じる。

近年、「**こじゃれた**」という俗っぽいことばをしばしば耳にする。以前は「ふざけた」という意味合いで使われたとも聞くが、カフェやブティックの店や、それらの建ち並ぶ街角などをさす現在の用法は、「粋」から「小粋」が出たように、「洒落た」に「小」をつけて、ちょっと洒落た感じのという意味合いを表そうとしたように思われる。

これらの類語の底にあるのは、「垢抜けた」感じ、「洗練された」趣だろう。そのうち「**垢抜ける**」は、容姿や態度や身のこなしや行為や技芸などが、**スマート**で都会風であり、泥臭さや素人らしさが感じられない域に達することを意味する。一方の「**洗練**」は、動作や趣味や技芸や作品などを、高尚で優雅な感じになるまで磨き上げることをさす。ほとんど似たような意味であるが、「洗練」が磨き上げて身につけた感じが強いのに対し、「垢抜けた」は持って生まれたセンスの場合もありそうな雰囲気がある。

野暮――野暮ったい・野暮天・泥くさい

「粋」の対極にあるのが「**やぼ**」で、漢字で「野暮」と宛てることもある。粋筋すなわち遊里の事情に通じていないこと、風雅な心に欠け、風流を解さ

スマート 服装や着こなしがあか抜けしたさま。「―に着こなす」〔smart〕

垢抜ける(あかぬける) やぼったさがなく都会的で洗練されている。「垢抜けた-服装／身のこなし」

洗練(せんれん) 人柄や趣味があか抜けして優雅なこと。「―された-服装／身のこなし／話術」 異字 洗煉

野暮(やぼ) ①あか抜けていないこと。「―な男」「―の骨頂」②世間に疎く人情を解さず、気が利かない-こと／人。「やり方が―だ」 ↕(①②)粋

野暮天（やぼてん）　非常に野暮な人。

泥臭い（どろくさい）　田舎臭くてやぼである。「——身なり／政治家」「扱いが——」

感覚▼野暮

ない意から、人情の機微に疎く、気が利かず、また、洗練されていないようすを広くさす。「見るからに野暮な恰好」「野暮の骨頂」「野暮な真似は止せ」「聞くだけ野暮だ」などと使う。夏目漱石の『草枕』にも、「俳句は作らんでも既に俳三昧に入って居るから、作る丈野暮だ」という例が出てくる。

野暮な感じがすることを「**野暮ったい**」と言い、「着こなしが野暮ったい」などと使う。そういう感じが強く、いかにも野暮という感じがする場合は「野暮くさい」と言い、「野暮くさい服装」などと使う。野暮な人を強調し、特に男女関係に鈍感な場合などに「**野暮天**」と呼ぶ。この語形は、黒く煤けた谷保天神の像にちなむとも、また、仏教の吉祥天、毘沙門天、弁財天などに語呂を合わせたとも言われ、諸説あるらしい。

「泥くさい服装」「やることが泥くさい」などと使われる「**泥くさい**」という語は、実際に泥の匂いがする「泥臭い」から、田舎じみたという意味

野暮ったい（やぼったい）　いかにもやぼな感じがする。「——服／表現／デザイン」

に転じ、さらに、洗練されず垢抜けないという意味合いに広がり、「泥くさい趣味」「やり方が泥くさい」などとも使われるようになった。

粋でないこと、人情の機微や物の風情などを解さないようすをさすのに、文字どおり「**不粋**（ぶすい）」という語もあり、「いたって不粋な人」などと使う。「無粋」とも書く。「野暮ったい」と意味の比較的新しい俗語に「ださい」という語形があり、比較的若い人のくだけた会話に時折出てくるが、品がなく文章中にはほとんど見かけない。

無粋（ぶすい） やぼなこと。粋でないさま。「―な質問／挨拶／男」 異字 不粋

快い――心地よい・気持ちいい

夏目漱石の『こころ』に「自活の方が友達の保護の下に立つより遥かに快く思われたのでしょう」という例が出てくる。この「**快い**」は、感覚的・心情的に気分がいいようすを表し、「快い触感」「快い睡眠」「快い適度の疲れ」「快く引き受ける」などと使われる。

快い（こころよい） 文 気持ちのよいさま。「耳に―」「快く引き受ける」

そのうち特に感覚的な快適さをさす「**心地よい**」

心地好い（ここちよい） ずっと浸っていたいほど気持ちがよい。「まことに―」

は、「心地よい春風」「心地よい肌ざわり」「心地よい眠り」などと使われる。

「こころよい」「ここちよい」に合わせて、「気持ちがいい」を「気持ちいい」に縮めた言い方もある。「汗を流すと気持ちいい」のように使うが、きわめて俗っぽく、もっぱらくだけた会話に用いられる。念願の金メダルを獲得した水泳選手がその瞬間の気持ちを、うれしいという心情よりも先に、「気持ちいい」と感覚的に表現した例もある。

のどか——うららか

「猫の声」が春の風物詩であるように、「干鱈（ひだら）」や「目刺し」のような干物も春の季語らしい。のんびりとした日永の春に限って用いられる形容もある。

素丸の「長閑（のどか）さや出支度すれば女客」という句は、春の陽気に、出かける用意をして、さあ出ようとすると、あいにく来客があり、すぐには出かけられなくなった。しかも、それが女の客ともなれば、このの どかな日永、しばらく話し込まれそうな気がする。そんな、いささか迷惑に思うけはいが伝わってくる一句である。この「**のどか**」という語は、季節に関係なく、「子供連れの平和でのどかな風景」などと、静かで穏やかな意味で使ったり、「のどかな暮らし」のように、差し迫ったこともないのんびりした気分を表したりするが、漱石が『草枕』で雲雀（ひばり）を「のどかな春の日を鳴き尽くし」と書いたように、天気がよく温暖で穏やかな意味で使う場合は、春限定の形容となる。

「**うららか**」という語も事情はよく似ている。「うららかな声」などと、季節に関係なく、気分が晴れ晴れとしていて明るいという意味合いでも使うが、これも空が晴れて明るく日が照っているという意味では、「うららかな春の一日」などと、「のどか」同様、春の季節に用いられる。

日野草城の「うららかや猫にものいふ妻の声」という一句など、まさに春の雰囲気が伝わってく

長閑（のどか）　①良い天気で、穏やかなさま。《春》「―な春の日ざし」②《景観などが》穏やかで気持ちがのびのびするさま。「―な山村」

長閑（のどか）　ゆったりしているさま。「―な気分」「心―に」

麗らか（うらら）　空が穏やかに晴れ渡って、麗しく見えるさま。《春》「―な春の陽気」

女子（おみなご）　文 女の子。若い女性。「―に花散りかかる」

る。飼い猫に話しかける妻の声も、心なしかこの季節特有の、どこか明るくのんびりとした調子に聞こえるというのである。

三好達治の『甃（いし）のうへ』と題する詩も、「あはれ花びらながれ／をみなごに花びらながれ」と始まり、「をみなごしめやかに語らひあゆみ／うららかの跫音（あしおと）空にながれ」と流れ、「をりふしに瞳をあげて／翳（かげ）りなきみ寺の春をすぎゆくなり」と展開するまさに春の風景である。

折節（おりふし）　文古 折々。「―に花に目をやる」

感情

心――感情・心理・気持ち

まさに〝心〟の問題をテーマにして『こころ』と題する小説を書いた夏目漱石は、逸早く『坊っちゃん』で主人公に「言葉や様子こそ余り上品じゃないが、心はこいつらよりも遥かに上品な積りだ」と言わせている。この「**心**」という語は、人間の理性や意志や感情などの活動をつかさどると考えられているものをさし、「心が広い」「心がこもる」「心に響く」「心を奪われる」「心のうちを明かす」などと使われる。

同じく『坊っちゃん』に、「浴衣一枚になって座敷の真中に寝て見た。いい心持である」というくだりがある。この「**心持ち**」という語は、感じ考える心の働きをさし、「すっきりとした心持ち」「そうしてもらえば悪い心持ちはしない」などと使う、いくぶん古風な感じの和語。複雑な思考内容をさすこともできる「気持ち」に比べ、その時どきの気分をさす例が多い。また、この語には、「心

心(こころ) 感情・意志・理性など、人間の精神活動をつかさどるもの。「―と体」「―のこもった贈り物」「―が乱れる」

心持ち(こころもち) 物事の変化に応じる心の状態。「いい/すっきりとした―だ」

心地（ここち）　刺激を受けた時に感じる気持ち。「天にも昇る―」「―がいい」

持ち長め」「心持ち右に寄る」というふうに、ほんの少しという意味合いで副詞的に使う用法もある。

太宰治の『斜陽』に「全身の力が、手の指の先からふっと抜けてしまう心地がして」という例が出てくる。この「**心地**」という語は、一時的な心の状態をさし、「夢見心地」「天にも昇る心地」「生きた心地がしない」などと使われる。「気分」という語と似た部分もあるが、「気分」と違って、健康状態に直結した気持ちにはあまり使わないようだ。

感じ（かんじ）　感覚。手触り。「指先の―」「―が鈍い」

「指先の感じ」「ざらざらした感じ」のように、「**感じ**」という語は、外界の刺激に反応する感覚、特に「感触」をさして使われるが、「感じのいい挨拶」「感じの悪い人」「秋の感じがよく出ている絵」「しみじみとした感じがある」のように、対象の雰囲気やそこから受ける印象といった意味合いでも使われる。村上春樹の『風の歌を聴け』に出てくる「他人の家で目覚めると、いつも別の体に別の魂を詰めこまれてしまったような感じがする」という例もそれだ。

森田たまの『続もめん随筆』には、「はずみのある感情は、たるんでいた皮膚をひきのばしてくれるように爽やかである」という一節が現れる。

それでは、広く使われているこの「**感情**」という語は、それらとどういう関係になるのだろう。世間で「喜怒哀楽」と言い慣わしているように、「喜び」と「怒り」と「哀しみ」と「楽しさ」を中心とした、もろもろの人間感情を意味していることはすぐわかる。

しかし、その範囲を限定しようとすると簡単には行かない。心理学的には、感覚や観念にともなって起こる快・不快あるいは緊張・弛緩(しかん)の現象をさすとされ、意志・理性に対立するものとして、意識の主観的な面を表現するときに用いる。ここでは、感性経験のうち、感覚とも情緒とも区別され

感情(かんじょう) 他から受ける刺激によって絶えず変化する喜怒哀楽などの心の状態。「複雑な―」「―に訴える」「―を-抑える/害する」「―の起伏が激しい」「―移入」

る、「気持ち」や「心理」といったことばで呼ばれる、ある臨時的な精神状態というふうに定義づけておこう。

「恋愛感情」「感情移入」「複雑な感情」「感情を顔に出す」「感情が激する」「感情を害する」「感情を抑える」「感情をまじえずに冷静に語る」などと幅広く用いる。

「情緒不安定」などと使うときの「**情緒**」という語も、喜怒哀楽の心の動きを表し、身体的な動きをともなうような一時的で急激な感情の動きを意味する「**情動**」に近い用法もある。田村俊子の『木乃伊(ミイラ)の口紅』に出る「自分の情緒を臙脂(えんじ)のように彩らせようとしている女の心持」という例も、そういう心の動きをさしている。

ただし、この「情緒」ということばは、「異国情緒」「情緒纏綿(てんめん)」「城下町の情緒」「下町情緒を満喫する」というふうに、独特の趣のあるしみじみとした雰囲気をさす用法のほうが世間で広く使われて

情緒(じょうちょ) 感情の動き。「—不安定」 異読 じょうしょ

情動(じょうどう) 一時的・急激な感情の動き。「止(や)みがたい—」

纏綿(てんめん) 文 愛情が深く、細やかであるさま。「情緒—」

感情▼心

いる。

なお、この漢語は本来「じょうしょ」と発音するのが筋で、「じょうちょ」は慣用読みとされるが、伝統的に「じょうちょ」と読んできただけに、そのほうが情緒を感じる。

三島由紀夫の『潮騒（しおさい）』には、「私の変りやすい心情というものは、この土地で養われたものではないか」という例が出てくる。この「**心情**」ということばは、ある事態や状況に接したときに起こる心の動きを意味する、いくぶん情緒的な漢語で、「心情を吐露する」「心情を思いやる」「心情的には許せる」などと使われる。「感情」という語に比べ、専門的には使われないが、文体的には改まりが感じられる。

石坂洋次郎は『山のかなたに』で、女性に対した場合の「男の心理は、高等数学みたいに複雑で、算術的でなくなる」と述べている。この「**心理**」という語は、外界の刺激に応じて刻刻に変化する

吐露（とろ） 心に思っていることを隠さず述べること。「真情を—する」

心情（しんじょう） 心の中で思い、感じていること。「—を察する」

心理（しんり） 心の動きや意識のあり方。「犯罪者の—」「—描写」

群集心理（ぐんしゅうしんり） 群集の中に置かれた各人が感情的で無責任な行動をとる傾向になること。「—が働く」

霊山（れいざん） 神聖な山。異読 れいさん

感情▼心

精神状態をさし、やや改まった会話や文章に用いられる専門的な漢語で、「群集心理」「心理描写」「犯罪者の心理を分析する」などと用いる。ある程度持続する「心」や「精神」に比べ、その動きを問題にしている雰囲気が感じられる。

正宗白鳥の『何処（どこ）へ』に「家へ帰ると気が滅入（めい）って仕方がない」という箇所がある。この「気」というのは何だろう。この語は実にいろいろな意味で使われる。「霊山に気が満ちる」や「浩然の気を養う」では、目には見えないが心の糧（かて）になる活力、「気の抜けたビール」では独特の香りや味わい、「気が短い」や「気が荒い」では持って生まれた気性、「気を失う」では意識、「気が利く」では心づかい、「気を入れる」や「気がない」では意欲、「気を引く」「気が向く」では関心、「気が知れない」では心づもり、「気を取られる」では注意力、「気を抜く」では集中力、「気を持たせる」では期待をさす。ほかにも「気が合う」「気が重い」

気（き） 心の働き。「—の緩み」「—が強い」「病は—から」

「気が気でない」「気が済む」「気が引ける」「気がもめる」「気に食わない」「気のせい」「気を吐く」「気をまわす」など、それぞれニュアンスが違う。

　このようにそのときどきでさまざまな意味合いを帯びるが、ほとんどが何らかの心の働きや状態をさしている点で共通している。

　井伏鱒二の『駅前旅館』に、「慇懃無礼の手で断られた。私は顔を逆に撫でられたような不快な気分でした」とある。この「**気分**」という語は、快・不快の感情が一定時間継続する場合に、「気分転換」「気分の問題」「参加するかどうかは、その日の気分次第」「まことに申し分のない気分」などと使う。

　この語はまた、「気分が悪い」「気分がすぐれない」のように健康状態に関して用いるほか、「お祭り気分」「旅行気分」のように、環境によって生じる雰囲気を表すこともある。

　もう一つ、最もよく使われる「**気持ち**」という

慇懃無礼（いんぎんぶれい）　上辺は丁寧だが、実は無礼であるさま。「—な態度/挨拶」

気分（きぶん）　一定時間続く快・不快などの感情状態。「いい—」「—爽快/転換」

気持ち（きもち）　①物事に対して感じる心の状態。「うれしい—」「—を話す/理解する」②体で感じる快・不快の状態。気分。「酔って—が悪い」

満更でもない（まんざら） 決して不満ではないさま。悪くない。「──顔／様子」

ことばを取り上げよう。これについても井伏の『駅前旅館』に、「気を持たせるようなことを言われると、満更でもない気持ちでした」というふうに、「気」に続いて「気持ち」を使った例が現れる。この語は、対象によってさまざまに変化する感情的・感覚的な心の状態をさす基本的な表現として、「気持ちがなごむ」「気持ちが沈む」「気持ちを引き締める」「温泉に浸かっていい気持ちだ」「相手の気持ちを汲む」のように用いられる。「心持ち」に比べ、気分だけでなく思考内容を含む広い内容の場合によく使われるようである。

なお、「あと気持ち右に寄って」「こっちの方が気持ち小さい感じがする」などと、「心持ち」同様、ほんの少しという意味合いで使うこともある。この用法で比較すれば、文体的レベルとして、「心持ち」より少し俗っぽい感じがする。

嬉しい ―― 楽しい・喜ばしい

意味の微差を取り出して、気持ちをできるだけ正確に表現するための、ことばの選択を考えるヒントを探りたい。喜びの感情を表現することばとなると、すぐに「嬉しい」「楽しい」「喜ばしい」といった日常の形容詞が思い浮かぶ。これらの三語は、どれも自分の喜びの気持ちを表す点では共通するが、微妙に違う点もあって、あらゆる場合にどれでも間に合うというわけにはいかない。まず、誰のことについて言うかという点から、それぞれの微差を考えてみよう。

まず、「**嬉**(うれ)**しい**」は、「やっと就職できて嬉しい」「初恋の相手と結ばれて嬉しい」というふうに、自分のことについても言えるし、「妻が無事に退院できて嬉しい」とか「息子が一流企業に就職できて、親としてまことに嬉しい」とか「母校が優勝して嬉しい」とかというように、自分以外のことに関する気持ちについても言うことができる。

次の「**楽しい**」は、「子供と遊んでいる時間は楽しく、何ものにも代えがたい」とか、「旧友と

嬉(うれ)**しい**　よい出来事に接して気持ちが晴れ晴れするさま。「――知らせ/便り」「心遣いが――」↔悲しい

楽(たの)**しい**　心が満ち足りて浮き浮きする感じである。「――ひととき」

久しぶりに一献傾ける時間は何とも言えず楽しい」とかというように、自分の行動や思考をとおして体験している気持ちについて言えるだけで、「孫が難関を突破して有名中学に入ったと知って」と来れば、情報だけで行動を伴わないため、「嬉しい」がぴったりし、「楽しい」などとは言えない。ただし、「海外旅行のことをあれこれ想像していると、それだけで楽しい」とは言える。思考も活動のうちだからだろう。

また、「喜ばしい」は、「あなたが父上と心から和解できたのは喜ばしいかぎりだ」というふうに、むしろ他人のことに関する喜びの気持ちを伝えるのが普通である。そのため、「日ごろの努力が認められて我ながら喜ばしい」などと自分自身に関することにこの「喜ばしい」を使うと、自らを他人のように突き放して客観的に眺めたような表現に感じられる。以下、それぞれの形容詞の実例を比べてみよう。

高浜虚子門下の野見山朱鳥に「うれしさは春のひかりを掌で掬ひ」という句がある。嬉しさが込み上げてきて、思わずやわらかな春の光を手のひらで掬うようなしぐさが出てしまったのだろう。明るく心地よい日ざしを受けながら、そんな自分にとまどっているような詩情ゆたかな作品である。

武者小路実篤の『愛と死』には、「一時に溜飲がさがった思いで泣きたいほど、嬉しく思った」という例が出るし、同じく白樺派の里見弴も、『多情仏心』で、「踊り出すような恰好をして立ち上り、ポンポンと手を拍ってから、今度はまた慌てくさって呼鈴を押した」と書き、そのようすを見て、「あんなにも嬉しいもんですかね」とほほえましく思うシーンを描いた。

井伏鱒二は『珍品堂主人』で、欲しかった骨董品がやっと手に入ることになり「喉をごくりといわせ、嬉しそうに首を縦に振りました」と、嬉し

溜飲が下がる 不平不満や恨みの気持ちなどが収まってすっきりする。

生唾（なまつば） 口中にわいて出るつば。「―を飲み込む」 異形 なまつばき

いときに生唾（なまつば）を呑（の）みこむようすを描いた。

尾崎一雄は小説『芳兵衛』で、「嬉しいと腹の底をそのまま写した程の笑顔をする」と、嬉しくてしかたがないときの顔の表情を取り上げている。

このように、「嬉しい」という語は、満足して晴れ晴れとした気分を表す。同じ尾崎の『まぼろしの記』に、「嬉しくて、宙に浮いているような気持だった」とあるように、自身の行動や体験でなく、好ましい情報が入ったというだけでも起こる感情である。

小沼丹は『懐中時計』で、「電話口で上田友男が、くすん、と鼻を鳴らしたので、僕には彼が嬉しそうな顔をしているのが判った」と、嬉しいときの相手の癖をとらえている。

次に、同じ小沼丹の「楽しい」の用例を眺めてみよう。『竹の会』には「片手に植木、片手に綿菓子を持った夫婦連が歩いていたりして愉（たの）しかっ

た」とあり、『椋鳥(むくどり)日記』には「歩いていると、落着いた風情のある古い家の並ぶ横町がひょっこり現れたりして愉しかった」とあり、『粉雪』には「大きな窓の硝子には水滴が垂れていて、ストオヴの火の傍(そば)で陽気な話声を聞きながら、雪が降っているな、と思うのは愉しかった」とあり、随筆『庄野のこと』には「用件ではないこんな何でもない便りを貰(もら)うのは格別愉しい」とある。いずれも、見聞きしている自身の行為に伴う喜びの気持ちである。

　丹羽文雄の『厭(いや)がらせの年齢』には「ひとの引出を開けることは、楽しいものだとお婆さんは白状して」とあり、太宰治の『富嶽(ふがく)百景』には「あたしは毎朝、お客さんの書き散らした原稿用紙、番号順にそろえるのが、とっても、たのしい」とあり、谷崎潤一郎の『鍵』には「その優越感がこの上もなく楽しい」とあるから、楽しい気持ちを誘発するきっかけは、まさに人それぞれである。

椋鳥(むくどり)　ムクドリ科の鳥。全長約二五センチメートル。黒っぽい体で、嘴(くちばし)と脚はオレンジ色。平野部や市街地に群れをなす。昆虫や果実を食べる。《秋》

誘発(ゆうはつ)　あることが原因となって別のことを引き起こすこと。「二次災害を―する」

喜ばしい（よろこばしい） 文 喜ぶべきであるさま。うれしい。「―結果」「まことに―」 異字 悦ばしい

笑う（わらう） おかしみ・喜び・楽しさ・照れ・さげすみなどの気持ちを表情に出し、顔をほころばせたり声を立てたりする。「大声で―」「朗らかに―」〔嘲笑（ちょうしょう）の場合には「嗤う」とも書く。〕

もう一つの「**喜ばしい**」については、網野菊の随筆『仲のよい御夫妻』に「瀧井孝作さん、尾崎一雄さん、阿川弘之さん、それぞれ先生のまわりの方たちがよき御夫婦であることも、喜ばしい」という例が出る。「先生」は網野の文学の師である志賀直哉をさし、その三作家はいずれも志賀門下。つまり、網野が喜ばしく思っている対象は、自身ではなく他者の夫婦愛なのだ。庄野潤三の『イタリア風』に「矢口たちが生活をエンジョイしていることを知って喜ばしく思う」とあるのも同様である。

笑う――爆笑・失笑・ほほえみ

佐藤春夫の父は医者だったというが、正岡子規に私淑する俳人でもあったようで、「よく笑へどちら向いても春の山」という句を詠み、「春夫」と命名したらしい。父が思想なら、母は文化だという名文句のとおり、「甘やかされた子供というものはいつも詩人である」と、春夫は幼時を振り

返って母に感謝したようだ。

井伏鱒二は『太宰治と岩田九一』で、太宰が、ようやく雑誌に載ることになった岩田作品を、「可笑(おか)しくてたまらないように、または絶え入るように笑」いながら、井伏に話して聞かせたことを、ひとごとのように書いている。その太宰の喜びはそのまま自身の喜びでもあるのだが、その喜びようをからかうような井伏の文体である。尾崎一雄は『芳兵衛物語』で、まず擬声語を用いて「けらけらけらという声で笑っている」と表現し、そのようすを「身体(からだ)中(じゅう)可笑しがっているような笑い」と解説し、「まるで崩折れてでも了(しま)いそうに、ただもう余念なく笑っている」と描写してみせた。

小沼丹の随筆『テレビについて』に、「庄野の小さなお嬢さんが、笑うまいとしても自然に笑いそうになった」と書いてある。「庄野」とあるのは友人の作家「庄野潤三」で、「お嬢さん」は今は結婚して足柄山に住んでいる長女の夏子さん。

テレビというものが珍しかった当時、それが自分の家に届くと知った折のにじみ出す喜びである。

大声で盛んに笑うのが和語で「**大笑い**」、漢語で「**呵呵大笑**」だ。「呵呵」の部分に擬音語的な連想が働きやすいかもしれない。あたりはばからずに声高く笑うのが「**高笑い**」、それが常識外れの段階になると「**馬鹿笑い**」、大口開けてどっと笑うのが「**哄笑**」であり、久保栄の『火山灰地』に「遠くで、はじけるような哄笑のこえ」という例が出る。大勢が大声でどっと笑うのが「**爆笑**」で、「爆笑の渦」などと使うが、近年は一人で大笑いしてもこの語を使う層が出現し、ちょっとした話題になっているらしい。

「**抱腹絶倒**」は大笑いする際の体の動きを問題にした語で、腹を抱えて後ろへ倒れるほどに大笑いする意の四字漢語だが、本来は「捧腹」と書くそうだ。笑うときの顔のようすに着目したのが「**破顔一笑**」で、顔をほころばせて、にっこり笑うこ

大笑い(おおわらい) ①大きな声で笑うこと。「一同―する」②物笑いの種。「そいつは―だ」

呵々大笑(かかたいしょう) 文 大笑い。〔「呵々」は笑い声。〕

高笑い(たかわらい) 無遠慮なまでに大声をあげて笑うこと。高笑。

馬鹿笑い(ばかわらい) 大声を上げて、やたらに笑うこと。

哄笑(こうしょう) 文 大声をあげてどっと笑うこと。「腹を揺すって―する」

爆笑(ばくしょう) (大勢が)突然噴き出し大笑いすること。「―の渦」「―を誘う」「―に包まれる」

抱腹絶倒(ほうふくぜっとう) 腹をかかえて倒れそうになるほど笑うこと。「―もの」

破顔一笑(はがんいっしょう) 文 顔をほころばせてにっこり笑うこと。「吉報に思わず―する」

との形容である。「**朗笑**」は文字どおり朗らかに笑うことをさす。

それに対し、開けっぴろげに笑わず、何らかの翳を宿す笑いの語群もある。「**忍び笑い**」は、声を押し殺してひそかに笑うこと、「**含み笑い**」は、はっきりと声に出さず、口の中にこもらせて笑うこと、「**失笑**」は、笑ってはいけない場で、うっかり笑いをもらしてしまうことをさしている。「思い出し笑い」は、笑いのきっかけがその場にはなく、何かを思い出して可笑しくなって出る笑いである。

人間は可笑しいときにだけ笑うわけではないから、笑いの奥にある感情も同じではない。「**照れ笑い**」は、照れくささを紛れさせる笑い。「**泣き笑い**」は、泣いている途中で半面の嬉しさや滑稽さを感じ、思わず不釣合いな笑いがまじってしまうものだ。「**苦笑い**」は苦苦しく思いながら、その気持ちを知られないように笑顔に紛らす笑い

朗笑(ろうしょう) 文 ほがらかに笑うこと。「赤子のかわいらしい仕草に一同が―した」

忍び笑い(しのびわらい) 声を立てないように笑うこと。「―をする／漏らす」

失笑(しっしょう) 文 あまりの愚かさに思わず笑うこと。吹き出してしまうこと。「―を禁じえない」「―を買う」

泣き笑い(なきわらい) 泣いたり笑ったり。悲しいことと楽しいこと。「人生の―」

苦笑い(にがわらい) 苦々しく思いながらも無理に笑うこと。また、その笑顔。「―を浮かべる」

含み笑い(ふくみわらい) 声を出さずに口元や顔の表情で笑うこと。

照れ笑い(てれわらい) 失敗や恥ずかしさを隠すために笑うこと。「―を浮かべる」

苦笑(くしょう) 苦笑い。「―を漏らす」「仕方なく―する」

嘲笑(ちょうしょう) [文] あざ笑うこと。「―を招く/買う」「―の的になる」

冷笑(れいしょう) さげすんで笑うこと。あざ笑い。「―を浮かべる/浴びせる」

作り笑い(つくりわらい) おかしくないのに、無理に笑うこと。「上司の前で―をする」

艶めく(なまめく) [文] 色っぽい様子をする。艶めかしく感じられる。「雨に―海棠(かいどう)の花」

感情▼笑う

だ。漢語では「**苦笑**」となり、井伏鱒二の『珍品堂主人』に、「今までの殺気だった気持が吹き飛んで、苦笑が浮かぶ代りに、どうしたことか涙が込みあげて来るのでした」という例が出る。「**憫笑**(びんしょう)」は相手を憐れみ蔑む笑い。「**嘲笑**」は相手を嘲笑(あざわら)うことで、大江健三郎の『セヴンティーン』に「森の嵐のようにどよめく全世界の他人どもの嘲笑」という例がある。森田草平の『煤煙』に「唇を嚙(か)んだまま、片頬に刃のような冷笑を泛べた」という例の出る、その「**冷笑**」は、相手を軽蔑して冷やかに笑うことを意味する。可笑しくもないのに笑ってみせるのが「**つくり笑い**」であり、ほんとの笑いでないところから「そら笑い」とも言う。人の機嫌をとるために笑ってみせるのが「愛想笑い」で、「お世辞笑い」と言うこともある。また、女のなまめいた笑いを「**嬌笑**(きょうしょう)」と呼ぶ。

福永武彦の『告別』に「友人たちと談笑する時などに、明けっ放しの笑い声を聞かせたり、きま

憫笑(びんしょう) [文] あわれんで笑うこと。「―を買う」

嬌笑(きょうしょう) [文] 女性のなまめかしい笑い。「―をあげる」

り悪げに微笑したりした」という箇所がある。この「**談笑**」は、うちとけて笑いを交えながら話し合うことをさす。また、「**微笑**」のほうは、にっこりと笑みを浮かべる意で、「微笑を絶やさない」などと使う。永井龍男の随筆『高田保さんのこと』では、「世の中を吹く風を、いつもさり気なく受け流し、微笑を捨てたことはないが、それが悲しい表情に見える日もあった」と鬼才の内面を描き取った。

なお、この「微笑」と「苦笑」の交じり合った軽い苦笑いを、久米正雄は「**微苦笑**」と命名したらしく、「複雑な微苦笑を浮かべる」などと使うようだ。

漢語の「微笑」に相当する外来語が「**スマイル**」、和語が「**ほほえみ**」である。この語は「頬で笑む」こと、すなわち、声に出さず頰のあたりをにこやかにする表情をさしており、小川洋子の『夕暮れの給食室と雨のプール』に、「間違いなく微笑(ほほえ)み

談笑(だんしょう) 文 笑い声を交えながら打ち解けて話すこと。「なごやかに—する」

微笑み(ほほえみ) ほほえむ-こと/表情。「—を-浮かべる/絶やさない」 異形 ほおえみ

微笑(びしょう) 文 ほほえみ。「—を-浮かべる/たたえる/禁じえない」

微苦笑(びくしょう) 文 微笑とも苦笑ともつかぬかすかな笑い。「—を浮かべる」

スマイル [smile] 微笑。「愛らしい—」「アルカイック—」

でありながら（略）桜の花びらのようにもろく繊細な表情」という例がある。

ちなみに、この「**笑む**」ということばは、にこやかな表情をするときの口もとが、エと発音するときの形と似ているところから出た、という語源説があるという。太宰治の『走れメロス』に「残虐な気持で、そっとほくそ笑んだ」という例があるが、自分の思いどおりになってにんまりするという意味の、この「ほくそ笑む」の笑むも同様だ。栗の実が熟して割れることも「えむ」と言うらしく、思わず口もとが緩んで歯がこぼれるのもよく似ている。「咲く」が語源的に「裂く」と通じるように、「笑う」のワラの部分は「割れる」ことと通い合うのかもしれない。

可笑しくて笑うわけではないが、口もとが緩んでいるという共通点では、「にやける」も「やにさがる」もよく似ている。「**にやける**」は、男が女のようになよなよと妙になまめかしい顔をした

笑（え）む　文 にっこりと静かに笑う。微笑む。「静かに―姿に好感を覚える」

笑（え）む　文《比喩的に》つぼみが割れて花が咲く。果実などが熟して割れ、中の実が見える。「梅／クリ‐が―頃」

咲（さ）く　花のつぼみが開く。「花／桜‐が―」「見事に―」

にやける　しまりのない笑いを浮かべる。にんまりする。〔もとの意は、女のような男のなり。〕

割（わ）れる　まとまった一つのものが壊れて、いくつかの小さな部分に分かれる。「皿／風船‐が―」

り、二枚目ぶって気障なようすをしたりする場合に使う。「やにさがる」は、得意な気分でいい気になり、にやにやすることを表す。タバコの脂が下がることで、雁首を上に向けて煙管をくわえる姿からの連想だという。

にこにこ――にたにた・にんまり・くすくす

「**にこにこ**」は、明るく嬉しそうにほほえむようす、「**にこやか**」は、にこにこして愛想のいい表情をするようす、「**にっこり**」は、明るい笑顔になるようす、「**莞爾と**」は、にっこりと笑うさまを表す古風な表現である。

「**にたにた**」は、薄気味の悪い、あるいは、いやらしい笑みを浮かべるようす、「**にやにや**」は、何かを思い出して悦に入っている場合や、相手を小馬鹿にしている場合などに、特にひとりで意味ありげな薄笑いを浮かべるさまをあらわす。「**にやり**」は、意味ありげにちょっと笑みを浮かべるようすだが、思惑が当たってうまくやったという

脂下がる 会（男が）得意になってにやにやする。〔キセルを前上がりにして反り気味にくわえて気取るが、やには吸い口の方へ下がってくる。〕

にこにこ ほほえみを浮かべているさま。「いつも―している」「―顔」

にこやか 愛想よくほほえみを浮かべているさま。「―な表情」「―に答える」

にっこり ほほえみを浮かべるさま。「―する／笑う」

莞爾と 文 にっこりと笑みを浮かべるさま。「―ほほえむ」「―して笑う」

にたにた 会 下品でいやらしげな笑みを浮かべているさま。「―する／笑う」

にやにや 相手を軽んじたりひとり悦に入っている時に、笑みを浮かべているさま。「思い出して―する」

にやり 合点がいったり悦に入ったりした時に笑みを浮かべるさま。にやっ。「―と―する／笑う」

気持ちの場合も多い。それが特に鮮明になるのが「**にんまり**」で、自分の思いどおりになったときなど、内心いかにも満足そうに、声に出さずに笑うようすをさしている。その行為自体をさすのが「**ほくそ笑む**」という動詞という関係になる。

里見弴の『妻を買う経験』に「カッカッカッと喉(のど)の奥の方から笑い声を押しだし始めた」とある。この「カッカッカッ」は笑い声を擬声語で描写した部分だろう。石坂洋次郎の『海を見に行く』に「カラカラと湧きあがって空の果てに消えて行き」とある「カラカラ」は「職工たちの笑い声」の描写だ。吉行淳之介の『原色の街』に「キャッキャッと屈託のなさそうな派手な笑い声をまき散らして」とある「キャッキャッ」は、道行く男たちをからかう娼婦たちの笑い声である。尾崎一雄の『芳兵衛』に「けらけらという声で笑っている」とある「けらけら」は芳枝の笑い声の模写である。佐多稲子の『灰色の午後』には「ころころと転ばす笑い声

にんまり 思いどおりの結果になって、ひそかに浮かべる笑みの表情。「―した顔」

ほくそ笑(え)む 思い通りの結果になって、ひとりひそかに笑みを浮かべる。「しめしめと―」

を立てた」とあり、この「ころころ」もそういう笑い声を擬声語で模した例であろう。
北杜夫の『夜と霧の隅で』に「その整った顔は急にだらしなく崩れると、喉の奥からくすくす笑いが洩(も)れてきた」とある。この場合は、現実に外部に聞こえる音として漏れたのか、息だけの段階だったのか、判然としない。一般には、控えめに何度か笑う際の、息の音を含めたようすをさすようだ。それが「くすり」「くすっ」となれば、一度そういう軽く短い笑いが漏れたことを思わせるだろう。

泣く――泣き明かす・涙に暮れる・泣き咽ぶ

太宰治の『走れメロス』に「ひしと抱き合い、それから嬉し泣きにおいおい声を放って泣いた」とある。この「**泣く**」という語は、感情が極度に達して涙を流すことをさす。泣き方も「わっと」「えんえん」「しくしく」「さめざめと」などいろいろあり、奥の感情も一様ではない。典型的には「悲

泣く(な) 悲しみや喜びなどの感情の高ぶりや肉体的苦痛のために涙を流す。「赤ん坊が―」「悲しくて／しくしく／声を上げて―」

嬉(うれ)し泣(な)き うれしくて泣くこと。「ーに泣く」

泣(な)き明(あ)かす 一晩中泣いて夜を明かす。

泣(な)き暮(く)らす ①一日中泣いて過ごす。②来る日も来る日も泣き続ける。「夫を失って一年間泣き暮らしました」

涙(なみだ)に暮(く)れる [文] 一日中涙を流し続ける。

泣(な)き出(だ)す 泣き始める。「火がついたようにー」

涙(なみだ)ぐむ 泣きそうになって目に涙が浮かぶ。

目(め)が潤(うる)む 目に涙がたまる。「懐かしさにー」

声(こえ)が潤(うる)む 感情が高ぶり涙声になる。「感激/熱弁のあまりー」

しい」とされるが、「悔しい」ときのほうが例は多いともいう。この例では「**嬉し泣き**」である。

「**泣き明かす**」は、一晩中泣き続け、そのまま夜が明けること、「**泣き暮らす**」は、一日中泣き続け、そのまま日が暮れること、または、毎日泣きながら暮らすことを意味する。「**涙に暮れる**」という表現も「泣き暮らす」に近い。

「泣く」行為の開始は「**泣き出す**」または「泣き始める」、その終了は「泣き止む」と言う。「泣く」意の間接表現としては、目にうっすら涙を浮かべる段階が「**涙ぐむ**」、それによる目の兆候が「**目が潤む**」、声の変化が感じられれば「**声が潤む**」と表現し、はっきりと涙が出れば「**涙する**」となる。

悲しみに打ち沈んで泣くのが「**泣き沈む**」、取り乱し、姿勢を崩して泣くのが「**泣き崩れる**」、うつ伏せになってひどく泣くのが「**泣き伏す**」、泣いた涙で顔が濡れるほどになれば「**泣き濡れる**」、泣き過ぎて瞼(まぶた)が腫れぼったくなるのが「**泣

涙(なみだ)する [文] 涙を流す。「手紙を読んで思わずー」「不覚にもー」

泣(な)き沈(しず)む 深い悲しみにうち沈んで泣く。

泣(な)き崩(くず)れる 姿勢を崩して激しく泣く。「その場にー」

泣(な)き伏(ふ)す 地面に身を投げ出し、突っ伏して泣く。「畳の上/机にー」「墓前でー」

泣(な)き濡(ぬ)れる [文] 泣いて顔が涙に濡れる。

泣(な)き腫(は)らす 大いに泣いて、目やその周りが赤くなる。「泣き腫らした顔」

泣き叫ぶ（なきさけぶ） 大声を上げて叫ぶように泣く。

泣き喚く（なきわめく） わめきながら泣く。「子供の―声」

泣き噦る（なきじゃくる） しゃくり上げながら激しく泣く。

噦り上げる（しゃくりあげる） 肩を震わせ、息を吸い込むように泣く。「子供のように―」

噎び泣く（むせびなく） のどを詰まらせながら泣く。「声を立てずに―」

泣き噎ぶ（なきむせぶ） 泣いてのどを詰まらせる。「うれし泣きに―」

涙に噎ぶ（なみだにむせぶ） 文 むせび泣く。「悲しみの―」

啜り泣く（すすりなく） 文 すすり上げながら泣く。「かすかに―声がする」

き腫らす」である。また、昔は、涙で「**枕を濡らす**」という大仰な表現も使われた。

泣き声に注目し、大声で叫ぶように泣くのが「**泣き叫ぶ**」、続けざまに大声で泣き叫ぶと「**泣き喚**（わめ）**く**」と言う。泣きながら大きな声で何かを言うのが「泣きたてる」、泣きながらときどきしゃくりあげるのが「**泣きじゃくる**」、息を急に吸い込むような動作をくり返しながら泣くのが「**しゃくりあげる**」、喉を詰まらせながら息苦しそうに泣くのが「**咽**（むせ）**び泣く**」または「**泣き咽ぶ**」で、「**涙に咽ぶ**」とも言う。洟水（はなみず）を息とともに吸い込むように泣くのが「**啜**（すす）**り泣く**」で、他人に知られないよう声を立てずにひそかに泣くのが「**忍び泣き**」である。

漢語系の表現では、涙を落とすのが「**落涙**」、涙を流すのが「**涕涙**（ているい）」、涙を流して泣くのが「**涕泣**」、大きな声で泣くのが「**号泣**」、大きな声で泣き叫ぶのが「**号哭**（ごうこく）」だ。あまりの悲しみに号泣す

枕を濡らす（まくらをぬらす） 文 寝床で泣くこと。「夜毎に―」

忍び泣き（しのびなき） 声を聞かれないようにして泣くこと。「―が漏れる」

落涙（らくるい） 文 涙をこぼすこと。「はらはらと―する」

涕涙（ているい） 文 古 涙（を流すこと）。「―する」

涕泣（ていきゅう） 文 涙を流して泣くこと。「天を仰いで―する」

号泣（ごうきゅう） 人目をはばからずに大声で泣くこと。「肩を震わせて―する」

号哭（ごうこく） 文 古 号泣。

るのが「**慟哭**」で、そういう激しい悲しみ、あるいは憤りによって流れる涙が「**血涙**」となる。

泣き方の形容もいろいろある。「**ひいひい**」は、痛みや苦しみに耐えかねて上げる悲鳴で、「**さめざめ**」は、多くの涙を流して泣くようす、「**めそめそ**」は声を立てずに静かに泣くようす、「**しくしく**」は、すすりあげるように静かに泣き続けるようす、「**おいおい**」は声を出して泣くようすに、それぞれ対応する。

なお、古風な表現に「よよと泣き崩れる」といった「**よよ**」という語形がある。これについては、サトウハチローの『青春風物詩』にこんな場面がある。主人公が初めて女性に膝に泣き伏されて面食らうシーンだ。その泣き方に「よよとばかり」とわざわざ時代がかった描写を採用し、その直後に（形容詞の古いのを許されよ、泣き方が古いのだからしかたがない）という註を挿入したのは、多分に照れ隠しなのだろう。

慟哭（どうこく） 文 悲しみのあまり大声をあげて泣くこと。

血涙（けつるい） 文 激しい憤りや悲しみのあまり出る涙。「―を絞る」

よよと 文古 (女性が)声を出して泣くさま。「―泣き崩れる」

ひいひい 会 苦しみに耐えかねて悲鳴をあげて泣くさま。「―(と)泣く」「―言う」

さめざめ 文 しきりに涙を流し声を立てずに泣くさま。「―と-泣く/涙をこぼす」

めそめそ 気弱そうに声を立てずに泣くさま。すぐに落胆し泣き出すさま。「―泣く」

しくしく 声をひそめて泣き続けるさま。

おいおい 大きな声を上げて泣くさま。「人目もはばからず―(と)泣く」

怒る——ぐっと来る・かっとする・叱る

小島信夫の『小銃』に「こんこんと怒りがわきおこってきた」とある。この「**怒り**」という名詞は、強い不満などによって腹を立て、気が荒くなる現象を意味し、「**怒り心頭に発する**」「怒りをあらわにする」などと使う。大岡昇平の『事件』に、「不意になんとも言えない怒りがこみ上げて来て、絶句してしまった」という例が出てくるように、「怒りが込みあげる」という表現もよく使われる。林芙美子は『晩菊』で、「一瞬、凄まじい怒りが眉のあたりに這う」と、怒りの感情を蛇や毛虫のイメージで活性化する。

なお、「怒り」という表記は、名詞の場合はすべて「いかり」と発音するが、動詞の「怒る」は、古風な「**いかる**」という読みと、現代では一般的に広く使われる「**おこる**」という読みとがある。有島武郎の『或る女』に出てくる「火と涙とを眼から迸らせて、打ちもすえかねぬまでに狂い怒っ

怒り(いかり) 怒ること。「—を覚える/ぶちまける/静める」

怒り心頭に発す(いかりしんとうにはっす) 激しい怒りが心の奥底からわき起こる。

怒る(いかる) 文 おこ(怒)る。「政治の腐敗に—」

怒る(おこる) ①自分の意に反する物事への不満感が高まり気を荒くする。立腹する。「かんかんに怒っている」②叱(しか)る。「子供/部下を—」「先生に怒られる」

た」という例では、「いかる」と読みたい。丸谷才一の『笹まくら』に出てくる「陽子が怒っていることは、返事をしないことでも判(わか)る」という例では、当然「おこる」と読む。幸田文の『おとうと』に、「がっと怒るけれど、そのときだけのことが多い子なのだ」という箇所があるが、これも同様だ。

井伏鱒二の『珍品堂主人』に、「やにっこい云いかたです。これが珍品堂にぐっと来た。何たることだ」という例がある。この「ぐっと来る」という表現も、「怒る」前兆だろう。永井龍男の『とかげの尾』にも、「どき給えというんですよ。ぐっと来たから」という例が出てくる。これも同様である。

室生犀星は『幼年時代』で、まず「私はかっとした」と書き、その瞬間の感覚を「腸がしぼられたように縮み上がった」と比喩的に描写し、さらに、「真赤になった」と、興奮による身体的な色

脂(やに)っこい 会 粘りつくようにしつこい。あっさりせずくどい。「―男」「目つきが―」 異形 やにこい

彩の変化を記す。ここの「かっとする」という表現は、直接には昂奮して頭に血が上る現象を述べているが、そこに読者はすぐ怒りの感情を読みとる。

春隣（はるとなり） 文 春がすぐ隣まで来ていること。もうすぐ春になる晩冬。《冬》

久保田万太郎に「叱られて目をつぶる猫　春隣」という一句がある。飼い主に叱られて思わず目を閉じた猫の姿から、春がもうすぐそこまで近づいていることを何となく感じとったのだろう。微妙な季節感が読者の口もとをほころばす。小津安二郎監督の映画『お茶漬の味』では、木暮実千代が夫役の佐分利信に「あなた、叱ってやって頂戴」「うんと叱って頂戴」と、津島恵子の演ずる姪の勝手な行動をたしなめさせようとする。

叱る（しかる） （目下の）相手の非や不手際を見て強くとがめる。「子供/部下を—」「きつく—」

この「**叱る**」という語は、相手をきつい調子で注意して反省を促すという意味合いで、「親が子供を叱る」「先生が生徒を叱る」などと、上位の立場の人間が道理を説いて聞かせるという教育的配慮が働く場合に用いてきた。一方、「怒る」のほうは、語源的に、「波が起こる」「火が熾る」などと同様、内部のエネルギーが活発となり、それまで静かだったものが激しく動き出し、その影響で外部に変化があらわれる、という基本的意味が共通しているので、人間が平静さを失い、感情的になって相手に当たる場合に限られていたはずである。ところが、いつかその部分が忘れられ、「叱る」との区別が次第に曖昧になる。夏目漱石が学習院で行った講演「私の個人主義」の中で、自分が英文学の講義を受けた当時を振り返り、「冠詞が落ちていると云って叱られたり、発音が間違っていると怒られたりしました」とある。当時でさえ、こんなふうに「叱る」と「怒る」とをほとんど同じ意味で使っていたことに驚く。まして近年では、こんな例が珍しくないどころか、本家の「叱る」を凌ぐ勢いで「怒る」が跋扈している。本来、「怒る」が自分の感情をぶつけるところに主眼があるのに対し、「叱る」には相手の将来を思う教育的

跋扈（ばっこ） 文 悪いものが勢力をふるうこと。「魔物が跳梁——する」

配慮からきつく注意するという違いがあった。そういうニュアンスの差から、「怒りっぽい人」「かんかんになって怒る」「怒って部屋を飛び出す」「上司を怒らせてしまう」のような例で「叱る」は使えない。軒並みに「怒る」で間に合わせる近年のこの言語現象は、現代人に堪え性がなくなり、大人になりきれない親や教師や上司がすぐ感情的になって、相手のことなど考える余裕もなく、かっとなっていきなり自分の怒りを相手にぶつける、そんな社会現象と妙に符合するような気がしてならない。そう考えると話のつじつまは合うが、笑っている場合ではない。

嫉妬——やきもち・羨ましい

森田たまは『続もめん随筆』で、「嫉妬はまるで女の皮膚のようなもので、あらゆる女は子供の時からそれをみがきたてながら成長する」という注目すべき見解を述べている。この「**嫉妬**」という語は、自分より優れていたり恵まれていたりす

嫉妬(しっと) ①人の境遇をうらやみ憎む気持ち。「彼女の恵まれた境遇に―する」②愛情が他人へ移るのをおそれ憎む気持ち。「―に目がくらむ/駆られる」「―の炎に身を焼かれ、もはや私は人間ではありませんでした」

るように思える人を羨ましく思う気持ちをさす。そういう一般的な意味では、人間誰しも抱く感情だろう。ただ、このことばは、好きな異性の心が他の人に向かうことを妬ましく思う気持ちをさして使う例が多い。いずれにしろ男の嫉妬深さも感じるから単純に比較はできないが、異性関係の場合、あるいは女のほうが気持ちが言動に現れやすく、それだけ目立つといった傾向があるのかもしれない。安部公房の『他人の顔』には、「嫉妬を、大釜のなかのコールタールのように、雨上りの噴煙のように、泥といっしょに湧き立つ熱泉のように、はげしく掻き立てる」というふうに、比喩を三つも重ねてそのものすごさを強調した例が登場し、読者に強烈なインパクトを与える。

漢語の「嫉妬」に対応する和語は「**やきもち**」で、芥川龍之介の『偸盗』に「疑り深いね（略）やきもちにも程があるよ」という例が出てくる。この語は「嫉妬」以上に、男女間のねたみをさして会

焼き餅

俗 嫉妬。ねたみ。「―を焼く」

話でよく使われる。

妬(や)ける 会 ねたましい。うらやましい。「—ほど仲がよい」 異字 焼ける

岡本かの子の『河明り』に、「あら、ご馳走さま、妬(や)けますわ」という例がある。この「**妬ける**」という語は、他人の幸福が羨ましく、その人が憎らしく感じられるという意味である。そのもとになっている「妬く」が「焼く」に通じるところから、その縁で「餅」を結びつけ「焼き餅」としたのが始まりだとも言う。そういう語源的な連想もあり、「嫉妬」よりやわらかくユーモラスに響く。

やっかむ 俗 そねむ。「人にやっかまれる」〔もと関東地方の方言。〕

意味の類似した「**やっかみ**」といういくぶん古風な語は、関東地方の方言とも言われ、それだけ俗語に近い響きを感じさせる。

妬(ねた)む うらやましさのあまり相手を憎む。「人の幸福を—」

中山義秀の『テニヤンの末日』には、「彼らの若々しさや思いあがりを、妬み憎んだ」という表現が出てくる。この「**妬む**」という動詞は、羨ましさを通り越して憎らしく思うという意味だ。その名詞形が「妬み」で、そういう気持ちを表す形容詞が「妬ましい」である。

妬(ねた)ましい 文 妬みたくなるさま。うらやましくて憎らしい。「あの美貌(びぼう)が—」

嫉む　［文］うらやみ、憎む。嫉妬する。

僻む　心がねじけて自分が不利に扱われているという見方をする。「僻んだ見方をする」

「妬む」と同じような意味合いで「**そねむ**」という語も使われた。小津安二郎監督の映画『麦秋』に、会社の専務の役を演じる佐野周二が「そねめそねめ！　売れ残りがふたり集まって」と笑いながら部下の女性をけしかける場面がある。今では古めかしく感じられ、特にこのような命令形の用法などは、今やほとんど姿を消したようだ。

　夏目漱石の『坊っちゃん』に「僻んで、そう聞くんだ」という例のある「**ひがむ**」という動詞は、心がねじけていて物事をそのまま素直に受け取らず、意地悪く解釈することをさす。これも底に妬みの気持ちがある結果そうなりやすいという関係がありそうだ。岡本かの子の『河明り』には「ときどきにもせよ、そういう一室に閉じ籠れるのは羨ましい。寧ろ嫉ましい」という例が現れる。このうち「**羨ましい**」という語は、恵まれている他人を見て、自分もああならいいのにと残念に思う気持ちをさす。その気持ちが高じて、その相手に

羨ましい　自分もそうありたいと思われるさま。「──境遇／限り」

感情▼嫉妬

対する憎しみを伴うまでになるのが「妬ましい」なのである。

小津安二郎監督の映画『早春』にこんな場面が出てくる。不倫に感づいた仲間連中が、ヒューマニズムから当人に注意すべきだと言い出しながら、「ちょいと羨ましいよなあ」とつい本音をもらす人間もいて、「お前たちのヒューマニズムも、あんまりアテになんねえよ」とたしなめられる。「でも、うめえことしやがったよな」と続け、「ヒューマニズムってものはな、そんな時羨ましがっちゃいけねえもんなんだ」と諭される。その説諭に「窮屈なもんなんだ」と念を押すのがおかしい。

石川達三の『人間の壁』には、「わくわくするような羨望の気持で見つめていた」とある。この「**羨望**」という語は、羨ましく思う意の漢語で、主に改まった文章中で、「羨望の的」「羨望のまなざしを注ぐ」のように用いられる。単に羨ましく

羨望（せんぼう）　うらやむこと。「—のまなざし」

情欲（じょうよく） 性欲。肉欲。「―を抑える」 異字 情慾

色欲（しきよく） ①愛欲。②色情と欲得。 異字 色慾

思うだけで、その相手に対する妬みや憎しみの気持ちは伴わない。

愛欲――情欲・色欲・淫欲

芥川龍之介の『偸盗』に「女の眼は、侮蔑と愛欲とに燃えて」というくだりが出てくる。この「**愛欲**」という語は、異性に対する性的な欲望をさして、「愛欲にとらわれる」「愛欲の日々を送る」などと使われる。

永井龍男の『冬の日』の末尾には、「激しい情欲が迫り、煮えたぎる太陽の中へ、遮二無二（しゃにむに）躍り込んで行く体を感じた」という一節が現れる。このやや古風な「**情欲**」という語も性的な欲望をさして、「情欲に溺れる」などと使われる。

「**色欲**」という古めかしい語も、同じように性的な欲望をさして使われる。

森鷗外の『キタ・セクスアリス』には「性欲の獣は眠っている」とあり、この「**性欲**」という語も、男女間に起こる性行為に対する欲望をさし、

愛欲（あいよく） 男女間の肉欲。「―におぼれる」 異字 愛慾

性欲（せいよく） 性的な欲望。「―をかきたてる」 異字 性慾

「性欲が盛んだ」「性欲のとりこになる」のように使われる。

「淫欲（いんよく）」という語は、みだらな性的欲望をさし、**「肉欲」**という語は、精神的な愛情とは無縁な肉体的欲望をさし、「獣欲」は、理性の働かない獣的な性欲をさす。この三語はいずれも古めかしい響きがある。

今、こうして「愛欲」「情欲」「色欲」「性欲」「淫欲」「肉欲」「獣欲」と、意味のよく似た七つの漢語を並べてみると、初めのほうほどマイナスイメージが少なく、後になるほど厭（いや）らしさが増すような印象がある。この差は、それぞれの語がどういう意味を指し示すかという論理的な違い以上に、それぞれのことばのイメージの違い、すなわち語感の差が反映した結果であるように思われる。

これらの一群の語は、一般の類義語とは違って、どれも漢字二字から成り、しかもすべて後の要素が「欲」であるという共通点がある。そのため、

肉欲（にくよく） 文 肉体上の欲望。特に、性欲。「—におぼれる」 異字 肉慾

これらの印象の違いは、それぞれの前要素である「愛」「情」「色」「性」「淫」「肉」「獣」という漢字が、次の「欲」と結びつくことによって生じるイメージの差であり、それが語感として働き、それぞれの単語のニュアンスの違いを支えているものと考えられる。

こうして語感がどぎつくなる順に並べてみると、精神的な関与のある状態から、次第に理性が失われ、一人の人間が一匹の獣と化する過程がたどれる気がする。だんだん厭らしさが増すように感じるのは、人間性をとどめたいという知性が働くからだろう。

愛情——恋する・惚れる・慕う

円地文子の『女坂』に「愛の芽が須賀の中に芽ぶきはじめたのだ」とある。この「**愛**」という語は、大切に思う相手を慈しむ気持ちをさし、「愛を打ち明ける」「愛の結晶」などと使われる。男女の間の色恋に限らず、親子の愛、兄弟愛、人類愛か

愛あい ①いとしく思う気持ち。かわいがり、慈しむ気持ち。「母性／隣人／郷土——」②人を好きになる気持ち。「—が芽生える」「—をはぐくむ」

ら郷土愛まで幅広く存在するが、恥じらいを知る日本人は伝統的に、このようなあからさまな愛情表現を人前では避けてきた。金井美恵子の『夢の時間』に「奇妙な慕わしさと愛に震え」と出てくる箇所は、「慕わしさ」という控えめな表現がヒントとなるだろう。

有島武郎の『或る女』に「父の嘗(な)めるような寵愛(ちょうあい)」という例がある。この「**寵愛**」という語は、特別に目を掛けて可愛(かわい)がることをさし、「寵愛を一身に集める」のように使われる。愛する側と愛される側とに上下関係のある場合に限られる。

高橋和巳の『悲の器』に「無限の感情を以(もっ)てわが娘を愛していた」という箇所が出る。この「**愛する**」という動詞は、かけがえのないものと思って大切にし愛情を注ぐ行為をさし、異性に対する恋心に限らず、「愛するわが子」などのほか、「愛してやまない作品」「愛するふるさと」「孤独を愛する」などと人間以外の対象に向けても広く使わ

慕わしい(したわしい) 文 心ひかれ、そば近く寄りたいと思う。「慕わしく思う」

寵愛(ちょうあい) 取り立てて愛情を注ぐこと。「殿の―を一身に受ける」

愛する(あいする) ①愛情を注ぐ。「―子」②人を恋い慕う。「生涯かけてこの人を―」異形 愛す

恋する 特定の異性に強く思いを寄せる。「—乙女」「人知れず—」

想う 慕う。慈しむ。「—人」「子を—親の心」 異字 思う

憎からず思う 好感をもつ。気に入る。「—相手」

感情▼愛情

れる。

　瀧井孝作の小説『結婚まで』は、「信一は、笹島さんを彼女を恋して居る」という一文で始まる。この「**恋する**」という動詞は、異性の間の惹かれ合う気持ちについて、「恋する乙女」「ひそかに恋する」などと使う。「恋う」が語源的に「乞う」や「請う」と共通し、「欲しがる」というニュアンスがあるため、もっぱら恋人時代までに用い、結婚してすでに手に入った相手に対しては通常使わない。

　夏目漱石の『吾輩は猫である』に、「私があなたを恋っているのは、ちょうど宗教家が神にあこがれているようなものだ」という例があるように、「**おもう**」という動詞が「愛する」という語の間接表現になることもある。

　谷崎潤一郎の『春琴抄』には、「流石に彼女も此の時に至って佐助を憎からず思うようになり」とある。この「**憎からず思う**」という動詞句は「愛

する」という意味を控えめに伝える婉曲表現となっている。

井伏鱒二の『駅前旅館』には、「かねて私、かすかな或る気持をおかみに対して感じていました」とある。この場合の「かすかなある気持ちを感じる」という言い方は、「憎からず」とも限定せず、単に「ある気持ち」と書くだけで読者の推測にゆだねる、さらに遠まわしな表現となっている。

迷う 人に誘惑されるままにおぼれる。「色香に―」

二葉亭四迷の『平凡』には、「お糸さんに迷ってから、散々無理を仕尽した」という箇所が出てくる。「女の色香に迷う」などというように、誘惑を感じてそれに溺れ、正常な判断ができない状態に陥ることを意味する、この「**迷う**」も、文脈によって「愛する」に近い意味合いを帯びる。

獅子文六の『自由学校』に出てくる、「彼女が、五百助のような男に、コロリと参ってしまった」の「**参る**」も同様だ。小林秀雄の作品『モオツァ

色香 古 男を魅了する女のあでやかな容色。「―に迷う」「―が衰える」

参る 俗 異性の魅力に圧倒され、すっかりほれ込む。「彼女にすっかり参っている」

夢中になる（むちゅうになる） 熱中する。「あの女/芝居に—」

気がある（きがある） 異性に対して好きだという感情をもつ。「彼は彼女に—」

好く（すく） 好ましく思う。好意を寄せる。「好かない奴」「皆に好かれる」「好いて好かれる」↕嫌う

ルト』に「モオツァルトの音楽に夢中になっていたあの頃」という一節があるが、この「**夢中になる**」という言いまわしも、そのことだけに心を奪われて他のことを考えられなくなるという意味だから、対象がある特定の異性である場合には、その相手があまりに好きで、正常な判断力を失うことをさす。

井伏鱒二の『珍品堂主人』に出てくる「骨董屋たちも珍品堂が三蔵に気があると思いこんでいる風でした」の「**気がある**」という表現も、その異性に関心がある、好きだという気持ちを抱いている、というような意味合いで、「その女の子に気のあるそぶりも見せない」などと使われる。

志賀直哉の『冬の往来』に「恋とは知らず只心の中でこの人を好いていた」とある。この「**好く**」は、その対象を好ましく思うという広い意味で、「みんなに好かれる」などと使う。それを特に色恋の面に限定して、「女に好かれたためしがない」

「好いた仲」「好いた同士が一緒になる」などと使う用法は、古風な表現に感じられる。

永井荷風の『濹東綺譚』にも、「好いたの惚れたのというようなもしくはそれに似た柔かく温かな感情を起し得るものとは夢にも思っていなかった」という例が出てくる。ここの「好く」も男女間の感情であることは、次に「惚れる」と続くことからも明らかだ。その**「惚れる」**も、心を奪われて夢中になるという意味で、「腕前に惚れる」「気っ風に惚れる」などと色恋抜きにも使われるが、「年上の女にぞっこん惚れる」などと色恋に用いる例が圧倒的に多い。小津安二郎監督の映画『麦秋』にこんなシーンが出てくる。原節子の演ずる紀子が、相手の男のことを「この人なら心から安心できるって気持」と説明すると、淡島千景の演ずるアヤが「惚れちゃったのよ、あんた！本惚れよ！」と紀子の心理を解説する役を買って出る。

惚れる 会 心奪われる。恋情を抱く。「惚れた弱味」「ぞっこん—」

気っ風 損得にこだわらずさっぱりしている気性。「—がいい」

惹(ひ)かれる 魅了される。心を引き寄せられる。「飾りけのなさに―」 異字 引かれる

庄野潤三の『星空と三人の兄弟』には、「私は、こういう会話に心を惹かれる」という一節が出てくる。この「心を**惹かれる**」という言いまわしは、その対象に魅力を感じて心がそっちに向くという意味で、これも場面や文脈によって色恋の意味合いを帯びる。井伏鱒二の『珍品堂主人』に「新橋で料理屋をしている女に心をひかされているためもありました」という箇所があるが、この「心を**ひかされる**」も同様だ。

吉行淳之介の『砂の上の植物群』には、「その眼の中に吸い寄せられ、引き込まれる心持」とあり、庄野潤三の『机』には、「**心を奪われた**ようにじっと見ている」とある箇所も、対象次第で「気に入って惚れ込む」意味となる。

菊池寛の『藤十郎の恋』には、「心だけは、焼くように思い焦がれても、所詮は機(おり)を待つよりほかはない」というくだりがある。この「**思い焦がれる**」も、特に「焦がれる」の部分に、恋い慕っ

引(ひ)かされる 心引かれる。ほだされる。「情に―」

心(こころ)を奪(うば)われる 夢中になる。魅了される。「彼女に―」

思(おも)い焦(こ)がれる 切ないほどに人を思い慕う。「芸能人に―」

情愛（じょうあい） 文 思いやりのこもった強い愛情。慈しみ。「親子の—」

て思い悩むという意味合いが濃厚だ。

室生犀星の『杏っ子』に「女の人の心にはいつもピアノのような音色がある。（略）愛情だってピアノが鳴るようなものじゃないか」として出てくる箇所では、「女の人の心」と限定するところに、男女の間の愛情をさしていることがうかがえる。

芥川龍之介の『地獄変』には、「画（え）のために親子の情愛も忘れてしまう」とある。「愛情」をひっくり返した「**情愛**」という語になると、相手を思いやり慈しむことを広くさし、この例のように「肉親の情愛」などともよく使われる。「こまやかな夫婦の情愛」などと恋人や夫婦の間の情をさすこともあるが、男女間の色恋という感情とは違う。

有島武郎の『或る女』には、「一時火のように何ものをも焼き尽し燃え上った仮初（かりそ）めの熱情」という例が出てくる。また、梶井基次郎の『闇への書』には、「私は心に激しい情熱の高まってゆくのを感じる」という箇所が現れる。この「**熱情**」

細やか（こまやか） 情の厚いさま。心がこもっているさま。「—な愛情」 異字 濃やか

熱情（ねつじょう） 物事に対する熱烈なまでの思い。「—に燃える」

やそれをひっくり返した「**情熱**」という語は、燃え上がるほどに激しく熱い思いをさし、「熱情がたぎる」「情熱がほとばしる」のように使われる。むろん男女の恋愛の場合もあるが、「芸術に対する熱情」「野球に対する情熱」など、対象は幅広い。

「**慕う**」は、対象に惹かれ、そのそばに寄りたがることをさす。その対象が異性であれば「恋する」意に似てくるが、「母を慕う」「芸風を慕う」こともあり、「明かりを慕う虫」もある。

高見順の『如何なる星の下に』には、「慕情がフワフワと空に浮いている雲か霞かのような捕捉しがたい状態」という例が出るし、林芙美子の『うず潮』には、「亡くなった者に対する思慕も、音のない鐘をたたくようなもので、相手からの反応がない」とあり、森鷗外の『キタ・セクスアリス』には、「息子に恋慕している娘は、物怪の幸いと思っている」とあり、北杜夫の『幽霊』には、「父は心の底でひそかな愛慕を寄せていたらしいこの

情熱(じょうねつ) あるものに向かって激しく燃え立つ思いや愛情・興味。「ほとばしる—」「—を傾ける/注ぐ」

慕う(したう) ①恋しく思う。「—心」②尊敬できる人に倣おうとする。「徳を—」

世に別れを告げた」という例が出てくる。順に、「**慕情**」は相手をひそかに慕う気持ち、「**恋慕**」は文字どおり、恋い慕う気持ち、「**愛慕**」も文字どおり、愛し慕う気持ちを表す、いずれも古風な漢語で、意味もよく似ている。どれも色恋に関する用例ともなり、このうち「**思慕**」は及ばぬ恋と考えている謙虚さが感じられるが、「恋慕」以外は異性のほかさまざまな対象について用いられる。

辻邦生の『洪水の終り』には、「彼女を愛しており、誰にもかえ難く愛着を感じていると告げたかった」という例が出てくる。この場合は恋愛感情だが、この「**愛着**」という語は、心を惹（ひ）かれて思い切れないでいる気持ちをさすから、対象は人間に限らず、土地でも衣服でも鞄（かばん）でも万年筆でも、幅広く使われる。

嘉村礒多の『業苦』には、「故郷の肉親に対する断ちがたき愛染は感じている」という例が現れ

慕情（ぼじょう） 文 故郷や異性を恋い慕う気持ち。「ほのかな―」

思慕（しぼ） 文 恋い慕う気持ち。「―の情」

愛着（あいちゃく） 心ひかれ、離れがたく感じること。「―を覚える」 異読 あいじゃく

恋慕（れんぼ） 文 恋い慕う気持ち。恋情。「―の情断ちがたく」

愛慕（あいぼ） 文 愛し慕う気持ち。「―の情」

る。この「愛染」という語は、愛着(あいじゃく)に染まるという意味で、煩悩(ぼんのう)をさすという。川口松太郎の小説『愛染かつら』が映画化された戦前、大ヒットとなり世間の話題をさらったようだが、今ではこの語をほとんど見かけなくなっている。

恋しい——愛しい・愛おしい・慕わしい

太宰治『斜陽』に、「或るひとが恋しくて、恋しくて（略）両足の裏に熱いお灸(きゅう)を据え、じっとこらえているような、特殊な気持ちになって行った」という比喩表現の例が出てくる。この「**恋しい**」という語も、語源的に「欲しがる」という意味の「請う」とつながり、今は離れている人や土地や物、あるいは時代や季節などに心惹かれ、身近に欲しくなって、「母親が恋しい」「人恋しい秋の夜」「火の恋しい季節」「故郷が恋しい」「昔が恋しい」などと強く思いを寄せるといった気持ちを表す。

島尾敏雄の『島の果て』には、「つと胸がつきあげられ、トエが愛(いと)しくてたまらなくなりました」

煩悩(ぼんのう) 《仏教で》心身につきまとって人を悩ます欲望。迷いのもと。「—にとらわれる」

恋しい(こい) 離れている人や場所に心ひかれ、それを求めて切ない。「あの人/故郷-が—」

という例が出る。この「**愛しい**」という語は、愛情を持って抱きしめたくなる気分をさし、「愛しいわが子」「別れた人が今ごろになって愛しく思われる」などと使われる。

谷崎潤一郎の『細雪』には、「郷土を追われて行くように感じている姉の胸のうちも愛おしく」という箇所がある。この「**愛おしい**」という語も意味は似ているが、「幼子が愛おしい」などと、脆くて弱い存在に愛情を注ぎたくなる例が多く、詩的な語感がある。福永武彦の『廃市』には「こうして二人きり倚り添っている安子さんのことを、不意に慕わしく感じ始めていた」という例が出る。この「**慕わしい**」は、人に心惹かれ、その近くに寄り添いたいという気持ちをさし、「いつしか慕わしく思うようになった」などと使う。

愛しい かわいく思う。「—我が子」

愛おしい 文弱いもの、消えてなくなりそうなものに対する愛情とあわれみが込み上げ、守ってやりたくなるさま。「我が子が—」「愛おしく思う」

慕わしい 文心ひかれ、そば近く寄りたいと思う。「慕わしく思う」

怖い——おっかない・恐ろしい・ぞっと

岸田国士の『落葉日記』に、「あたし、なんだか、怖いのよ。あたしには、そりゃ、優しい顔をなさるわ。でも、パパとお話してらっしゃる時のお顔みたら、あたし怖くなっちゃった」とある。この「**怖い**」という語は、不安と恐怖のまじりあった感情で、身に危険を感じるほどに不安が強くなった心理状態をさし、「吊橋(つりばし)から下を覗(のぞ)くと怖い」「怖いもの知らず」などと使う。当人のこの感情が顔色や動作などで外部からわかるようになるのが「**怖がる**」である。

稲垣足穂の『弥勒(みろく)』には、「虫類は嫌いであり(略)高圧線のようにおっかなかった」という例が出てくる。この「**おっかない**」も、意味はほとんど「怖い」と同じだが、くだけた会話に使われる俗っぽいことばで、東京方言から出たとも言われる。

志賀直哉の『城の崎にて』には、「死後の静寂に親しみを持つにしろ、死に到達するまでのああいう動騒は恐ろしいと思った」という一節がある。この「**恐ろしい**」という語も、恐怖を抱く気持ちを表すが、「怖い」が主観的な感情なのに対し、

怖(こわ)い 身の危険を感じて身がすくむ。「―お化け」「後が―」 異字 恐い

怖(こわ)がる 怖いと思う。「失敗を―」 異字 恐がる

おっかない 俗 怖い。「内心―」

恐(おそ)ろしい ある対象に脅威を感じて避けたいさま。「―病気/災害/顔」

感情▼怖い

これはそれより客観的な印象が強く、恐怖感がさらに大きい雰囲気がある。また、「精密検査の結果を知るのが恐ろしい」のように、不安でひどく心配な場合や、「油断というのは恐ろしいもので」のように、軽視できないという意味合いでも、「恐ろしい暑さ」のように、きわめて程度が大きいという意味合いでも使われるなど、意味範囲が広い。

小川国夫の『大きな森』には、「あの時の状態を考えると、空恐ろしかった。死ぬこともあり得たのだ」という例が現れる。「恐ろしい」に「空」の付いたこの「**空恐ろしい**」という語は、はっきりとした理由を特定できないまま、何となく恐怖を感じる、そんな意味合いとなる。

夏目漱石の『明暗』には、「愚鈍という非難を、彼女は火のように恐れていた」という例が出てくる。この「**恐れる**」という語は、「相手を恐れる」「死を恐れる」のようにすでに恐怖を感じている場合だけでなく、「地震を恐れる」「失敗を恐れる」の

空恐ろしい（そらおそろしい） あれこれ想像されて恐ろしくなるさま。「──才能／予感」

恐れる（おそれる） 恐れを抱く。「敵／失敗─を──」 異字 怖れる・惧れる・懼れる

ように、これから起こり得ることを心配する場合にもよく使われる。

網野菊は『招かれざる客』で、姦通罪(かんつうざい)で訴えられた実母について、「久しく忘れて居た生母出現の恐怖が、急に、それから頭をもたげた」と書いている。この「**恐怖**」という語は、わが身に危険が及ぶかと極度に不安になる気持ちをさし、「高所恐怖症」「恐怖に駆られる」「恐怖にさらされる」などと使われる。「恐れ」以上に切迫した緊張がある。夏目漱石の『道草』には、「肉の消滅について何人よりも強い畏怖(いふ)の念を抱いていた」とある。この「**畏怖**」という語は、怖さや不安で震えおののくという心理状態をさし、「畏怖の念を覚える」などと使われる。

庄野潤三は『相客』で、「こっちは普通の人間やないんやからな」と刑事に言われ、「私はひやりとした」と書いている。この「**ひやり**」という擬態語も、一瞬感じる恐怖心の形容となるが、冷

恐怖(きょうふ) 恐れ。「—を感じる／与える」「—におののく／駆られる／さらされる」「—心」

畏怖(いふ) 文 大きな力をもつ者に対して抱くおそれ。「神仏／自然への—」「—の念を抱く」

生母(せいぼ) 文 自分を産んだ母。「早く—を亡くす」

ひやりと 恐怖で一瞬寒けを感じるさま。「運転中に—した」「周囲を—させる発言が飛び出す」

たさ・寒さを瞬間的に感じる場合にも使われる。

辻邦生は『洪水の終り』に、「一瞬、私たちはぞっとして腰を浮せた」と書いている。この「**ぞっと**」という擬態語も、恐怖で震え上がるような感じをさすが、「ぞっとしない」と打消しにすると、そういう震えとは関係なく、感心しない、つまらないといった意味合いの古風で俗っぽい表現になる。

川端康成の『みずうみ』には、「はっとおびえて目をあこうとしたが、まぶたは開かなかった」という例が現れる。この「**はっと**」という語は、「はっと思い出す」など、不意に思いつく場合にも使われるが、突然のことに驚く場合にも使われ、この例のようにそれが恐怖感と結びつくケースも出てくる。

面白い――興味深い

松尾芭蕉に「おもしろうてやがて悲しき鵜舟かな」という句がある。鵜飼を見物している間は、

ぞっとする 会 恐怖などで体に冷たいものが走る。「考えるだけで―」〔強調して「ぞうっとする」とも。〕

はっと 突然のことに一瞬驚くさま。「―する／息をのむ」

それに見とれて面白く時を過ごすが、人間に騙され利用されている鵜側に思いを馳せたり、そうやって捕らえられた鮎の立場で、その行末を考えてみたりすると、その現実は面白おかしいどころか、なにか悲しく思えてくる、という句意である。永井荷風の『雨瀟瀟』には、「此れから先わたしの身にはもうさして面白いこともない代りまたさして悲しい事も起るまい。秋の日のどんよりと曇って風もなく雨にもならず暮れて行くようにわたしの一生は終って行くのであろう」という箇所がある。「成りゆきの儘送って来た孤独の境涯が、つまる処わたしの一生の結末であろう」と考える、自然と一体となった人生観がそこにある。たしかに、人間もまた自然のひとつの点景にすぎないのかもしれない。

小津安二郎監督の映画『生れては見たけれど』には、こんな場面が出てくる。学校に通い始めた子供に「学校は面白いかい」と尋ねると、子供た

馳せる 文古 走る。走らせる。「使者/馬-を—」

点景 文 風景画や風景写真において、主題を効果的に表現するために添えられた人物や動植物。異字 添景

面白い（おもしろい） ①興味深く心が引かれる。「―話／遊び」②風変わりで滑稽（こっけい）なさま。「―格好」

興味（きょうみ） ある事柄をよく知りたい、やってみたいという関心をもつこと。面白いと思うこと。「―が-わく／ある／増す」「―を-示す／そそる」「―深い／津々／本位」

ちは「学校に行くのも帰って来るのも面白いけど、その間があんまり面白くない」と答える。はっきり言ってしまえば「つまらない」ということになるのだが、子供たちもさすがに気を遣っているのだろう。このように使われる「**面白い**」という語は、何かに心引かれて楽しい気分になるという意味合いで、「面白い顔」「話が面白い」「試合がもつれて面白くなってきた」「そう言われては内心面白くない」などと使う。内田百閒は『特別阿房列車』で借金というものに言及し、「ただ一ついけないのは、借りた金は返さなければならぬと云う事である」と書き、「それを思うと面白くない」と続ける。この「面白くない」は不愉快という気持ちに近いのだろうが、そう言ってのける人間性が面白く、読んでいて実に愉快である。堀辰雄の『大和路』に「いつか興味が動きだしてギリシャの美術史だとかペルシャの詩だとか読み出している」とある。その「**興味**」という語は、面白そうで、そこに心が惹きつけられ、注意が向くことを意味し、「興味津津」「興味が尽きない」「興味をそがれる」などと使う。「関心」と比較すると、より個人的で主観性の強い感じがある。

この名詞に「深い」をつけた「興味深い」という言い方が一つの形容詞の働きをすると、「面白い」と似た意味合いを帯びる。「なかなか興味深い内容だ」「先方の出方が興味深い」のような使い方がそれである。「面白い」が主観的ながら積極的に評価を表明しているのに比べ、この「興味深い」はそういう個人的な印象を沈静化し、客観化して述べたような、慎重な姿勢の感じられる表現である。

すっきり——清清・晴れ晴れ・溜飲が下がる

「**すっきり**」という語は、さえぎって邪魔になっていたものが消えて、気分や意識が明るく爽やかになる感じをさして、「一眠りして頭がすっきりする」「言いたかったことがやっと言えて気持ち

すっきり いやな気分が解消して気持ちが晴れるさま。「頭／気分-が—する」

感情▼すっきり

がすっきりした」などと使う。

川端康成は旅先から出したはがきに、「天城峠を越えて湯が野に参りました」と記し、「当もない呑気極まる旅を続けていると身も心も清々と洗われるようです」と書いている。この「**清清**」という語は、圧迫感が払拭されて気分がすっきりする場合に用いる。永井龍男の『しりとりあそび』にも、「あなたに話をしてしまったら、少し清々したわ」という例が出てくる。「梅雨空が切れて薄日が差し、気分が清清する」などとも使う。

志賀直哉の『暗夜行路』に、「雨の上がった戸外の空気に触れると、急に気分の晴れ晴れしたのを感じた」とある。この「**晴れ晴れ**」という語は、この例では感覚的な変化が気持ちの変化をもたらしているが、心のわだかまりが消えて気分的にすっきりするという意味合いでよく使われ、「心から和解できて晴れ晴れとした気持ちになる」のように、外界の刺激を伴わない純粋に心理的な作

清々（せいせい） 気持ちがすっきりして晴れ晴れするさま。「―した顔つき」 異字 晴々

晴れ晴れ（はればれ） 不安やわだかまりがなく、すっきりとしたさま。「―とした気分」

蟠り（わだかまり） 相手との間に存在する不信感や不満感。「―がある/取れない」「―を捨てる」

用である例も珍しくない。

「**溜飲が下がる**」（「溜飲」は、胃の消化作用が低下して口の方まで上がって来る胃液）という言いまわしも、不平不満や恨みが晴れてすっきりした気分になるという意味合いで使う。「**痞**（つか）**えが下りる**」という表現もよく似ており、ともに、そういう生理的な現象のみならず、威張りくさった厭な奴が自業自得で大失態をやらかすとか、ざまあみろ！といった心理的な爽快感についてもよく使われる。

気が重かった仕事や試験などが終わって、さっぱりとした気分であるさまを、「**さばさば**」という擬態語で表すこともある。

こだわらずにけろっとしている意では俗語の「あっけらかん」もあるが、こちらは呆れてぽかんと眺めているようなようすにも使う。

こだわる――拘泥

志賀直哉は大自然の意思というものに信頼を寄

溜飲（りゅういん）**が下**（さ）**がる**　不平不満や恨みの気持ちなどが収まってすっきりする。

痞（つか）**えが下**（お）**りる**　心配事や不平不満などが収まる。「胸の―」【異形】痞えが取れる

あっけらかんと　【会】何事もなかったかのように平然としているさま。「怒られても―している」

あっけらかんと　【会】思わぬ出来事に直面し、ぼんやりしているさま。「―立ちすくむ」

さばさば　【会】事態に区切りがついて気持ちがすっきりするさま。「―した表情／気持ち」

感情▼こだわる

せ、おのずと起こる好悪の情を自身の道徳の規準とした。それだけに、些細な物事に執拗にこだわる気持ちを嫌った。『城の崎にて』に「或朝の事、自分は一疋(いっぴき)の蜂が玄関の屋根で死んで居るのを見つけた」と書いたあと、他の蜂は「巣の出入りに忙しくその傍(わき)を這いまわるが全く拘泥する様子はなかった」と記している。志賀文学のキーワードとも言うべき、この「**拘泥**」という語は、価値のない細かいことに心をとらわれることを意味する。

夏目漱石の『坊っちゃん』には、「妙な所へこだわって、ねちねち押し寄せてくる」という例が出てくる。この「**こだわる**」という語も、価値のない些細なことに心をとらわれる行為をさし、「金銭にこだわる」「出世にこだわる」「体裁にこだわる」などと使われる。「拘泥」が硬い感じの文章にふさわしい漢語なのに対し、「こだわる」は幅広く使われる日常の和語である、といった語感の

拘泥(こうでい) 必要以上にこだわること。執着すること。「名称／成績／結果／些事(さじ)／勝ち負け-に―する」「些細なことに―する」

拘泥る(こだわる) ①拘泥する。「勝ち負けに―」「試験の点数に―」「どうでもよいことに―」②自分が納得するまで、妥協せずに理想を追求する。「味／材料-に―」〔近年になって現れた用法。〕

違いこそあれ、意味用法に関してはほとんど差がなく、ともにマイナス・イメージの内容を伝えることばとして使われてきた。

ところが、近年、この「こだわる」という語に、そういう伝統を破る、むしろプラス・イメージの用法が現れ、無視できないまでに世間に流布している。「徹底して味にこだわる」とか、「あくまで使いやすさにこだわった製品」とかと、プラスの評価としても使われるようになり、はては「こだわりの逸品」のような名詞用法も宣伝に登場した。流行語という俗っぽい語感が色褪せるまで続けば、辞書で語義を書き換えなくてはならなくなるかもしれない。

気兼ね（きがね）

他人への気遣い。「—なく話す」

感情▼気兼ね

気兼ね——遠慮

正宗白鳥の『生まざりしなば』に「今夜のように家中に閉籠（とじこも）って、傍（はた）に気兼ねしないで遊んでいる方が却（かえ）ってましなのかも知れない」とある。この「**気兼ね**」という語は、他人に気を遣って自分

遠慮(えんりょ)　他人に対する言動を控えめにすること。「目上に対する—」「ご—なく」「—がち」

の行動を控えめにする場合の気持ちをさし、「先輩に気兼ねする」「近隣に気兼ねしてテレビの音量をしぼる」「誰に気兼ねもなく自由にふるまう」などと使われる。

林芙美子の『魚の序文』には「まるで他人同士のように遠慮してしまって」という例が出てくる。この「**遠慮**」という語も、他人に気兼ねして自分の言動を控えめにする配慮をさし、「どうぞご遠慮なく」「互いに遠慮の要らない仲」のように使われ、よく似た意味合いを表している。

ただし、「気兼ね」という語がもっぱら気を遣うという気持ちの段階をさしているのに対し、「遠慮」のほうはその気持ちが態度や行動に反映した部分をとらえた感じが強い。そのため、気の進まない会に招待された場合、「気兼ね」があっても出席しないわけにいかないこともあるが、「遠慮」となると欠席する意味合いとなる。

なお、近年、丁寧なつもりでよく使う「ご遠慮ください」といった表現は、元来、遠慮というのは自身で控えることだから、むしろ差し出がましい言い方に感じられる。

気配り――配慮・心遣い・心配り

三木清の『人生論ノート』に、「過去に対する配慮は未来に対する配慮から生じる」という一節がある。この「**配慮**」という語は、その対象に対し、または、その点において、ある方向の気を遣うことを意味し、「配慮が足りない」「特別の配慮が必要だ」というふうに使う。

他人に対して何かと気を遣うことを「**気遣い**」と言い、「気遣いを示す」「どうかお気遣いなく」などのように使うが、「負ける気遣いはない」のように心配や恐れを意味する古風な用法もある。

「**心遣い**」という語も、気を遣う意味で、「格別のお心遣いを賜り、恐縮に存じます」などと使うが、全般的ではなく相手の示したある面での配慮に対して用いる例が多く、特に金銭面での配慮に

気遣い（きづかい） 相手への心遣い。「お―には及びません」

配慮（はいりょ） 相手に対して気を遣うこと。心を配ること。「―に欠ける」「事情を―する」

心遣い（こころづかい） 相手のために細かいところに気を配ること。「こまやかな―」「お―に感謝する」「―がうれしい」

感情▼気配り

心配り（こころくば） 相手に対する気遣いや配慮。「細やかなー」「行き届いたー」

気配り（きくば） 細部にまで注意をすること。「行き届いたー」「ーが足りない」

対してそれとなく礼を言う場合の間接表現となる。

「心配り」という語は、いろいろなことに遺漏のないように神経を遣うことを意味し、「細やかな心配りを見せる」「温かなお心配りをありがたく思う」などと使う。

「気配り」という語も似ているが、周りの人の気持ちに配慮して、手抜かりがないように気をつけるという意味合いで、「気配りが行き届く」「気配りを欠かさない」のように使う。

概して、「気遣い」や「気配り」が広くこまごまと神経を働かせる例が目立つのに対し、「心遣い」や「心配り」は何か特定の具体的な質的配慮に対して使用する例が目立つような気がする。

手抜かり（てぬ） 不注意ですべきことをし損なうこと。「当方/係-のー」

活動

歩く──歩む・歩行

山本有三の『波』に「女王のようにゆったりと丘のほうに歩いて行く」という例がある。この「歩く」という動詞は、右脚と左脚を交互に動かして前に進む動作を意味し、「駅まで歩く」「山道をとぼとぼ歩く」のように使われる日常語である。

三好達治の詩『甃(いし)のうへ』に「をみなごしめやかに語らひあゆみ」とあるのは、桜の散る石畳の上を若い女性が静かに語り合いながら歩き去る風景である。この「**歩む**」という動詞も、基本的な意味としては「歩く」と何ら違いはない。

しかし、両語には語感の違いがあり、常にどちらもぴったりはまるわけではない。この詩の場合は「をみなご」が「しめやか」に「語らふ」という雰囲気だから、歩を進める行為を「あゆむ」と表現してしっくりと来る。もしもこれが、「悪童連」が「ぺちゃくちゃ」と「しゃべる」ような場面であれば、「あゆむ」という優雅な語感と反発し、「歩

歩(ある)く 立っている足を交互に動かして前に移動する。「道/公園/先頭-を―」「ゆっくりと―」

女子(おみなご) 文 女の子。若い女性。「―に花散りかかる」

歩(あゆ)む 文 歩く。「樹下/王道-を―」「堂々と―」〔「歩く」より文学的・比喩(ひゆ)的に使われる。〕

く」としないとイメージが合わない。

「歩く」のほうは、日常会話でも改まった文章でも使える基本語だから、せかせか歩いても、がにまたで歩いても、もちろんしずしずと歩いても、常に使える。

それに対して雅語的な雰囲気のある「あゆむ」は、イメージとして、しとやかな歩き方がしっくりとはまるのだ。それだけに、「恵まれた人生をあゆむ」「近代日本のあゆみ」のような文学的な雰囲気の漂う比喩的な表現においては、「歩く」とか「**歩行**」とかと勝手に置き換えるわけにはいかないのである。

訪ねる――訪れる・やって来る・訪問

井伏鱒二に『丸山警視総監と久米正雄氏を訪ねる』と題する随筆がある。「久米正雄氏」の次に助詞の「と」がなく、すぐ「を」につながるこのタイトルは、警視総監はいったい、同伴者だったのか、訪問を受けた側なのかという曖昧（あいまい）さを残し

歩行（ほこう）　歩くこと。「―を助ける」「―者／訓練」

同伴者（どうはんしゃ）　一緒に行く人。同道者。

ているが、ここでは「**訪ねる**」という動詞の語感を問題にしたい。

ある場所を目ざしてそこまで足を運ぶという意味を表す点では、「訪れる」とほとんど差がない。この例のように「知人を訪ねる」という使い方のほか、「思い出の地を訪ねる」のように人間以外のものを目的地にすることもあり、また、「思いがけない人が訪ねて来た」というふうに誰かが自分側にやって来る場合にも使える。

最後の例のように、自分側に近づいて来るという意味合いでは、小沼丹の随筆『外来者』に「外国人連中は観光バスでやって来るらしく」という例のあるように、「**やって来る**」という言いまわしもあり、「子供連れがやって来た」などと人間を対象とする例が多いが、「電車がやって来る」「待ちに待った春がやって来た」などと人間以外についても使うこともある。これは日常会話や比較的くだけた文章の中で使われる言いまわしだが、「訪

訪ねる 何かを見るためにある場所へ行く。会うためにある人のもとに行く。「思い出の地/知人-を—」

遣って来る 向こうからこちらへ近づいて来る。「電車/クリスマス-が—」

旧跡（きゅうせき） 昔の有名な建造物や事件のあった所。「名所―」 異字 旧蹟

訪問（ほうもん） 人や家などを用事があって訪ねること。「恩師宅を―する」「―先／客／着」

ねる」のほうは、もう少し改まった会話や、多く文章中に用いる程度の文体的レベルの高い表現である。

語の文体的レベルがさらに上がると、「**訪れる**」という動詞になる。「若き日にロンドンを訪れた折に」などと少し詩的な雰囲気が伴う傾向があり、主として文章中に「新居を訪れる」「旧跡を訪れる」「転機が訪れる」「吉報が訪れる」「平和が訪れる」などと用いられ、日常会話で使うと気障（きざ）な印象を与えかねない。

似た意味の漢語に「**訪問**」がある。「家庭訪問」「会社訪問」「作家訪問」「訪問販売」「訪問看護」などと、何らかの目的を持って他人の家を訪ねる際に使われる傾向が見られる。そのため、「仲間をぶらりと訪問して雑談を楽しんだ」のように使うと、「訪問」という語がとってつけたように浮いた感じになるようだ。

ちなみに、井伏の前掲の作品の本文に「丸山警

訪れる（おとずれる） 文 ①訪ねる。「新居／名所-を―」（「人を―」とは言わない。）②（好ましい）事態が到来する。「平和／春-が―」

吉報（きっぽう） うれしい知らせ。縁起のよい知らせ。「―を待つ」↔凶報

視総監を訪問する前の晩、カフェでひどく酒をのんだ」という一文があり、タイトルのあいまいさが解消される。

なお、ここの「カフェ」は大正から昭和にかけて流行した、女給の接待する洋風の飲食店をさす。「カフェー」とも。

休む――睡眠・休息・欠席

小沼丹の中学時代の思い出を語った随筆『片片草（ぺんぺんぐさ）』にこんな話が出てくる。シェイクスピアは実在しなかったという説のあることを知り、調査していくうちに死亡日がセルヴァンテスと同じ一六一六年四月二十三日だという記述を目にして、「シェイクスピアはセルワンテスである」という新説を唱え、担任の先生に「莫迦（ばか）も休み休み云え」と一蹴されたという。

この動詞の「**休む**」は、「おやすみ」またはそれに「なさい」を添えた形で、「**寝る**」「**眠る**」すなわち「**睡眠をとる**」という意味まで担当する。

休む（やすむ） ①仕事や活動を中止する。欠席する。「授業/会社/会議-を―」②休養をとる。「一日―」

寝る（ねる） 寝床に入る。「早く―」「寝て過ごす」

眠る（ねむる） 一時的に心身の活動が低下し無意識に近い状態に入る。「ぐっすり/死んだように/正体なく―」

睡眠（すいみん） 文 眠り。「―をとる」「―薬/不足/時間」

休み（やすみ） 仕事や勉強を休むこと。「―なく働く」「―を取る」「―に入る」「―時間」

「休み」という名詞形も、六三八ページで詳述するように、実に意味が広い。「休息」「休憩」から、「休業」あるいは「欠席」「欠勤」「欠場」「休場」、さらには「休日」「休暇」という意味まで、すべてこの「休み」一語でまかなえる。

憩う――休憩

これも「休む」の一部だが、くつろいでゆっくりと休むことを、特に「憩う」と言うことがある。「緑陰に憩う」などと文学的な文章に用いられる古風で優雅な語である。今は昔、いつもは両切りの巻きタバコ、ピース紺と呼ばれたあの濃紺の箱に納められたピースを愛用していた指導教授が、まさか月給前というわけではあるまいが、大学院の演習中に、時折、「いこい」という名の大衆的なシガレットをくゆらせることがあった。これも人気の銘柄だったが、その人気の秘密の半分は優雅な名づけにあったかもしれない。「いこい」はもちろん鯉の品種ではなく、「憩いのひととき」

憩う（いこう） 文くつろいで休息する。「しばし―」

燻らす（くゆらす） ゆるやかに煙や匂（におい）いを立ち昇らせる。「タバコ/紫煙/香―を―」

などというゆったりとした気分のあの「憩い」だろう。「ひとやすみ」でも意味はさほど違わないが、売れ行きはずいぶん違っただろう。まして「暫時（ざんじ）休憩」などというネーミングでは、とてもゆったりとした気分になりそうもない。勝手に「後期高齢者」と呼ばわりされると、ひとりでに「高貴な好齢者」と書き取っている自分に驚く。とかく人間は気分に左右される。

なおす——訂正・治療・修理

「木」が「樹木」だけでなく「材木」も「木材」も「木製品」をも含む広い概念を指し示すように、和語が大きな概念を表し、その一部の意味をさまざまな漢語がそれぞれ分担するという意味関係では、「なおす」という動詞も同様である。教師は生徒の間違いを「**訂正**」し、作文の表現を「**修正**」する。医師は患者を「**治療**」し、歯科医は歯並びを「**矯正**」し、時計屋は時計を「**修理**」し、屋根屋は屋根を「**修繕**」する。そのような場合、和語

治す（なお） 治療する。「病気／骨折ーを—」

直す（なお） ①乱れたものや壊れたものを、元の状態にする。「服装／ラジオ／言葉遣いーを—」②別の形にする。改める。「中国語を日本語に—」

訂正（ていせい） 表現や内容の誤りを正すこと。「試験問題の—」

修正（しゅうせい） 手直し。「字句の—を行う」「—案」

治療（ちりょう） 医学的方法を用いて病気やけがを治すこと。「—を施す」「—に専念する」

矯正（きょうせい） 欠点を直して正常の状態にすること。「歯並びを—する」「—視力」

修理（しゅうり） 壊れたり悪くなったりした部分を直すこと。「—に出す」「機械を—する」

修繕（しゅうぜん） 傷んでいる部分を繕って直すこと。「靴／屋根ーの—」「—が利く」「—費」

動詞の「なおす」なら、それらのどれにも対応する。それだけでなく、髪の乱れや服装を「なおす」ことも、機嫌を「なおす」こともあれば、英語を日本語に「なおす」こともある。昔は妾(めかけ)を本妻に「なおす」こともあったらしい。

思う――頭に浮かぶ・考える・思いをめぐらす

夏目漱石の『坊っちゃん』に「物理学校の前を通り掛ったら生徒募集の広告が出ていたから、何も縁だと思って」という箇所がある。この「**思う**」という動詞は、イメージや事柄が頭に浮かぶという意味で、「そう思う」「残念に思う」「行こうと思う」「人を人とも思わない」「事が思うように運ばない」「一瞬そう思った」などと使われる。

一方、「**考える**」という動詞は、筋道を立てて思いをめぐらすという意味だから、こちらは瞬間的にはできず、「時間をかけて慎重に考える」などと使うことになる。だから、難解な物理の問題はじっくり「考える」ことになり、とうてい「思

思(おも)う 想像・希望・回想など、心に何らかの物事を描く。「他人をうらやましく―」「よかれと思ってする」「彼は将来出世すると―」「―ように行かない」「故郷を―」 **異字** 想う・憶う・懐う

考(かんが)える 経験や知識をもとに、筋道を立てて頭を働かせる。思考する。「これでよいと/慎重に/将来のことを―」

う」わけにはいかない。「よくよく考えてみると」という用法も、「思う」で代用はできない。

井伏鱒二の『鯉』に、今は亡き友人からもらった鯉を「不安に思ったが、暫く考えた後で」下宿先の瓢箪池に放す場面が出てくる。ここでも、「不安に思った」「暫く考えた」という使い分けが、瞬間的に心に浮かぶ情緒をさす「思う」に対し、「考える」は頭である程度の時間をかけて理知的に思考することをさす、という両語の決定的な違いを浮き彫りにしている。

言う——話す・しゃべる・語る

夏目漱石の『坊っちゃん』に、「仰る通りにゃ、出来ません、この辞令は返しますと云ったら」とある。この「言う」という語は、「洒落を言う」「独り言を言う」のように情報伝達を主眼としない発言の場合にも使え、ともかく、口からあることばを発することをさす。「言うだけ野暮」「勝手なことを言うな」「ひとの言うことを黙って聞く」「あ

言う まとまった内容や単語を声に出す。「君の―ことを信じる」「つべこべ―な」〔「ユー」とも発音する。〕 **異字** 云う・謂う

話す(はな)　まとまった内容を言って伝える。「今日の出来事を—」「小声/英語-で—」

のべつ　会 間をおかず続くこと。絶えず。休みなく。ひっきりなし。「—酒盛りだ」

活動▼言う

あ言えばこう言う」「改めて言うまでもなく」というふうに、日常生活で頻用される最も基本的な和語動詞である。

　葉山嘉樹の『海に生くる人々』に「重々しい論調で、肋骨の間から、心臓を目がけて、錐(きり)でも刺すように話してると」という一節が出てくる。この「**話す**」という動詞は、ある内容を相手に口頭で伝える行為をさし、「一部始終を話す」「話せばわかる」「恥を忍んで話す」のように使う。

　漱石の『坊っちゃん』に、「妙な事ばかり喋舌(しゃべ)る」とある。日常会話に多用されるこの「**しゃべる**」という動詞も、意味は「話す」とよく似ているが、「ぺちゃくちゃしゃべる」「のべつ幕なしによくしゃべる」というふうに、ことばをぺらぺら口に出すことに重点があり、発言内容は特に問題になっていない。「内緒にしていたことをうっかりしゃべってしまう」ということもあるが、それでも相手に知られてしまう情報より、そういう軽

喋る(しゃべ)　会 (口数多く)話す。「ぺちゃくちゃ—」「べらべら秘密を—」

率な行為というほうに中心があるようだ。

そのため、英語を「話す」人はきちんと情報伝達ができる感じなのに対し、英語を「しゃべる」人というと、挨拶や雑談には困らないというニュアンスが生じるかもしれない。

「しゃべる」から出た「おしゃべり」という名詞が、何を言うかという情報よりも、やたらに口を動かしてむやみにことばを発するところに重点があるのに対し、「話す」から出た「お話」という名詞は、話すという発言行為よりも、そこで発信した内容としての情報そのものに中心がある、という事実は、両語の違いを象徴している。

また、「**言い合い**」というと、それぞれが自分の意見をぶつけ合って互いに譲らないという光景が思い浮かぶ。一方、「**話し合い**」というと、同じく互いに意見を述べ合っても、それぞれの利益や希望や考え方の違いを調整し、双方の妥協点を探りあうための建設的な議論という性質が想像さ

話し合い(はなしあい) 話し合うこと。「―で決める」「―に応じる」

言い合い(いいあい) 会 互いの意見が合わず、いつまでも言葉をやり取りすること。「激しい―になる」「夫婦間の―が絶えない」「悪口の―をする」

語る（かた） ある物事や経験、思いを言葉で相手に伝える。「真実／手柄／過去／今の心境／事件の一部始終-を—」「大いに—」「—に落ちる」

れる。そのため、「言い争い」は喧嘩（けんか）になるが、結果として交渉が決裂しても、「話し争い」ということばは存在しないのだろう。

　太宰治の『斜陽』に、「戦争の追憶は語るのも、聞くのも、いやだ」とある。この「**語る**」という動詞も、基本的には口頭表現だが、単にしゃべればいいというものではなく、自分の経験や考えや気持ちなどを相手にことばで伝えることをさし、「将来の夢を語る」「思い出をしみじみと語る」「子供に昔話を語って聞かせる」のように使われる。「話す」と違って双方向的でなく、一人が相手に、あいづちなどを期待せずに一方的に伝える話し方となる傾向がある。抒情的（じょじょうてき）な雰囲気が漂って日常会話向けではなく、実際には文章で伝える場合にふさわしい語感の表現のようである。

　また、単なる挨拶のような場合には使わず、まとまった内容が必要だが、意見や主張や論評のような説得を意図する働きかけにはなじまない。

まとまった内容を伝達するという意味では「**述べる**」という動詞も共通するが、こちらは「率直な感想を述べる」「募金の趣旨を述べる」「代表者として所信を述べる」など、思いでも考えでもよく、また、意見や主張や論評を含め、説得の意図のある内容でも違和感がない。その点、「語る」より客観的な感じが強い。口頭でなく文章で不特定多数の人に伝える場合も当然含まれる。

述べる（の） (多数の人に)まとまった内容を言い表す。「意見／考え－を—」

所信（しょしん） 文 考え信じる内容。「—を－述べる／披瀝（ひれき）する」「—表明」

着替える――着替え・履き替える

三島由紀夫の『橋づくし』に「いそいで浴衣に着替えた」とある。この例の「着替える」はもちろん「**きかえる**」という伝統的な読み方をするはずだ。「スーツに着替えて出勤する」「帰宅して和服に着替える」というように、この語は、着ている衣服を脱いで、別のものに取り替えるという意味で使う動詞である。

本来なら話はこれで終わるのだが、これを「きがえる」と発音する人が現れ、それが次第に広がっ

着替える（きかえる） 今着ている衣服を脱いで他の衣服を着る。「晴れ着に—」異形 きがえる

て、今やそのほうがはるかに多くなっている。知識層には正統的でないという感覚が残るが、それも時間の問題だろう。本家の「きかえる」がもはや古風に響くほどになっている。発端は一九六五年前後かと思うが、名詞の「着替え」はもっとずっと早く濁音形が出現し、今や正統と見なされつつある。「履き替える」のほうはまだ健在だが、万一それも濁音化するようなら、どちらも新種の蛙（かえる）と勘違いされかねない。

くれる――くれてやる・やる

井伏鱒二の短編『文章其の他』に、「三十一枚の私の短篇小説を呉れてやろうか、それとも半襟（はんえり）の方がいいか」と女の意向を尋ね、半襟を選択されるシーンが出てくる。若き芸術家としてははなはだ不本意だったとは思うが、あいにくここでの問題は文学への関心ではない。本書の関心は、「くれる」という動詞の用法なのである。この語は「金をくれ」「子供にお菓子をくれた」「誰がくれたん

不本意（ふほんい） 望みどおりではないさま。「―な結果」「―ながら従う」

活動▼くれる

半襟（はんえり） ジュバンの襟にかぶせるように掛けた襟。汚れ防止と装飾とを兼ねる。

呉れて遣る

会やる。「お前に―」

だ」「あなたのくれた指輪、お返しするわ」というふうに、他の人間が自分や自分側の人間に好意でものを与える場合に使うことが多く、そういう用法には何の問題もない。

ここでもし、「…てやる」を使わずに、単に「お前にくれるよ」「欲しかったら只でくれるぞ」と言ったら、相手にどう響くだろう。そういう古い用法が地方に残っているだけに、方言的なニュアンスが感じられるにちがいない。

問題の中心は、「こんなものでよかったら、いくらでもくれてやるよ」というふうに、「**くれてやる**」の形で、自分側から他の人間にものを与える意味で使う用法にある。井伏のこの例でもそういう形になっている。「…てやる」のついたこの「くれてやる」の形は、ほとんど方言色を感じさせないはずだが、それでも、「くれる」という動詞を、自分側から与える方向の授与行為に用いることに違和感を覚える東京人も少なくないらしい。

遣(や)る 同等以下の者に与える。「犬にえさを—」

呉(く)れる 相手が何かをよこす。「金/土産-を—」

「くれてやる」の「**くれる**」の部分が、所有権の移転という意味を担い、身から離れることを意味する「**やる**」の部分が、自から他へという方向性を担うと考えれば、論理的に違和感は解消する。にもかかわらず、「くれる」は「もらう」側の認識だという観念が強く、「与える」側が用いることに抵抗があるのだろう。この用法を標準語として認めたがらない人は、「方言」だとまでは主張しないが、「古い」と評して一蹴したがる。

時代劇などに「その方に呉れてつかわす」といったせりふが出てくるが、この「呉れてやる」という現代の表現も、自分より下位の人物や動植物に恩恵を与えるニュアンスがあるから、「お前にも少し呉れてやろう」という言い方は尊大な態度を感じさせ、時と場合によっては軽蔑的に響くことはたしかである。

囲む———囲う・取り巻く

和田伝の『沃土』に「屏風(びょうぶ)のように寝床を囲ん

でいる人々」とある。この「**囲む**」という動詞は、ある対象の周囲にぐるりと連なるという意味で、「三方を海に囲まれた土地」「堀に囲まれた城」「テーブルを囲む」「記号を丸で囲む」のように使われる。同根の動詞「**囲う**」の場合は、「家を塀で囲う」「事件現場をテントで囲う」「マッチの火を手で囲う」のように、対象物を隠したり保護したりする目的がある。昔は「妾（めかけ）を囲う」人もあったようだ。生活費を渡して暮らしを守ってやるという意味合いもあったかもしれないが、ひそかに住まわせるという意識が強かったのだろう。通常「囲む」には、外部の力が及ばないようにするという保護意識までは含まれない。

島尾敏雄の『出発は遂に訪れず』に、「私を取り巻くすべてのものの運行は、はたとその動きを止めてしまった」とある。特攻隊長としてすべてをなげうって死の準備をしていた。すべての生が死を目的として営まれるという異常な状況だが、

囲む（かこむ） 周囲をぐるりと取り巻く。「海に囲まれた国」「数字を丸で―」「食卓を―」

囲う（かこう） ①周囲を物で取り巻く。「花壇を柵（さく）で―」②ひそかに妻以外の女性を養う。「妾（めかけ）を―」③野菜などを貯蔵する。

取り巻く(とりまく) 取り囲む。「城/犯人-を—」

取り巻き(とりまき) 権威者・金持ち・人気者のそばにつき従って機嫌をとる人。「—連中」

留意(りゅうい) ある物事を心にとどめておくこと。気をつけること。「健康/この点-に—する」

活動▼用心

即時待機のまま、その瞬間はなかなか訪れず、ついに発進は無期延期となる。「囲む」が静的な感じなのに対し、「**取り巻く**」は周囲から中の対象に向かって何らかの力が働いている感じがある。スターの「取り巻き」連は友好的だが、悪漢に「取り巻かれる」と生きた心地がしない。

そのため、仲間で鍋(なべ)を「囲ん」で一杯やるという場面で、「取り巻く」に換言すると、鋤焼(すきや)き鍋の牛肉がまたたく間に無くなりそうな威圧感が出るかもしれない。また、「恩師を囲むつどい」も、「取り巻く」に換えたとたん、なごやかな雰囲気が殺伐とした空気に一変しそうなけはいが漂うような気がする。

用心——留意・注意・警戒

「留意点」「礼を失しないよう留意する」「衛生面に対する留意が必要だ」というふうに用いる「**留意**」というやや硬い感じの漢語は、広く神経を注ぎ心にとどめるという意味合いだが、「注意」に比べ抽象的で、どの部分にという対象の限定が緩い。

網野菊の『風呂敷』に、「こういう時にこそ健康に注意せねばならぬと思ったりした」とある。この「**注意**」という基本的な日常の漢語は、「要注意」「落石注意」「細心の注意を払う」「注意を怠る」「風邪を引かないように注意する」というふうに、「留意」よりも具体的な事柄について被害が出ないよう神経を集中して気をつけるという意味で使う。また、「違反者に厳重に注意する」「会社の上司から注意を受ける」のように「**忠告**」という意味合いでも使われる。

志賀直哉の『城の崎にて』には、「(脊椎(せきつい)カリエスが)二三年で出なければ後は心配はいらない、兎(と)に角(かく)要心は肝心だから」という例が出てくる。ふつう「**用心**」と書く若干古風な漢語は、「用心するに越したことはない」というふうに、被害にあう確率の低い、万一の場合にそなえて、念のた

注意(ちゅうい) 心を集中させて気を配ること。用心。「細心の—を-払う/要する」「取り扱いに—する」

用心(ようじん) 万一に備えて心を引き締めること。「火の—」「—に越したことはない」「—を怠る」 異字 要心

忠告(ちゅうこく) 相手のためになるように、戒めさとすこと。また、その言葉。「—に-従う/背く」「—を-受ける/受け入れる」

めに気をつけるという気持ちで使う。

同じ志賀作品『山鳩』には、「猟犬は警戒していなければ危ないが、鳥は安心していてもいい腕前だそうだ」という一節が出る。この「**警戒**」は、危険のありそうな対象にあらかじめ心を配り、被害や損失をこうむらないようにする、という意味合いで、「警戒レベル」「厳重な警戒を要する」「徹夜で警戒に当たる」のように使う。日常的な「用心」よりも、怖れている事態の起こる確率が高く、そのぶん緊迫した空気が感じられる。

警戒（けいかい）　予測される危険や被害に対して用心すること。「—に当たる」「—を-強める/要する」

追い越す——追い抜く

散歩の途中なら一向に気にならないが、駅へ急いでいる時に、他人に「追い越される」と、誰でもあまり好（い）い気分はしないだろう。「レースで、ゴール寸前で追い越される」のは実に不愉快なものだ。このように、「**追い越す**」という動詞は、後ろから追いついて、その前に出ることをさし、「歩いている人を自転車で追い越す」というふう

追い越す（おいこす）　①後から進んでいって、先のものよりも前に出る。「前の車を—」②目標としていた人よりも力が勝る。「ライバルを—」

追い抜く

追い越す。「前の走者を—」〔道路交通法では、進路を変えないで前に出る場合をいう。〕

に使う。「出世街道で先輩を追い越す」などと抽象的な意味で用いる例もある。

似たような意味の動詞に「**追い抜く**」がある。「特急列車が各駅停車の鈍行を追い抜く」のように使い、先行する対象に横から追いついて、それより前に出ることを意味する。

高速道路などで車を運転している折に、他の車に「追い抜かれる」のはさほど気にならないが、「追い越される」と腹が立つ。まれには、その仕返しをしたばかりに、喧嘩に発展する例も聞く。それは、「追い抜く」が、前を行く車の右側の車線を走ってスピードを上げ、それより前の位置に出る、というイメージなのに対し、「追い越す」は同じコースを走っていて、途中で追い越し車線に入り、追い抜いてからまた車線変更をして、その車の直前に割り込むという連想が働き、よけい相手を刺激するからだろう。

士卒（しそつ） ①下士官と兵卒。②兵士。

普請（ふしん） [古] 建築・土木などの工事。「—中」

活動▼よける

よける——さける

森鷗外は『空車（むなぐるま）』で、「此の車に逢（あ）えば」と書き、「徒歩の人も避ける。騎馬の人も避ける。貴人（きにん）の馬車も避ける。富豪の自動車も避ける。隊伍（たいご）をなした士卒も避ける。葬送の行列も避ける」と続けている。ここにくりかえし用いられている「避ける」という和語動詞は、「さける」とも「よける」とも読めそうだが、当時の総ルビの新聞で「**よける**」と読ませており、鷗外自身もそのつもりだったらしい。

その鷗外が『普請中（ふしんちゅう）』で「水溜りを避けて」と書いた箇所では「**さける**」と読ませている。どちらも、好ましくない対象から離れる、距離を置いて近づかない、という意味合いで使われるが、両者の状況や事態に若干の違いがあるようだ。「よける」は危険に直面してそれを回避するところに重点があり、「さける」は危険を察知して近づかないところに中心がありそうに思うからである。

隊伍（たいご） 隊の並び。隊列。「—を組む」〔「伍」は五人一組の軍制上の単位を指す。〕

避ける（よける） [会] 好ましくない物に出合わないように身をかわしたり脇（わき）へ寄ったりする。「ボール/車/水たまり-を—」〔「さける」よりも具体的な物について用い、その場に及んで身体を移動する感じ。〕

避ける（さける） 好ましくない物事に出合わないように離れる。「危険/人目/視線/雨-を—」

「水溜りを避ける」の例は、どちらに読んでも意味は通じるが、「よける」と読むと、水溜りの多い道を歩いていて、水溜りの場所で飛び越えたり、注意深くその縁を歩いたりして、ともかく水溜りに入らないようにするイメージがあるだろう。一方、「さける」と読む場合は、水溜りに近寄らないように注意するか、もっと極端には、最初から水溜りのある道を回避し、舗装状態のよい道路を選んで通るような連想が働く。

くるまを運転している場合であれば、自転車を「よける」のは、ハンドル操作で衝突を回避するイメージであり、「さける」の場合は、自転車を発見したら最初からそれに接近しないように心がける運転というイメージになりそうだ。だから、結果として、「さける」ほうが危険が少なく、「よける」のはそのたびにひやりとすることが多い。

このような傾向の違いから、「よける」は「水しぶきをよける」「相手のパンチをよける」「よけたバットにボールが当たる」のように現実的な具体物に使われやすく、「さける」のほうは「人目をさける」「明言をさける」「その話題をさける」「財政危機をさける」のように、抽象的な対象を回避する際にも用いられるといった違いが生じるのである。

やめる――よす

夏目漱石の『坊っちゃん』に、「新聞屋に談判に行こうと思ったが、学校から取消の手続をしたと云うから、やめた」とある。この「**やめる**」という動詞は、それまでやっていたことを途中で中止する、または、やろうとしたことをやらずに引っ込める、という意味をさし、「仕事をやめる」「タバコをやめる」、「出席しようと思ったが、やめておく」「訴えるのをやめる」のように使う。「喧嘩をやめる」など、喧嘩の最中に中止したのか、始める前に思いとどまったのか、両方の意味に解釈できる例も少なくない。

止める（やめる）　①それまで続けてきたことを終わりにする。「酒/仕事-を―」②しようとしていたことを思いとどまる。「外出/来月の旅行-を―」

止(よ)す

会 やめる。「ゴルフ/タバコを―」

その点、「喧嘩を**よす**」という表現も同様だ。子供どうしの喧嘩を題材にした小沼丹の随筆『喧嘩』に、「おめえ、よせよ。こんな所でよせよ」と、それまで威勢のよかった親分格の男の子が、意外に手ごわい相手に威厳を保ちながら休戦を持ちかけるシーンだ。私事ながら、荻窪の鮨屋(すしや)で飲んでいる折、酔うほどに品行の乱れる酒友を、井伏鱒二が「よせ、みっともない」とたしなめる現場を目撃したこともあったかもしれない。このどちらの例も、中止する意にも、思いとどまる意にも解釈できるだろう。

ただ、「よす」のほうは、自分の意志で自発的に「やめる」という意味合いが強く、自然、「おい、よせ、よせ」「よせばいいのに」などと使う人間専用の動詞だから、犬が吠(ほ)えたり鳥がさえずったりしていた声がぱたっと絶えたようなケースでは、「吠えるのをやめた」「さえずるのをやめた」とは言えても、「よした」とは言えない。

決める ①どうするかを定める。「心／目標／方針／態度‐を―」②選定する。「日程／委員長‐を―」③うまく成功させる。「シュート／技‐を―」異字 極める

人間の場合はどちらも使えるが、「やめる」が、やや会話的ながら日常の基本的な動詞なのに対し、「よす」はもっぱらくだけた会話に使われた、今では古めかしい響きをもつ動詞であるという語感的な差も感じられよう。

きめる――さだめる・決定

夏目漱石の『坊っちゃん』に「毎日住田の温泉に行く事に極めて居る」とある。

この「**きめる**」という語は、可能性のあるいくつかの候補の中から明確に一つにしぼるという意味で、「態度をきめる」「覚悟をきめる」「六時起床、十時就寝ときめてある」などと、比較的くだけた会話やさほど改まらない文章に使う日常の和語動詞である。同じ漱石の『草枕』には、「今度はと心を定めて居るうちに」という箇所が出てくる。これも「きめる」と読めないことはないが、仮に「**さだめる**」と読むとすると、意味はほとんど変わらないが、非常に改まった会話や硬い感じの文章に

定める ①決定する。規定する。「境界／焦点／目標／規則‐を―」「法律で―」②安定させる。「乱／居‐を―」

ふさわしい語感に変わり、「正式名称を定める」「今後の方針を定める」「立ち合いの下に境界線を定める」などという文体で用いる必要が生じる。永井荷風の『濹東綺譚』には「行先の定らない散歩の方向は、却て(かえっ)これがために決定せられた」というくだりが現れる。ここの「定らない」は文体的なレベルから「さだまらない」と読みたいところだ。そのあとの「**決定**」という漢語は、さらに改まった文章に用いられる正式な感じの語感があり、「首脳会談の日時が正式に決定された」「本年度の活動方針がようやく決定した」などと使われると落ち着いた感じになる。「きめる」「さだめる」「決定する」というこの三語は、意味にほとんど差がないものの、それぞれ語の文体的レベルが異なり、「きょうの昼めしはラーメンにさだめた」とか、「親の目を盗むことに決定した」とかと、そのレベルを大きく外すと滑稽に響く。

決定(けってい)　はっきりと決めること。公式に決まること。「方針／代表-を—する」「優勝が—する」「—権／版／稿／打」

まかせる――託する・委ねる

室生犀星は萩原朔太郎に宛てて「僕は酒に一生を託する気にはならないが、一晩や二晩は托する気持になる」と書いた。滑稽の中に人間味があふれ、好感が持てる。この「**託する**」というやや硬い感じの動詞は、物事を他人に頼んでやってもらおうとするという意味で、「知人に伝言を託する」「あとは後輩に希望を託する」などと使われる。

夏目漱石の『倫敦塔』に「閑に任せて叮嚀な楷書を用い」という例が出る。この「**任せる**」という和語動詞も、物事の判断や実行を当人が行わず、他人にやらせるという意味で、「運を天に任せる」「細部は部下に任せる」「あとは子供たちに任せる」などと使う。

永井荷風の『濹東綺譚』には、「九州から来た人の経営に委ねられた」とある。この「**委ねる**」という動詞も、ほぼ似たような意味合いで、「実行は人の手に委ねる」「流れに身を委ねる」など

託する ある事柄について頼んで任せる。「後事/任務-を―」 異字 托する 異形 託す

任せる ①自然の、なすがままにする。「流れに任せて下る」「運を天に―」「想像/足-に―」②委任する。「仕事を―」

委ねる 文 任せる。委任する。「運命に身を―」「人の手に―」

と用いるが、この語はかなり文体的レベルが高く、相当改まった会話以外、話しことばとしては使わず、主として硬い文章に用いられる。そういう慣用を無視し、「ゴキブリ退治をあいつに委ねよう」などと言えば笑いの種になる。

ふれる――接触・さわる

永井龍男の『胡桃割り』に、「病人との接触を制限」とあり、堀辰雄の『菜穂子』には「未知の世界との最初の接触」とある。この「**接触**」ということばは、両者がじかに触れ合うことを意味し、「接触不良」「車の接触事故」のような物理的接触のほか、「他機関との接触を図る」のような抽象的な意味合いでのかかわりについても使う。永井の例は前者、堀の例は後者に相当する。前者の用法は会話にも文章にもふつうに使う日常の漢語、後者の用法はもっと高級な感じがあり、文章中か少し改まった会話に用いる。

「接触する」という意味を表す和語動詞に「**ふ**

接触（せっしょく）　近づいて触れること。「―不良／事故」

触れる（ふれる）　①ほんのちょっと軽く接する。「手を―」「体／電線-に―」〔「触る」に比べて、より瞬間的、またはより上品な語。〕②出会ったり体験したりする。「自然／文化／本物-に―」

触る（さわ） 手などで触れる。「展示品には触らないでください」「額を—と熱かった」〔「触れる」に比べて意図的な感じが強い。〕

活動▼ふれる

れる」と「**さわる**」がある。幸田文は『流れる』で、死んだ犬に接触した感じを、「新聞紙を通して触れる死骸の硬さがあわれだった」と心理的に描き出した。島崎藤村の『嵐』には、「ちょっと触ったばかりじゃないか」という例が出てくる。よく似た意味を表すこの「ふれる」と「さわる」にはどういう違いがあるのだろうか。語感としては、「ふれる」より「さわる」のほうが会話的な感じが強く、「ふれる」のほうが文体的レベルが高いと言えるだろう。

意味用法にも少し違いが見られる。一つは、接触するものの制限に関する差だ。「ふれる」の場合は、接触するものが、人間どうしでも人間と物でも、何かと何かが接触すればすべて使える。時には雷に「ふれ」たり、思わぬ親切に「ふれ」たり、社長の目に「ふれ」たり、本場の英語に「ふれ」たり、事件の核心に「ふれ」たり、折に「ふれ」たり、きまってその話題に「ふれ」たり、法に「ふれ」たりすることもある。こんなふうに、「ふれる」は具体的にも抽象的にも幅広く使用されている。神の怒りに「ふれ」て、気が「ふれ」ないうちに、このへんで、「触らぬ神に祟り（たた）なし」の「さわる」に話を移そう。

一方、「さわる」のほうは、そういう融通は利かない。まず、接触する対象に制限がある。人間どうしか、人間と動物や物体か、少なくとも接触する一方が通常は人間であり、せいぜい動物である場合に限られる。現象や感情や雰囲気などの抽象的な存在はおろか、物体と物体との接触にも使えない。典型的には、人間が、ある目的を持って、手の平の、特に指の腹で対象に意図的に接触することをさすからだろう。両語のこの違いから、さまざまな差が生じると考えられる。

志賀直哉の『城の崎にて』は「山の手線の電車に跳飛ばされて怪我をした、其後（その）養生に、一人で但馬（たじま）の城崎温泉へ出掛けた」という一文で始まる。

おそらく体の一部が直接電車に「ふれ」たのだろう。もしも自分から意図的に電車に指で「さわっ」たのであれば、これほどの怪我をしなかったはずだし、そもそも事故には至らなかった。

博物館や美術館などに行くと、陳列されている作品の脇に、よく「お手をふれないでください」などと注意書きが出ていることがある。「ふれる」という動詞は、接触する主体にも対象にも特に制約がないから、単に「ふれる」でなく、この例のように「手をふれる」と身体部位を明示するほうが明確であり、事実、そういう例が多い。

一方、小中学校の文化祭などでは、「さわらないでください」とか「さわるな」とかと書いてあることもありそうだ。サッカーボールなどは蹴ってみて感触を確かめることもあり、物によっては足で接触して感じをたしかめる例もないとは言えないが、展示品に足で接してみるのは尋常ではない。「さわる」のは常識的にもたいてい手にきまっ

尋常（じんじょう） 文当たり前。普通。「—な手段」「—でないいでたち」「—一様」

ているので、いちいち「手で」とことわる必要がない。この例もそうなっている。

もしも新米の美術館員か誰かが、念には念を入れようとして、陳列してある自画像や彫刻の人物像などの脇に「手をふれないで」の代わりに「手をさわらないでください」という注意書きを貼ったら、見物客にどういう反応が生じるだろうか。もちろん、国語力を疑う向きもあるだろうが、ひょっとすると誤解をする人も出るかもしれない。本来は必要のないところにわざわざ「手を」と書いた意図を探り、そそっかしい人はその「手」を彫像の手と思い込み、手以外の箇所なら「さわっ」てもいいのだろうと誤解して、頭や尻をなでてみることも起こりかねない。

手の指の腹で「さわ」ってみるのは、その物体について何かを調べる場合が多い。その皮膚感覚で確認するには、物にもよるが、どうしてもある程度の時間がかかる。手品師なら、風呂敷に指を一瞬「ふれ」ただけで、中身の正体を言い当てるかもしれないが、並の人間はその風呂敷のあちらこちらを「さわっ」て中身を推測する。すぐに見当がつかない場合は、指の動きを伴う。その位置をいろいろずらしてみたり、時にはなでたりこすったりする動きが加わるケースもある。

「ふれる」が瞬間的な接触を思わせるのに対し、「さわる」は一瞬では済まず接触時間が多少とも長くなる傾向がある。満員電車の中で「ふれ」たのか、「さわっ」たのかが問題になるとすれば、それぞれの動詞の意味のこのようなディテールが重要なのだろう。

落ちる——落っこちる

夏目漱石の『坊っちゃん』に、「神楽坂を半分に狭くした位な道幅で町並はあれより落ちる」とある。この例での「**落ちる**」という動詞は、程度が低いというような意味になるだろうが、ほかにもさまざまな意味で使われる。「滴が落ちる」「飛

落ちる(おちる)　①重力で下に動く。「りんごが木から—」「穴に—」②落ちぶれる。「—所まで—」③金銭・財産が他人の手にわたる。「城が—」「家が人手に—」 異字 (②)堕ちる

活動▼落ちる

行機が落ちる」「日ざしが落ちる」「日が落ちる」「会社に金が落ちる」「湖面に月影が落ちる」「汚れが落ちる」「名簿から名前が落ちている」「試験に落ちる」「贅肉が落ちる」「話が落ちる」「人気が落ちる」「スピードが落ちる」「味が落ちる」「敵の罠に落ちる」「人手に落ちる」「眠りに落ちる」「城が落ちる」「カナリヤが落ちる」「都を落ちる」「容疑者が取り調べに落ちる」「詐欺の手口に落ちる」という例など、それぞれ多少とも意味合いが違う。

「落ちる」というこの語形は、くだけた会話から改まった文章まで幅広く用いられる日本語の基本語の一つと言ってよい。これらのうちいくつかの意味合いでは、くだけた会話に「**落っこちる**」という俗っぽい語形を使うこともできる。この語形は「落っこちゃって」などと日本の広い地域で使われている話しことばという認識があると思われるが、秋永一枝編『東京弁辞典』によると、東京方言から出たものらしく、岡本綺堂『箕輪心

落っこちる

〔俗〕落ちる①。「舞台から―」

煮る 食材を水や煮汁に入れて加熱し、食べられるようにする。「芋/豆-を—」「柔らかく—」「薄味で—」

中』、久保田万太郎『市井人』、三遊亭円生「子別れ」などの使用例が並んでいる。

煮る――炊く・焚く

水上勉の『土を喰う日々』に、わらびを「ひとゆでして、油揚げと煮たら舌が躍った」と書いてある。この「**煮る**」という動詞は、米以外の生の食品を水に入れて調味料を加え、食べやすくなるように加熱してやわらかくすることをさし、「豆を煮る」「里芋を煮る」「ことこと煮る」「甘辛く煮る」などと使う基本的な日常語である。西日本では、この意味で「炊く」ということが多い。鶏肉や魚や野菜をだし汁で煮ながら薬味を加えて食べる料理を「水炊き」と呼ぶのは、そういう系統の名残だろう。鯖などの「水煮」はそれとは別で、水や薄塩の汁で煮たものをさしている。

現代の標準語としての「**炊く**」は、水に浸した米や麦に火を加え、食べやすい硬さまでやわらかくすることをさし、「釜で一升飯を炊く」「お祝い

炊く 米に水を合わせて加熱し食べられるようにする。「ご飯/赤飯-を—」（西日本では「大根を—」のように「煮る」意で広く用いる。）

に赤飯を炊く」などと使う。なお、語源は同じでも「**焚く**」と書けば、熱を利用するために火を燃やすという意味となり、「落葉を焚く」「古い手紙を焚き捨てる」などと使う。「焚火」もそれである。

蒸す――蒸かす

沸騰した湯の蒸気で食材などを熱することをさす「**蒸す**」という動詞は、「残って冷えたご飯を蒸す」「芋を蒸す」などと使う。「蒸し羊羹」や「蒸し焼き」や「蒸し器」の「蒸す」もこの意味である。似たような意味の動詞に「**蒸かす**」があり、「薩摩芋を蒸かす」「蒸籠で饅頭を蒸かす」などと使うが、現代ではいくぶん古風な語感が漂うようだ。また、「蒸す」には、「タオルを蒸す」のように食品以外に使う用法もあり、「今夜はいやに蒸す」のように、温度も湿度も高くて不快に感じる天候をさす用法もあるが、そのような場合はどちらも、「蒸かす」で代用するわけにはいかない。

焚く 火を燃やす。「火／風呂／香／護摩を―」（飯の場合は「炊く」。）

蒸す 蒸気を当てて食品を温め食べられるようにする。「シューマイ／おこわ／芋を―」

蒸籠 木製の枠の底をすのこにして、釜から上がってくる蒸気で赤飯やまんじゅうなどを蒸す容器。異読 せいろ

蒸かす 蒸気を当てて熱を加え、食べられるようにする。「饅頭／芋を―」

接吻(せっぷん) 古 口づけ。「激しい―」「―を受ける」

キッス 古 キス。「投げ―を振りまく」〔kiss〕

キス 口づけ。「初めて/祝福―の―」〔kiss〕

活動▼口づけ

口づけ――接吻・キッス・キス

高田保の『**接吻**(せっぷん)考』に「セップンという語呂だが、これは生硬で滑らかな感じが出ない」とある。突き出た口先の部分を接する意の漢語に比べ、この片仮名表記はいかにも品がない。

サトウハチローの『センチメンタル・キッス』という題の作品は、「恋人との、キッスの時間をさいて、このセンチメンタルキッスを書いたのである」という、人をくった思わせぶりな一文で始まる。この「**キッス**」ということばは、「キッスを求める」「キッス泥棒」などと、「キス」と同じ意味で使われた語形だが、いかにも古めかしく、単独では今やほとんど使われず、「投げキッス」の形に名残をとどめている。

その「**キス**」という外来語は、基本的には、男女がたがいの唇を接触させる愛情表現をさし、「初めてのキス」「甘いキスの味」などと使われる。「投げキス」や「祝福のキス」など、必ずしも異性間の愛情表現とは限らない行為や、子供の額や頬や首筋などに唇をふれる性的な感情とは違う親愛の情の表現という場合もあり、比較的抵抗なく使えるせいか、いくつかの類義語のうち現在もっとも高い頻度で使用されているように思う。

好き合った男女の間のそれに限れば、「そっと口づけを交わす」などと使う「口づけ」という和語も文学作品などでよく使われた。類義語のうちもっともやわらかい感じで気品があり、時に詩的な雰囲気をかもしだすこともある。

ずっと古くは、「口吸い」という露骨な表現もあったようだ。そのものずばりの発想で、きわめてわかりやすいが、なにやら「ディープキス」という連想も働く。さいわい現在では死語に近く、ほとんど例を見ない。

暴行——強姦・乱暴・レイプ

井伏鱒二の『本日休診』に、「女は消え入るようにうなだれていた」とあり、「ひと目で暴行を

口付け(くちづけ) 相手の唇や頬(ほお)、手などに自分の口をつけ愛情や尊敬を表現する行為。「—を交わす」

ディープキス 互いに舌を深く入れ合うキス。フレンチキス。〔deep kiss〕

受けた娘だとわかった」と続く。この「**暴行**」という語はおそらく「暴力行為」を略した形だろうから、一般的には、殴る蹴るなどの暴力をふるうことを意味するはずだが、このシーンでは、文脈や状況から、「婦女暴行」、すなわち、同意なく脅迫または力ずくで女性と性行為に及ぶことを意味している。

さらに明晰な表現では「**強姦**」となる。この語は、暴力や脅迫、もしくは相手の意識のない状態で、一方的に女性と性交渉を行うことをさし、「強姦未遂事件」などと使った。

だが、あまりにも露骨すぎて衝撃が大きく印象が悪いという世間の空気が強くなったのだろう。意味の明晰さよりもそういう印象を大事にして、その後次第に「婦女暴行」という表現が主流になり、さらに単なる「暴行」へと移行する。ちょうど「月経」を「生理」とぼかしたように、多様な事実を含みうる広い意味範囲の表現へと換言する

暴行（ぼうこう） ①他人に暴力を加えること。「—罪」②強姦。「婦女—」

強姦（ごうかん） 暴行または脅迫によって女性を姦淫すること。「—罪／—魔／—致傷」↕和姦

乱暴（らんぼう） 「強姦（ごうかん）」の婉曲（えんきょく）表現。

レイプ 強姦（ごうかん）。〔rape〕

ことにより、相手に対する衝撃をやわらげようとする配慮である。

この「暴行」でもあたりがきつくなり、さらに「**乱暴**」へと意味を拡大する試みが現れた。漱石の『坊っちゃん』に「乱暴で乱暴で行く先が案じられる」とあるように、この「乱暴」という語は、周囲に対する配慮に欠け、言動が荒荒しいという意味で、「ドアを乱暴に閉める」「言い方が乱暴だ」などと使う。この語を「通行人に乱暴を働く」では暴力行為を意味し、「女に乱暴を働く」とすると、「強姦」を意味することが多い。

広い意味の語を用いて表現のポイントをぼかす「強姦」→「婦女暴行」→「暴行」→「乱暴」という線の流れとは別に、一般に読者の語感が働きにくい外国語に逃げるという形で衝撃をやわらげることもある。「**レイプ**」という外来語は多分そのために輸入したのだろう。ところが、これも多用されるにつれて次第に婉曲性が薄れ、今では「強姦」同様、事柄と意味が直結するレベルまで露骨な表現と化した感がある。そのため、品格を大事にする文章では「乱暴」を用い、刺激を与えて関心をあおる文章では「強姦」や「レイプ」を使用する傾向が見られる。

仕返し――逆襲・反撃

「**逆襲**」という漢語は、攻撃を受けた側が逆に相手を攻めることを意味し、「逆襲が始まる」「相手の逆襲に遭う」などと使う。「**反撃**」という漢語も、攻めて来た相手に向かって逆に攻め返すことを意味し、「反撃開始」「反撃に転ずる」などと用いる。

似たような意味のこの両語を対比すると、「逆襲」が、攻められて被害が生じてから逆に攻め返す印象があるのに対し、「反撃」は相手の攻撃によって被害があったかどうかにかかわらず、ある段階で攻撃に転じたことを思わせるようだ。「**報復**」となると、ちょっとやそっとの被害でなく相

逆襲（ぎゃくしゅう） 劣勢や守勢にあった側が攻撃に転ずること。「思わぬ―を受ける」

活動▼仕返し

反撃（はんげき） 攻めて来る敵に対して、逆に攻撃をかけること。「―を加える」「―に出る」

報復（ほうふく） 仕返しをすること。「武力で―する」「―行為」

当ひどい仕打ちを受けた人が、その相手に対し、同等以上の仕打ちで返すという印象がある。「報復行為」「報復攻撃」のように使われ、この語は、「仕返し」や「返報」に比べ、より重大な行為を連想させる。

もっとずっと軽い感じで使われる「**仕返し**」は、要するに、やられた相手にやり返すことで、満員電車の中で押されて押し返すような些細な行為に用いても違和感はない。

似たような軽い反撃を意味する俗っぽい口頭語に「**しっぺ返し**」があり、相手から仕掛けられた行為に対し即座に仕返しすることをさす。ここの「しっぺ」は「しっぺい（竹篦）」の転。割り竹を束ねて籐（とう）で巻いた棒をさす。禅宗で師が参禅者の戒めに使う用具だ。「**返報**」という漢語もある。他から受けた迷惑や被害をその相手に返すことを意味し、「即座に返報する」「返報を怖れる」のように使う。「仕返し」よりきついが、「復讐（ふくしゅう）」ほど

仕返し（しかえし） 恨みやあだを返すこと。「この―はきっとする」

竹篦返し（しっぺかえし） すぐさまその場で仕返しをすること。「―を食う」 異形 しっぺい返し

返報（へんぽう） 文 報復。報い。「―を受ける」

雪辱（せつじょく） 前に負けた相手に勝って、恥をそそぐこと。「―を果たす」「―戦」

復讐（ふくしゅう） 仕返しをして恨みを晴らすこと。「―の念に燃える」「―を誓う」

意趣返し（いしゅがえし） 文 仕返しして恨みを晴らすこと。

活動▼仕返し

リベンジ 仕返し。報復。「―の一戦」「―に燃える」「―を果たす」〔revenge〕

遺恨（いこん） 忘れられない恨み。「―を抱く/晴らす」「この間の―覚えたか」

の恨みは感じられず、「報復」ほど大げさでもない。

近年はカタカナ語の「**リベンジ**」をやたらに使う。「復讐」や「**雪辱**」を表す英語からの外来語だが、スポーツで一度負けた相手に勝つという軽い意味で使う例も多い。

福原麟太郎の『チャールズ・ラム伝』に、「やがて王子は復讐の念がゆらいでくる」という一節が現れる。この「**復讐**」という漢語は、相手から受けた仕打ちに対する恨みを晴らすことをさし、「復讐の念に燃える」「復讐を企てる」「復讐の鬼と化す」などと使われる。「仕返し」や「返報」などに比べ、強い恨みのこもった感じが強いだろう。

「**意趣返し**」「意趣晴らし」という古めかしいことばもある。どちらも、やられた相手に仕返しをして恨みを晴らすことをさす。「仕返し」や「返報」などに比べ、遺恨の深さを連想させるが、「復讐」というほど重重しい響きはない。

仇討ち（あだうち）　仇を討つこと。「親の—」「—を果たす」

敵討ち（かたきうち）　仇討ち。「主君の—」

遠足（えんそく）　教師が児童・生徒を引率して日帰りで行う小旅行。《春》「—に行く」

昔の「**仇討ち**」「**敵討ち**」は、主君や肉親を殺された側の身内や家来が、その相手を殺して遺恨を晴らすことで、「主君の仇討ちを果たす」「敵討ちの機会をねらう」のように使った。現代では、スポーツの試合などで、敗れた側が、その相手に勝って雪辱を果たすような場合に、比喩的に使うこともあり、「復讐」というほど暗い怨念を感じさせない。

遠足——ピクニック・ハイキング

「**遠足**」は、見学や娯楽のための運動として、日帰りで少し遠くへ出かけることを意味し、「遠足気分」「遠足の前の晩」などと使うが、主として学校行事について言う。

行事としてでなく、野外に出かけて自然と親しむ私的な日帰りの小旅行の場合は「**ピクニック**」と言うことが多く、「近所の丘を歩きまわってピクニックを楽しむ」のように使う。こちらは、景色を眺めながら食事を楽しむ行楽気分が強い。

怨念（おんねん）　心底恨む気持ち。深い恨み。「犠牲者の—」

ピクニック　野山などに行って遊ぶこと。野外遠足。〔picnic〕

同じく野山を歩きまわる小旅行をさすのに「ハイキング」という語もある。こちらは「ピクニック」に比べて行楽気分が少なく、山歩きに重点のある印象が強い。

水泳——泳ぐ

「水泳」は水の中で「**泳ぐ**」ことにちがいないが、両語は必ずしも一致しない。「**水泳**」は人間がスポーツとして泳ぐことに限られるからだ。水上競技というイメージが強く、クロール・平泳ぎ・バタフライ・背泳のいずれかで本格的に泳ぐ場合にぴたりとはまる用語である。抜き手などは通常の競技種目に含まれない関係で「泳ぐ」のほうがぴったり来るかもしれない。まして、犬掻き(いぬか)きなどは「水泳」とはイメージが違う。

「海で泳ぐ」「向こう岸まですいすい泳ぐ」、「水泳大会」「水泳の選手」というふうに両語を使い分けているのもそのためである。ただし、競技でなくとも「寒中水泳」と言うのは泳ぎ方が本格

泳(およ)ぐ 手足を動かして水中を進む。「海/川-で—」

ハイキング 野山の自然を楽しみながら歩き回ること。日帰り程度の徒歩旅行。「—コース」〔hiking〕

水泳(すいえい) スポーツや娯楽で、水中を泳ぐこと。《夏》「寒中—」

バスケットボール 五人一組の二チームがボールを取り合い、相手方のバスケットに投げ入れて得点を競う球技。〔basketball〕**略形** バスケット・バスケ

籠球 古 バスケットボール。

的だからだろう。「水泳の練習」は選手がもっといい記録が出るように鍛えているという印象があり、「泳ぎの練習」と言うと、泳げない人が泳ぎを覚えようと努力しているような連想が働く。いずれにしろ、犬や蛙や魚は「泳ぐ」だけで、「水泳」は行わない。

卓球——籠球・排球・庭球

初めて「バスケットボール」というものの試合を見物したスポーツ音痴の観客が、感想を問われ、網の底が抜けているから何回も入れなくちゃならん、と見当違いの論評を加える笑い話がある。たしかに、底を閉じておけば球は落ちて来ないから、先取点を取ったチームの勝ちとなり、試合時間は大幅に短縮できる。網の部分を「籠」に見立てて「バスケットボール」と名づけ、それを日本語で「籠球」と訳した。「バスケット」も「籠」も底が抜けてはいない。ソコにはこだわらないとしても、今時「籠球」などと言っても、中年以下の人には

バレーボール　ネットを隔てた二チームが、ボールを落とさないようにしながら手で相手コートに打ち込み、得点を競う競技。六人制と九人制とがある。〔volleyball〕 略形 バレー

排球（はいきゅう）　古 バレーボール。

サッカー　一一人一組の二チームが手を使わずに、ボールを足で蹴ったり頭で打ったりしながら、相手のゴールに入れて得点を競う競技。アソシエーションフットボール。ア式蹴球（しゅうきゅう）。〔soccer〕

蹴球（しゅうきゅう）　フットボール。

テニス　ネットを挟んで、ボールをラケットで打ち合う競技。軟式と硬式に分かれる。庭球。〔tennis〕

活動▼卓球

ほとんど通じない。たまに通じても、こちらが相当の年寄りと思われるにちがいない。また、「籠球」からダンクシュートなど想像しにくい。

「**バレーボール**」を「**排球**（はいきゅう）」と言うのも同様だ。こういう旧称で呼ぶと、技術も昔を連想させ、低い球が来ると、組み手パスでなく、両手の指で掬（すく）うようにはじくような気がする。一人時間差やCクイック、あるいはバックアタックやスパイクサーブなどといった高級なテクニックがくりひろげられるイメージは薄い。

「**サッカー**」も、「アソシエーション・フットボール」の略称である「ア式蹴球（しゅうきゅう）」とか、単に「**蹴球**」とかと言ったのでは、Jリーグやワールドカップも盛り上がらないし、「**ハンドボール**」と「送球」との関係も同様だろう。

テニスウェアを着用し、ラケットを小脇に颯爽（さっそう）と登場した美形の青年も、初めてのデートでガールフレンドに「ご趣味は?」と聞かれてうっかり

ハンドボール　七人一組の二チームが、ボールをドリブルとパスで運びながら相手のゴールに投げ入れ、得点を競う球技。送球。〔handball〕

庭球（ていきゅう）　古 テニス。

悠長（ゆうちょう）　のんびりしているさま。「―な話」「―に構える」

「**庭球**です」と応じたりすると、今や「低級」と勘違いされて恋の花は咲きそうにない。

　こんなふうに、日本ではスポーツの世界でも戦後は外来語が幅を利かせ、従来の漢語が肩身の狭い思いをしている。だが、例外もある。「**卓球**」と「**ピンポン**」がその典型的な例だろう。「ピンポン」という語は、もとの英語自体がきっと擬音語なのだろう。「ピン」と打つと「ポン」と返って来るように聞こえ、その間延びした音響からも、強烈なバックハンドのスマッシュや、スピンの利いたカットや、目にもとまらぬショートの応酬など連想できず、「世界ピンポン選手権大会」という垂れ幕が下がっていても、今では趣味の域を出ないような感じが漂う。景品が出ると思い込む人もありそうだ。

　そんな悠長な雰囲気から、実際、技術的にも初歩の段階を連想させ、なかには、台の上に手で一度ボールを落とし、はずんだところをラケットで

卓球（たっきゅう）　卓上の中央にネットを張り、セルロイド製のボールをラケットで打ち合う室内球技。硬式と軟式がある。テーブルテニス。

ピンポン　卓球。〔ping-pong〕

掬（すく）いあげる、そんな初心者のサーブを思い浮かべる人さえ出てくるかもしれない。そこから、本格的でない、遊び半分の、というイメージが強まり、スポーツというより娯楽という雰囲気が生まれる。事実、体育館で運動靴を履いて対戦するのが「卓球」で、旅館で浴衣姿にスリッパを突っかけて楽しむのが「ピンポン」だというニュアンスを感じる人もある。穿（うが）った見方ではあるが、それなりにけっこう説得力があるように思う。

以上のような違いは、それぞれの語から連想されるイメージという語感の問題であり、その語の意味という問題とは別だ。それでは仮に、どちらの言い方も同じ対象をさすとした場合、どういう語感の違いが生ずるのかという観点から、そのあたりのニュアンスを比較してみよう。例えば、職場の昼休みを利用して開かれた社内大会なり、主婦を対象とした市民活動の一環として催された講習会なりにおいて、それぞれ「ピンポン」と呼ぶ場合と「卓球」と呼ぶ場合とで何か微妙な差が生ずるか否かを検討するためである。

結論から言えば、同じ対象をさして「ピンポン」と言うほうが、「卓球」と言うより古い感じを与え、したがって、「ピンポン」と言った人のほうが高齢という印象が生まれるのではないか。今では「卓球」が普通となり、「ピンポン」という語が廃れてしまったので、「ピンポン」と言うと、その語が頻繁に使われていた時代にその球技に興じていた人間、おそらく今では、頭で考えるほど足腰が俊敏な動きをしたがらぬ老齢の人物を連想してしまうのだ。自然にこの語が口から飛び出すのは、今ではその競技に縁がなく、したがって、「卓球」という語を耳にする機会もめったにない高齢者に多いだろう。

さほどの年齢でもないのに平気で「ピンポン」ということばを頻発する例外もある。国家公務員時代を振り返ると、若き日を「ピンポン」漬けになって過ごし、職場に入ってからも当時の文部省所轄機関の大会で優勝するほど腕に覚えのある同僚はそうだった。

ともあれ、外来語の席捲（せっけん）するスポーツ用語の中で、この「卓球」という漢語は例外的に健在で、むしろ「ピンポン」という外来語のほうが古風な語感を帯びている。「テーブルテニス」というカタカナ語は普及しなかったようだ。

微妙なのは「**野球**」と「**ベースボール**」との関係だ。この球技が日本に伝わって二十年ほど経った明治二十年代には、「野球」という訳語がすでに使われていたらしい。その後、「草野球」「学生野球」「職業野球」「野球連盟」と次次に造語が試みられ、日本語の語彙として登録されたことでも察しがつくように、この「野球」という訳語は西洋スポーツの代表として男たちに話題を投げ、生活の中に浸透して、もはや定着した感がある。

しかし、その原語である「ベースボール」とい

席巻（せっけん） 文 片端から自分の勢力範囲に収めること。「全土／市場―を―する」〔席（むしろ）を巻くように領土を攻め取る意。〕 異字 席捲

野球（やきゅう） 九人ずつの二チームが守備と攻撃に分かれ九回にわたって攻防を交替する競技。投手が投げるボールを打者がバットで打って得点を争う。

ベースボール 野球。〔baseball〕

活動▼卓球

うことばが死語になったわけではない。おそらくこの球技の伝わった当初は、原語を日本語風の発音で使っていたものと思われるし、昭和に入っても個人的に愛用するケースがあったようだ。記憶に残るその一人は野球解説で人気を博した小西得郎である。小津安二郎の映画『東京暮色』に「そうですそうです、その通りです」という調子の小西節の物真似が登場するほど、「なんと申しましょうか」のトレードマークで一世を風靡したあの名物解説者が、いかにも自家薬籠中(じかやくろうちゅう)のものという雰囲気でこの「ベースボール」という語を頻発していたような記憶がある。

近年になっても、時折耳にする。たしか、かつて長嶋茂雄などはいかにも自然に出てくるように、この「ベースボール」という外来語を明るく愛用していた。きっと「野球」という定着した和製漢語に比べ、本場のスマートな用語という意識だったのだろう。しかし、この「ベースボール」

死語(しご) ①今は話す人がいなくなった言語。ラテン語・サンスクリットなど。②廃語。「もはや「シャボン」は―だ」

風靡(ふうび) 多くの人をある方向に従わせること。

というカタカナ語は、つねに斬新に響くとは限らない。

正岡子規が幼名の「升(のぼる)」にひっかけて「のボール」のつもりで「野球」と署名した手紙もあるという。それほど早い時期にすでに定着していたらしいこの訳語の「野球」がそれから長く広く使われてきたため、当初を知らない人間には、「ベースボール」という響きが外国語だから新しいという単純な理由で新鮮味を感じさせるのかもしれない。しかし、「野球」という語の普及する前に日本でそう呼んでいたという知識のある人にとっては、むしろ昔懐かしいことばとして、古風な語感で響いてくることだろう。つまり、年齢層によって逆の語感として働くのであり、「ピンポン」と「卓球」との関係とはまた違う。

要求――要望・要請

「撤回」「立候補」「環境整備」などを**求める**場合、どの動詞を使うかで、相手に対する姿勢や態度が

求(もと)める ①望む。「平和/名利-を—」②得ようとして探す。尋ねる。「職を—」③欲しいと要求する。「署名/援助-を—」

活動▼要求

要求 強く求めること。「—を受け入れる」「改善/回答—を—する」「賃上げ—」

違って伝わる。通常、「撤回を**要求**する」「立候補を**要請**する」「環境整備を**要望**する」と使い分けるのが穏当で、事実、そうする例が多いようだ。

平林たい子の『施療室にて』に、「要求は、昔から貧乏人の伝統の中を針金のように貫いて来た」という箇所が出てくる。ここは自分の望むものや事柄を他人に求めるという行為一般を意味するから、このように「要求」という語で収まりがいい。

ただし、「要求」という語を使うと、求める側に、当然そうあるべきだという姿勢が感じられ、相手にきつく響く。そのため、親身になって求めに応じようとする気持ちが起こりにくく、へたをすると喧嘩腰になりかねない。

「要求書」となると相手が身構えるが、「要望書」であれば、望ましい事柄が実現するように訴えて相手に協力を仰ぐという態度が感じられ、あたりがぐっとやわらかくなる。

要請 必要な事柄を先方に願い求めること。「—に応える」「援助/参加—を—する」

要望 してもらいたいことを相手に申し入れること。「—を聞き入れる」「—書」

また、「要請」という語は、必要だと判断した事柄が実現するように働きかけることをさす。状況の変化に応じた対策を促すなど、認められた権利を行使して役所などに願い出るニュアンスも感じられる。

やはり、「要求をはねつける」ことはよく起こるが、「要望」の場合はそんな厳しい対応が起こりにくい。「要請」となると、事情や経緯から受け入れるのが当然だという雰囲気があり、受理できない場合はその理由を説明しなければならないような空気が漂う。

会——会合・集まり・つどい

小沼丹の随筆『お墓の字』にこんな話が出てくる。英文学の恩師である谷崎精二に頼まれて仲介役を仰せつかり、文学の師匠である井伏鱒二が嫌がるのをようやく説得して、小沼家の座敷で酒を飲みながら「お墓の字を書く会」を開いたとある。その折、井伏は「谷崎精二之墓　井伏鱒二書」と揮毫したという。この「**会**」という語は、何人かの人が一定の目的の下に集まる催しをさす。この奇妙な酒宴、いくら珍しくとも「会」であることにはちがいないから、この語の正しい使い方だ。

同じ小沼丹の『大先輩』と題する随筆には、「年に二、三度ある会合で同席する」とある。この「**会合**」という語は、何らかの相談や交渉などのために人びとが集まることをさし、「会合を重ねる」「会合に出席する」などと使う。「会」には、「森林を守る会」「楯の会」「会の運営」のように、何らかの志を同じくする人が集まって作る団体組織をさす用法もあるが、「会合」のほうはそういう意味は持たない。

小津安二郎監督の映画『東京物語』で、杉村春子の演ずる美容室を営む志げが、尾道から上京してきた両親に、「今晩はちょいと七時から家で寄り合いがあるけど」と言う場面がある。この「**寄り合い**」という語も「会合」と似たような意味だ

揮毫(きごう) 文 書画をかくこと。「色紙に―する」「―を依頼する」〔「毫」は、筆の意。〕

会(かい) ある目的のために人が集まって行う催し。「―を開く/閉じる」「―がある」「保護者―」

会合(かいごう) 相談などのために、関係者が集まること。また、その集まり。「―をもつ/重ねる」

寄り合い(よりあい) 古 相談などのために人々が集まること。また、その集まり。「村の―がある」

が、今では高齢者の口から「町内会の寄り合い」ということばがまれに飛び出す程度で、もうほとんど耳にすることのない古めかしい語感を帯びている。

また、人の集まりを意味するには、文字どおり単に「**集まり**」とする手もある。会話でよく使われるが、正式名称とはなりにくい。また、「寄付金の集まりが悪い」などと別の意味でも使われ、文体的にも、改まった文章の中にはなじまない。

「**集会**」という語もあるが、これは「政治集会」「集会の自由」などと使われるように、何らかの共同の目的をもった多数の人間が、ある場所に一時的に集結して意気込みを示すような場合に限られ、気勢をあげるイメージが浮かぶ。

随筆『パイプのけむり』でも知られる作曲家、團伊玖磨(だんいくま)は、〃励ます会〃の提案を「禿(は)げませんから」という理由で断ったそうだ。もちろん、友人の意図を承知の上で、「励ます」を「禿げ増す」

集まり(あつまり) 人が寄り集まって開く会。「父母/町内-の—」

集会(しゅうかい) ある目的のために多くの人が集まること。また、その集まり。「—を開く」「全校/討論—」

活動▼会

と曲解してみせた言語遊戯である。

相手を慰めたり、このように励ましたり、あるいは祝福したりする趣旨の集まりには、しばしば「つどい」という語が用いられる。「集まる」の名詞形「集まり」が特別のニュアンスを帯びないのと対照的に、「つどう」の名詞形であるこの「つどい」という名詞は、人の集まりをさす点で「会」や「会合」や「集会」と同義と言えるが、どこか雰囲気が違う。落選した候補者を励ますような集まりにはふさわしいが、内閣に抗議するとか、会社の経営方針を検討するとかという集まりには、この「つどい」という語はまるでなじまない。「名曲鑑賞のつどい」だとか「郷土料理を楽しむつどい」だとか、くつろいだ雰囲気での楽しい会という雰囲気が強く、堅苦しい服装の似合わないイメージがある。

語感として優雅な響きがあるだけに、文章中ならしっくりと来るが、くだけた日常会話でこの語

言語遊戯（げんごゆうぎ） 言葉遊び。

集い（つどい） ある目的のために人々が寄り集まること。また、その催し。「夕べ/音楽-の―」

を使うと、いささか気障(きざ)な印象を与えるかもしれない。

大東亜戦争――太平洋戦争・第二次世界大戦

日本の社会では、どちら側に立ってものを言うかが問われるから、是是非非で行くなどと言うと、態度がはっきりしないとか、仲間意識がないとか、果ては、冷たい人間と思われかねない。この点ではA案が優るが、この点ではB案が優れているなどと分析的にものを言うと、客観的な見解として高く評価されそうなものだが、現実には、いったいお前はどちら側に立ってものを言っているのか、と批判的な質問を浴び、揚げ句の果ては、油断のならない人物として警戒されたりする。

つまり、体制側に立つか、反体制側に立つか、あるいは、経営者側に立つか、組合側に立つか、というふうに、立場を鮮明にしないと、とかく評判が悪い。どちら側にも立たず、冷静な立場で客観的に事態を眺めることも、実ははっきりした態度なのだが、日本の社会では、どちら側の人間も距離を置いて接してくる。

そもそも「体制側」とか「組合側」といった用語自体がすでに色が着いており、どちらも、そうでない側から対立する相手をさすニュアンスが感じられる。そうすることで最初から対立を意識し、相手側と一線を画して話を切り出す感じになり、対抗意識がむきだしになって、喧嘩腰でその場に臨むけはいが漂う。そうなれば、「**話し合う**」という雰囲気は消えて、「**談判**」という空気が一場を支配する。

先の戦争をどう呼ぶかというところにも、立場の違いが見られることがある。今では多くの日本人が「太平洋戦争」か「第二次世界大戦」という言い方をするだろう。が、その二つはまったく同じ意味ではない。いわゆる「太平洋戦争」は一九四一年の真珠湾攻撃で幕を開けたが、「第二次世界大戦」と呼ばれる戦争は、それより早く、

話し合う（はなしあう）　互いに話をすること。「―機会をもつ」「じっくり―」

談判（だんぱん）　①事件の始末や取り決めについて、互いに話し合うこと。掛け合い。「強（こわ）―」②古　外交交渉。

ドイツ軍がポーランドに侵攻した一九三九年の九月にすでに始まっているから、それぞれの語がさす対象に時間的な幅のずれがある。

日本人でその戦争を身をもって体験した高齢の人は、きっと「大東亜戦争」という名の下に、東アジアの共栄圏をめざして、あの戦に赴いたことだろう。事実、東アジアを「東亜」と略したこの名称、当時はそれが唯一の呼び名であり、渦中の人びとに特別の語感は働かなかったはずだ。

しかし、戦後、同じものを「太平洋戦争」と呼び換え、第二次世界大戦のうち、アジア・太平洋地域での日本とアメリカ・イギリスなどの連合国軍との間でくりひろげられた戦争をさすこととなった。多くの国民はすっかりその名称になじみ、他の呼び方が頭に浮かばないが、戦争当時を知る高齢者の中には、つい昔の呼称が浮かんで「大東亜戦争」という用語が口から飛び出すケースもあるだろう。聞く側は、うっかり口走ったなどと考

渦中(かちゅう) 文 ①渦巻く水の真ん中。②もめたり事件があったりしている中。「—の二人」「—に巻き込まれる」

信奉（しんぽう） 信じて従うこと。「学説／教え－を－する」「－者」

えないから、四分の三世紀も前の意識をいまだに引きずっている時代後れの人と映るだろう。帝国主義、植民地主義の信奉者とまでは考えなくとも、当時の公式用語を無意識に使い続ける人物、あるいは懐古趣味の人間という印象を与えるにちがいない。

終戦――敗戦

一九四五年八月十五日の日本国の降伏によって、大東亜戦争すなわち太平洋戦争も、したがって第二次世界大戦も終結した。この終わり方は、日本側から見れば、正確には「**敗戦**」ということになるのだが、勝敗というような細かい点にはこだわらず、おおらかに「**終戦**」という語を正式名称に用い、「終戦記念日」まで設けた。勝ち負けはともかく、戦争が終わったことにはちがいないから嘘ではないし、「開戦」と対立する語としてすっきりとしている。三浦哲郎の『ふなうた』にも、「翌日は、八月十五日であった。終戦の日だが、

敗戦（はいせん） 戦いや試合に負けること。「－に終わる」「－国／投手」

終戦（しゅうせん） 戦争が終わること。「－を迎える」↔開戦

そんなことは誰も知らなかった」とある。

もしも真っ正直に「敗戦記念日」とすれば、国民はそんな敗戦なんか祝う気にならず、国民的な行事には向かなかっただろう。その点、「終戦」であれば、戦争の時代から平和な時代へと向かうその節目として、祝賀の気持ちも湧こうというもの。事実から目をそらして歴史的認識をうやむやにしたという批判もあろうが、ふれたくない事実の別の側面に焦点を当てて、丸くその場をおさめた、あるいは絶妙の凌ぎであったかもしれない。

ただし、「敗戦国」や「敗戦の痛手」という例を「終戦」で代替することはできず、「終戦後の混乱」でも「敗戦後の混乱」のほうが適切であるなど、これも万能ではない。

一方、太宰治の『斜陽』には「敗戦後、私たちは世間のおとなを信頼しなくなって」という例が出てくる。「終戦」という言い方は現実を直視しないまやかしだとし、あえて「敗戦」ということばで現実を率直に見すえようとする立場もあるが、一時は共産党に入り、新宿中村屋で井伏までしつこく勧誘しようとしたが、駅までの間に井伏にまかれて失敗したことのある太宰とはいえ、それから何年も経っているから、おそらくここでの「敗戦」という用語にはさほど深い意味はなかっただろう。

だが、あえて「終戦」ということばを避けて「敗戦」という語にこだわる人もある。ことばの背後には、それを使う人間の立場や考え方があり、受け取る側は、意味だけでなくそういう思想傾向をも同時に感じとることになる。当人はその内容や意図だけを伝達するつもりでいても、そう思いどおりには運ばない。伝えようとしている意味がいくら正確に伝わっても、そのことをそういうことばで表現している人間の、何らかの立場や意識や感覚をも含め、その人自身が同時に否応（いやおう）なく相手に伝わってしまうからである。

場所

真ん中――中心・核心・中央

芥川龍之介の『芋粥』に「幸に談話の中心は、程なく、この二人を離れてしまった」という箇所が出てくる。「**中心**」という語を、この例では抽象的な意味合いで用いているが、具体的には、平面や立体のちょうど中央にあたる位置をさし、「円の中心」「都市の中心部」のように使う。概念上、「周辺」という語と対立する位置づけとなる。

主として活動をつかさどる重要な役を担うという意味合いで「問題の中心」「中心人物」といった用法もあり、その場合は「**核心**」に近づく。

数学の世界では一点に限定されるが、一般的な用法では、「中央」より狭い範囲を連想させ、「真ん中」よりはいくらか余裕のありそうなイメージがある。

「**中央**」となると、物や地域などの「真ん中」およびその周辺を意味し、改まった会話や硬い文章に、「中央広場」「本州のほぼ中央に位する」の

中心 物事の最も重要な部分。「問題の―」「―人物」

中心 物の真ん中。「円の―」「―点」

中央 真ん中。「舞台の―に立つ」〔物事の中心部の意にも。「―改札」〕

核心 中核。「―をついた発言」「事件の―に迫る」〔「中核」よりも狭い所を指し、真に重要なただ一点という感じ。〕

ように使われる。「中心」よりも「真ん中」よりも広い範囲をさすイメージがある。

また、「中央集権」「中央政府」「地方から中央に進出する」というふうに、首都などの権力を有する主要な位置や役割をさす抽象的な用法もある。

夏目漱石の『坊っちゃん』に「浴衣一枚になって座敷の真中へ大の字になって寝て見た」というくだりがある。この「真ん中」という会話や改まらない文章に使うくだけたことばは、意味としては「中央」のうちでも特に「中心」の部分をさし、「矢が的の真ん中に当たる」「都の真ん中に住んでいる」「往来の真ん中を通る」などと使われる。

ある時期から、これに「ど」という強調の接辞をつけた「**ど真ん中**」という俗っぽい語が登場し、次第に広がって、今や野球でも「ど真ん中の直球」などと放送するに至っている。「真ん中」という範囲のうちでも特に「中心」に近い部分をさすの

ど真(ま)ん中(なか) 〔俗〕「真ん中」を強調した言い方。「直球ーで打ち取る」〔「ど」は「どケチ」「ど阿呆(あほう)」「ど田舎」など本来好ましくないと見るものに用いる。〕

場所▼真ん中

だろう。そういう意味では従来「真ん真中」と表現してきたように思う。この「ど真ん中」ということばは、大阪弁としては誤用だとの声も聞く。こういう理屈らしい。

「近眼」ということばさえ遠慮して、「近視」という学術的な用語で凌いでいる今日、もしも「ど近眼」などといった言い方をしたら、それこそ無神経だと世間に非難されそうだ。ただでも差別意識の強い「つんぼ」を、もし「どつんぼ」まで強調したら、集中砲火を浴びるにちがいない。

「どあほ」がきつく響くのも、単に濁音で始まるからだけではない。幅のある「あほ」のうちでも「まさに、あほ」、「あほ」の中の「あほ」そのもの、生粋の「あほ」という意味合いが強まるからである。

「ど田舎」「ど下手」「ど助平」など、「ど」は、ただでもマイナスイメージのある語について、その度合いを強調する働きをする。「どでかい」と言う場合も、「でかい」という語が、客観的な「大きい」とは違って、大き過ぎるとか、不釣合いだとか、その事実を快く思わないニュアンスが感じられるからだろう。もしも投手の失投を強調するのなら、「ど真ん中」という言い方も気持ちは理解でき、必ずしも失投とは言えない。

王国——帝国

「**王**」の支配する国を「**王国**」と呼び、「**皇帝**」の統治する国を「**帝国**」と呼んでいる。「王」は国を統治する「君主」を意味し、「皇帝」は帝政の国の「君主」をさすという。両語に共通する「**君主**」は、世襲的に国や領地を統治する者らしい。このような国語辞典の定義から考えるかぎり、「王」と「皇帝」との間に決定的な違いは見当たらない。事実、作家訪問の折に東京調布の武者小路実篤邸で、この作家は「徽宗（きそう）皇帝は絵描きとしてはいちばん偉い絵描きの一人になってるが、王さんとしちゃいちばん馬鹿な王さんで」という言

王（おう）　君主。「―が君臨する」〔一般に男性を指し、女性の場合は女王という。〕

王国（おうこく）　王が治める国家。「オランダ―」

君主（くんしゅ）　世襲により国を統治する最高位の者。皇帝・王・天皇の総称。「―制」「専制―」↔臣下

皇帝（こうてい）　国王・君主の尊称。「ローマ―」

帝国（ていこく）　①皇帝が治める国家。「大英／ローマ―」②「大日本帝国」の略。「―憲法」

帝政（ていせい）　皇帝が行う政治。「―ロシア」

い方をし、「皇帝」と「王さん」とを同じ意味で使った。「王国」と「帝国」とも、意味の上でかなり似通ったものをさしているように思われる。
しかし、イメージはだいぶ違っているように感じられる。数ある王の中には「馬鹿な王さん」も、身勝手な権力者もいるだろうが、「王国」という語は概して平和な雰囲気を連想させやすいようだ。一方「帝国」の場合は、「帝国大学」や「帝国議会」はともかく、「帝国主義」というものが悪影響を与えているのは間違いない。ある国家が政治的・経済的に他国を支配し、自国の領土や勢力を拡張しようとする思想であり、事実、そういう侵略戦争のくりひろげられた不幸な歴史が人びとの記憶に新しいからである。それに比べれば、王のわがままなど、高が知れたものなのだろう。

母国——本国・故国・祖国

漢語だけでも「故国」「自国」「祖国」「母国」「本国」など、自分の国をさす言い方は実にいろいろ

国(くに) ①国家。「—を守る/治める/挙げて」(「国家」より柔らかい語で、領土と住民を意識した言い方。)②ある特徴で言い表せる地域。「北/常夏の—」③近世以前、日本行政区画の呼称。「信濃(しなの)の—」異字(①)邦

国(くに) その人が生まれ育った土地。「—に帰る」「お—はどちらですか」「お—自慢」異字 故郷

送還(そうかん) 捕虜や抑留者、密航者などを本国などへ送り返すこと。「強制—」

ある。和語の「**くに**」も場面や文脈によってそういう意味になる。何をさすかという意味の面ではみなよく似ているが、それぞれどこかニュアンスが違うような気がする。

これらの中で、もっとも感情抜きの事務的な感じがするのは「**本国**」だろう。当人の生まれ育ち、ずっと暮らしてきた国を、客観的にさす表現であり、「本国送還」としては国籍のある国家を意味する。また、海外に派遣された人間が「本国からの指示を待つ」として、外国から自国やその政府などをさす場合もある。さらに、「植民地」に対して、本来の領土をさす用法もある。

「自国の伝統文化に誇りを抱く」「自国の利益を最優先に考える」などと使われる「**自国**」という語も、「他国」に対する自分の国という意味で、特に思い入れもなくかなり客観的にとらえた表現のように思われる。

「母国語」「母国を懐かしむ」のように使う「**母**

本国(ほんごく) ①その人の国籍のある国家。また、生まれた国。「—に送還する」②植民地の統治権をもつ国家。また、その国本来の領土。「—からの独立」

自国(じこく) 文 その人が生まれ、今も所属している国家。

母国(ぼこく) 自分が生まれ、風俗習慣などを身につけた国。「—の発展に貢献する」「—語」

故国（ここく）　文　自分が生まれ育った国や地域。「—の土を踏む」

国」という語は、自分自身の生まれた国をさし、自国を離れたときによく用いることばで、懐かしむ気持ちがこもるが、「故国」や「祖国」に比べ、日常会話にも使える程度の文体的レベルにある一般語である。

「海を隔てて遥かな故国を思いやる」「故国の土を踏む」のように使う「**故国**」というやや古風な語は、自分の生まれ育った国という意味で、特に、海外在住の身から、今は遠く離れたわが国を懐かしく思う感情で用いる例が多い。また、「故国に母を一人残して上京する」というふうに、「故郷」という意味で使う場合もある。

「さらば祖国よ、という万感の思いで祖国を離れる」という用例に象徴されるように、「**祖国**」ということばになると、先祖代代そこで暮らしてきた特別の国として、「母国」以上に深い思い入れが感じられる文章語である。なお、移民の場合、二世以上の人にとっては、当人でなく親や先祖の

祖国（そこく）　①先祖の代から住んでいる自分の国。「—愛」②移住民にとって、その祖先の出身国。〔自分の血筋やルーツを意識した言い方。〕

日本語（にほんご）　日本で古くから広く話されている言語。異読 にっぽんご

場所▼日本

住んでいた国に相当する。

日本――日本橋・日本銀行・日本髪

「日本橋」の所在地は？　もしもこういう質問を面と向かって口頭でされたら、さほど困らない。だが、手紙で来たら、迷って即座に返事が書けない。それは、どう読むかが不明で、読み方によって所在地が違うからである。「にほんばし」は東京の中央区に位置し、日本橋川に架かる橋で、「お江戸日本橋七つ立ち」と歌われたとおり、江戸時代から東海道・中山道・奥州街道・甲州街道・日光街道の五街道の起点となっている。一方、「にっぽんばし」と読めば、大阪の中央区に位置して、道頓堀川に架かっている橋をさす。だから、この場合は、読み方によってまったく別のものを意味する。

「日本国」「日本列島」「日本アルプス」「**日本晴れ**」「日本人」「**日本語**」「日本銀行」「**日本一**」など多くの場合は、「にっぽん」と読むほうが正式

日本晴れ（にほんばれ）　雲一つないよく晴れたいい天気。異読 にっぽんばれ

日本一（にほんいち）　日本で一番。「―を競う」異読 にっぽんいち

な感じがあるものの、意味としては「にほん」と読んでも同じものをさすから、コミュニケーション上は大した支障がない。ただし、「**日本髪**」「日本史」「**日本酒**」「**日本茶**」「**日本舞踊**」「日本文学」「**日本間**」「**日本料理**」などは、「にっぽん」と肩を怒らせるのは似合わず、伝統的に「にほん」と読んだほうが落ち着くようである。

漢字で「日本」と書いても、古くはこれを「やまと」または「ひのもと」と読んでいたらしく、奈良時代以降「にほん」「にっぽん」と音読されるようになったという。その両方の読みが統一されることなく、今日まで続いている。ただし、戦時中あたりまでは胸を張って「にっぽん」と力強く発音する日本人が今とは比較にならないほど多かったような記憶がある。平和になった戦後は肩を怒らせる場面も減り、撫で肩で「にほん」とさらりと言ってのける**風潮**が広まり、今ではすっかり逆転して、通常場面ではほとんどの人が「にほ

日本髪（にほんがみ） 日本の伝統的な女性の髪型の総称。↔洋髪

日本舞踊（にほんぶよう） 日本の伝統的な舞踊の総称。略形 日舞

日本間（にほんま） 和室。↔洋間

日本酒（にほんしゅ） 日本の酒。和酒。特に、清酒を指す。↔洋酒

日本茶（にほんちゃ） 日本で生産された茶。多くは緑茶。〔紅茶やウーロン茶などとの区別を意識した言い方。〕

日本料理（にほんりょうり） 日本の伝統的な料理。魚介を中心に、野菜・乾物などを醤油や酢で調味したものが多い。「―店」

風潮（ふうちょう） 時代とともに変わる世間一般の流れや傾向。「時代/世―の―」

ん」と発音するようになっている。そのあたりの背景を探ってみよう。

たしかに現在は「にほん」と発音することが圧倒的に多いが、依然として「にっぽん」と発音するのをしばしば耳にする。個人的な傾向もいくらかありそうだが、それよりも場面の影響が大きい感じがする。今日の生活で「にっぽん」が圧倒的に多用されるのは、何と言ってもスポーツの国別対抗の試合での応援で、「がんばれ、ニッポン！」とか、一時期、バレーボールなどの応援で盛んだった「ニッポン、チャチャチャ」という手拍子などがその代表だろう。こういう場合に「ニホン」と言ったのでは、応援する側もされる側も力が入らない。国別のスポーツ試合は、国と国との代理戦争と言われるとおり、まるで戦争でも始まったような殺気だった応援合戦となりやすい。

「にっぽん」と発音する場合、ニという音の次が促音となるため、そこで一度口をきつく閉じたまま一拍分の時間を空け、その直後にパの子音pという破裂音を発音するために、閉じていた唇を勢いよく開く。こうして唇の閉鎖を破って呼気が強く吐き出されるため、直前の促音との相乗効果により、力強い響きを印象づける結果になるのだろう。国家が肩を怒らして相手国を睨んでいた戦争の時代に「にっぽん」と発音していたのは当然だろう。もうこれからは、スポーツの国際試合のほかは、できるだけ肩の力を抜いて「にほん」と発音し、くつろいでいたい。

相乗 二つ以上の要因が重なって働くこと。「──効果／作用」

国境──くにざかい・こっきょう

一九七五年十一月十四日の午後、雑誌の作家訪問の企画の第一回として、帝国ホテルの一室に吉行淳之介を訪ねた。執筆に集中するために滞在中だったようだ。小説『原色の街』に登場する「魚谷」と書く人物を話題にしようとして、まず、「あれはウオタニと言うんですか、ウオヤと読むんですか」と作者自身に確認すると、この作家は首をひねった。そして、「どうも僕は目に頼る人間でね。今言われて、どっちのつもりで書いたのかわかんないんだね。どっちがいいだろうねぐらいになっちゃうわけだ」と、執筆時を振り返った。つまり、原稿用紙に「魚谷」という文字を記す時点で、それをどう読むかということが頭に浮かばないことを意味する。

インタビューの終わり近くで、「ご自分の作品が朗読されることを考えますか」と問うと、即座に「考えないですね」と応じ、「それで、時々ギョッとすることがある」として、川端康成の『雪国』の「国境の（長い）トンネル」という冒頭文を例に出し、みんな安直に「こっきょう」と読んでいるが、あれは「くにざかい」じゃあるまいかと、はっとしたという。そして、「あれなんかも、川端さん意識して書いたかどうか」と話を戻し、「耳のいい人と目に頼る人とがあって」、自分と同じく川端も目に頼る作家だったのではないかと言う

即座（そくざ）　その場ですぐに。「彼は疑惑を―に否定した」

安直（あんちょく）　会 よく考えたり手間をかけたりしないさま。「―な―手段／考え」「―に済ませる」

場所▼国境

のである。

川端がどう読むかを意識せずに「国境」という文字を記したというのは事実ありそうなことかもしれない。だが、脱稿後に、読者がどう読むことを期待していたかは微妙である。この文字列が現れるのは冒頭だけではない。「国境の山々から七日ぶりで温泉場へ降りて来ると」「国境の山々はもう重なりも見分けられず」「国境の山を北から登って」「向うに連なる国境の山々は夕日を受けて」「国境の山々は赤錆色（あかさびいろ）が深まって」というふうに、この字面（じづら）は作中にくり返し現れる。

作品の舞台は越後湯沢、上州すなわち群馬県から、越後すなわち新潟県に入ったばかりの土地である。したがって、「国境の山々」は旧国名で上州と越後の間に連なる山をさすはずだ。むろん、これらの例で「**くにざかい**」と訓読みするのはごく自然である。問題は、それでは「こっきょう」と音読みするのは不適切かという点にある。津村

脱稿（だっこう） 文 原稿を書き終えること。↕起稿

字面（じづら） ①漢字・仮名の組み合わせ具合など、書かれた文字の見た目の感じ。「—がきれいだ」②文章の表面的な意味。「—を追う」 異形 じめん

国境（くにざかい） 国境（こっきょう）。特に昔、日本が多くの国に分かれていた時のものにいう。「—の山々」「武蔵（むさし）の国と相模（さがみ）の国との—」

信夫の『小扇（こおうぎ）』という詩に、「指呼すれば、国境はひとすじの白い流れ。高原を走る夏期電車の窓で、貴方（あなた）は小さな扇をひらいた」という箇所があり、和語と漢語との配列やリズムの点で、ここは「くにざかい」では間延びした感じになり、音読みするほうが表現はしまるだろう。『雪国』の「国境」は上州と越後とのくにざかい、上越国境をさしているのだ。

たしかに現代において、「**こっきょう**」という語はフランスとスペインやベルギーとの国境線のような国家間のイメージが強いが、日本国内における近世までの藩などの行政区画の境界をさす用法が消えたわけではない。『雪国』では「この地方」という意味合いで「この国では」という言い方をしているから、「国」の意識が強いようだ。「国へ帰る」「お国訛（なまり）」といった故郷の意味につながる用法である。

みんなが何となく「こっきょう」と音読みして

国境（こっきょう） 国と国との境界。「―の町」「―を-越える/侵犯する」「―線」

藩（はん） 江戸時代に各大名が支配した領地と支配機構。「薩摩―」

お国訛り（くになまり） 郷里の言葉の影響による訛り。「―が交じる」

場所▼国境

同席（どうせき）

同じ席に居合わせること。

疑わなかった「国境」だが、生前に川端康成自身が同席した雑誌の座談会で誰かが、あれは「くにざかい」と読むのだろうと発言した折に、当の川端が「でも、みんなコッキョウと読んでるでしょうね」と応じ、特に否定しなかった事実から、「くにざかい」説が広まったらしい。のちに当時自分が代表理事をしていた日本文体論学会で、「『雪国』の文体」と題するシンポジウムを開いた際、講師の一人、康成の養子にあたる川端香男里にその話をすると、川端康成という人物の場合、否定しなかったから認めたということにはけっしてならないと、そういう人柄を強調した。

ただし、厳密に言うと、「こっきょう」と「くにざかい」とでは範囲が微妙にずれる感じもある。「こっきょう」には住めないが、「くにざかい」だと住めるような感じがするからだ。「こっきょう」のほうが「くにざかい」より厳密な感じがあり、境界線そのものをイメージするが、「くにざかい」

第三国（だいさんごく） 今起きている問題や、これから行う事柄に関係のない国家。

場所▼支那

のほうはもう少し緩やかで、境界線近くの少し内側まで含みそうな雰囲気を感じるからである。

支那――シナチク・メンマ

米国占領下の日本に住む中国・朝鮮の人を、当時、「第三国人」と呼んでいた。占領している国であるアメリカ、占領されている国にあたる日本が当事国であり、直接関係のないそれ以外の国を「第三国」と称するからである。当事者以外を「第三者」と呼ぶのと同じく客観的で、そこに直接の差別意識はないのだが、日本人が「三国人」と呼ぶと、自分たちとは違う、中国大陸や朝鮮半島の人間としてあえて区別していると思うのか、ともかく結果として、そこに冷たい視線を感じ、仲間外れされていると思ったようだ。

戦前・戦中と「支那」と呼び慣わしてきたあの大国、ごく一部に今でもそう呼び、できればそれに「ちゃんころ」まで付けたがっている化石人も残存するが、現在はほとんどの日本人が何のわだ

支那竹（しなちく） 古 メンマ。

麺麻（メンマ） 麻竹（まちく）のたけのこを塩漬けにして乳酸発酵させ、天日で干したもの。ラーメンの具などにする。

かまりもなく「中国」と呼んでいる。パソコンで「しな」と入力して変換キーを押しても「支那」という文字が出てこない時代になったのだ。

そうとも知らず、先日スーパーに、中華そばに入れる「**シナチク**」を買いに行って面食らった。品名を言っても、店員はきょとんとしている。どうやらこの日本語が通じないらしい。やむなく中国語に切り換えて「**メンマ**」と発音してみたら、その日本人にようやく通じて、無事ラーメンにありついた。「シナチク」に「支那」がひそんでいることに気がつかなかったぐらいだから、その語にもともと差別意識などなかったのだろう。

中国人がもともと「支那」と書く「シナ」という名称を嫌っていたはずもなく、今でも「チャイナタウン」が繁昌し、南シナ海にも勇んでやって来る。中国人留学生に聞くと、そのことばを日本人に言われたくないのだという。おそらく先代の人たちから往時の惨状を聞いて育ち、いつかしみ

中華蕎麦（ちゅうかそば） 中国風の麺（めん）。特に、ラーメン。支那（しな）そば。

ついた国民感情なのだろう。日本のほうもすでに代替わりして、現代社会で活動中の日本人の大半は直接の加害者でないのだが、ともかく日本人の口からその語が飛び出すと、不幸な歴史を思い出して不快になるのだそうだ。

都下――都心

これも今は昔のことだが、「都下小金井市」と宛てたはがきを受け取った記憶がある。この「**都下**」という語には、「都下の子女」というふうに、都の中を意味する用法もあるが、東京都のうち二十三区を除く市町村の地域をさして用いられたこともあり、中心に対する周辺といったニュアンスを感じることもある。

そのはがきは、差出人が作家の永井龍男だったせいもあって、その折は、「都下」という古めかしいことばから、徳富蘆花（ろか）や国木田独歩らの時代の、のどかな武蔵野の風景が目に浮かび、ひととき懐かしい文学的な雰囲気を味わった。

都下（とか） ①東京都内全部。②東京都の中で、二三の特別区を除いた市町村地域。

しかし、人によって受け取り方は違う。都心に居を構えることを夢見て、いざ東京に出て来てみると、そんな土地は土一升、金一升と揶揄（やゆ）されるほどの値段で、とても手が出ない。やむなく、都内は都内でも、東京駅から一時間半以上もかかる辺鄙（へんぴ）な土地に住まざるを得ない結果となった人などは、いささか複雑な心境かもしれない。同じそのことばから、都心に住む人間が近郊を「いなか」と見くだす視線を感じとったとしても不思議はない。そうなっては文学的な趣どころの話ではない。

田舎――地方・地域

田舎蔑視の偏見があり、うっかり「**いなか**」ということばを使うと相手に嫌がられることもあるから要注意だ。「いなか者で礼儀を知らない」とか、「着ているものが田舎くさくて野暮ったく見える」とかと言われたら、誰でもかっとするだろう。そういう言い方の裏に、相手を低く見て小馬鹿にする態度が透けて見えるからである。言われた側が、

田舎（いなか）　都会を遠く離れて人家が少なく、田畑が多かったり山林に囲まれていたりする所。「―暮らし」↔都会

蔑視（べっし）　相手を侮って軽んじること。

相手をそんな見方しかできない小人物と憐れむような達観する境地に到達していれば無事だが、それまでは、こんな言い方ひとつでいさかいの種が尽きない。

そこで、「いなか」という刺激的なことばを避けて、「**地方**」という言い換えが試みられたこともある。「田舎じみた」を「地方色ゆたかな」と言い換え、「いなか出」を「地方出身者」と呼び換えるあたりまでは問題がないが、「田舎料理」を「地方料理」と換言すると懐かしさが減り味も落ちるし、また、家庭的な感じが薄れるぶん、店だと値段が心配になるような気もする。

それに、「地方分権」が「中央集権」の反対であることを考えると、その「地方」という語も「中央」の対極に思え、やはり平等とは感じられない。それどころか、「田舎ことば」である「方言」を「地方言語」と称することもあり、事実、国立国語研究所にも一時期、その名を冠した研究室が存在し

地方（ちほう） ①ある範囲の土地の広がり。「暖かい—」「九州—」②首都以外の場所。田舎。「—(の)出身」「—色」↕中央

対極（たいきょく） 二つのものが正反対に位置すること。「両者はその作風において—にある」

場所▼田舎

小人物（しょうじんぶつ） 思慮に欠け度量の狭い人。↕大人物

冠する（かんする） 文①(頭などの)上に載せる。②上に称号や形容をつける。「日本に「大」の字を—」

たが、「チホウ」という響きが「痴呆」を連想させる危険もある。そこで、というわけでもあるまいが、狭い範囲の場合は「地域語」と呼ぶ習慣がある。

ある年の正月、国語教育の飛田多喜雄邸を訪ね、作家の高井有一に出会う。昔の教え子として年始の挨拶に現れていたらしい。なにかのきっかけで差別語の話となり、この「田舎」も話題にのぼった。「田舎に帰るべえか」と言うから感じが出るのであって、「地方」や「**地域**」では帰るという気分がわかないと、大笑いになった。

地域(ちいき) ある条件のもとに区切られた土地。「―の発展に尽くす」「特定の―」「―社会/開発/性」「被災―」

上り――下り

差別を感じることばの話題から、酔うほどにテンションが上がり、列車の上りと下りも気になるという意見も出た。たしかに、考えてみると、当時の長野新幹線、今の北陸新幹線で、軽井沢からずうっと下って来る列車が「**上り**」なのは、どうにも理屈に合わない。東京という低い土地へ下

上り(のぼり) ↔下り 地方から中央へ向かうこと。「―の―列車/ホーム」

がって進行する「東下り」の列車をことごとく「上り」と呼ぶのは変だと、当時の国鉄もさすがに気がついて検討中だとかという真偽不明の話も飛び出したような記憶がある。

そういう目で見れば、日本地図は北から、天気予報は西から始まるのに、東京都の地図が、位置の順でもなく、昭島市・あきる野市・足立区・荒川区という五十音順でもなく、必ず千代田区から始まって中央区・港区の順に進み、二十三区以外を後ろに追いやるのも、電話番号の局番や郵便番号もいわゆる都心から若い番号で始めるのも、なんだか差別がありそうで、けしからんと思う人もあるにちがいない。

このような差別にかかわる感覚はまことに微妙で、単なることばの問題では済まない。同じことばでも、尊敬できる人の好意ある発言中に飛び出す不注意な用語については咎める気にならないのに、意地悪な奴、威張っている人間の、相手を見下すような発言の中に現れると許せない気分になる。人間はとかく気分に左右される動物だから、デリケートな問題ではあるが、肝腎なのは互いの信頼関係であるように思われてならない。

東京都――郊外・都心・都

外山滋比古の『ユーモアのレッスン』にこんな笑い話が載っている。京都のある家を訪問した人が名刺を出すと、先方の婦人は「ああ、**郊外**のほうにお住まいで」と意外なことを言い出した。そう言われた東京の人間は、この反応に、自分が小馬鹿にされた気分で「都心です」と不満そうな声を発した。あるいは、「千代田区ですから」などと自慢げに添えたかもしれない。

強く否定されても、その婦人は少しもあわてず、毅然（きぜん）として、「名刺にひがし京都とありますから」と釈明したという。それでもきっと京女らしいやわらかい物腰だったのだろう。「東大阪」「東広島」といった地名があるから、「ひがし京都」という

デリケート〔delicate〕 微妙。「―な―問題／話題／色合い」

釈明（しゃくめい） 非難に対して、事情と責任を明らかにし、了解を求めること。「―を求める」「事情を―する」

郊外（こうがい） 都心や市街地の周辺にある、田畑や林の残る住宅地。「―に一戸建てを買う」

毅然（きぜん） 意志が強く、しっかりしているさま。「―とした口調」「―たる態度」

物腰（ものごし） 人に対する言葉遣いや態度。「―が柔らかい」

地名があってもよさそうだし、何も付かない「大阪」や「広島」と比べれば、「東」の付いた地名はそれぞれの中心を外れた感じがあり、郊外を連想してもなんら不自然ではない。

これを単純な誤読と解釈すれば、無知な人の単純な笑いで終わる。だが、今どき、「東京都」という漢字を正しく読めない日本人がいるとは考えにくい。ここは、わざと「ひがし京都」と読んでみて、相手の反応をうかがったと解釈するほうが自然だろう。こちらは「京」であり「**都**」である、そちらは「東」に展開した「京都」の支店ではないかとまで思ったかどうかは知らないが、「東京」が「都」になったからといって大きな顔をするなという気分は、京都の人の気持ちのどこかにあるような気がする。この年輩の京婦人には、東京という大都会から京都という地方都市にやって来たという、相手の横柄な態度が腹に据えかねたものと見える。

都（みやこ） ①皇居のある所。「京の―」②首都。③あることが非常に盛んであったり、顕著な特徴があったりする都市。「音楽の―ウィーン」

横柄（おうへい） 威張っていて相手を見下すようなさま。「―な―態度／物言い／口の利き方」 異字 押柄

場所▼東京都

上京――東京入り

首都となってから、東京の位が上がり、東京に向かう列車を「上り」と呼び、逆に東京からよそに向かう列車をことごとく「下り」と称する。それと同じ発想から、東京から大阪に行くことを「下阪」ということがある。大阪を下に見るそういう言い方を、大阪の人間が見たり聞いたりしたら、いい気分はしない。わざわざ先方を下に見るこういう言い方の背後に、その人間の蔑視の視線、少なくとも、あまりに無神経な態度を感じて、大きな心理的抵抗を覚えるからである。人を傷つける言い方は避けたい。

一千年もの間、長く都であっただけに、京の都人は、東京何するものぞという気概を秘めているように見受けられる。永年にわたって「京に上る」と言われてきた歴史があるだけに、たかだか百年程度の間、都であるにすぎない東京に行くことを「上京」と認めることに抵抗があるにちがいない。

蔑視（べっし） 相手を侮って軽んじること。

気概（きがい） 物事に屈さず、やり通そうとする強い気性。「―がある/足りない」「―をもつ」

こんな身近な実話がある。

　早稲田大学大学院文学研究科の中村ゼミの修了生に、たしか本能寺の跡地にあった本能小学校を卒業し、今でも中京区という京都の中心街に住んでいる女性がいる。雑誌に写真が載るほど着物姿のよく似合う生粋（きっすい）の京女である。

　その教え子から、久しぶりに指導教授の自宅を訪問したいという手紙が舞い込んだ。いつごろの予定なのかと先を読み進めながら、きっと「上京」という言い方は避けるだろうが、この御時世、まさか「東くだり」でもあるまいと思っていたら、はたしてそこには「東京入り」という思いがけないことばが出現した。なにやら赤穂浪士の江戸入りめいた連想も浮かんだが、なるほど、そういう手があったかと感心した。

　予告どおりに来訪し、久しぶりに師弟の対面を果たした。優雅な洋服姿で現れたこの弟子と応接間のソファで談笑しながら、相手の忌避した「上

生っ粋（きっすい）　来歴などに混じりけがないこと。

談笑（だんしょう）　文 笑い声を交えながら打ち解けて話すこと。「なごやかに―する」

場所▼上京

時世（じせい）　今の世の中。「物騒なご―」

忌避（きひ）　文 嫌って避けること。「徴兵を―する」

京」ということばを、こちらがうっかり使ってしまったら、あまりに無神経と思われそうで、内心、気をひきしめていたような気がする。

裏日本――かたわ・モウ・女中

差別語という神経を遣うものがあり、その限界がはっきりしないため、しばしば不安になる。紛れもなく差別語として、うっかり使うと世間の非難を浴びる典型は、肉体的なハンディキャップに対する呼称である。五体満足に対して、どこかに不利な条件をもつ場合を伝統的に「**かたわ**」「不具」と総称してきたが、当事者の衝撃をやわらげるため、「身体障害者」という呼び名に切り替えた。ところが、「身体」に「障害」のある「者」という意味がわかりやすいため、しばらくしてそれを「身障者」と略して露骨さを減らそうと試みて今日に至っている。たしかに、シンショーという音の単語は「身上」「心象」「心証」「辛勝」、それに「志ん生」などいろいろあり、「身障」の部分を単

片輪（かたわ） 身体障害者。不具者。〔差別的な表現。〕**異字** 片端

独では使わないこともあって、耳で聞けば意味と直結しにくい。だが、使っているうちにすぐそれとわかるようになるだろう。

そこで遠まわしに、「体の不自由な方の優先席」などとぼかすようになる。婉曲表現と気がつかないと、肩が凝ったり足首が疲れたりという一時的なハンデや、厚着をしすぎたり、ぶら下がりの洋服が窮屈だったりして、体が思うように動かない場合まで該当しそうだ。また、「体の不自由な」とあまりはっきり書かれると、その席を利用するためには、そういう自分をみんなの前で認めることになり、本当に必要な人がかえって利用をためらうことにもなりかねない。

「めくら」「つんぼ」「おし」ということばを避けて、「盲」「聾」「唖」という漢字を音読みして「**モウ**」「**ロウ**」「**ア**」で代用する例もあるが、これも臨時に一種の記号のような働きに変えて、差別的な語感を薄めようとする試みなのだろう。「**近眼**」

盲（もう） 目が見えないこと。めくら。「―の人」

聾（ろう） 耳が聞こえないこと。「―の子供」「―学校」

唖（あ） 聴覚や発声器官の障害によって、ものが言えない状態。「聾（ろう）―者」

場所▼裏日本

近眼（きんがん） 近視（の目）。「―を矯正する」↕遠眼

を「近視」、「どもり」を「吃音」、「やぶ睨み」を「斜視」というふうに、日常語を専門語に換言して切り抜けようとするのも、一般の人にわかりにくく表現してショックをやわらげる配慮の一環だろう。

意味上、実際には肉体的なハンデと無関係でも、そういう連想が働いて不快な気分に誘い込むこともある。字を読めない人を意味する「明きめくら」や、舞台から遠すぎて役者のせりふがよく聞こえない客席をさす「つんぼ桟敷」などはそういう例だろう。

手段を意味する「いい手がない」などはおそらくまだ無事だろうが、不公平な措置を「片手落ち」と表現すると問題になるようだ。「手抜かり」の「ぬかり」という意味合いで使う「手落ち」ということばさえ気になるぐらいだから、まして不公平という意味の「片手落ち」となれば、腕の部分に肉体的な問題を抱える人間が気にする怖れがあるからと、使用を控える傾向があるようだ。将棋で持

近視（きんし） 眼球の状態が正常でないため、遠くの物が網膜より前方に像を結び、はっきり見ることができない症状。「強度の—」「仮性—」↕遠視

吃り（どもり） 吃音（きつおん）。

吃音（きつおん） 文 話す時、言葉がつかえたり同じ音を何度も繰り返したりする状態。「—矯正」

桟敷（さじき） 劇場・相撲場などで、土間より一段高く設けた見物席。「—席」「天井—」

持ち駒（もちごま） 将棋で、相手から取って手元にある、いつでも使える駒。

藪睨み（やぶにらみ） 俗 斜視。

斜視（しゃし） 眼筋異常により一方の目の視線が目標からそれる状態。〔医学用語。〕

措置（そち） 事に当たって取りはからうこと。「異例の—」「厳しい—をとる」「緊急/予防——」

ち駒がないことを「手がない」というのはどうか。囲碁で「大石にまだ眼がない」というのはどうか。「**出臍**（でべそ）」や「**扁平足**（へんぺいそく）」や「**音痴**」はどうなのか。

見たり聞いたりして気分を害するのは単語だけではない。「耳が遠い」「脚が短い」「頭が悪い」も言われた側は不快に思うだろう。「あなたは白痴ではない」と「おまえは馬鹿だ」とでは、どっちがましなのか。問題は多岐にわたり、さまざまな言いまわしで判断は微妙となり、難解を極める。

職業に関する貴賤の意識も問題になる。「**土方**（どかた）」に軽蔑の響きがあるからとして、ひところ「肉体労働者」と言い換えたらしいが、それだと頭を使わないような連想を誘い、逆効果だったかもしれない。「**屑屋**（くずや）」が一時期「廃品回収業」と名を変え、「廃品」でも金にならない物は回収しないどころか、逆に料金を取るようになった。「清掃員」や「掃除婦」では応募が少ないと見えて、「都市美化員」という名称で募集をかけている掲示を見かけたこ

出臍（でべそ）　突き出ているへそ。「(小児)臍（さい）ヘルニア」の俗称。

扁平足（へんぺいそく）　足の裏が平たく、土踏まずが見られない足。

音痴（おんち）　①音感やリズム感の鈍いこと。「ひどい―」②俗 感覚が鈍く、その方面に暗いこと。「機械―」

多岐（たき）　文 多方面なこと。「問題が―にわたる」

屑屋（くずや）　古俗 紙くず・古綿・ぼろなどを売買する廃品回収業者。

場所▼裏日本

土方（どかた）　俗 土木作業員。「―仕事」〔差別的な表現。〕

ともある。

宮中や大名家などの奥向きに仕えた「御殿女中」は別にして、家庭に住み込む一般の「女中」は、そういう呼び方自体が差別語として評判が悪くなった。一般に女中制度は、伝統的に主人と奉公人という身分上の上下関係がはっきりしているため、封建的であるとして時代に合わなくなったのだろう。国立国語研究所に、地域社会の使用言語の実態がどのように共通語に近づくかを定期的に調査するプロジェクトがあり、山形県鶴岡市を対象に二十年ごとに実施されている。その鶴岡調査の一員としてふるさとの鶴岡ホテルに滞在していたある日、その日のノルマをこなして宿に戻ると、留守中に、昔わが家で女中をしていたという佐藤と名のる老婦人が訪ねて来たというので面食らった。佐藤姓の多い土地柄で、同じクラスに佐藤君が十数人もいた高校時代を思い出したが、その人物はすぐに思い出した。

御殿女中（ごてんじょちゅう） 宮中や大名家で奥向きの用をこなした女性。奥女中。

プロジェクト 研究や事業の計画。具体的で特別なものをいう。「―を組む/作る/推進させる」「―チーム」〔project〕

女中（じょちゅう） 古 ①家庭に雇われて家事を担当する女。②料理屋や旅館に雇われて炊事や掃除をこなす女。③御殿女中。

他の研究員の手前、少しきまりが悪かったが、悪い気はしなかった。手土産を持参してくれたからだけではない。「ムネちゃん」の頭の母音uが、近い音のiに置き換わり、「ミネちゃ」と訛（なま）って呼んでいた昔を思い出し、一瞬胸が詰まった。口をだらしなく開けて涎（よだれ）を垂らしながらボーッとしていたあの坊やが、なんとまあいっぱしの大人に育って、標準語もしゃべれるようになったらしく、久しぶりに里に帰って来る、きっとそんな噂（うわさ）が耳に入って驚いたのだろう。「お帰り、まあ大きくなって」、先方はそんな気分だったかもしれない。
　その人は、わが家から他家に嫁いだらしい。そんなことを、子供のころに母から聞いた気がする。昔気質（かたぎ）で義理堅いというのとはちょっと違う。きっと単なる雇用関係を超えた家族的な雰囲気というようなものがあったのだろう。**「家政婦」**や**「お手伝いさん」**だったら、こんな気分にならなかっただろうし、そもそも何十年も経って訪ねて来る

家政婦（かせいふ）　家事の手伝いを職業とする女性。

お手伝いさん（おてつだいさん）　「女中①」の身分差別の感じを嫌い、用いられるようになった語。

場所▼裏日本

気質（かたぎ）　古 身分・職業などに特有の気風や性質。「職人／下町／江戸っ子――」

抑（そもそも）　事物の由来などを説き起こす時、その冒頭に用いる語。「――この会の目的は」 異字 抑々

元凶（げんきょう）　悪者のかしら。悪事の中心人物。異字 元兇

疎い（うとい）　よく知らない。「その方面に―」

ようなこと自体が考えられない。こうなると、差別語というのは、ことばの問題ではなく、すべてその人間の差別意識が元凶なのだとはっきりわかる。

「九十の端（はした）を忘れ春を待つ」という高浜虚子門下の阿部みどり女の実におおらかな句がある。そこまでは達しないが、ぼつぼつ、はしたを忘れてもおかしくない年代に突入したこの人間が、その昔、産声を上げたのは鶴岡という城下町。一八七一年の廃藩置県後に一時は鶴岡県と称したようだが、この世に出現した頃は、むろんすでに山形県鶴岡市となっていた。庄内平野にあり、市町村合併で広がった現在の市の一部は海に面している。近隣諸国の人びとには異論もあろうが、そこは「日本海」と称する海である。

生まれ故郷のこの地方都市は、当時のことばによれば「裏日本」に属していた。「裏」という語の歴史的な意味に疎い少年は、この国がアメリカ

のほうを向いてものを考えるから太平洋側が玄関で「表日本」になるが、ロシアのほうに向き直ればこちらが「表日本」に変わる。その当時、負け惜しみに一瞬そんなことを考えたかもしれないが、首都の東京が太平洋側にある以上、この理屈はどう見ても旗色が悪い。

　太平洋沿岸の地域に比べ、「裏」と呼ばれる日本海沿岸の地域は、特に冬の時期、雲は低く垂れ込め、天気の悪い薄暗い日が続く。そんな陰鬱な空模様を眺めながら「裏日本」ということばを聞くと、よけい暗い気持ちになるような気がする。だが、いつのころからか、「裏日本」は差別語として、放送や新聞などの公共の場から姿を消した。

「**裏**」は「**表**」の反対で、そこに蔑みのニュアンスがこもっていると考えたからかもしれない。たしかに「裏門」は、「正門」である「表門」より格が落ちる。昔の御用聞きは、正式の客を迎える「表玄関」ではなく、通用の「裏口」から声を

旗色（はたいろ）　勝負の形勢。「―が悪い」

裏（うら）　あるものの、普段は見えない方の面。正面でない面。「足／名刺-の―」「―口」↕表

場所▼裏日本

表（おもて）　①ものの外側にあって、人に見せたり見られたりする方の面。正面。「―玄関／通り」②外。「―が騒がしい」↕裏

裏長屋（うらながや）　裏通りにある家賃の安い長屋。「—に侘（わ）び住まいする」

かけた。豪華に飾り立てないまでも、小綺麗に見せる「表側」に比べ、普段使いの「裏側」はどうしても質素な造りになっていて、それだけ粗末な印象を与えやすい。それに、抽象的な意味合いで「裏口入学」のように使う比喩的な用法もあり、「裏口」という語に、まるで不正であるようなニュアンスも付着する。

　千利休の流れを汲む茶道の三千家の一つ「裏千家」だけは、「表千家」「武者小路千家」と並んで立派なものだが、「表通り」に面していない「裏長屋」は、別に不正を働く人間が住んでいなくても、貧乏暮らしと縁が切れない感じがある。「裏番組」も、自分で言うぶんには謙虚でいいが、他人が言うと、相手を見くだした態度が露骨で角が立つ。「裏目に出る」という言いまわしも、予想に反する結果となるという意味ながら、予想が外れて結果が思わしくないときに用い、予想外の好結果が出た際には使わない。「期待を裏切る」も

内(うち) 囲いや制限の内部。「―から鍵(かぎ)がかかっている」「―にこもりがちな性格」 異字 中 ↕外

場所▼裏日本

同様で、「仲間を裏切る」のように「背く」という意味でも使う。

「裏街道」には、正式な街道を外れた道路という原義から、社会でまともでない生活という意味も生まれ、「裏道」も、本道ではない抜け道という原義から、正当でないやり方という意味をも獲得している。「裏金」や「裏取引」にも、世間に出せない後ろ暗い背景を感じてしまう。要するに、「裏」は語感が悪いのだ。「裏日本」と言われると、あまり気分がよくないのは、「裏」にまつわるこのような雰囲気のせいだろう。

しかし、「裏」ということばは、もともとそんな悪い意味を帯びていたわけではない。この「裏」という漢字は本来、衣服の裏側を意味したらしく、漢字を構成している部品を並べ替えると「裡」という俗字になり、この漢字の訓読みに「うら」と「うち」とあることに気づく。衣服の「裏」側は、見方を変えれば「**内**」側でもある。「表」との関

係で冷飯を食ってきた「裏」も、「内」ということになれば、「外」との対比でむしろ中心的位置を占め、立場は逆転する。そういえば、同じく「うら」と読む「浦」も、外海に対して内側にあたる入り江をさしているから、これも「裏」と縁続きであることがわかる。

たしかに、衣服の裏側は内側であり、表側より体に近く、人間を基準にして考えれば、それは中心に近いことになる。肉体の内側に宿る精神という意味で、「内」である「うら」は「心」をさしたらしく、「うら悲しい」「うら淋しい」「うら恥ずかしい」の「うら」は「心」という意味で、「恨めしい」「羨ましい」に含まれる「うら」も同様だという から驚く。そうと知れば、「裏日本」という呼び名も「内日本」に通い、なんだか日本の中心のように思えてくるから不思議である。

外（そと） 囲いや制限の外部。「塀の―」「―で遊ぶ」↔中・内

心恥（うらは）**ずかしい** 特に理由もなく、なんとなく恥ずかしく感じる。「―年頃」

うら悲（がな）**しい** なぜか悲しい。「―気持ち」

うら寂（さび）**しい** 文何となく寂しさをかきたてられるさま。こころ寂しい。「―気分」

仏蘭西――英吉利・希臘・葡萄牙

「亜米利加」「英吉利」「仏蘭西」「独逸」「伊太

利」、あるいは「希臘」「羅馬」という国名なら有名だから、「アメリカ」「イギリス」「フランス」「ドイツ」「イタリア」、あるいは「ギリシャ」「ローマ」と見当がつくし、「西班牙」「葡萄牙」「和蘭」なども見たことがあれば、「スペイン」「ポルトガル」「オランダ」と何とかたどれる。

　意味を漢字に置き換えるのではなく、単にその音を漢字で写し取る一般の宛て字は、本来は無縁だったはずのその漢字の意味が連想を誘い、新たなイメージを現出する。「アメリカ」を中国で「美国」と表記すると、あたかも風光明媚（めいび）な国であるかのような印象が生じるかもしれない。同じ国を日本では「米国」と書くので、一瞬、米の収穫量が多いような連想が働く。「ベイコク」という読みも「米穀」に通じ、そういう印象を後押しする。

　表記の映像が語感にかかわるのは、こういう漢字の意味だけではない。「卒業論文」を書き上げるのはいかにも大変そうだが、「卒論」と略すと

風光明媚（ふうこうめいび） 文 自然の眺めが清らかで美しいさま。「―な土地/所」

米穀（べいこく） 文 ①米。「―年度」 ②穀物。

場所▼仏蘭西

軽い感じになって短期間で仕上がりそうな雰囲気に変わる。それをもし「ソツロン」とカタカナ表記にすれば、なんだか原稿用紙で八枚も書けば卒業できそうな錯覚を引き起こすかもしれない。

「フランス語」と書いても格別の語感は生じないが、ひらがなで「ふらんす語」と書くと、やわらかい感じになり、語学校なら、出欠も自由で、手に取ってやさしく教えてくれ、宿題など出そうもない雰囲気となり、その代わり何年通っても、スタンダールもサルトルやカミュも、自分で読めるような段階にまで到達しないような気がする。

同様に、ふつうに「フランス料理」と書けば、味も値段もいろいろで特別の連想は働かない。もしひらがなで「ふらんす料理」と書いても、どこかに日本人向けに味を調えた感じがいくらかするかもしれないが、その程度だろう。

ところが、もし漢字で「仏蘭西料理」と書いた看板を見かけると、雰囲気ががらりと変わる。古風で懐かしい気分になるだけではない。どことなく高級感が漂い、店に入る前に財布の中身を調べないと不安になる。ゼミの学生たちを引き連れて食事に行くような時など、看板に気づかないふりをして急ぎ足で店の前を通り過ぎるかもしれない。

巴里——牛津・バンド・中古

英国のエッセイなどを古い翻訳で読んだり、英文学者の昔の随筆を読んだりしていると、どう読むのか見当もつかない漢字表記の地名が出てきて面食らう。「牛津」などもその好例だろう。昔、うっかり忘れていたらしい講義を、急遽（きゅうきょ）、代講した縁で、当時筑波大学在職中の寺村秀夫教授から「牛久」ワインを頂戴したことはあるが、むろん、そちらは茨城県ではなくイギリスらしい。かといって、「牛津」と訳せる英国の地名など見当もつかない。地名でも、「倫敦」が「ロンドン」で、「巴里」が「パリ」であることぐらいなら常識でわかる。「紐育」が「ニューヨーク」で、「桑港」が「サ

急遽（きゅうきょ） 文 事態が急変して、大急ぎでするさま。「——出発する／計画を変更する／代役を立てる」

ンフランシスコ」であることもわかるが、見たことがなければちょっと無理だろう。「蘇格蘭」が「スコットランド」で、「伯林」が「ベルリン」であるあたりは、答えがわかっていても、音の一部が再現されているだけで、全体としてすっきりとしない。

問題の「牛津」は、「牛」を「オックス」、「津」を「フォード」と訳したものという。ちなみに、映画の都「ハリウッド」を「聖林」と書くのは誤訳だという。「ウッド」の部分は「林」で間違いないが、「ハリ」の部分の綴りは西洋ひいらぎを意味し、それを綴りの違う「聖なる」という意味の「ホーリー」と勘違いしたものらしい。

小津安二郎監督の映画『戸田家の兄妹(きょうだい)』で、佐分利信の演ずる昌二郎が「一つ頂くかな。皮帯(かわおび)をゆるめて」という言い方をする。今では全く耳にすることがないが、この「皮帯」というのは現在の「**ベルト**」をさす古めかしい和語だ。

ベルト

洋装で、腰に締める帯。「革/共布-の—」「チャンピオン—」〔belt〕

場所▼巴里

バンド ①洋装の時に腰に締める革などで作った紐状の帯。ベルト。「革の―」②帯。直接体に触れる輪状のものをいうことが多い。「ヘアー」〔band〕

同じ小津映画『お茶漬の味』には「三浦はバンドをゆるめる」というト書きが見える。若い時に自分でもまだ使っていたこの「**バンド**」という外来語は、「時計バンド皮膚炎」という医学用語にまで入り込んだが、それも今ではすっかり廃れ、若い人などすぐに軽音楽を連想するかもしれない。

同じ作品で、佐分利信の演ずる佐竹茂吉に「いい背広買ったじゃないか」と褒められた鶴田浩二の演ずる岡田が「放出ですよ、中古」と応じている。「中古文学」と言えば枕草子や源氏物語の平安文学で今も同様だが、ここの「中古」は古物をさし、ここでは古着という意味である。これを「ちゅうこ」と音読みする語はまだ生き延びているようだが、この映画では「ちゅうぶる」と発音しているから、さらに古めかしい。

その映画では、上原葉子の演ずる黒田高子に「またパリーに帰って来たの」というせりふが出てくる。闇の詩人とも呼ばれた、トーキー映画の弁士の伝説的な名文句「花の巴里か倫敦(ロンドン)か」の場合も、きっと七五調になるよう「パリー」と発音していたのだろう。現在は「パリ」が標準的で、「パリー」と延ばすこの語形はまったく見かけなくなった。

それなのに、同じ時代に使っていたと思われる「巴里」という漢字表記のほうはまだぴんぴんしており、ケーキ屋の店先などでも時折見かける。この表記は古風で郷愁を誘うとともに、高級感を漂わせているような気がする。そうなると、「**ケーキ**」でなく「**洋菓子**」と言いたくなるから、ことばと人間の気持ちはなんとも不思議でならない。

ふるさと——故郷・出身校・母校

山形県内で誕生したのは事実だが、「山形生まれ」「山形出身」と紹介されると、どうもぴんと来ないし、どこか居心地が悪い。生まれたのは庄内の鶴岡市で、財政逼迫(ひっぱく)のわが家に限らず、高校生以下の子供があちこち遊びまわれる時代ではな

ケーキ 小麦粉・卵・砂糖などを混ぜて型に入れて焼いた洋菓子の総称。「チーズ/カップ——」〔cake〕

洋菓子(ようがし) 西洋風の菓子。ケーキ・パイ・クッキー・チョコレートなど。↔和菓子

逼迫(ひっぱく) 事態が差し迫って悩み苦しむこと。「財政が——する」

かった。親戚のある酒田市にごくまれに出かけるぐらいで、あとは自転車で移動する程度だから行動半径は狭く、「故郷」として懐かしく思い出す範囲はごく限られている。山形駅のホームに降り立って旧友から土産を受け取った思い出は忘れがたいが、山形市内を歩いたのは、中年を過ぎて国語学会で講演した時が最初で、その後、藤沢周平をめぐるシンポジウムの講師を務めた折に山形入りした程度である。

それでも、「出身地」が山形県であることは事実だし、その語を使う限り、特段の違和感はない。だが、「出身校」となるとちょっと複雑だ。入学した当時は鶴岡中学と鶴岡高等女学校の合併した鶴岡高等学校だったが、卒業する時には鶴岡南高等学校と校名が変更されていたからである。でも、こちらは、「出身地」と「故郷」のようにイメージする範囲が異なるという問題はない。

単に自分の卒業した学校という意味合いの強

出身校（しゅっしんこう） 卒業した学校。〔「母校」より客観的な表現。〕

母校（ぼこう） 自分が学び、卒業した学校。「我が―」〔育ててくれた所という愛着をもって使う語。〕

出身地（しゅっしんち） その人が生まれ育った土地。

故郷（こきょう） 自分が生まれ育ち、共に暮らした人々とのつながりを感じている土地。「第二の―」「―を後にする」「―に錦（にしき）を飾る」

故郷（ふるさと） こきょう（故郷）。「―の山や川／父母（ちちはは）」〔「故郷（こきょう）」よりも柔らかい言い方で、心のよりどころという感じ。〕 異字 古里・故里

い、この「**出身校**」という事務的な呼び名に比べ、「**母校**」という言い方にはそれを自分側に引きつけてとらえる思い入れが強い。そのため、もしもその学校の野球チームが甲子園出場を果たしたら、結局は同じ学校をさすのだが、「出身校」より「母校」のほうが、現地まで応援に駆けつけたくなる気持ちに誘う力が大きい感じがする。

同様に、「**出身地**」より「**故郷**」のほうが懐かしい雰囲気が漂っているように感じられ、「**ふるさと**」となるとそれ以上かもしれない。灯ともし頃に舗道を濡らす雨を眺めながら望郷の念がつのる時、まぶたに浮かぶのは「出身地」の小川ではなく、「故郷」の空であり、「ふるさと」の街並みである。だからこそ、涙をこらえて「故郷」を捨て、後ろ髪を引かれる思いで「ふるさと」を後にする。

わが身も、「故郷」の生家はとうの昔、人手に渡り、「ふるさと」に帰省しようにも廃家さえない。幾度か講演に出かけたが、そのたびに商人宿に泊

望郷（ぼうきょう） 文 懐郷。「―の念に駆られる」「―の思いがつのる」

廃家（はいか） 文 廃屋。

まる。それでも、記憶の中では「故郷」も「ふるさと」も、いつまでも色褪せることはない。

「心のふるさと、われらが母校」と歌うように、「母校」は心の「ふるさと」であり、「出身地」ではないのだろう。

まち——町・街・都市

与謝蕪村に「月天心貧しき町を通りけり」という句がある。月は今、天の中央に位置し、深夜の貧しい町を通りかかる。町の汚れは闇に隠れ、明るい月が町並みを美しく見せている。この「**まち**」という和語は、一般に大勢の人が集まって多くの家が建っている場所をさし、市や区の中の一区画をさす行政上の意味もある。

室生犀星が故郷の金沢から堀辰雄に宛てた絵はがきに、「来たいと思ったら何時でも来たまえ、汽車賃だけ持って来たまえ、落葉の下から水仙が伸びている古い町だ」とある。これで全文という短い文面だ。金沢という町の雰囲気と季節感を鮮

町 ①人が多く集まり住んでいる所。「織物の—」「城下—」②地方公共団体の一つ。町。

やかに掬(すく)いとった一編の詩であり、後輩の作家に対する思いやりも感じとれる。

室生犀星の小説『杏っ子』には、「この憐れな親子はくるまに乗り、くるまを降りて、街に出て街に入り、半分微笑(わら)いかけてまた笑わず、紅塵の中に大手を振って歩いていた」とリズミカルに流れる箇所がある。「紅塵」は赤い土埃(つちぼこり)の意から、世間の俗事をさす。対句的な響きで闊歩(かっぽ)する父と娘のフィナーレだ。この「まち」は「**街**」と宛てている。この漢字を使うと、特に商店などの建ち並ぶにぎやかな通りをさすことが多い。

長田弘もエッセイで「季節は街に、和菓子屋の店先からくる」と、この漢字を使って新しい季節感を描き出している。歌の世界でも、『東京ラプソディー』に「現(うつつ)に夢見る君よ／神田は想い出の街」とあり、対する『大阪ラプソディー』にも「あの人もこの人も　そぞろ歩く宵の街」とあり、期せずして東西の「まち」が同じ「街」でメロディー

現(うつつ) 文 古 現実。「夢か―か幻か」〔雅語的。〕

漫ろ歩き(そぞろあるき) 古 漫歩。「夕刻の―」「紅葉の境内を―する」 異形 すずろあるき

街(まち) 市街地(の中で商店の集まっている所)。「―に出る」

ラプソディー 狂詩曲。〔rhapsody〕

都市（とし）　ある地域における政治・経済・文化の中心で、人口の多い所。「―計画」「未来／国際―」

に乗る。

「町外れ」に対して「街角」、「閑静な町に住む」に対して「ネオンまたたく街の灯」というふうに「まち」の意味を漢字で書き分ける傾向が強い。一九八〇年三月七日に東京お茶の水の龍名館で筑摩書房の雑誌『言語生活』の座談会が開かれた。そこで司会を務めた折、作家の辻邦生は、小説を書いていて、小都市を意味する時は「町」でも「街」でも感じがしっくり来ないので、どちらでもなく「都市」という漢字を宛てて「まち」と読ませると、独特の感性を披露した現場に立ち会い、語感の鋭い大岡信・谷川俊太郎という詩人とともに、なぜか深く納得したことを思い出す。

やはり詩人である茨木のり子の作品『見えない配達夫』には、「五月　メーデーのうた巷（ちまた）にながれ」という一節が出てくる。この「ちまた」は多くの道が交わる場所の意から、通行人の多いにぎやかな街中を意味するようになり、さらには「巷の声」

巷（ちまた）　文 世間。「―ではやりの髪型」

というふうに、「世間」という意味にまで広がったようである。現在では、古風でいくらか詩的な感じのすることばだろう。

場末――裏町・町はずれ

「まち」は「まち」でも、にぎやかな表通りとは対照的に、裏通りに面してひっそりとしているのが「**裏町**」である。楠本憲吉に「虫鳴いて裏町の闇やはらかし」という句がある。街灯も窓明かりもなく、ひたすら暗い裏町、そこで秋の虫が鳴いていることに気づく。とたんに闇のとげとげしい圧迫感がいくぶん和らいだように感じられる、そんな句意だろう。作者は大阪の料亭「灘萬」の長男だったという。

刺々(とげとげ)**しい** 言葉や態度が人の心を突き刺すようにきつい。「――表情/口調/目つき」

沢村貞子のエッセイ『味噌汁』には、それぞれ自分の家の味噌汁を何杯も「おかわりして、浅草の裏町の人たちの、一日がはじまった」とある。懐かしい日本の朝である。

志賀直哉の『城の崎にて』は、自身が電車にふ

裏町(うらまち) 裏通りに面して建つ家屋や店舗の集まる一区画。

れて怪我をした、その後養生に温泉を訪れたという経緯に始まり、蠑螈（いもり）や鼠（ねずみ）や蜂などの死を目撃して、生きものの哀しみを実感した体験を淡淡と綴（つづ）る。そうして、「遠く町端（まちはず）れの灯が見え出した」という主体化された情景描写で結ばれ、読者の心の奥にしみる。この「**町はずれ**」という語は、町の中心から遠く離れて、町並みが尽きるあたりの一帯をさす。

英文学者の小池滋に『行間を読む』というとぼけた題のエッセイがある。通常、「行間を読む」といえば、文章中に文字として記されていない書き手の真意や気持ちを読みとることをさして使われる。ところが、ここでは、文字どおりの行間、すなわち、行と行との間の隙間をさし、購入した古本のそのスペースに書き込まれた、前の所有者の書き込みを読む話である。この作品にこんな一節がある。「場末の駅のひとつひとつで降り、そのあたりのなるべく貧相な店をのぞいて」と、古

町外れ（まちはずれ）　町の端の方で家々がまばらになり、町並みが途絶えようとする辺り。「―にある寺を訪ねる」

貧相（ひんそう）　いかにも貧乏らしい顔つき。みすぼらしいさま。「―な―なり／人物」↔福相

場所▼場末

物色（ぶっしょく） 良さそうな人や物を多くの中から探し求めること。「適任者／家／土産の品－を―する」

本を物色した昔を偲（しの）ぶ。

また、小津安二郎監督の映画『秋日和』に、岡田茉莉子の演ずる百合子が、佐分利信の間宮、北龍二の平山、中村伸郎の田口という小父（おじ）様たちを、おいしい店を知っているからと、とぼけて自分の家の「芳ずし」に誘いだす場面がある。田口が「案外こんな場末のチャチな家がうまいんだ」と知ったような口を利くと、百合子は「場末で悪かったわね」とつっかかる。なお、このシーン、何も知らない男たちが、こんな遠いところに来ちゃって、一人で家へ帰れるかいと余計な心配をするのもおかしい。

この「**場末**」という語も、町の中心部から遠くはなれた土地をさすが、「町はずれ」がそういう場所を客観的にさすのに対して、この「場末」というやや古風な語には、うらぶれた雰囲気が漂う感じがある。

ちゃち 俗 貧弱なさま。粗末で安っぽいさま。「―な－細工／考え」

場末（ばすえ） ①繁華街を離れて人通りも少なくなる所。「―のクラブ」②町外れ。

冷泉(れいせん) ①文 冷たい泉。②二五度未満の水温をもつ鉱泉。↔温泉

温泉(おんせん) ①地熱によって地下水が熱せられて湧(わ)き出るもの。水温が二五度以上か指定の物質を含むものを指す。「―を引く」↔冷泉 ②①を利用する浴場(のある地域)。「―に入る/つかる」「―宿」

出で湯(いでゆ) 文 古 温泉。「―の宿」「―巡り」

温泉――冷泉・いでゆ

国立国語研究所に勤務して国家公務員の身分だった頃、よく車で伊豆の旅に出かけた。「地酒」と書いた旗のほか、両刀遣いの人間には「温泉まんじゅう」や「いでゆ蒸し羊羹(ようかん)」と書いた看板や貼り紙も眼に飛び込んでくる。地酒は晩酌用にあとで楽しむことにして、ここの「温泉」と「いでゆ」に使い分けがあるのかどうか考えてみよう。

もし「**冷泉**」であれば、摂氏二五度までの冷たい鉱泉をさすから、それより温度の高い「**温泉**」と明確な区別がある。「**いでゆ**」にはそんな専門的な温度の規定などなさそうだ。数字で厳密に区切られたりすれば、くつろいだ気分が消え失せ、のんびりと浸(つ)かってはいられない。

ものとしては、おそらく似たようなものをさすのだろう。だが、この両語は雰囲気がだいぶ違う。「温泉使用料」のような事務的なことばや、「温泉の成分」といった科学的なことばには、「いでゆ」

という語はなじまない。「温泉を引く」といった現実的な意味合いでも、「いでゆ」ではしっくりと来ない。「温泉が噴き出る」という言いまわしでも、「いでゆ」の「いで」の部分はもともと「出る」という意味で、それに「湯」のついたのが「いでゆ」だろうから、これも「いでゆ」では重複感があって落ち着かない。

「いでゆ」という語には、温泉という物質だけでなくその雰囲気がこもっているような感じがする。「いでゆの里」「いでゆの旅」「いでゆのけむり」というふうに、「いでゆ」はもっぱら「温泉」ののんびりとくつろぐ側面だけを話題にする、美的で古風な言い方なのである。

まんじゅうと蒸し羊羹のどちらを買うかは、その人の好き好きだが、なんだか「温泉まんじゅう」が庶民的で、「いでゆ蒸し羊羹」が上品に感じられ、値段も違うような気がするから、語感というものは不思議な作用をする。

エアポート　空港。〔airport〕

空港（くうこう）　公共用の飛行場。「成田―」

場所▼駅

空港――エアポート・飛行場

辞典で「**エアポート**」と引くと、「飛行場」「空港」という置き換え語が並んでいる。「**飛行場**」は飛行機の発着する場所をさし、「飛行場を飛び立つ」「飛行場を後にする」のように使う。その点では「**空港**」も変わりがないが、「飛行場」が地方都市にある小規模な施設にも抵抗なく使えるような感じがするのに対し、「空港」のほうは、航空輸送のために航空機が定期的に発着する公共施設をさし、「国際空港」のように大規模の施設をイメージしやすい、という違いがあるように思われる。

駅――停車場・ステーション

小沼丹の英国滞在記とも言うべき長編エッセイ『椋鳥（むくどり）日記』にこんな失敗談が載っている。アッシュフォードという駅で乗り換える時、寒いのでプラットフォームの軽食堂を見て、とっさに「蕎麦（そば）を食おう」と思ったらしい。場所が英国だから、駅で蕎麦なんか売っているはずはない。そ

飛行場（ひこうじょう）　航空機が離着陸できる施設の総称。

駅（えき）　鉄道で、客の乗降や貨物の積み降ろしを行う施設。

んな勘違いをするぐらいだから、これは日本に帰る潮時だと判断して帰国の準備を始めたとある。

この「**駅**」で苦労したことがある。国立国語研究所の実施している、共通語化の変遷の実態を探る定期的な鶴岡調査に調査員として参加した時だ。この地方では伝統的に、イの母音が中舌母音となり、エの母音が標準語より狭くなる傾向があるが、それが今どの程度残っているかを調べるために、前者では「息」のイに、後者では「駅」のエに注目して面接調査を実施した。

前者は「口からハーッと吐くもの」をどう言うかという質問をする。後者では、汽車が煙を上げて通る踏切のそばに、時計台のある建物を描いた絵を見せて、この建物を何と言うかと尋ねる。

相手に「駅」と言わせて、そのエの音に注目しようとするのだが、七十代に見える紳士はとっさに「**停車場**（ていしゃば）」と答えた。何とも古めかしいことばで、昔懐かしかったが、意味は同じでも、これで

停車場（ていしゃば）　古 駅。異読 ていしゃじょう

は調査にならない。そこで、ほかに何と言うかと誘導すると、「テーシャバ、テーシャジョウ」と言いながら考えて、やがて「**ステーション**」と言った。今度は無理して新しいことばを使ったなと一瞬思ったが、案外、当人は日本に陸蒸気(おかじょうき)の走り始めた時代の「新橋ステーション」を思い出したのかもしれない。ともあれ、この外来語は、昔を知っている人には古くて懐かしいことばであり、知らない人には逆に斬新な響きを感じさせる。「ベースボール」と同様、人によって両極端の語感を持つ。

工場――こうじょう・こうば

「工場」と書いて、どう読むか。それによってイメージが違ってくる。徳永直の『太陽のない街』に、「疲労した巨大な河馬(かば)のように横たわった大工場」とある。「大」が付いているから、ここは「**こうじょう**」と読むのだろう。一方、林芙美子の『放浪記』には、「ベタベタ三原色を塗りたくつ

ステーション 駅。「―ビル」〔station〕

工場(こうじょう) 機械を使って、継続的に大量の物品の製造や加工を行う所。

場所▼工場

工場（こうば） 比較的規模の小さい工場（こうじょう）。「裏の―」

て、地虫のように太陽から隔離された歪んだ工場」とある。修飾形容から推測して、ここは「**こうば**」と読むほうがぴったりする。どちらに読んでも、機械を使って製品を作製する施設をさす点では共通するが、「こうじょう」のほうが大規模で、近代的な設備が完備した雰囲気が強いだろう。

古風な感じの「こうば」と読むと、それだけ小規模な連想が働き、街中のごみごみとした場所にある仕事場が目に浮かぶ。機械などの設備も旧式な感じがする。山田洋次監督の映画『男はつらいよ』シリーズに出てくる「とらや」の裏にあるあの印刷所など、タコ社長は「こうじょう」のつもりかもしれないが、寅さんは「こうばの労働者諸君！」と鼻で笑いそうな雰囲気がある。

つまり、「こうじょう」が現代生活に密着した基本語として、「自動車の整備工場」「工場見学」「工場排水」などと広く使われるのに対し、「こう

鼻で笑う（はなでわらう） 相手を軽蔑（けいべつ）して鼻にかかった笑い声を出す。

ば」は懐かしく思い出される昔のイメージを乗せて、「町工場」「町外れの小さな工場で働いていたあの頃」などと使われるような気がする。

牧場——ぼくじょう・まきば

「牧場」を「ぼくじょう」と音読みするか、「まきば」と訓読みするかという問題も、「工場」の場合と似たような関係になる。どちらに読んでも、「牧場」は牛や馬を放し飼いにするための場所をさし、その限りで意味はほとんど同じだ。

しかし、現代一般に使われている「**ぼくじょう**」のほうが、「まきば」より規模が大きく、近代的な設備が整っているようなイメージがあり、「牧場経営」「牧場に多数の牛を放す」のように使われる。

一方、「**まきば**」という古風なことばは、「工場」を「こうば」と読む場合と違って、詩的な雰囲気を感じさせ、「牧場に霧が立ち込める」「丘にたたずみ、眼下に広がる牧場を眺める」などと使う。

牧場（ぼくじょう）　牛・馬・羊などの家畜を放牧する設備を備え、飼育する所。「—経営」

牧場（まきば）　古 牛・馬・羊などを放し飼いにしておく所。「アルプスの—」

場所▼牧場

永井荷風の『あめりか物語』に「彼方(かなた)には気も晴々する牧場を望み」と出てくる例など、どちらに読んでも違和感はないが、ここはプラスイメージの「まきば」を選びたい気分になる。その文学的な匂いが日常会話では気障(きざ)っぽい感じに響くこともある。

ともあれ、この「まきば」という語には、のんびりとした昔懐かしい雰囲気があって、成分無調整の自然で濃厚な牛乳が飲めそうな期待を抱かせる。人間は気分の生きものだから、「まきばの朝」のほうが「牧場の早朝」より心地よく感じられ、牛乳も味が違う。

基礎――土台・基本

何であれ、ものごとには「**土台**」が重要で、すべてはそこから始まる。それは、全体を支える最も下の部分で、通常、土や石、コンクリートなどを固めて造る。木造の家屋の場合、柱を受けるために基礎の上に据える横木をさす用法もある。「家

土台(どだい) 物事の基礎。「実体験を―にした信念」「成功の―を築く」

土台(どだい) 建造物の荷重を支える底部。基礎。

基礎（きそ） 建物の土台。「—工事を行う」

基礎（きそ） 物事を支えたり習得したりするための土台。「—を固める」「英語を—から学ぶ」「—知識」

基本（きほん） 物事や活動の土台となる不変のこと。「—に忠実だ／立ち返る」「—を身につける」「—方針／給」

場所▼基礎

の土台」「土台を築く」「土台がしっかりしている」「土台が揺らぐ」などと使われる。「何でもものごとは土台が大事だ」のように抽象的な意味で用いることもある。

建造物が安定し、倒れにくくなるよう、下から支える大元の部分を「**基礎**」と呼び、「基礎を打つ」「基礎工事」などと使う。「基礎体力」「基礎科目」「基礎知識」「基礎から始める」「あの選手は守備の基礎ができている」のように抽象的な意味でも使われる。「基礎」が最初の段階であるため、第一のステップとしての初歩段階をさす場合もあるが、それでも、単なる最初の一歩という意味ではなく、最重要部分という意味合いが強い。

これとよく似た意味合いで使われることばに「**基本**」がある。「基本給」「基本方針」「基本的人権」「基本がなってない」「基本を身につける」などのように、抽象的に用いる例が多い。家屋の建築に用いた場合は、「基礎」が土台石のイメージなのに対し、「基本」は家の中央で支える太い大黒柱のイメージとなる。そのため、抽象的な意味の用法においても、第一段階というより、すべての段階を貫く全体の中心となる事柄をさすというイメージがあり、その点で「基礎」や「土台」と若干異なる感じがある。

ラフなイメージとしては、「基礎」を打って「土台」を築き、その上に「基本」を据えるという関係になるような構造が考えられる。

構造——構成

「ビルの構造」「機械の構造」「構造上の欠陥」のように使う「**構造**」という語は、事物や組織体などの内部がどのように組み立てられているか、といった部分間の相互関係をさす。小林秀雄の『私小説論』に「この秘密の構造は少なくとも原理的には甚だ（はなはだ）簡明なのである」という一節があるとおり、抽象的な仕組みについても、「社会構造」「年金制度の構造」などと、やはりこの語が用いられ

構造（こうぞう） 全体を構成する個々の要素の結びつき（のあり方）。「船／社会-の—」「—物／改革」「精神—」

簡明（かんめい） 図 簡単で分かりやすいこと。簡単明瞭（めいりょう）。「—に-答える／記す」「—直截（ちょくせつ）」

る。

一方、「**構成**」という語も、各部分が集まって一つの統一体をなしている場合に用いられ、「語構成」「構成要素」「紙面の構成」「委員会の構成メンバー」などと多用される。

文章の仕組みについては「文章構成」「文章構造」ともに用いられるが、「構成」のほうが例えば序論・本論・結論・参考文献・索引といった内容の順序をイメージさせ、並べ直せば変更できる感じがするのに対し、「構造」のほうは要素が複雑に絡みながら組み合わさっており、簡単には組み立て直せないような雰囲気がある。

建物は各部が複雑に組み立てられているから「家屋の構造」と言い、家庭は独立した個人の集合なので「家族構成」と呼ぶ。身体部位が複雑に組み合わさっている「体の構造」も、もし「構成」とすると、ばらばらになって統一的な機能を果たさない雰囲気に一変してしまう。「構造改革」が

構成(こうせい)　個々の要素や部分が物事を組織立てて作り上げること。「物質/社会-を―する」「―メンバー/要素」「家族/文章―」

場所▼構造

なかなか進展しないのも、「構成」員を交代させるだけでなく複雑な組織を解きほぐして組み立て直す必要があるからにちがいない。

寺――寺院

日ごろ、「**寺**」も「**寺院**」も意味の区別なく、日常会話で気楽に「寺」と使い、改まった文章に「寺院」を用いる、そんな感覚で使い分けているような気がする。だが、語感の点で微妙な違いがあり、どちらかを使うと違和感を覚える例もないではない。もともと「寺院」はなんとか院という建物をいくつか備えた寺の総合的な名称らしい。とすれば、大きくて立派な存在を思い浮かべるのは当然のことだろう。

そのせいか、「寺」であれば、大きくても小さくても、豪奢(ごうしゃ)でも見すぼらしくても、イメージが合わないことはない。ところが、「寺院」のほうは、「荒れ寺」に対する「荒れ寺院」などというものは存在しそうにないし、「貧しい寺院」「粗末な寺

寺(てら) 僧が住み、仏像を安置し仏法を修行する施設。精舎(しょうじゃ)。

寺院(じいん) (大規模な)寺。「―に詣でる」「回教の大―」「―建築/建立」

豪奢(ごうしゃ) 図 非常にぜいたくで派手やかなさま。「―な‐生活/邸宅」

院」などと言ってもぴったりしない。「場末のひなびた寺院」でさえ、どこかしっくりと来ない。

イメージの違いはそれだけではない。日本人は、新聞でも雑誌でも小説の中でも、「寺」ということばが出てくると、真言宗か浄土真宗か曹洞宗（そうとうしゅう）かは知らないが、ともかく読者は仏教の寺を連想するだろう。ところが、「寺院」ということばに接した場合は少し違うかもしれない。むろん、それでも仏教の寺院を思い浮かべる人が圧倒的に多いだろう。事実、中原中也の「除夜の鐘は暗い遠い空で鳴る」と始まる詩『除夜の鐘』の中に、「それは寺院の森の霧（くも）った空」とあり、そのあとに「蕎麦（そば）を食うべ」だの、「銀座はいっぱいの人出、浅草もいっぱいの人出」だのとあるから、この「寺院」も日本の仏寺をさすことは明らかだ。しかし、「寺」と違って、この「寺院」という語は、「ノートルダム寺院」などと言うように、キリスト教やイスラム教の寺院であっても特に違和感がないような雰囲気が漂うのである。

家――いえ・うち

「家」と書いて「**いえ**」と読むのは常識的だが、同じ漢字を「**うち**」と読むこともある。それを文脈で区別するのがむずかしい例も多い。「家制度」「家を継ぐ」は間違いなく「いえ」だし、「建築中の家」「郊外に家を構える」「瀟洒(しょうしゃ)な造りの家」などのように、建物を問題にしている場合も、「いえ」と読んでまず間違いはない。

夏目漱石の『坊っちゃん』にこんな箇所がある。清が「坊っちゃん何時家をお持ちなさいます」と、学校を出たばかりの坊っちゃんに尋ねる。ここの「家」という漢字には作者自身が原稿段階で「うち」と振り仮名を添えているから、そう読ませるつもりだったらしい。それに対する坊っちゃんの返答は「当分うちは持たない」と、今度は平仮名で「うち」と原稿に書いている。その前に、「其(その)時は家なんか欲しくも何ともなかった」という箇所も出

家(いえ) ①夫婦を中心とする、血のつながりのある人の集まり。「―を‐もつ/捨てる」②祖先から続く、血縁でつながる家系。「―の恥」「能楽師の―に生まれる」

家(いえ) 人間が住み、生活するための建物。「―を‐建てる/構える」「立派な―」

家(うち) ①人が住む建物。②自宅。「―へ帰る」

瀟洒(しょうしゃ) 文 洗練されて小ざっぱりしているさま。「―な‐建物/造り/身なり」異字 瀟灑

てくる。どうも漱石は「いえ」ではなく「うち」という語を愛用していたらしい。もっとも、清との間で話題になっている「家」は、建造物そのものではなく、坊ちゃんが学校を出て所帯でも持って、そこに清が一緒に住み込んでいる、そんな家庭をイメージしていることに注目しよう。そういう意味では「いえ」でなく「うち」であるほうが自然なのだ。

それでは、同じ漱石の『硝子戸の中』の末尾に出てくる「家も心もひっそりとしたうちに、私は硝子戸を開け放って、静かな春の光に包まれながら」というあたりはどうだろう。家族がみんな出払って、「私」がひとり取り残され、「家」の中がひっそりしている状況だから、ここは「いえ」と読んでおきたい。

小沼丹の『銀色の鈴』に出てくる「自分で玄関の鍵を開けて家に入る。それが冬だったりすると、家のなかは暗くて寒くてしいんと静まり返ってい

所帯（しょたい）「世帯」の日常語。「―を持つ」「―じみる」「男／新（あら）―（じょたい）」 **異字** 世帯

る」という箇所も、妻を亡くした男が、二人の娘もまだ帰宅していなくて、「しいんと静まり返っている」、そのがらんとした「家」にひとり入って行く場面だから、やはり「いえ」と読みたい。

佐藤春夫の『田園の憂鬱』に出る、音のない初秋の雨が「家のなかの空気をしめやかに、ランプの光をこまやかなものにした」というシーンも、家族のけはいがなく家庭というイメージは感じられないので、これも同様である。

台所――お勝手・キッチン

「**板場**（いたば）」といえば、板前が腕をふるう日本料理屋に限られる。「調理場」というと、何人かの調理師が仕込みに余念がないといった連想が働く。「**厨房**（ちゅうぼう）」というむずかしい語も、現在では専門的な雰囲気が漂って、一般家庭ではあまり使わないようだ。その「厨」という漢字を書く「**くりや**」など、もう古語に近く、今は寺社などを除き、まずほとんど用いないだろう。

しめやか 文 ひっそりともの静かなさま。「雨が―に降る」

細やか（こまやか） 情の厚いさま。心がこもっているさま。「―な愛情」 異字 濃やか

板場（いたば） 《主に関西で》板前。「―の修業」

厨房（ちゅうぼう） 文 家・ホテル・料理店などで、食物を調理する場所。

厨（くりや） 古 台所。「―番」

各家庭で料理をつくる場所といっても、名称は一つではない。早稲田大学のある女子学生の話によると、うちでは祖母は「お**勝手**」と言い、母は「**台所**」と言い、自分は「**キッチン**」と言うが、それで何の問題もなく通じ合っているそうだ。ひと昔も前の情報だから、今ではこの分布にいくらかずれが生じているかもしれない。

このうち「お勝手」と「台所」との関係は、地方によって、世代によって、人によっても違うかもしれない。自分の記憶では、ある時期までは「台所」のほうが古風な感じだったのが、どの時期からか逆転現象が起こって、そうなったような気がする。

昔の国立国語研究所でだったか、「台所」という語と「キッチン」という語とを比べてイメージがどう違うかを尋ねる調査が行われたことがある。その結果から、当時の日本人が「キッチン」ということばに、美しく、新鮮で、軽いという語

勝手（かって） 台所。「お―に立つ」「―道具／口（ぐち）」

台所（だいどころ） 家の中で、食物を調理する場所。「家の―」

キッチン 台所。 略形 K

感を意識していたことがわかる。ひところ、「キッチン中村」などと、「キッチン」をふりかざす食堂の看板をよく見かけたものだ。この外来語のそういう語感を利用してイメージアップを図り、その店がきれいで明るい印象を与えることをねらったものだろう。たしかに、それが「台所中村」という看板だったら、目刺しと納豆と芋の煮っころがしと沢庵ぐらいの献立を連想し、客足が遠のくかもしれない。

ところが、幾むかし前、青山学院大学に非常勤講師として通っていて珍しい光景を発見した。たしか渋谷側の門の前あたりだったと思うが、単に「台所」と書いた、案の定、薄暗い店が見えたのだ。昼間、外からちらっと眺めただけだから、何の店かわからない。わざわざ店内に入って確かめるほど酔狂でもないし、そこまでの探究心もないから、そのまま何年も過ぎ、まだ店があるのかどうかさえ不明である。だが、たまに考えること

酔狂（すいきょう） 好奇心から風変わりなことをするさま。「—な人／—まね」「—にも程がある」異字 粋狂

がある。あれがもし食堂であったなら、古めかしくなった「台所」の語感を逆手に取ったのかもしれないと。「台所」ということばの温かい雰囲気、懐かしい響きで故郷の思い出を誘い、おふくろの田舎料理を匂わせて、ホームシック気味の学生の心を鷲づかみにしようという気持ちもどこかにあったような気がするのだ。

鷲掴み 鷲が獲物をつかむように荒々しくつかむこと。「札束を―にする」

便所――厠・はばかり・ご不浄

人前で口にすることがはばかられるような話題では、露骨な言い方を避けて、できるだけ間接的な表現でそれとなく伝える。死に関する話題の場合は、死という現象そのものが避けたい対象なのだが、性や排泄に関する話題は違う。それをあからさまなことばで表現することを、文化国家ではたしなみがないとして社会的に認められないだけであり、それ自体は人類にとって必要不可欠な事象だからである。

安岡章太郎は『わが糞尿譚』に、「排泄作用そ

場所▼便所

のものの心持ちよさに加えて、一つの部屋を一人で占領しているという安心感、この二つがかもしだすよろこびは、あたかも都塵をとおざけて深山幽谷にあそぶ想いであった」と、その一室の居心地のよさを、けれんみのまるでない高尚にして雅趣に富んだ筆致で堂堂と綴（つづ）ってみせた稀有（けう）な例である。

要するに、大小便排泄室なのだが、そういうあからさまな言い方は世間で嫌われ、できるだけ遠まわりな表現でそれとなく伝えることが文化的に期待されている。そのため、どの時代もさまざまな間接表現が工夫され、今日までに数多くの類義語が試されてきた。

そのうち、現代人にとって、もっとも基本的で率直な日本語となれば、まずは「**便所**」ということばだろう。手もとの漢和辞典には、人偏におさめる意の「更」を書くこの「便」という漢字は、もともと細ごまとしたことを弁ずる使用人をさ

都塵（とじん） 文 都会のほこりや、騒然とした環境。「—を避ける」

外連味が無い（けれんみがない） はったりやごまかしが全くない。「—相撲を取る」

希有（けう） 文 めったにないさま。「—な存在／出来事」 異字 稀有

便所（べんじょ） 大小便の用を足す所。「—に入る」

し、そこから「都合がいい」という意味合いを帯びたという語源いや字源の説明が載っている。すなわち、「便利」の「便」であることが、それで納得できる。その基本的な意味から、訪れ、音信、すなわち「便り」の意味が加わり、さらに「手軽な」という「簡便」の「便」などに広がり、糞尿という意味も加わった。ちなみに、語例の中に「便座」という見出しも載っているが、これは正式の奥座敷に対する手軽な応接の部屋をさすらしく、水洗トイレとは無縁である。

このように、もとをたどれば、「便所」も必ずしもあからさまに排泄と結びつく表現ではなかったのだが、長い間それ専用に使ってきたため、いつの間にか特有のにおいがしみつき、かなり前から不潔な連想の働く語として日常生活で使用を避ける傾向が生じていた。使うと露骨に響き、品のないことばという不当な扱いを受けていたような気がする。

音信（おんしん） 手紙などによる連絡。「―が絶える」「―不通」 異読 いんしん

露骨（ろこつ） 出すのがはばかられるような感情や本心をありのままに見せること。「―な質問」「―に敵意を示す」

この意味での代表的な用語であった「便所」ということばは、そういう不幸な歴史が影響し、次第に日常場面から姿を消すこととなる。今でも、教科書など、学問的な態度で執筆するような場合に、客観的な用語として使用することはありそうだ。この本でも基本はそれに従う。だが、そういう特別の意図的な場合を除き、生活場面の日本語から消え去った感がある。読み方を変更し、「便どころ」とでもすれば、汲み取り式のイメージが消え、斬新な響きで意外に復活するかもしれない。

人間が排泄用に設けたその場所をそれとなくさす表現は実に多い。できるだけ遠まわしに伝える数数の試みのうち、もっとも関係がたどりにくいのは、「**せっちん**」という語かもしれない。かなり古いことばらしいが、将棋で相手の王将を盤の隅に追い詰めることを「せっちん詰め」と言ったものだが、これは今でも使うかもしれない。昔、便所を家の一番隅に設けたことから来た比喩的な

汲み取る（くみとる） 汲んで取り出す。「清水を―」

斬新（ざんしん） 物の考え方や趣向が非常に新しくてユニークなこと。「―な企画/アイディア/スタイル/デザイン」

雪隠（せっちん） 〔古〕便所。〔禅宗の用語から。〕

発想だろう。将棋に限らず、相手を逃げ道のない所に追い込む場合にも、この語を用いた。

漢字で書けば「雪隠」となるが、それが便所とどう結びつくのだろう。一説に、便所掃除を担当した禅師の名の一字「雪」と、その寺の名の一字「隠」とを組み合わせた「せついん」からの音転という。こうなると、ほとんど判じ物めいて、その語が広く知れわたるまでは何のことやらわからない。人に知られず心おきなく用が足せたことだろう。

「**後架**（こうか）」という古めかしいことばも意味がたどりにくいかもしれない。この語は、もと、禅寺で僧堂の後ろに架け渡して造った洗面所をさしたらしく、そこからの類推で伝わる。

「**かわや**」という語も、「厠」という漢字を宛てている間は日本人には意味がぴんと来ない。夏目漱石に「時鳥厠（ほととぎすかわや）半ばに出かねたり」という俳句がある。初夏に飛来するほととぎすは、夏の風物詩

禅師（ぜんじ） ①禅に通じた僧。②朝廷から禅宗の高僧に贈られる称号。「道元ー」

後架（こうか） 古 便所。〔禅寺で、僧堂の後ろに架け渡して設けた洗面所の意。〕

厠（かわや） 古 便所。〔「川屋」または「側屋（かわや）」の意からという。〕

判じ物（はんじもの） ある意味を文字や絵などにして表し、人にあてさせる遊び。

として、古来、和歌に詠まれ、日本の季節感の一端を担ってきた。その風流を、漱石は、思いもかけない「厠」と結びつけて俳味を出した。ほととぎすらしい鳥の声が聞こえるが、あいにく用を足している途中で、すぐに外に飛び出すわけにはいかない、というのだ。聖と俗、美と醜との一瞬の交差がポイントだが、漱石はこれを園遊会か何かの招待を断る際に用いたとも聞く。なるほど、目下ちょうど仕事に取り掛かっていてすぐには抜け出せない、そんなふうにも読めて、粋な断り状ともなっている。

家屋の母屋のそばにそれ用に設けた「側屋（かわや）」をさすという説もあり、位置をヒントに推測させる点は「後架」と共通するが、日本語の発想としては「川屋」という説のほうがわかりやすい。川の流れの上に設けたそれ用の施設のようで、そこで排泄して生（なま）放流したらしい。いわば天然の水洗施設だ。字面だけ見ると、夕涼みか花火見物のため

俳味（はいみ） 世間的なわずらわしさが抜けた、明るくのんきな味わい。俳諧の持つおもむき。「—のある文章」

園遊会（えんゆうかい） 庭園などに多くの客を招き、食事や余興でもてなす会。

桟敷（さじき） 劇場・相撲場などで、土間より一段高く設けた見物席。「―席」「天井―」

の桟敷（さじき）といった趣で、実物より風流で、粋な感じがする。

大にしろ小にしろ、排泄した物質は汚いところから、それ自体を「不浄」と言ったようだ。そのための施設も当然あまり清浄とは言えないから、せめて「御」だけは付けて「**御不浄**」と呼ぶようになった。

この排泄というものは、いかなる身分であれ、どんな顔であれ、万民に共通する必須の行為であるが、その性質上、それ専用の空間を個室にし、扉をしつらえる国では、文化的な理由も働いて、どうしても人前をはばかることになる。その点を利用して、そのための施設を「**はばかり**」という名詞で呼ぶ習慣も長く続いた。「はばかる」ものや事柄は便所以外にもいろいろあるため、この間接表現は抽象的で、広く知られるまでは、かなりの効果があったと推測される。

「かわや」も「ご不浄」も「はばかり」もだん

御不浄（ごふじょう） 古 便所。〔丁寧な婉曲（えんきょく）表現。〕

憚り（はばかり） 古「便所」の婉曲（えんきょく）表現。「―に行く」〔人目を憚る意から。〕

唖然（あぜん）　あっけにとられる。「信じられない対応に—とする」

手水場（ちょうずば）　[古]「便所」の婉曲（えんきょく）表現。手水（ちょうず）。

だん使われなくなり、そのことばを知らない世代も出てきている。通じない人が出現したことに気づかないある婦人が、どこかの百貨店で、「かわや」だったか「ご不浄」だったか「はばかり」だったか忘れたが、ともかく用を足そうとそのありかを尋ねたところ、若い店員は何のことかわからず、「上司に聞いてまいります」と応じたという話がある。店員は問い返すのを恥と考えたらしい。その婦人の唖然（あぜん）とした顔が目に見えるようだ。それでも間に合えば、笑い話となる。

「**ちょうず場**」という語も相当に古い感じで、今では通じるかどうかわからない。これも発想はかなり間接的である。「ちょうず」という音は、「てみず」すなわち「手水」の音便形から出ており、「てうづ」として、もともと手を洗う水を意味したらしい。神社などで参拝する前に手を洗い清める水もそれである。やがて、手を洗う行為をも「手水」と言うようになり、意味が広がった。

神社に参拝する前と同様、用便のあとにも普通の人はたいてい手を洗う。そのため、排便する場所の近くに、そのための「手水鉢」を備える。そうなると、便所とその周辺は「手水を使う」場所でもあるので、そのことを利用して「手水場(ちょうずば)」と呼ぶようになったようだ。便所の主たる目的である排泄のほうを捨象し、そのあとに続く、手を洗うという従たる行為のほうに焦点を移して婉曲(えんきょく)にした名づけである。

現代でもまだよく使われている「お**手洗い**」という語も、似たような発想によって焦点をずらした呼び名だ。手水鉢とは違って、手を洗うための流しは、主たる排泄用の設備と同じ部屋の中にある場合が多く、直接の目的でないほうを意味する「手洗い」という言い方で、便所全体をさりげなくさすには好都合である。「手洗いを済ませる」という言いまわしの「手洗い」という語が、一方でその前の行為を含む意味合いを帯びるにつれ

手洗い(てあらい)　「便所」の婉曲(えんきょく)表現。「お—に行く」

捨象(しゃしょう)　事物・表象を抽象する際、共通でない個々の特殊性を捨てること。「個別要素を—する」

て、「手洗いに立つ」という、すっきりと気品に満ちた婉曲表現が通じるようになるのだろう。

しばらく歓談したあと、訪問客が「洗面所を拝借したいのですが」とことばをにごすことがある。そんな場合、洗面器に水を汲んで恭(うやうや)しく差し出したのでは笑い話になる。寝起きに洗わずに、よその家を訪ねてから顔を洗う人間はめったにいないからだ。この「**洗面所**」も「手洗い」と類似の発想によるずらしだが、さらに間接性が高いはずだ。目的の行為を済ませたあとに手を洗うのは自然だが、顔まで洗うのは尋常でないからである。用便のための施設に付随する手洗い用の流しでも、ある程度の大きさがあれば顔も洗えないわけではない。そちらに焦点を移せば、全体として「洗面所」と呼べないわけでもない。

それに、手洗いとは違って、洗面は基本的に排泄と無関係であり、事実、まさに洗面所それ自体をさすことも多く、「洗面所」というずらし方で、

洗面所(せんめんじょ) ①洗顔・手洗い・化粧のために設けられた所。②「便所」の婉曲(えんきょく)表現。

付随(ふずい) 主なものに密接に結びついていること。「著作物に―する権利」「入学に―する費用」「―条項/資料/品」 異字 附随

恭しい(うやうやしい) 相手を敬い、へりくだった丁寧な態度である。「―態度」「恭しく一礼する」

その間接性はさらに高まる。いわゆる便所の領域とは別に、独立した洗面用の部屋を備えた家屋でも、人間の動線を考えた間取りの関係で、その二つの部屋は多くすぐ近くにあるはずだから、仮に純粋の洗面所へと案内されたとしても、素知らぬ顔でその隣の部屋に入れば用が足りる。

この洗面所は本来、顔や手を洗うための場所なのだろうが、その気になれば、白粉や口紅や香水などを用意して化粧をすることもできる。だから、ポイントをずらしてその部屋を「**化粧室**」と呼んでも、まるっきり的外れということにはならない。事実、そういう間接表現も以前はしばしば聞こえてきたかもしれない。しかし、手洗い、洗面、化粧と次第に目的地からそれてくると、直接表現を避けてその場所を意識の上から遠ざけようとする話し手の過剰な美化行為を聞き手がそれだけ強く感じるようになり、人物の印象に影響しないとも限らない。

化粧室(けしょうしつ) ①化粧をしたり、服装を整えたりするための部屋。パウダールーム。②「便所」の婉曲(えんきょく)表現。

WC（ダブリューシー）

便所。〔< water closet〕

こんなふうに「便所」からどこまで遠ざかっても、その語をくり返し用いているうちに、婉曲表現のはずだったことばの音と意味とがすぐ結びつくようになる。間接性の効果が次第に薄れて直接表現に近づいてしまうのだ。ついには臭気を帯びて好ましくない感じがしみつく。そうなると、しばしば外国のことばに逃げてきた。生まれ育った自国のことばとは違って、外国語の場合、そのことばをいろいろな場面や文脈で使う経験がとぼしいため、単語の意味は理解できても、そのことばにしみついたにおいまでは感じとれないことが多く、語感が働きにくいからだ。母国語では人前で言いにくいことばでも、同じ意味の外国語にするとわりあい平気で口にできるのはそのせいだ。

用便室のようにあまりはっきり言いたくないものをさす場合に便利なのはよく理解できる。そこでまず英国から輸入したのが「water closet」の頭文字をとった「ＷＣ」という略語で、明治時代にすでに使われていたというから驚く。本国ではクローゼットだけでも同じ意味で使われるらしい。基本的な意味は「小部屋」だから、それをその意味に特定して用いるのは、すでに間接表現だったことになる。意味を拡大してほのめかすこの表現が上品すぎて通じにくかったのか、その意味にたどりやすくするためにウォーターというヒントを添えてわかりやすくしたのだろう。ただ、そうすることで水洗式という限定が加わったが、日本では初めから略語の形で使ったので、Wの意味まで考えずに暢気(のんき)に用を足していたにちがいない。ただし、この語は公衆便所の表示などに使われることが多く、家庭の中で使うと違和感があるようだ。いずれにしろ今ではあまり見られない。

大正時代に入って同じく英国から「トイレット」という語を輸入して使い始めたらしい。ただし、昭和に入ってから使われだした「トイレットケース」は便所掃除の道具入れではなく化粧道具入れをさし、同じく「トイレットソープ」も便所備え付けの手洗い用の石鹼ではなく「化粧石鹼」をさすように、この「トイレット」という英単語は「化粧」という意味であって、排便とは無関係だ。そこで、英国人はそれに部屋を意味する「ルーム」を付けた全体で「化粧室」を表し、それとなく便所をもほのめかすのである。

ところが、日本人はその単語を単独で使う場に居合わせないから、何となくその方面のことばと思いこんだとしても不思議はない。そして、日本語で発音するには長すぎて緊急の場合に間に合わないと思ったのかどうかは知らないが、ともかく「ルーム」を削って短縮した。そうなると、部屋を介さずに「化粧」という行為とじかに結びつくことになり、図らずも間接性がさらに高まる結果となった。

それからほどなく、それでも長すぎると思ったのだろう、その英語の一語をさらに分割して「ト

図らずも（はか）　思いもよらないことに。意外にも。「―いい人に会った」〔好ましいことに用いる。〕

トイレ　「便所」を指す最も一般的な語。「―が近い」「公衆―」〔＜toilet〕

イレ」にまで縮めた。こうして、「便所」と肩を並べる三拍のことばの誕生を迎える。器用な日本人の加工技術に感心している間もなく、ちょっとした副作用があらわれた。「お大根」「お洗濯」「おビール」と、やたらに「お」を連発したがる丁寧族が、「おトイレ」と言い出したのだ。「お便所」「お手洗い」などの例もあって、ごく自然だったのだろう。

　その結果、想定外の現象を引き起こした。「山」「花」「人」など、日本語には二拍の名詞が多く、日本人は自然に二拍をひとかたまりにとらえる傾向が強い。そうすると語構成の意識が崩れ、「おトイレ」が「オト　イレ」と聞こえてくる。その結果、「音入れ」という不思議なことばを連想する創造的な聴き手が出現したらしい。そういえば、たしかに音と無縁ではない。一時期、同じ意味の「カセットテープ」という俗語が現れたとも聞く。

　谷崎潤一郎は『陰翳礼讃（いんえいらいさん）』の中で、音を消すため「木製の朝顔に青々とした杉の葉を詰めた」便器を理想とすると述べているぐらいだから、それが「音入れ」と聞こえたのでは台なしになる。せっかく意味をぼかして婉曲に伝えようとしたはずのこの語が、上品どころかかえって露骨に響くからである。このように間接化の逆効果となる危険に気づいたのか、それ以降、この外国語の部品に「お」を付ける例をあまり耳にしなくなったような気がする。

それでも、「お」の付かない剝き出しの「トイレ」は大流行し、日常生活であの場所をさす語彙のうち、今やもっとも基本的なことばの地位に君臨している感がある。

一方、その「化粧室」という婉曲な表現も、長く使っているうちに、例外なく慣用的になり、次第にうっすらとにおいがしみついてくる。そうなると客商売に差し支えるため、「百貨店」の影が薄くなり「デパート」に吸収される頃からだろう

朝顔（あさがお） 漏斗（じょうご）形をした、男性用の小便便器。

君臨（くんりん） ①君主として臣下に臨み、国を治めること。②ある分野で絶対的な勢力をもつこと。「財界に―する」

か、「レストルーム」という言い方が使われだしたらしい。restは「休憩」を意味するが、あそこはひと休みする目的で通う場所ではない。それにhouseを付けて、旅人などの「休泊所」を意味する用法も本場の英語にあるらしく、それが日本にも入ってきた。しかし、いくら安岡が「深山幽谷」にたとえて激賞しようと、あんな場所で一泊する人間はおらず、「レストハウス」という外来語がそういう意味合いを帯びることは幸いにしてなかったようだ。

「レストルーム」に相当する英語は、本国で駅や劇場などの休憩室をさして使われていたのだが、アメリカで洗面所ひいては便所をさす用法が現れ、日本語はどうもその米語を直輸入したものらしい。が、「休憩室」が男女別別なのは共同参画を謳（うた）うこの時代にマッチしないというのとはおそらく別の理由で、庶民生活の中までは浸透しなかったように思われる。

激賞（げきしょう） （感激して）褒めちぎること。「作品を―する」

レストハウス 観光客用の休憩所。〔rest house〕

参画（さんかく） 政策や事業などの計画に加わること。「国政／一大事業に―する」

なにかと面倒な「ことば」を用いず、ヒントとなる文字だけで済まそうという試みもあったと聞く。単に「男」「女」と書いておけば、紛らわしいのは銭湯ぐらいだろうから、たいていの場所ではそれだけで通じそうだ。大昔、一〇年近く武蔵野美術大学の非常勤講師を兼務したことがある。文学部の一、二年のころ、水道橋にあった二科会系の某画伯の研究所に週に一回しばらくデッサンに通った経験はあるものの、それ専門の大学で担当するのだから、もちろん絵の指導ではない。作家の村上龍も在籍した基礎デザイン学科の文体論の講義である。そこの学生からこんな話を聞いた記憶がある。「男」「女」では露骨すぎると考えたのか、さらに婉曲な表現というつもりだろう、男子トイレには「G」、女子トイレには「L」と記号で表示したという。言うまでもなく、「レディーズ・アンド・ジェントルメン」の頭文字のつもりだっただろう。ところが、その「G」を「ガール」

満更（まんざら）（下に打消を伴って）全くそう決めつけられるものでもないさま。「―うそでもない」

場所▼便所

の頭文字と勘違いするそそっかしい女子学生が男子用に入って来るため、せっかくの工夫も無駄になった、そんな笑い話だ。小学校なら自然だが、大学生にもなって自分を「ガール」だと思いこんでいるあたり、いささか作り話めいて怪しいのだが、いくつになっても「女子」でありたがる最近の世相を見ると、満更ありえない話でもないような気がしてくる。真偽のほどはともかく、落語じみたこの話を聞いたことだけは事実である。

こんなふうに、ことばで対応しきれず、文字でも機能しなくなると、人間、言語を離れて絵で表示することを試みるらしい。背広にズボン姿で男性を、スカート姿で女性を象徴させたあたりから始まり、それが次第に簡略化して丸に三角といった抽象的な図柄も現れたが、次第にスカート姿の女性が減り、スラックス、パンツ着用で颯爽（さっそう）と闊歩する時代を迎えると実態に合わなくなり、ズボン姿はもはや男性を代表できる図柄ではなくなっ

颯爽（さっそう）勇ましくきりっとしていて気持ちのよいさま。「―とした振る舞い」「騎士が―と登場する」

シルクハット 円筒形のクラウン(山)に少し巻き上がったつばが付いた絹製の帽子。男性の正装用。黒色が正式。〔silk hat〕

高島田(たかしまだ) 島田髷(まげ)の髷の根を高く結った髪型。花嫁が結う。

た。

そこで、シルクハットとハイヒールという上と下の一点に象徴させる図柄も工夫された。ハイヒールを履く淑女はともかく、シルクハットをかぶる紳士などにめったに出会わないから、初めから現実を反映していない。だが、象徴だから明確に区別できさえすればそれで用は足りる。その意味では、ちょん髷(まげ)と高島田(たかしまだ)、太刀(たち)と薙刀(なぎなた)でもかまわないはずだ。ひょっとことおかめの表示も、どこかで見たような記憶がある。たしか、カイゼル髭で男性を象徴させた図柄もあったような気がするが、対する女性用は何だったのか知らん？

象徴化がさらに進むと、図柄は次第に抽象的になる。ある時期、青い丸で男性を、赤い丸で女性を表示する試みも現れたようだ。が、それだと色覚障害の人に負担がかかるだけでなく、真っ赤なシャツを着用する男性やパステル調のスカイブルーのスーツに身を包む女性が珍しくなくなる

カイゼル髭(ひげ) ドイツ皇帝ウィルヘルム二世風の、両端が跳ね上がった八の字形の口ひげ。〔「カイゼル」は、ドイツ皇帝の称号。〕

と、入口で一瞬考え込まないとも限らない。それに、そもそも色と性別との関係が万国共通だという保証もないから、そういう思い込みだけで二分した場合、日本を訪れた観光客が迷うかもしれない。とすると、国際化の風潮になじまない。

食卓(しょくたく) 食事に用いるテーブル。「家族で—を囲む」

食卓——卓袱台・飯台・テーブル

夏目漱石の『吾輩は猫である』に、「翌日食卓に就いたのは九時頃」とある。この「**食卓**」という語は、食事の時に料理を盛った皿や茶碗やお椀などの食器を載せるための台の総称で、「食卓に上る」「食卓を囲む」などと使う。食事用であれば、円形でも方形でも細長くても、脚が長くても短くても、また、洋風でも和風でも、すべて含まれる。

卓袱台(ちゃぶだい) (折り畳みのできる)短い脚が付いた食卓。

椎名麟三の『永遠なる序章』には、「卓袱台(ちゃぶだい)が、意地の悪い鬼婆のような気がしてならなかった」という例が出てくる。この「**卓袱台**」の「卓袱」は中国語で「食事」を意味し、その中国音の転じた「チャブ」という音で読んでいる。日本でのイメージは、和室で使用する低い食卓が中心で、特に、円形で脚が短く、その脚を折り畳める方式を連想させやすい。映画『男はつらいよ』の寅さんがひっぱたいたり、向田邦子の『寺内貫太郎一家』で主人の貫太郎が癇癪(かんしゃく)を起こしてひっくり返したりするのは、きっとこれだろう。

この「ちゃぶ台」をさす「**飯台**(はんだい)」という古めかしい語もあったが、今ではほとんど耳にしなくなった。もう通じないかもしれない。

大岡昇平の『武蔵野夫人』には、「暗いロビイには大衆食堂のような安っぽいテーブルと椅子が並んでいるだけであった」とあり、さすがに「**テーブル**」という洋風のことばを使用している。この「テーブル」という語は英語から入った外来語だけに、脚の長い洋風の食卓を連想しやすい。現代日本では社会全体の畳離れが進み、フローリングの食堂に椅子とテーブルを並べる生活が普及した関係もあって、この「テーブル」という語が一般

飯台(はんだい) 複数の人間が囲んで食事をする台。

テーブル 食事・歓談などに用いる脚付きの台。「メイン―」〔table〕

的となり、最もよく使われるようだ。
なお、食卓以外に、応接間でソファーなどの前に据える脚の比較的短い低めのものも「テーブル」と称するが、いずれにしても、純和風の飯台とはイメージの合わないことばだろう。

本棚——書棚・書架・書庫

「同じ書のいくつもありて**書架**の春」という池上浩山人の句に、思わずにやりとする。自分の所蔵する本が数冊程度なら、「蔵書」などと呼ぶのがそもそも大仰すぎる。何十冊も溜まれば「蔵書」と言って言えないこともなさそうだ。が、その程度なら、うっかり同じ本を二冊買ってしまうことは、まずないだろう。ところが、何百冊ともなると、書名も全部は記憶できないから、すでに持っているのに同じ本をまた買ってしまうことも起こる。それが何千冊にも及べば、同じ本が二冊どころか三冊になってしまうようなヘマもやりかねない。この句は、春のぽかぽかした日に、のんびり**本棚**

書架（しょか） 文 本棚。「図書館/閉架式―の―」

蔵書（ぞうしょ） 書物を所蔵すること。また、その書物。「―に加える」「膨大な―数」「―印/目録」「幅広い―」

本棚（ほんだな） 書物を収納するための棚。

を眺めていたら、あちらこちらに同じ本が並んでいることに気づいて愕然とした、そんな年寄りの実感を読んだ作品だ。年齢を重ねるにしたがって、蔵書家なら誰でもひとごとでなくなる失敗談だろう。

書庫（しょこ）　書物をしまっておく部屋。

書棚（しょだな）　本棚。

本箱（ほんばこ）　書物を収納するための箱形の家具。

蔵書を収納する場所を表すことばは実に豊富だ。五十音順に「書架」「**書庫**」「**書棚**」「本棚」「**本箱**」とさまざまだが、意味がどう違うのだろう。違いがすぐわかるのは「書庫」で、これは書物を収納する部屋か、そのための建物をさすから区別がはっきりしている。もう一つ、「本箱」は書物を入れるための箱だから、移動が可能である。あとの三語はいずれも、書物を並べていつでも使えるように部屋の壁際に作りつけた棚というイメージであり、大きな「本箱」の中の棚をさす場合も含まれるかもしれない。意味は同じでも語感の面に差があるように思われる。「本棚」が日常生活でごく普通に使われるレベルの語であり、「書棚」はやや改まった感じで使われ、「書架」はさらに改まった文章に用いられる、いくぶん詩的に響くことばのように感じる。

そういう語の文体的レベルの違いから、人が思い浮かべるイメージに差が出てくることもある。「本棚」が一般家庭の雰囲気で比較的狭い感じがするのに対し、「書棚」となると、もう少し大きく本格的な感じが漂い、「書架」ともなれば、さらに専門的な雰囲気が漂い、蔵書の多い学者・研究者の自宅という連想がはたらくかもしれない。応接間の壁を飾る大きな本棚も、主人は「書架」のつもりでいるような気がする。

物品

ご飯——めし・ライス

以前、新聞の投書欄に、こんな話が出ていた。あるレストランで「ご飯」を注文したら、「ライスですか」と聞き返され、腹を立てて「めしだ」とどなったという。恰好(かっこう)をつけようと、必要もないのに母国語を捨て、外国語、特に英語かフランス語に置き換えるこの国の軽薄な風潮はたしかに目に余るものがある。

もう数十年前になろうか、車で伊豆を周った帰りに、地元にほど近いあるドライブインに入り、家族で食事をすることになった。料理のほか、米の飯も頼もうと、紛れもない日本語で「ご飯」と言って注文したら、店員になんと「ご飯にしますか、ライスにしますか」と聞き返されたのだ。一瞬、外国人のアルバイターかと、まじまじと顔を見たが、どう見ても日本人で、気のせいか得意そうな表情にも見えなくはない。

早稲田のキャンパスに外国人の数は多く、教室

軽薄(けいはく) 言動が軽々しく考えが足りないさま。「—極まる振舞い」「—な男」

まじまじ 興味を持ったり、驚いたりして、何かを感じとろうと一心に見つめるさま。「初めて手にしたギターを—と見る」「不思議そうな顔で—眺める」

大和撫子（やまとなでしこ） 日本女性の清楚（せいそ）な美しさをたたえた言い方。

でことばを交わす機会も珍しくない。その中に、こんなふうに、いとも簡単に自国語を捨てる、この免税で安上がりなおしゃれに呆れ、いつまでも西洋コンプレックスの抜けない日本人を憐れむようなまなざしを注いだ近隣諸国の若者がいたことを、今でも恥ずかしく思い出す。

だが、その店では、怪訝（けげん）な顔をしている客の前で、大和なでしこのウエートレスがおもむろに説明を始めた。その定義によると、「ご飯」は茶碗に入って出てきて、お代わり自由だが、「ライス」のほうは、平たい皿に盛って登場し、お代わりすれば別料金になるのだという。この店だけの符牒（ふちょう）なのか、レストラン産業に共通する業界用語なのかは不明だが、慣れない人間には迷惑千万である。そのせいでもあるまいが、その店はそれから程なく姿を消した。

とはいえ、「ご飯」と「ライス」の両語にイメージの違いがあることも否定できない。「**ご飯**」と

符牒（ふちょう） ある業界で特有のしるし。隠語。

御飯（ごはん） 炊いた米。「炊きたての―」「白―」

いうと、すぐに、茶碗によそった姿を連想し、「ライス」というと、レストランで見る、平べったい皿の上にある姿しか浮かばないからだ。同じ姿で現れても、家庭ではそう呼ばないだろう。ちなみに、「**めし**」という今ではぞんざいな感じになってしまった不運な語は、どんぶり姿が一番お似合いかもしれない。

味噌汁――汁・吸い物・おつけ

単に「**汁**」といえば、果物や野菜などの水分も含み、「だし汁」「煮汁」も含み、さらに、「澄まし汁」「味噌汁」などの「吸い物」の総称ともなる。

その「**吸い物**」という語は、古くは味噌仕立てのものを含んでそう呼んでいたらしいが、今ではもっぱら、魚介や野菜などを入れた「澄まし汁」をさすようである。

その「**澄まし汁**」という語は、昆布や鰹節の煮出し汁に、塩や醤油などで味付けした吸い物で、透き通らない「味噌汁」と対立した存在だ。

ライス 食堂で、皿に盛ったご飯。〔rice〕

飯 「ご飯」のややぞんざいな言い方。「冷や―」

汁 汁物。つゆ。「―の実」「鯛の潮―」「―椀」

吸い物 日本料理における汁物。出し汁に椀種・椀づま・吸い口を入れて椀に盛る。澄まし汁を指すことが多い。

澄まし汁 鰹・昆布の出し汁を、醤油や塩で調味した透明な吸い物。異字 清し汁

お付け（おつけ） 「汁（特に味噌（みそ）汁）」の丁寧な言い方。「―の実」

おみお付け（おみおつけ） 「味噌（みそ）汁」の丁寧な言い方。お味噌汁。

「お茶」や「お菓子」のように現代では必ず「お」を付けて使う「**おつけ**」は、「汁」を意味するが、これは逆に、「味噌汁」をさすことが多い。

ばか丁寧に、「御」を三つも重ねて丁重をきわめたのが「**おみおつけ**」だという説もあるが、これはどうやら「おみそおつけ」の略らしく、「**味噌汁**」の丁寧語である。

醬油――お下地・むらさき

庄野潤三の『佐渡』に、「蓋を取りますと、鰹節と海苔と醬油のしみた御飯の匂いが飛び込みます」というくだりがある。芸術品なみの鰻（うなぎ）の白焼きなど、さまざまな食べ物をいかにもおいしそうに描くこの作家らしい一節だ。この「**醬油**」は大豆と小麦で造った麴に食塩水を加えて醸造する日本独特の液体調味料で、近年は海外でも人気だと聞く。

「ねえ、ちょいと、そこのお下地、取って頂戴な」などと、花柳界などの粋筋の女性がよく会

味噌汁（みそしる） 出し汁で野菜や豆腐などの実を煮て、味噌で味をつけた汁物。

醬油（しょうゆ） 大豆・小麦・麴（こうじ）を発酵させ、塩水を加えて熟成させたものを絞った黒褐色の液体。

話に使ったらしい、「**お下地**」という語も、味つけの基礎という意味から、実質的に醤油をさしている。男性は単に「下地」と言うこともある。間接表現で上品な感じを出そうとする心理なのかもしれないが、現代ではむしろ俗っぽく響くかもしれない。もと東京方言から出たことばらしい。

　やはり料亭などで粋筋の女性が使った「**むらさき**」という女ことばも「醤油」を意味する。醤油の色が「紫」であるところから出た婉曲表現だが、「お下地」ほどの広がりを持たないこともあり、今では古めかしく感じられるだろう。

カレー――ライスカレー・カレーライス・カリー

　若かった時代は辛いものが好物で、ＩＣＵ（国際基督教大学）に勤務していた頃、後に一等書記官として海外に渡る、年上の後輩、これも駄洒落(だじゃれ)好きの当時の同僚と連れ立ち、米人学生に日本事情を教育する目的を兼ねて、渋谷のとびきり辛いカレーショップを訪ねたこともある。引き連れて

お下地(したじ)　「醤油(しょうゆ)」の女性語。〔「下地」は、味付けの基礎となるものの意。〕

紫(むらさき)　古 醤油(しょうゆ)。〔料理屋などで使う語。〕

いる学生連中を「ビートルズ」呼ばわりし、成績が中途半端で「B取るズ」だなどとからかった記憶はあるが、肝腎の店は思い出せない。

昔はどこの家でも「**ライスカレー**」を食ったものだが、今の人は「**カレーライス**」を食べることが多い。関西では東京より、初代の「ライスカレー」が遅くまで生き延びたようだが、それも時間の問題にすぎなかろう。ことばが変遷するのに不思議はないが、その過渡期には、晩飯の時間に三世代の家族が食堂につどい、爺さん・婆さんが「ライスカレー」、父さん・母さんが「カレーライス」、坊ちゃん・嬢ちゃんが「カレー」を食す、そんなブレンド家庭も出現しかねない。

ただ、ことばが変化する頃には、料理の形も多少変化することが多く、どう呼ぼうとどれもまったく同じ料理をさすとは限らず、それぞれの呼称が盛んだった時代のその料理を想定するから、呼び名に応じて思い浮かべるイメージが少しずつず

過渡期（かとき） ある状態から別の状態へ移り変わる途中の時期。「―に差し掛かる」

ライスカレー 古 カレーライス。〔和 rice + curry〕

カレーライス カレー粉で調味したソースで肉や野菜を煮込み、飯にかけた料理。〔< curry and rice〕

れることはありそうだ。例えば、「カレー」という語から、ライスの皿とは別に、カレーだけを入れた容器の並んでいる姿を思い浮かべ、「カレーライス」という語では、平たい皿にライスを載せ、その右半分にカレーが盛り付けてある形が目に浮かぶかもしれない。とすると、その前の「ライスカレー」のイメージは、大きな浅い皿に御飯を盛り、その上に満遍なくカレーをかけて、原則として脇に福神漬けとらっきょを添えた姿なのだろう。

近頃、誰も頼まないのに、わざわざメニューに、「curry & rice」と載せて、日本語の達者な日本人によけいな負担をかける店も出現した。そう書いてあっても、そういう発音で注文する日本人はいそうもないし、「カレー・アンド・ライス」と書くこともないから、この語形はまだ日本語になっていない。

昔、若き日の井伏鱒二が太宰治と連れ立って新

福神漬け（ふくじんづけ）　大根・ナス・シソ・シイタケ・レンコン・なた豆・ウリなどを細かく刻んで、味醂醤油（みりんじょうゆ）に漬け込んだ漬物。〔七種類の材料を使ったことを七福神になぞらえたことから。〕

宿中村屋に入り、太宰にしつこく共産党に入るように勧められたらしい。井伏は店を出て新宿の駅に向かうちょっとの間に、たくみに太宰を撒いたという話が残っている。そのカレーの名店では献立表に「カレー」でなく「カリー」という表記を採用した。この店一流の風味があり、世間並みの「カレー」とは一味も二味も違う。そんなこともあって、「カリー」も「カレー」の一種には違いないが、この独特の表記は本場の本格的な味を連想させる傾向がありそうだ。

ピッツァ――ピッツァパイ・ピザ

小麦粉で作った丸い生地の上に、トマトソースとチーズを載せ、お好みによりソーセージなどの肉類、アンチョビなどの魚介類、野菜などを加え、天火で焼いたあのイタリア料理が、東京に初めて登場したのは一九五五年前後らしい。実際に食したのは一九六二年の秋以降のことで、三鷹駅の北口から徒歩一分の地にあった「ジャポニカ」とい

天火（てんぴ）　オーブン。

物品▼ピッツァ

うこぢんまりとした店である。店名はその料理に合わせてイタリア語で「日本」と命名したのだろう。主人の話によると、開店時は青山とここ、東京に専門店が二軒しかなかったそうで、早ばやと来店した折の中村メイコの写真があった。

当時、国際基督教大学で助手の身分ながら外国人に日本語を教えていたが、早稲田の大学院時代にスペイン語でソシュールを読むという特殊講義で直接教わった小林英夫先生が、ちょうどその頃、この大学の非常勤講師として日本語文体論を講じていたため、世話係として講義に陪席するよう、日本語教育分野の開拓者の一人である小出詞子(ふみこ)教授の指示を受けていた。この先生が、男にも子宮癌(がん)があるという珍奇な思想の持ち主で、産婦人科の医者に議論を吹っかけ、堂堂と渡り合ったという伝説はよく知られている。世の中はすべて日本語教育のためにあると信じて疑わない、その天然で型破りの奔放な生き方が周囲に愛され、なにし

陪席(ばいせき) 文 目上の人と同席すること。「―の栄誉にあずかる」

ろ逸話の多い人物だった。それだけ好奇心が旺盛だったのだろう。

自然、その物珍しいイタリア料理に早速目をつけたらしく、接待のために小林先生を学校から程近いその店に案内することとなり、教授自ら運転するその車に便乗したのがきっかけである。途中、玉川上水をまたぐむらさき橋を越えて、道路が中央線の下をくぐり抜ける直前、一旦停止したため、坂道発進がスムーズに行かず、車がずるずる後退し始めた。とたんに小林先生が一言も発しなくなったシーンには今はふれないでおこう。そんな半世紀前の雑事を、あたかも昨日のことのように鮮明に記憶している。

それをきっかけとして、その後も数え切れないほど家族でもその店に通ったが、初対面以来そのイタリア料理をずうっと「**ピッツァ**」と呼んでいる。その食品が日本になじみの薄かったごく初期の頃は、「パイ」の一種だとわかって客が安心す

ピッツァ 小麦粉を練った生地を丸く伸ばし、サラミ・トマト・チーズなどをのせてオイルを振りかけ、窯で焼いたイタリア料理。〔イタリア pizza〕

るように「ピッツァ・パイ」という説明的なことばも使っていたようだ。イタリア語の発音に英語の発音の続く異様な語形だが、たしかに、料理の見当はつく。

父親をさす「おとっつぁん」という俗っぽいことばはあるものの、「ツァ」という音が日本語にほとんど現れないため、日本人がとまどうと思ったのか、あるいは発音しにくいと考えたのかは知らないが、ともかくしばらくして、そのイタリア語の zza の部分をローマ字読みにして、「ピザ・パイ」と発音する例が出現し、いつかそれが優勢になったのかもしれない。

その後、この料理が次第に普及して人に知られるようになると、「パイ」という説明が不要になり、用語のほうも間もなく単に「ピッツァ」と言っただけで愛好者にすぐ通じるまでになった。これで定着すれば何事もなかったのだが、だんだん人気が高まり、昼食用の注文が増えてくると、主にア

ピザ 「ピッツァ」の通称。ピザパイ。〔pizza〕

物品▼ピッツァ

メリカ発の宅配専門店が乱立し、大衆化に拍車をかける結果となったようだ。その頃からか、ローマ字読みの「**ピザ**」という語形が、本場イタリアの「ピッツァ」を押しのけて、今や全国を席捲(せっけん)した感がある。ちなみに、今日ポストに入っていた、本場イタリアの本格イタリアーノと謳(うた)うリストランテのちらしにさえ「ピザ」と載っている。こんな時代になったのだ。

書道・茶道・華道をたしなみ、流暢な日本語を使いこなす米国の大学教授の女性に、目の前でアメリカ本土での発音をしてもらったが、どう聞いても「ピザ」とは聞こえない、「ピッツァ」風の発音が響いてきた。すると、やはりあのローマ字読みがとうとう現代日本を支配するに至ったのかもしれない。

それでも、まだ捨てたものではない。「ピザ」全盛の今日でも、イタリアの音と味を守ろうとしている頑固な職人がかなりの数に上るからであ

拍車(はくしゃ) 乗馬靴のかかとに付ける金具。これで馬の腹部を刺激して速度を上げる。「―を掛ける」

席巻(せっけん) 文 片端から自分の勢力範囲に収めること。「全土/市場を―する」〔席(むしろ)を巻くように領土を攻め取る意。〕 異字 席捲

る。安易に「ピザ」と通称に妥協する大衆向きの店とは一線を画し、「海老とアンチョビのピッツァ」などと、あえて「ピッツァ」という今では古風な語形を用いる職人の心には、そんじょそこらの「ピザ」と一緒にしてもらいたくないというプライドを感じるのである。

「ピザ」という語形がここまで普及してしまえば、そう名乗る店の中にも、むろん上等な味もあるにちがいないが、そういう看板を見ると、味はピンからキリまでありそうで店を選ぶ際に判断に迷う。その点、今時「ピッツァ」と名乗る店には職人の誇りを感じるから、少なくとも冷凍食品を電子レンジでチンして出てくる気遣いはなさそうで、たいてい腕に覚えのある職人が力をこめて作り上げた本格的な味が期待できそうな雰囲気が漂うのである。

ピーナツ——南京豆・落花生

小津安二郎監督の映画『彼岸花』で、バーのス

そんじょそこら 俗「そこら」を強調した言い方。〔多く、打消の形で使う。「けんかなら—の奴ゃには負けない」「—じゃ手に入らない」〕

気遣い（きづかい） 心配。懸念。「違反になる—はない」

タンドに腰掛けた高橋貞二の演ずる客が「安くても自分のゼニで飲む方がうめえや。オ、南京豆(なんきんまめ)来てねえぞ。南京豆」と突き出しを催促する。「銭(ぜに)」というのも古めかしい語だが、これは今でもまだ時折は耳に入るかもしれない。しかし、「**南京豆**」ということばにはほとんど出会わなくなった。この語は「落花生」をさす古めかしい呼称で、今や死語に近いが、この小津映画の例でもわかるように、一九六〇年頃までは盛んに使われていたようである。

それが次第に影をひそめるようになって、「**落花生**」という語が普通になり、それもやがて「**ピーナツ**」に抜かれる。この外来語も初期には「ピーナッツ」と発音していたような気がする。このように、同じ対象をさす用語が次次に入れ替わるのだが、劇的に交代するのではなく、変化はじょじょに起こる。そのため、しばらく共存するのが一般的で、この場合、過渡期には三つの語形が共存し

影(かげ)を潜(ひそ)める　表立たなくなる。「かつての勢いも—」

劇的(げきてき)　劇のような強い感動や緊張を感じさせるさま。「—な最期/逆転」

物品▼ピーナツ

南京豆(なんきんまめ)　古 落花生。《秋》

落花生(らっかせい)　まゆ形の殻に入った豆。煎(い)って食用にする。ピーナツオイルの原料にもなる。特に、つまみやおやつとして殻が付いたままのものをいう。《秋》

ピーナツ　南京(なんきん)豆。落花生。特に皮を除いて塩味をつけたもの。［peanut］ 異形 ピーナッツ

ていた。

各語形を使用する人の年齢が違うだけではなく、それぞれに対するイメージが少しずつ違っていたようだ。三つが共存している間は、外側の殻がついている姿が「南京豆」で、その殻が取れて中の薄皮だけになった姿が「落花生」、その薄皮も取れて豆が剝き出しになり、原則としてバター風味となった状態が「ピーナツ」と考える傾向が、ひところあったらしい。今なお、「バターピーナツ」は「ピーナツ」専用である。

ところが、その後、大虐殺の連想もあってか、「南京豆」という呼び名が廃れ、「落花生」が昇格して、殻付きのものをさすようになり、「ピーナツ」が薄皮つきのところまで浸蝕いや侵蝕して、今や殻付きをも含めた総合名称として天下をうかがう形勢にある。

しかし、さすがに、まだ生えている状態では今でも「ピーナツ」とは呼びにくく、その場合はま

浸食（しんしょく） 風や水などが地表を削り取ること。「波によって―された岩」〔雨食・河食・雪食・氷食・風食・波食などがある。〕 異字 浸蝕

侵食（しんしょく） 次第に侵すこと。「領土/他社のシェアーを―する」 異字 侵蝕・浸食

肉(にく) 食用にするために切り整えられた鳥・獣の身。

だ「落花生」と呼んでいるような気がする。

肉――牛肉・豚肉・鶏肉

「**肉**」といっても、「腰まわりの肉」だとか、「骨肉の争い」だとか、「肉筆」だとか、「肉欲」だとか、「肉厚のメロン」だとかの「肉」には言及しない。ここで扱うのは、「肉を食べる」と言うときに、連想される「肉」の範囲である。

欧州旅行の折、仏蘭西のレストランで、どういうわけか、帆立貝を意味する「スキャロップ」のつもりで、うっかり「エスカルゴ」を注文してしまい、出てきた料理を見るとまるでイメージが違い、内心あわてたが、みんなの手前、何食わぬ顔で、生まれて初めて食用かたつむりなるものを食した。そういうへまでもしなければ、日本人はかたつむりなどけっして口にしないだろう。

こんなふうに、食べる動物の範囲は国によって違う。同じ日本人の間でも、肉食の「肉」の範囲が、地方により、あるいは、世代により、若干のずれ

何食わぬ顔(なにくわぬかお) 深くかかわりながら無関係を装う表情。

が見られるようである。「今晩のおかずはお肉よ」と言われて、日本人がまず頭に浮かべる典型は**牛肉**、または、それと**豚肉**だろう。古き佳き時代の日本人は鯨の肉も浮かんだかもしれないが、食習慣の違いから不当な差別を受けている現実では、自然には浮かんで来ない。若い人なら、それにマトン、ラムといった羊の肉も浮かぶかもしれない。

それにしても、多くの日本人の頭に最初に浮かぶのは、ビーフステーキか、ローストビーフか、それとも、豚カツかと、牛肉、または牛肉と豚肉であるような気がする。わが家の場合は、夫は牛か豚、あるいは鶏の肉であり、妻は昔、牛肉だけだったらしい。

鳥の肉とは言っても、「鶏肉」以外は一般の現代日本人の頭には浮かびにくいだろう。魚類も、「魚肉」とは言うものの、単独で魚の「肉」とは言わず、「身」と言う。海老もふつうは「身」であって、「肉」ではない。伊勢海老であっても同様だ。

牛肉（ぎゅうにく）

牛の食用肉。「国産──」 略形 牛（ぎゅう）

豚肉（ぶたにく）

豚の食用肉。 略形 豚

また、「肉厚の鮑（あわび）」などとも言えそうだが、鮑の「肉」と言うのは尋常ではなさそうである。そんなあたりは「肉食」の中には含まれない。

ビフテキ——ステーキ

良心的で知られたある出版社が、時代の流れを読みきれず、ある日に突然つぶれた。当時の親しい編集者に直接聞いた話では、ある朝出勤したら会社がなくなっていた、そんな感じだったという。勤務先がないので仕方なく家にいると、子供に「父さん」と呼びかけられる。しばらくはそのたびにどきっとしたらしい。当人の耳には「倒産」と響くので、それが何ともつらかったというのである。

これは笑えない笑い話だが、一方、そういう同音の別語を連想して縁起をかつぐこともある。昔、東京六大学野球の人気が、今では信じられないほど高かった。関西で人気の職業野球の某チームとどちらが強いか、まともに議論した旨、某作家の随筆にあるほどだから、技術的にもかなりのレベルにあったのだろう。その時代、天下分け目の早慶戦を前に、試合の当日、早稲田の安部寮では、朝食にきまって牛のステーキと豚のカツレツが食卓に並んだという話が、まことしやかに伝わっている。大事な勝負だから体力をつけてという思わくもあったのかもしれないが、このメニューにだけこだわるところから推測して、縁起をかつぐところに主なねらいがあったのは確かだ。今で言う「**ステーキ**」は当時「ビーフステーキ」を縮めて「**ビフテキ**」と呼んでいた。豚のカツレツは「とんカツ」だから、両方で「テキにカツ」すなわち「敵に勝つ」という意味になる。

小津安二郎監督の映画『秋日和』の冒頭、原節子の演ずる三輪秋子の亡夫の七回忌の場面で、挨拶に出てきた亡夫の兄、笠智衆の演ずる周吉に、亡夫の友人だった北龍二の演ずる平山が、前に土産にもらったわらびの塩漬けの礼を言っているところに、中村伸郎の演ずる田口が「ありやうまかっ

ステーキ 厚めに切った肉や魚を焼いた料理。特に、ビーフステーキ。「サーロインー」〔steak〕

亡夫（ぼうふ） 文 亡くなった夫。

ビフテキ 古 ビーフステーキ。〔フランス bifteck〕

た。しかし、どういうんでしょうな、年取ると、だんだんああいうものがうまくなってくる」と横から口を出し、「ヒジキにニンジンね、シイタケ、キリボシ、トーフにアブラゲ」と、もっともらしく渋好みの実例を並べる。すると脇から平山が「それからビフテキ、とんかつ?」とちゃちゃを入れる。その前にそういうもののうまい店の話で盛り上がったから、嘘ではないのだが、ここは、一人いい気になって恰好をつけるなと、まぜ返したのだろう。ともかくこの横槍で、ヒジキ・キリボシの渋い系統と、ビフテキ・とんかつの脂っこい系統とがあまりに異質すぎて、全体として筋が通らなくなってしまう。ここでも「ビフテキ」という語が使われている。

しかし、その後、この語形は次第に衰退し、今では「ステーキ」と言わないと話が通じなくなっている。仮に通じても、あまりに古くさいことばで失笑を買うだろう。

渋好み（しぶごのみ） 地味な落ち着いたものを好むこと。「—の—服装/和服」

横槍を入れる（よこやりをいれる） ①他人の話や仕事などに横から口を出す。②はたから難癖をつける。

失笑（しっしょう） 文 あまりの愚かさに思わず笑うこと。吹き出してしまうこと。「—を禁じえない」「—を買う」

物品▼ビフテキ

茶々を入れる（ちゃちゃをいれる） 俗 他人の話の途中で冗談や冷やかしを言う。

果物――水菓子・フルーツ

岡本かの子の『金魚撩乱』に「果もの屋の溝板の上には抛り出した砲丸のように残り水瓜が青黒く積まれ」とある。この「果物」という語は、食用となる木の実、草の実の総称として長い間使われてきた基本的な和語である。

内田百閒の『特別阿房列車』には、「若い娘が食堂車の方から水菓子を売りに来た」という箇所が出てくる。この「**水菓子**」ということばは、「**果物**」を、水分の多い一種のお菓子という発想で婉曲に表現した古風で上品な言い方だったが、今ではめったに使用されなくなり、一部の料亭などに残っている程度だろうか。もと東京方言から一般に広がったらしい。ただし、これは食用として供される際の呼称であり、まだ木に生っている状態では、いくら熟していてもこの語は使わないようである。

近年は、基本的だった和語の「果物」の代わり

果物（くだもの） 食用となる植物の果実。ミカン・メロン・イチゴなど。「季節の―」

料亭（りょうてい） 和食の高級料理屋。割烹店。「―で会談する」

水菓子（みずがし） 古 果物。「お見舞いの―」

小麦粉（こむぎこ）　小麦の種子を粉末状にしたもの。〔グルテン含有量によって強力粉・中力粉・薄力粉に分けられる。〕

強力粉（きょうりきこ）　グルテンの含有量が多く、パンなどの材料となる。

に、「食後にフルーツを頂く」というふうに、「**フルーツ**」という外来語がやたらに横行して、いささか目にも耳にも余る感がある。ことば自体はかなり古くからあったように記憶するが、最近の用法は「果物」よりもプラスイメージのことばとして、果物屋やレストランなどで印象をよくしようとして多用した試みが、感じのいいことばとして次第に一般に広まってきたのかもしれない。そのせいか、古くなってしなびたり、腐りかけたりした状態になると、この語は使いにくい雰囲気を感じる。そうなれば「果物」に舞い戻るような気がする。ひがみか知らん?

小麦粉――うどん粉・メリケン粉

小麦の種子を挽いて粉にしたものを、現代ではふつう「**小麦粉**」と呼んでいる。パンを作るときに使う**強力粉**（きょうりきこ）、麺類を製造する際に用いる**中力粉**（ちゅうりきこ）、菓子を作るのに用いる**薄力粉**（はくりきこ）という種類がある。

フルーツ　果物。「―を添える」「―ケーキ」「ドライ―」〔柔らかくて水分の多い果実だけでなく、乾燥させた果実やナッツ類を含む用法がある。fruit〕

中力粉（ちゅうりきこ）　強力粉と薄力粉の中間の性質をもつ小麦粉。主に麺類の原料となる。

薄力粉（はくりきこ）　グルテンの含有量が少なく、粘り気が弱く、菓子・天ぷらなどの材料として用いる。

精製した小麦粉を輸入する際に、日本の在来の「うどん粉」と区別するために生産国の名を冠して「**メリケン粉**」と称した。「アメリカン」という英語の発音が「メ」の箇所に強いアクセントを置くため、日本人にはその直前の弱い「ア」の音が意識されにくかったので「メリケン」と聞こえたのだろう。「メリケン波止場」も同様である。一時期は盛んに使われたが、次第に「小麦粉」に統一されるようになり、今ではまれに高齢者の口から出る程度に衰退している。

メリケン粉 古 小麦粉。〔アメリカからの舶来であったことからいわれた。＜American〕

焙煎（ばいせん） 茶葉やコーヒー豆を炒（い）ること。「炭火／自家――」

コーヒー ―― 珈琲

コーヒーの木の種子を焙煎（ばいせん）して粉状に挽（ひ）いたもので淹（い）れた洋風の飲み物を「**コーヒー**」と呼んでいる。外来語だから、「コーヒーをブラックで飲む」というふうに、通常はカタカナ表記している。だから、その表記では特別の語感は出てこない。

小沼丹に『珈琲（コーヒー）の木』と題する随筆があり、「遅い朝食の后、珈琲を喫（の）みながらぼんやりしている

コーヒー コーヒー豆を焙煎（ばいせん）して粉末状にし熱湯で煮出した液。高い香気と苦みのある褐色の嗜好（しこう）飲料。ブラジルなど中南米で多く産する。「――をいれる」「――の香りが漂う」「ブレンド／ドリップ／インスタント――」〔coffee〕

と、珈琲の木が眼に入る。この感じは悪くない」という一節が出てくる。こんなふうに漢字を宛てると、コーヒーも一味違い、気分も悪くない。

最近はこの古風なはずの表記が多用され、自動販売機から転がり落ちるコーヒーの缶にも印刷してあるほどだから、特別の語感は薄まってきたが、もとはと言えば、漢字表記が独特の雰囲気を漂わせるから宣伝効果があって広まったのだろう。通常の「コーヒー」というカタカナ表記の看板を見ると、店によって味がピンからキリまでありそうだが、この「珈琲」という漢字表記の看板を掲げてある店は、少なくともインスタントコーヒーは出てこないはずだし、味も期待できそうな気分になりやすかったようだ。

国立国語研究所在職中に、当時の岩淵悦太郎所長から、素人は苦ければいいと勘違いしているが、酸味が大事なのだという珈琲談義を拝聴した。昼休みによく同行した痩せた同僚など、当時はまだ

談義(だんぎ) 一つの物事をめぐって楽しく議論すること。「教育/文学/政治——」 異字 談議

物品▼コーヒー

珍しかった「珈琲」という漢字表記の店を見つけると、それだけで入りたがったかもしれない。何だか古い煉瓦造りの洋館の薄暗い瀟洒な一室で、猫脚のテーブルの上に置かれた、ウェッジウッドあたりの英国製の重厚な厚めの珈琲茶碗に、香り高い黒っぽい液体が注がれると、自分でも無性に「珈琲」とぜひとも漢字で書きたい気分になりそうな気がする。とてもその同僚を笑えた義理ではない。

石鹸——シャボン

「洗顔用の石鹸」「洗濯石鹸」「石鹸をつけてごしごしこする」などと使われる「**石鹸**」という語は、油脂に水酸化ナトリウムを加えて造る、水に溶けやすく泡の立ちやすい洗剤をさす、現在もっとも一般的な用語である。

小津安二郎監督の映画『一人息子』は一九三六年の作品だが、その中に「シャボンが眼にしみた感じ」という例が出てくる。戦後の『東京物語』

石鹸(せっけん) 垢(あか)や汚れを落とすために使う、水に溶けやすく泡立ちのよい洗剤。「—で手を洗う」

ト書き（トがき） 台本で、せりふの間にあって、俳優の動きや出入り、舞台装置などを説明した文章。〔歌舞伎（かぶき）の脚本で「…ト泣く」などと書いたことから。〕

にも、ト書きに「シャボンと手拭」とあり、同じく『秋刀魚（さんま）の味』でも、笠智衆の演ずる平山が「路子、シャボン。シャボンないよ」と、岩下志麻の演ずる路子に叫んでいる。

こんなふうに、昔は「**シャボン**」という外来語を広く用いた。ポルトガル語から入ったらしいが、スペイン語からという説もあるという。今では相当の高齢者でもない限り、ほとんど誰も使わない古めかしいことばになった。

ただし、「シャボン玉」という形で現在にも残っており、これを「石鹸玉」と呼ぶ人は誰もいないだろうから、「シャボン」という語を用いない世代でも、意味の推測はつくはずだ。

手紙 ――― ふみ・手紙

漢字の「文」を「ブン」と音読みすれば、「文は人なり」のように「文章」という意味になり、「文の成分」のように文法用語として「センテンス」の意味にもなる。もし、それを「**ふみ**」と訓読み

シャボン 古 石鹸（せっけん）。「豊かに泡立つ―」〔ポルトガル sabão〕

文（ふみ） 古 手紙。「―を付ける／したためる」

文書（ぶんしょ） 文字で書き記したもの。「―で申し入れる」「怪/公―」

相場（そうば） 一般市場で取引される商品の値段。一般に妥当とされている金額。「そのあたりが―だ」

すれば、「文書」の意味にも、「書物」の意味にも、また、「手紙」の意味にもなる。ただし、この「ふみ」という語はすでに古語となり、現代ではほとんど使われない。

井伏鱒二の小説『珍品堂主人』の末尾に「先日、丸九さんからの手紙を見て、一年後には伊万里（いまり）なるものが実質的な相場になると予想して、前祝に飲みすぎて腹を毀（こわ）したのです」とある。この「**手紙**」という和語が、用件などを記して相手に送る文書をさす用語としては、現代社会でもっとも一般的で、日常会話にも文章にも広く使われている。

辻邦生の『安土往還記』に、「自筆と思われるかなり長文の書簡断片である」とある。この「**書簡**」という語もまた「手紙」をさし、「書簡文」「作家の書簡を保存する」などと使われる。日常生活で広く用いられる「手紙」に比べ、改まった場合に用いられる語であり、親しい人の間でやりとりする手紙に用いるとちぐはぐな感じがする。「書翰（しょかん）」

書物（しょもつ） 本。「―をひもとく」「―に目を通す」（じっくり読書するものにいう。）

伊万里焼（いまりやき） 有田焼。（伊万里（いまり）港から積み出したことから。） 略形 伊万里

手紙（てがみ） 用件を書いて郵便で送る文書。特に、封書を指す。「―を書く/投函（とうかん）する」「置き―」

書簡（しょかん） 文 手紙。「―文」「往復/航空―」 異字 書翰

書状（しょじょう） 文 (封筒に入った)手紙。「一通の―」「―をしたためる」

便り（たより） 消息を伝えるもの。手紙。「旅先から―がある」

無心（むしん） 金品をくれるようねだる。「親に金を―する」

物品▼手紙

という漢字表記を用いると、さらに正式な雰囲気となり、毛筆か、少なくとも万年筆で書いた手紙の連想があり、ボールペンの走り書きではイメージが合わない感じだ。

「書状をしたためる」などと用いる「**書状**」という古風な語は、さらに正式で改まった感じになるが、挨拶文や紹介文など何かの必要があって書いたという雰囲気となり、気軽な近況報告などにはふさわしくない印象がありそうだ。

夏目漱石の『坊っちゃん』に「取り上げて見ると清からの便りだ」とある。この「**便り**」という、やや古風な柔らかい感じの和語は逆の印象だ。肩の力を抜いて気軽に書いた雰囲気があり、「花の便り」「旅先からの便り」「時折お便りください」などと使うのにふさわしい語感があり、「手紙」「書簡」「書状」と違って、「はがき」や「絵はがき」も含まれそうな気がするが、いずれにしろ、緊急の連絡や問い合わせや無心状や督促状など、重大な用件の通達などではイメージが合わない。もらって嬉しく、読んで楽しい内容を期待させる好ましい語感が漂う気がする。

もう一つ、日本語の中に入り込んだ「**レター**」という外来語を取り上げよう。意味としては「手紙」に相当するが、手紙そのものをさす単語としては、「恋文」の意の「ラブレター」が比較的よく使われるほかは、芸能人やスポーツ選手などに対する「ファンレター」ぐらいで、あとは「**便箋**」をさす「レターペーパー」程度だろう。「長文のレターが届いた」とか「親許にレターを書き送る」とかと、もしも単独でこの語を使うようだと、いささか気障ったらしく響き、鼻持ちならない人間と評判を落とすにちがいない。

カメラ――キャメラ・写真機

太宰治は『富嶽百景』の有名なラストシーンで、「写真のシャッタアくらい器用に手さばき出来るほどの男に見えるのかも知れない、などと少し浮

レター 手紙。「ファン/ラブ―」〔letter〕

便箋 手紙を書くための(罫線入りの)用紙。

鼻持ちならない 他人の言動のいやらしさに我慢できない。「きざったらしくて―」

カメラ

被写体を写し取る器械。写真機・撮影機・テレビカメラ・ビデオカメラなど。〔camera〕

き浮きした気持も手伝い、私は平静を装い、娘さんの差し出すカメラを受け取り」と、「**カメラ**」という語を使っている。

写真を撮影する機械の総称として、今は、この「カメラ」という外来語が普及してごく一般的になり、「写真機」「撮影機」などと翻訳するまでもなく、誰でも意味がわかる時代になった。「亀ら」と誤解して亀の複数だなどと考える人は皆無だろう。

最近では、これをあえて「キャメラ」などと本場の米語に近づけて発音する、プロ意識の強い人もある。テレビ業界では「キャメラが入る」という言い方をよく耳にする。だが、今のところは一般の人が「キャメラマン」などと、「キャメラ」という語を使うと、やはりまだ気障に響くだろう。

写真機（しゃしんき）

写真を撮影するための器械。

長い間、広く使われていた「**写真機**」という漢語は、今や廃れたようで、めったに聞こえてこなくなった。それだけに古風な語感がまといつき、そのことばを使う人が何やら年寄りじみた雰囲気が漂う。また、聞いた側で、写真館の撮影室で技師が黒い布をかぶって操作するような、大がかりで高価な機械を連想することもあるかもしれない。

フイルム――フィルム

歴史的仮名遣いでは、拗音や撥音を小さい字で書くという習慣が固まっていなかったから、「フイルム」という表記だからといって、実際にそのとおり発音していたかどうかわからない。仮に「フィルム」と発音しても、それを仮名で書き取れば「フイルム」となるからだ。この語が日本に入ってきた最初、film という綴り字を一文字ずつ順にフ・イ・ル・ムと仮名で書き取ったとしても、外国人の英語の発音を「フィルム」と聞き取り、それを仮名表記したとしても、結果として「フイルム」となる。

その文字列を見ているうちに、次第に「フイル

フィルム ①表面に感光乳剤を塗った、撮影用の薄い合成樹脂膜。「―を巻き上げる」②①を現像して得た陰画。「―に収める」〔film〕異形フイルム

ム」と聞き取ったことを忘れ、文字どおり「フイルム」と発音するようになるのも自然である。事実、長い間、日本人はそう発音してきた。戦後になって生の英語を聞く機会が増え、原語の音に近づけようとする試みも多くなった。日本ではそれまで長い間、何の疑いもなく「**チーム**」と発音していたのに、近年、原音に近づけようと「ティーム」と発音する日本人が現れて驚いた。ＮＨＫのアナウンサーだけだろうか。おそらくそれよりはるか以前に、「フィルム」と発音してそのとおりに表記する人が次第に増えてきた。

　ことばが変化する過渡期には、二つの語形が共存する間、いわば経済の原則にしたがって、両者の役割分担を図ろうとする試みが起こりやすい。この場合も一部に、カメラに装塡（そうてん）するのが伝統的な「フイルム」、放映する映像作品を「フィルム」と使い分けようとする動きがあったように記憶する。もとは同じ単語であることもあり、その後、

チーム〔team〕 共同で仕事をする集団。「プロジェクト―」

装塡（そうてん）「する」 文 詰め込んで準備すること。「弾丸/フィルム―を―」

格安（かくやす） 品物の価値の割りに安いこと。「―の値段」「―物件」「―航空券」など、単に、格段に安い意で用いることもある。

次第に「フィルム」に統一される流れとなった。

それでも、昔どおりに「フイルム」と書き、そう発音する人も残っており、古い人間と思われる傾向があるようだ。幸か不幸か、カメラのデジタル化とともに、装填する「フィルム」そのものが姿を消しつつある。なんだかさびしい。

値下げ品――安物・サービス品・セールの品

「**格安**」の品は、品質のわりに安い品物だから、単なる「**安物**」とは違う。何らかの事情により、店で商品の値段を下げることがある。店屋で「サービスする」と言われると、多くの人間は商品の値段を引いて安く売ってくれると解釈するだろう。

ところが、中には、無料で提供する、つまり、只（ただ）で持って行ってもよいという意味に解する人もあるらしく、関西の客にそういう傾向があると聞いたことがある。東の客は欲がないのか、西の店は気前がいいのか、あるいは、「奉仕」というものに対する期待がそもそも違うのか。奇妙ではあ

安物（やすもの） 値段が安く、質の悪い品物。「―買いの銭失い」「―の鞄」「―を売りつけられた」

奉仕（ほうし） 一身の利害を離れて、他人や社会のために貢献すること。「―活動」「社会―」

るが、なんだかわかるような気がするから不思議である。

しかし、「**サービス**品」と表示して売り上げゼロという商売は考えにくい。この表示では、商品の値段を下げる場合のほか、商品に**おまけ**がつく場合もありそうな気がする。値引きの機会でよくあるのは「開店大売出し」や「閉店セール」などの「バーゲンセール」だろう。日本語の発音では長すぎるのか、今では単に「セール」と呼ぶことが多い。その際の「**セール**の品」は、通常の価格より値段を下げて販売する品物であり、要するに「**値下げ**品」に相当する。しかし、両者はちょっとイメージが違う気もする。

「セールの品」が、季節が過ぎかかっていたり、流行後れになりかかっていたりしても、ともかく同じ価値の品物を、通常より安く提供する感じなのに対して、「値下げ品」となると、機能的に問題ない程度の目立たない瑕(きず)や汚れが付着した衣類

お負け(まけ) 会 安くしたり添え物をしたりして売ること。また、その添え物。「―の品」「―付き」

サービス 品物を値下げしたり景品を付けたりして、客に得をさせること。「消費税分/取り付け工事費-を―する」「出血大―」〔service〕

セール 売り出し。「クリアランス/在庫一掃―」〔sale〕

値下(ねさ)げ 料金・値段を安くすること。「―に踏み切る」「―競争」↕値上げ

物品▼値下げ品

や調度品、あるいは、前日に焼いたパンとか、採ってから日が経ちすぎた果物や野菜など、品物が古くなって、安くても早く売ってしまおうという意図がわかりやすい感じがする。つまり、品物自体の価値が、同じか、違うかという点で差があるような気がするのである。

時間

永久――永遠・とこしえ・とわ

野球の長嶋茂雄が選手として現役を引退する際に、東京ドームの前身、当時の後楽園球場で挨拶をした、そのスピーチの中で、「わたしは今日引退をいたしますが、わが巨人軍はナニナニに不滅です」という名文句を残したが、あの時、「不滅」の前に何と言ったと思うか、いつか新聞社からそんな電話が掛かってきた。日頃からことばにうるさいと世間の誤解を受けているこの日本語学者を試して、鼻を明かそうという魂胆らしい。あいにく知っていたので、即座に「永久に」と回答したから、先方はあてがはずれたようだ。気をよくして、おまけに、ほんとは「永遠に」のほうがぴったりなのだが、などとよけいなことまで口走ったかもしれない。

藤枝静男の『雛祭り』に「やがては土となり水となり空気と化して永久に虚空に姿を消してしまう」とある。この「永久」という語は、いつまで

魂胆（こんたん） 心の中にあるたくらみ。考え。「―を見抜く」「見え透いた―」「何か―があるはずだ」

虚空（こくう） 文 天地間の何もない空間。大空。「―を翔（かけ）る」

永久（えいきゅう） 終わりなく続くこと。「―保存／歯／磁石」

永久歯（えいきゅうし）　乳歯が抜け落ちた後に生えてくる歯。乳歯に替わって生える二〇本に加えて、大臼歯（だいきゅうし）が一二本生え、計三二本になる。

も限りなく続く果てしなく長い間をさし、その意味において「永遠」という語と差はない。しかし、「永久歯」「永久磁石」という具体的な物質をさす場合には「永遠」で代替できない。また、「永久追放」「半永久的」というふうに物理的な時間の長さに対応する用法でも、「永遠」という語は使われない。どこまでも続く長い長い時間という意味を共有しながら、「永久」という語はあくまで現実の時間軸に沿って思考しているように思われる。

　竹西寛子は『モーツァルト交響曲四〇番ト短調に』と題する短文の中で、「上質のうすぎぬをまとっているような明るさ」と、この曲の質感を形容し、「深刻に沈むことも、苦しさに濁ることもなく、軽やかに、そしてどこまでも優雅に、端正に撒かれ、重なり、ひびき合う音」だからこそ、「はかなさにいて永遠を夢みる心を刺激する」のだという。「悲しみのきわまる時に、人は、涙などお

端正（たんせい）　人の姿や動きに乱れがなく整っているさま。「—な身のこなし／芸風」

至高（しこう） 文 この上なく高く優れていること。「―の存在」

永遠（えいえん） ずっとそのままの状態であること。「―の真理」〔「永久」があくまで時間軸の延長上の思考であるのに対して、「永遠」は時を超越した概念を表すため、「永遠の愛」「永遠の名誉」のように賛辞としてよく使われる。〕

幸（さち） 文 幸い。「―多かれ」「―あれと祈る」

ぼえはしない。よろこびのきわまる時にも、人は、歌などうたいはしない」と音楽について書いた竹西のことばは、そのまま文学についてもあてはまる至高の表現のように思える。この例の「永遠を夢みる」という箇所に「永久」という語はなじまない。「**永遠**」には時間という軸を超越した思いが込められているからである。

「永久に愛する」という告白は、死ぬまで変わらずにといった意志を伝える誓いなのだろうが、「永遠の愛」となればそんなものではない。藤枝のことばを借りれば、死んで骨となり、「暗い土に埋まってひとりでに溶けて」、それこそ、「やがては土となり水となり空気と化して永久に虚空に姿を消してしまう」その後も、という気持ちを訴えかけているように思われる。

「永遠の真理」や「永遠に栄えあれ」や「永遠に幸（さち）あれかし」も、すでに時間という枠を飛び越えた讃辞（さんじ）として愛用されている。当人が「永久に

讃辞（さんじ） 褒めたたえる言葉や文章。「―を呈する／惜しまない」「―に包まれる」 異字 賛辞

永劫（えいごう） 文 極めて長い年月。「未来―」

常しえ（とこしえ） 文 永久（に続くこと）。「―の眠りに就く」 異字

時間▼永久

不滅」と発言したにもかかわらず、いつの間にか「永遠に不滅」と姿を変えて、長く人びとの記憶に残ることとなった不思議な現象は、時を超越した栄光を讃（たた）えることばとして「永久」より「永遠」のほうがふさわしいとする日本人の語感が正常に働いた結果として象徴的である。

　国木田独歩の『死』に「死者が未来に永劫（えいごう）の生命を有（も）つという信仰」という一節が出てくる。この「**永劫**」ということばは、しばしば「未来永劫」として使われ、仏教的・哲学的な雰囲気をもつ漢語で、主として硬い文章に用いられる古風な語である。

　同じ独歩の『夫婦』には、「結婚の楽しさに、恋そのものも夢を再現したと誤認し、其（そ）の夢のとこしえなれかしと念じた」という箇所が出てくる。この「**とこしえ**」という古めかしい和語は、「永遠」という漢語を和風にした古語に近い雅語的表現である。

また、徳富蘆花（ろか）の『自然と人生』には、「古英雄のとこしなえに眠る所」という表現が出てくる。この「**とこしなえ**」も「とこしえ」と同様だが、さらに古めかしく、今では気どった感じに響くかもしれない。

伊藤左千夫の『野菊の墓』には「新墓が民子のとわの住家であった」という例が出る。これも「**とわ**の別れ」「とわの眠りに就く」「とわに幸あれ」などと雅語的な表現に用いられるが、「とこしえ」や「とこしなえ」に比べればしばしば使われるだけに、気どった感じがそれほど鼻につかないようである。

時間——時刻・時

谷崎潤一郎は『陰翳礼讃（いんえいらいさん）』で、書院のむしろ薄暗さとでも言いたいような微妙な明るさを巧みな比喩で描き出している。「庇（ひさし）をくぐり、廊下を通って、ようようそこまで辿（たど）りついた庭の陽光は、もはや物を照らし出す力もなくなり、血の気も失せ

常（とこ）しなえ 文 古 とこしえ。 異字 永しなえ・永久

永久（とわ） 文 えいきゅう（永久）。「—の別れ」（雅語的。）

陽光（ようこう） 文 太陽の光。暖かな日光。「—が降り注ぐ」

てしまったかのように、ただ障子の紙の色を白々と際立たせているに過ぎない」と書き、「そのほのじろい紙の反射が、床の間の濃い闇を追い払うには力が足らず、却って闇に跳ね返されながら、明暗の区別のつかぬ昏迷の世界を現じつつある」と展開する。そんなありがたく重重しい空間にしばらくひたっていると、「時間の経過が分らなくなってしまい、知らぬ間に年月が流れて、出て来た時には白髪の老人になりはせぬか」と不安になるという。いわば「悠久」というものに対する怖れである。

川端康成も『伊豆の踊子』の末尾に、「頭が拭われたように澄んで来た」と書き、「頭が空っぽで時間というものを感じなかった」と続けている。どちらの例でも、そこに使われている「時間」という用語は、「時間」をも「時刻」をも含む、あるいはそんな区別など意識にのぼらない、大きな「時」の流れを意味しているように思われる。

混迷（こんめい） 事態が複雑で、どう動くべきか分からないこと。「政局は―を深める」 異字 昏迷

悠久（ゆうきゅう） 文 気が遠くなるほど非常に長く続くこと。「―の昔／大地」「―な時の流れ」

時刻（じこく）　時のある瞬間的な一点。「―表」「開始―」

時（とき）　文 過去から現在を経て未来へと続いていく、一連の時間の流れ。「あっという間に―が過ぎる」

概念的には、その時の流れを、始めも終わりもない一本の直線というイメージでとらえたときに、その線上の一点一点が「**時刻**」で、ある一点から別の一点までの距離、いわば線分が「**時間**」だという認識になるだろう。だから、「ただ今の時刻」「出発時刻」「到着予定時刻」といった用法に象徴されるように、「時刻」という語は、何かをしたり、何かが起こったり、ものごとの変化が生じたりする、その瞬間をさす、「点」的な存在である。一方、「何時間」「時間がかかる」「時間がない」といった用法に代表されるように、「時間」という語は、起こった出来事や始めた行為などが継続している間の「**時**」の幅をさす、「線」的な存在だというのが、基本的な認識だと言えるだろう。

学校の授業の予定など、もしも「時刻割」と称したら、生徒が勉強しようと鉛筆を握っただけで「一時刻目」が終わってしまう。うっかり「時刻

時間（じかん）　ある幅を持った時の長さ。「―が解決してくれる／ない」「日照／待ち―」

時刻表（じこくひょう） 鉄道などの交通機関の発車・到着時刻などが書かれている表。

時間▼時間

給」などを採用してしまったら、働こうと思っただけの人間にも給料を支給しなくてはいけなくなる。その意味で、「時間割」とか「時間給」とかという名称になるのは理屈に合っている。

しかし、小津安二郎監督の映画『東京物語』の冒頭のシーンでは、脚本に「周吉は汽車の時間表を調べている」という説明書きが出てくる。蒸気機関車でなくなってから、「汽車」は「列車」に座を譲ったが、ここで注目したいのは「時間表」という表現である。当時の乗り物はのんびりしていたから、時間をかけてゆっくり発車していたからではない。当時の日本語では、厳密な表現を要する場合を除き、日常語としての「時間」ということばに、「時間」の意味はもちろん、「時刻」の観念も含まれていたからである。

こんなふうに、昔はおおらかに「時間表」と呼んでいたものにも、近年は目くじらを立てて、厳密に「時刻表」と呼ぶようになっている。だから、

目くじらを立てる（めくじらをたてる） わずかのことを取り立てて、かれこれ言う。「些細（ささい）なことで―」「目くじら」は目尻（めじり）の意。

古本屋にでも行かない限り、「時間表」という代物にはお目にかかれない時代となった。それだけではない。以前は気がねなく「時間になる」「ちょうどその時間が来た」「放送の始まる時間になった」などと言っていた用法も、今はことごとく「時刻」と呼ぶ、ゆとりのない世相である。それでも、今のところ、いくら高学歴の母親でも、鼻から提灯を出して朝寝坊をしている子供を、「時刻ですよ」と言って揺り起こすほどの窮屈な世の中には達していない。

時分——あの頃

小津安二郎監督の映画『東京物語』の終わりのほうで、山村聰の演ずる平山幸一が、母親の葬式帰りの会食で、「あの時分は、お母さんも元気で」と発言している。同じく小津の『東京暮色』でも、有馬稲子の演ずる杉山明子が「むかアしね、うちが東五軒町にいた時分、近所にいた人だって」と言っているし、さらに、『秋日和』でも、北龍二

時分（じぶん）（人生上のある）時期。「若い／子供の――」

の演ずる平山が「その時分はこっちもまだ学生でしてね」と言う。

　こんなふうに、昔を思い出す時なんかに、以前はよく「**時分**」という言い方をしたものだ。今でも使う人がまったくいないわけではないが、かなり古めかしく聞こえるだろう。時は移った。中年以下の人はもう、ほとんど「あの頃」「その頃」で済ませているのではないか知らん？　なんだか、あの時分が無性に懐かしい。

今――現在

「今」と「現在」とは、まったく同じ意味なのか、それともどこか違うのか、どういう関係になっているのかを考えようとしたら、「今現在まだそういう情報は入っていない」というふうに、両方を重ねて使う言い方もあることに気がついた。この今という時を基準に判断すると、といった意味合いで使われ、「今のところ」というのに近い。

　黒井千次の『オモチャの部屋』に、建てなおす

あの　①遠くにあるものを指す。「―人は誰？」②話し手、聞き手双方の知っている事柄を指す。「―ころは幸せだった」異字 彼の

その　①空間的・心理的に相手に近い人・事物を指す語。「―服、よく似合いますね」②既に述べた事物を指す語。「―件は解決済みだ」異字 其の

前の古い家の「オモチャの部屋は、やはり現在の玄関となる」という例が出てくる。この「**現在**」という語は、哲学では過去と未来をつなぐ時の一点をさし、仏教では「現世」という大きな幅を意味するらしい。日常語では、「正午現在」のように時の一点を基準としたり、「一月二十一日現在」「五月現在」「一九三五年現在」というふうにさまざまな幅の時間を指示したり、「現在では草鞋履(わらじば)きの姿を見かけない」というふうに、ほとんど「現代」に近い長い時間に対応したりする用法もある。

一方、「**今**」のほうも、「今となっては」のようにある幅の時間をさしたり、「今が盛り」「今ははやらない」のようにかなり幅のある時間をさしたり、「今の世の中」のように、ある時代という大きな幅の時間をさしたりする用法もあって、その点では「現在」と共通する。

しかし、夏目漱石の『坊っちゃん』に「校長にはたった今逢(あ)った」という箇所が出てくる。この

現在(げんざい) 過去と未来の間にある時。「—の時刻」「—開発中の新製品に欠陥が見つかった」

現世(げんせ) 三世(さんぜ)の一つ。現実に自分が生きている世(よ)の中。「—利益(りやく)」〔仏教語。〕 異読 げんぜ・げんせい

今(いま) 経過しつつあるこの時。「—何時ですか/来たばかりだ/すぐ行きます」

例では、過ぎ去ったばかりの時、現在に近い過去の一点をさしている。「今帰ったばかりだ」というのも同様だ。「現在」という語には、このように過去を意味する用法はないから、その点で両者はまず違う。

さらに、「今」は現在はもちろん、過去をさすこともあるというだけにとどまらず、決定的に違うのは、未来を表すことさえできる点だろう。「ちょっと待って、今行くから」というふうに、直近の未来をさすほか、「今に見ていろ、僕だって」というふうに、「そのうち」というふうな漠然とした未来を表す用法さえある。

全体の傾向としては、「現在」より「今」のほうが意味が広いと考えられる。

おととし――いっさくねん

国語辞典で「いっさくねん」と引いても、「おととし」と引いても、昨年の前の年という同じ説明が出てくる。どの辞典を引いてもほとんど同様だ。それでは、常にどちらを使ってもいいのかとなると、現実にそうはいかない。「一昨年の春に結婚いたしました」という場合は「いっさくねん」と読むほうがぴったり来るが、「おい、あれは一昨年だったっけ？　やつが引っ越したの」といった例では、どうしても「おととし」と読みたくなる。そうしないと、単語の文体的レベルが合わず、ぎくしゃくするからだ。つまり、意味の点ではまったく同じ年をさすのだが、「**おととし**」という和語が日常会話や改まらない文章に広く使われる、ごく普通のことばであるのに対し、漢語として「**いっさくねん**」と読めば、改まったスピーチや硬い文章に用いられるのにふさわしい、文体的レベルの高いことばとなるからである。

昨年――去年

谷崎潤一郎は『細雪』で、花見の行事で今年も平安神宮の桜、あの紅しだれの花盛りに出あえた喜びを、「此の一瞬の喜びこそ、去年の春が暮れ

一昨年(おととし)　昨年の前の年。「—の春」

一昨年(いっさくねん)　図おととし(一昨年)。「—の出来高」

筆致(ひっち) 筆の運び具合。文章の書きぶり。筆遣い。「鋭い―で書き上げる」

去年(きょねん) 今年の前の年。「―の暮れ」

昨年(さくねん) 文 去年。「―の流行」

何が無し(なにがなし) 古 何となく。「―心細い」

時間▼ことし

て以来一年に亘(わた)って待ちつづけたものなのである」と、高い調子の筆致で綴(つづ)った。ここの「去年」という語を、もし「昨年」と書いていたら、なんだか家族旅行の親しい感じが失せて、緊張を強いられる正式行事のような堅苦しい雰囲気に変質していたような気がする。

「**去年**」と「**昨年**」とは、まったく同じ年をさし、どちらも漢語でありながら、前者は改まらない場で使う日常語なのに対し、「昨年」のほうは改まった場面でのスピーチや硬い文章の中で用いられる、文体的レベルの高いいわゆる文章語に相当するのである。

ことし――こんねん・本年

同じ『細雪』のその近くに、「これで今年も此の花の満開に行き合わせたと思って、何がなしにほっとする」とある。この「**ことし**」ということばは、今のこの一年をさし、会話でも文章でも広く使われる日常の基本的和語で、「ことしもよろ

今年(ことし) 現在過ごしている年。《新年》「―を振り返る」「―は台風が多かった」

しく」「ことし定年を迎える」「今年の十大ニュース」などと気楽に用いている。

「ことし」とも読む「今年」を「**こんねん**」と音読みすれば、改まった挨拶や堅苦しい文章に用いられる漢語となり、「今年の春に盛大に催される」「今年をもちまして閉店の運びと相成りました」のように、丁重な調子で用いられる高い文体的レベルの語となる。

特定の個人というよりは、団体などの多数の相手に向けた正式な感じの一般的な挨拶としては、「本年も相変わりませずご厚誼（こうぎ）のほどよろしくお願い申し上げます」「本年の下半期には景気も上向きになると予想される」などと、形式ばった文面では、しばしばこの「**本年**」という格式の高い漢語が用いられる傾向が見受けられる。

来年――明年

その年と二年前の年には、漢語のほか、「ことし」「おととし」という和語もあったが、どういうわ

今年（こんねん） 文 ことし（今年）。「―こそ目標達成を」

本年（ほんねん） 文 今年。「―もどうぞよろしく」

厚誼（こうぎ） 文 手厚い交情・交誼。「―を込めた礼文」「ご―を願う」

来年（らいねん） 今年の次の年。「―に先送りする」

竣工（しゅんこう） 工事が終わって建造物ができること。「―式」 異字 竣功 ↕起工

明年（みょうねん） 文 来年。「―の抱負」

けか、一年前と一年後には、古語的な「去年（こぞ）」や説明的な「明くる年」ということばはあるものの、それを表す日常語としての和語がなく、どちらも漢語だけである。

高田保のコラム集『ブラリひょうたん』のうち、「若芽の雨」は、モーパッサンが養老院の庭で花壇に小石をばらばら投げて、「来年の春になって雨が降ったら、こいつがみんな芽を出して、小さなモーパッサンが生える」と言ったという逸話で始まる。この「**来年**」ということばは、「今年」の次の年をさし、くだけた会話やさほど改まらない文章に広く使われる日常の漢語である。

「明年秋には竣工（しゅんこう）の予定でございます」「明年には晴れて婚儀が整うものと思われる」のように用いる「**明年**」ということばも同じ意味で、相当に改まった会話や文章で用いられる、かしこまった感じの漢語である。「来年」に対するこの「明年」は、「去年」に対する「昨年」以上に改まった感

じの文体的レベルにあると思われる。

年度――前年度・今年度・次年度

会社や組合などの組織における事業報告や会計報告に際しては、しばしば「**本年度**」という語を用い、前の年の場合は「前年度」、次の年の場合は「**次年度**」とする例が多い。

今年の場合を「**今年度**」とした場合は、それとバランスをとって、前の年のを「**昨年度**」とするのが通例だ。また、通常、次の年のを「**来年度**」とすることが多いようだが、ここはさらに格式を高めて「**明年度**」というよそゆきのことばに切り換える場合もある。

「ことし」は和語だから「年度」と結びつかない点に不思議はないが、同じ漢語でも、「昨年度」より肩の力を抜いて「去年度」とする例は、なぜかあまり見かけない。「去年」という語が日常会話にも使えるごく普通の改まらないことばであるため、そのような公式の場になじまないのかもし

今年度（こんねんど） 現在の年度。「―の目標」

昨年度（さくねんど） 今年度の前の年度。「―の実績」

来年度（らいねんど） 今年度の次の年度。「―の予算編成」

明年度（みょうねんど） [文]来年度。「―の事業計画」

本年度（ほんねんど） [文]今年度。「―の予算」

次年度（じねんど） その次の年度。「―に持ち越す」

れない。

基本的には、「去年」「ことし」「来年」のレベルと、「昨年」「本年」「明年」のレベルとに大きく分かれ、そのレベルを混同して用いると違和感のある表現となる。しかし、それらは等間隔の二つのレベルなのではなく、それぞれの語の文体的レベルの差は一律ではない。例えば、「来年」という語は、日常会話から少し改まった場面まで幅広く使え、「昨年」という語は、少し改まった場面から、かなり改まった、「明年」という語の文体的レベルまでの広い範囲をカバーしているように思われる。そのような微妙な違いが、「年度」という形式ばった漢語と結びついた場合の、いわば〈しっくり〉加減にかかわっているように感じられる。

おととい――おとつい・一昨日

「きのう」の前日、すなわち、「きょう」より二日前の日を**「おととい」**と言い、「おとといの晩」「ついおととい来たばかりだ」のように使う。この語

一律(いちりつ) ①物事が同じ調子で変化に乏しいこと。「千編―」②物事のやり方などが、皆一様であること。「―に論じられない」

一昨日(おととい) きのうの前の日。「―の晩」

時間▼おととい

しっくり 物事のよく合うさま。「体に―合う」「関係が―行かない」

は、くだけた会話や改まらない文章に使われる日常の和語である。

同じ意味で、「おとつい」という語形もあり、「おとつい食ったばっかしだ」などと言うこともあったが、古くさい語感があり、方言じみた響きも感じられるせいか、近年はめったに聞かなくなったような気がする。

「期間は一昨日より明後日まで」「一昨日の会議で決定した」などと使う「一**昨日**」という漢語も同じ日をさし、改まった会話や硬い文章に用いられる。

一昨日（いっさくじつ）　文 おととい（一昨日）。「—に判明した」

きのう——さくじつ

林芙美子の『茶色の目』に「昨日別れたような、親近な表情だった」とある。この「**きのう**」ということばは、今日のすぐ前の日をさし、「昨日の出来事」「昨日今日のことではない」などと使う、くだけた会話や改まらない文章に用いる日常の和語だ。

昨日（きのう）　今日の前の日。「—あたりから涼しくなった」

これを音読みする「**さくじつ**」ということばは、かなり改まった会話や硬い文章の中で、「昨日挙行された儀式」「昨日の正式な決定を受けて」などと用いる漢語である。

きょう――本日

夏目漱石の『坊っちゃん』に、「今日見て、あす移って、あさってから学校へ行けば極り(きま)がいい」とある。この「**きょう**」ということばは、今経過中のこの日をさして、「きょうは格別冷える」「きょうは珍しく早く起きた」などと、くだけた会話から硬い文章まで使われる日常の基本的な和語である。小津安二郎監督の映画『東京物語』で、妻を亡くし、うちひしがれているはずの笠智衆演ずる周吉が、心配して探しに来た次男の嫁の原節子演ずる紀子に、「ああ、綺麗な夜明けじゃった。今日も暑うなるぞ」と元気をふりしぼって話しかけるシーンは印象深い。

井伏鱒二の小説『本日休診』に「開業一周年の

昨日(さくじつ) 文きのう(昨日)。「―より開始した」

今日(きょう) 現在、経過している一日。「―は寒いですね」

打ち拉がれる(うちひしがれる) 生きる力や気力をそがれる。「悲しみに―」

時間▼きょう

格別(かくべつ) ひときわ違っていること。「―のご配慮/寒さ」「―目をかける」

記念日には「本日休診」の札をかけ、八春先生が留守番で、ほかのものはみんな遊山(ゆさん)に出ることにした」という一節がある。この「**本日**」という語も、「きょう」とまったく同じ日をさし、「本日中にお召し上がりください」「本日のところは、これにて終了仕(つかまつ)ります」などと、改まった会話や文章に用いられる丁重で格式ばった漢語表現である。

本日(ほんじつ) 文「きょう」のやや改まった言い方。「―限り有効」「―休診」

格式張る(かくしきばる) 礼儀、作法、形式に重きを置き、堅苦しく振る舞う。「格式張った挨拶」

遊山(ゆさん) 古 野や山へ遊びに出かけること。また、気晴らしに遊びに出かけること。「―に出かける」

あした――あす・明日

夏目漱石の『坊っちゃん』に、「あした勝つ。あした勝てなければ、あさって勝つ」という箇所が出る。この「**あした**」という語は、古語では「朝方」をさし、「夕べ」という語と対立関係にあり、特に「翌朝」を意味する用法もあった。

だが、現代語としては、「きょう」の次の日をさし、「あした天気になあれ」「あしたが待ち遠しい」「あしたになれば、わかるさ」などと、くだけた日常会話によく使われる和語で、その文体的なレベルから、硬い文章にはふさわしくない。

明日(あした) 会 あす(明日)。「―でいいよ」「また―」

端居(はしい) 文 夏の夕方などに、庭に面した座敷の縁先などに出て、涼を求めくつろぐこと。《夏》

石工(いしく) 石の細工・加工をする職人。異読 せっこう

時間▼あした

明日(あす) きょうの次の日。「—参ります」「きょう—中」〔やや改まった言い方。〕

漱石の『坊っちゃん』の「今日見て、あす移って、あさってから学校へ」という箇所のほか、星野立子の夏の句に、「端居(はしい)して明日逢う人を思ひけり」というのがある。どちらも、この「**あす**」ということばは、同じく「きょう」の翌日を意味する。会話的な「あした」より少し改まった感じだが、漢語の「明日(みょうにち)」ほどの改まりは感じさせない。

近年、テレビの天気予報のコーナーが際立って増えているが、アナウンサーも気象予報士も、「あすの天気」「あすの空模様」「あすは天気が下り坂で」のように、きまってこの「あす」を用い、「あしたの天気」という報道はほとんど聞かない。おそらく不特定多数の人を相手にした公共放送だから、少し改まった表現にしているのだろう。

菊池寛の『恩讐(おんしゅう)の彼方に』に「明日ともなれば、石工共(いしくども)が妨げを致そう」という箇所が現れ、「あす」とも「みょうにち」とも読める。この例は、時代に合わせてあえて古めかしいことばを用いたのだ

明日（みょうにち） 文 あす（明日）。「—の天気」〔改まった言い方。〕

ろうが、現代でも、さらに改まると、この「明日」という漢語を用いる。

「もう遅いから、続きはまたあしたやろうよ」「夜も更けましたので、続きはまたあすということで、よろしく」「もうこんな時間でございますので、続きは明日ということになさってはいかがでしょうか」というふうに、それぞれの改まり方に応じて文体的レベルを合わせ、「あした」「あす」「みょうにち」を使い分けているようである。

東京の場合、家族や親友のような親しい間柄で「あす」を使うと、少し水くさい感じに響くようだ。このあたりは地方によって若干異なるらしく、九州では「みょうにち」という漢語が東京に比べ、さほど改まらなくても使う傾向があると聞いたことがある。

ただし、以上はそれぞれ「きょう」の翌日をさす用法の場合であり、意味合いが違えばおのずと使い分けも変化する。「あすのことは誰にもわか

水臭い（みずくさい） もともと親しい間柄なのに他人行儀だ。「—ことを言う」

らない」「あすは我が身」のように、翌日に限らず不特定の未来をさしたり、「あすの日本を背負って立つ」のように、ずっと先の将来を意味したりするような、抽象化した意味合いの用法では、従来「あす」を用いてきた。

ところが、近い未来を「あしたがあるさ」と歌ってから何十年も経った今頃になって、漠然とした未来、あるいは遠い将来を「あした」と言う例が、なぜかやたらに横行しているような社会現象が見られる。「星たち」「過去たち」のような「たち」の濫用と同様、その背景にひそむ現代日本人の甘えが見え隠れし、いささか気にならないこともない。

今のところ、「みょうにち」という漢語だけは、依然として「きょう」の次の一日だけを意味して、まともに使われている。和語より意味が広がりにくいのかもしれない。

夜明け——あかつき・あけぼの・ありあけ

【時間】に関することばを扱う最後に、〈朝〉と〈夕〉を意味する語彙が、〈昼〉と〈夜〉を表す語彙よりはるかに多彩であるという事実をえぐりだし、その背景を考えてみたい。くっきりと明るい〈昼〉と、紛れもなく暗い〈夜〉よりも、その間に位置する〈朝〉と〈夕〉という微妙な明るさ、あるいは、曖昧な薄暗さに対して、感覚鋭く切り込み、いわばアナログのそのグラデーションの現実を、個個のことばというデジタルな存在に刻んできた日本人の感受性に驚くのである。谷崎潤一郎が『陰翳礼讃』で説いた、あの薄暗さに対する徹底したこだわり、微妙なものにひそむ奥深さの味わい、そういう文化を大事にしてきた日本人の美意識が、日本語という言語面に彫琢してきた跡であることを思うと、いささか感慨深く、興趣は尽きない。

万葉集の時代に「あか（明）とき（時）」だっ

紛れも無い 間違いようのない。明白である。「——事実／証拠」

グラデーション 写真・絵画などで色の濃淡の段階（の推移）。階調。「——を付ける」〔gradation〕

彫琢 文 文章や詩などに何度も手を入れて磨き上げること。「——を加える」

暁（あかつき） [文] まだ暗いうちから夜が明けるころまで。〔「あかとき（明時）」の転。〕

えも言（い）われぬ [文] 何とも言葉で言い表せない（ほどすばらしい）。「――美しさ／いい匂（にお）い／趣」

た語が、のちに「**あかつき**」と変化し、平安時代以降そう呼ばれてきたようだ。夫婦が一緒に住まない妻問い婚の時代には、通って来た男が女のもとを立ち去る、ちょうどそんな頃合いに当たるらしい。漢語の「暁闇（ぎょうあん）」に相当し、和語で「あかつきやみ」と読む。夜が明けかかる少し前のまだ暗いうちをさすという。

漢字で「曙」と書く「**あけぼの**」は、枕草子の「春はあけぼの」でよく知られる。が、この和語は、「あかつき」より少し後の、夜がほのぼのと明けようとするあたりを意味する。清少納言は、藍色（あいいろ）からおぼろに紫がかる得（え）も言われぬ色彩のやわらかな移ろいに目を奪われ、それを春という季節の最も美しい時間と高く評価した。

ただ、当時の現実としては、「あけぼの」になると、帰る男の姿がぼんやりと見分けられてしまう。そのため、「あかつき」と「あけぼの」との微妙な区別が重要だったわけだが、通う習慣がな

曙（あけぼの） [文] 夜がほのぼのと明けるころ。

くなり、男女が一緒に住む時代になれば、そんな区別は実用的でなくなる。特に現代人は起きるのが遅くなり、目の覚める前の時の経過などに関心がなく、事実、そのような細かな呼び分けには無頓着になっているはずだ。

野沢節子に「冬暁に父来て生前より多弁」という句がある。凍りつくような冬の夜明け前に、亡父が夢枕に立ったのだろうか。家庭内で寡黙だった父親とおしゃべりがしたかったという思いが伝わってきて、読むと胸にじいんと来る。ただ、現代人の意識として、この「暁」という語に「曙」より前という意識がどこまではっきりとあったかはわからない。

「**薄明**」という硬い感じの漢語もあるが、意味が少しずれる。一つには、日の出前だけでなく、日没後にも使う点であり、また、その時刻の空のぼんやりとした明るさを意味し、時刻そのものを直接表すことばではないらしい。

無頓着（むとんちゃく） 物事にこだわらないさま。「身なり/金銭ーに ーな人」 異読 むとんじゃく

薄明（はくめい） 文 夜明けや日暮れの空がぼんやりと明るいころ。

多弁（たべん） よくしゃべるーさま/こと。

寡黙（かもく） 文 言葉数の少ないこと。多弁でないこと。「ーな人」

朝ぼらけ（あさ）　文 朝、ほんのり空が明るくなるころ。

夜明け（よあ）　夜が明ける時。「―が早まる」「―を迎える」↕日暮れ

有り明け（ああ）　陰暦の十六日以後の、月が空にあるうちに夜が明けるころ。「―の月」
時間▼夜明け

「**朝ぼらけ**」ということばは、夜明けの雲が薄赤くなりかける時刻を意味する、古風でいくぶん詩的な雰囲気を感じさせる和風表現である。

これとよく似た雰囲気の「**しののめ**」ということばは、東の空が明るくなりかける時刻をさし、「しののめのストライキ」という古い表現もあったようだが、漢字で「東雲」と書くように、その時刻の東の空に浮かぶ雲を意味する用法もある。

庄野英二の『星の牧場』に、「バラの花びらをすかしてみるような夜明けの光」というくだりがある。この「**夜明け**」という和語は、夜が明けること自体をさすとともに、時刻をさすこともあり、その場合は、当然、日の出時分を意味する。

林芙美子の『放浪記』に、「遠くで黎明（れいめい）をつげる鶏の声がしている」とある。この「**黎明**」という硬い感じの漢語も、意味としては「夜明け」をさしている。

「**ありあけ**」という古風な和語がある。「あり」

東雲（しののめ）　文古 朝、東の空が白んでくるころ。「―の空」

黎明（れいめい）　文 夜明け。「―告ぐる鶏の声」

の主語は「月」、「あけ」の主語は「夜」で、月がまだ空にあるうちに夜が明けることを意味する。時刻としては当然「夜明け」をさしている。

志賀直哉の『焚火』に、「寝込んで了うと、明け方は随分寒いでしょうよ」という例が出てくる。この「**明け方**」は、もちろん、夜が明けかかる時刻をさしている。

古くは「**かわたれ時**」ということばも使われた。夜が完全に明けきらず、まだ薄暗くて、人の区別も定かならず、「か(彼)はたれ(誰)」、すなわち、「あれは誰だ」と問うところから出てきたことばだという。似た意味の夕方の「たそがれ」と対立する語である。

三島由紀夫の小説『潮騒』に、「西風の強い払暁など、富士を見ることがあった」というくだりがある。この「**払暁**」という高級な漢語は、夜が明ける頃をさしている。

もう一つ、「**朝方**」という日常使う和語を取り

明け方(あけがた) 夜が明けようとするころ。「―に帰宅する」↕暮れ方

彼は誰時(かわたれどき) 文 明け方(や夕方)の薄暗い時。〔薄暗くてだれであるか見分けがつけにくい時の意。〕略形 彼は誰

払暁(ふつぎょう) 文 夜明け。〔明るくなってすぐという感じ。〕

朝方(あさがた) 日が昇るころ。「―の夢」

上げよう。この語は、朝の早いうちを意味し、イメージとしては、日の出から二、三時間程度までをさすようである。

夕方――夕刻・たそがれ・日暮れ

夏目漱石の『坊っちゃん』に、「ある日の夕方、折戸の蔭に隠れて、とうとう勘太郎を捕(つら)まえてやった」とある。この「**夕方**」ということばは、昼間から夜に向かう日没前後の時間帯をさし、「夕方の混雑」「夕方に一雨ありそう」などと日常会話から文章まで幅広く使われる基本的な和語である。

三島由紀夫の『潮騒』には、「その日の夕刻ちかく(略)なまこを一つ手土産にして訪ねて来た」とある。この「**夕刻**」ということばも、意味する時間の範囲はほとんど同じだが、改まった会話や文章に用いる硬い感じの漢語であり、両語は文体的レベルに差があるため、手紙でならともかく、くだけた場面での日常会話にうっかりこの「夕刻」

夕方(ゆうがた) 日が沈むころ。「―の散歩」

夕刻(ゆうこく) 文 夕方の時刻。「―に到着する」

黄昏（たそがれ）　文 夕方の薄暗いころ。「―時（どき）」〔人が見分けにくくていう「誰（た）そ彼（か）れ」から。〕

薄暮（はくぼ）　文 夕方、薄暗くなったころ。

を使ってしまったりすると、相手に取り澄ました感じに響くだろう。

　三好達治の『乳母車』という詩に「時はたそがれ／母よ　私の乳母車を押せ」という一節がある。芥川龍之介の『東洋の秋』という小品にも、「この公園にも次第に黄昏（たそがれ）が近づいて来た」という一文が現れる。谷崎潤一郎の長編『細雪』には、「最も名残の惜しまれる黄昏の一時（ひととき）を選んで」という平安神宮の花見の一節が出てくる。この三例に現れる「**たそがれ**」という和語は、もと「た（誰）そ　かれ（彼）」、すなわち、「誰だ、あいつは」という意味の表現から出たことばだという。同じ発想から出た語として、朝方の「かわたれ」と対応する夕方版である。ともに古風で優雅なことばだが、こちらは現代でも、主に文章の中で使われ、詩的な雰囲気をかもし出している。

　「**薄暮**」という硬い感じのことばもある。この漢語は、あたりが薄暗くなった、その状態をさし、野球の「薄暮試合」のほか、「薄暮の迫る時刻」のように用いる。直接には、そういう状態をさすのだが、間接的にそういう薄暗さの時間帯を漠然とさしているように思われる。

日暮(ひぐ)れ

日が暮れるころ。「―になる」「―時／方(がた)」↕夜明け

志賀直哉の『城の崎にて』に、「他の蜂が皆巣に入って仕舞(しま)った日暮、冷たい瓦の上に一つ残った死骸を見ることは淋しかった」というよく知られた一文がある。また、庄野潤三の『秋風と二人の男』にも、「線路の横の道を歩いている買物籠(かいものかご)をさげた女の人にも日暮の気配が感じられるようになり」と、新宿へ向かう小田急線らしい電車の車中から、秋の季節感をとらえた絶妙の一文が現れる。この「**日暮れ**」ということばは、「晩秋は日暮れが早い」というふうに、一次的には、日が暮れかかってあたりが薄暗くなり始めたようすをさすが、そこから日没の近い時間帯を感じさせ、しっとりとした古風な会話や文章に用いられる、雰囲気の和語である。

入相（いりあい） 文古 日の沈むころ。「—の鐘」

駒（こま） 古 馬。〔古くは子馬の意にも用いた。〕

平安中期の能因法師「山里の春の夕ぐれ来て見ればいりあひの鐘に花ぞちりける」の一首はよく知られているが、漢字で「入相」などと書くこの「**いりあい**」という語は「日の入り」を意味し、「入相の鐘」は日没の頃に寺でつく、いわゆる「晩鐘」をさしている。

平安末期の西行に「心なき身にもあはれはしられけり鴫（しぎ）たつ沢の秋の夕暮」、鎌倉前期の藤原定家に「駒とめてそでうちはらふかげもなし佐野のわたりの雪の夕暮」という、ともに有名な一首がある。季節はまったく違うが、どちらも「**夕暮れ**」という語の名詞止めになっている。時代は下って、芥川龍之介の小品『東洋の秋』に、「秋の木の間の路は、まだ夕暮れの来ない内に、砂も、石も、枯草も、しっとりと濡れているらしい」という一節が出てくるし、小川洋子の『夕暮れの給食室と雨のプール』にも、当然、タイトルだけでなく、「夕暮れはもうわたしたちの間に淡い闇を運んで

夕暮れ（ゆうぐれ） 日暮れ。「秋の—」

いた」という一文が出てくる。この「夕暮れ」ということばは、夕方になり日が暮れる頃をさす、やや古風でほんの少し詩的な雰囲気を感じさせる和語である。

同じ意味で、詩の中や美文調の文章に用いられる「**夕まぐれ**」ということばもある。これはいかにも古めかしいほとんど雅語に近いレベルの和語である。「夕間暮れ」という漢字を宛てることが多いが、「まぐれ」の部分は「目暗」からの音転であるという。

坪内逍遥の『当世書生気質』には、「恰(ちょう)ど日の入りのころであった」という例が出る。この「**日の入り**」という古風でいくぶん詩的な感じもある和語は、文字どおり、日が沈むことをさすと同時に、その頃の時間帯をもさし、朝の「日の出」という語と対立する。

「**日没**」も太陽が西に沈むことをさし、やや改まった会話や文章に用いられる正式な感じの漢語

夕間暮れ(ゆうまぐれ) 文古 夕方の辺りが薄暗くなるころ。「夏の—」〔目暗(まぐれ)から。〕

日の入り(ひのいり) 西の水平線・地平線に、太陽が沈む時刻。「日の出から—まで」↔日の出

日没(にちぼつ) 日の入り。↔日出(にっしゅつ)

時間▼夕方

である。その現象の起こる時刻という概念を的確に表すのが中心であり、「日の入り」のような生活感にはとぼしく、それだけに視覚的なイメージ喚起力も弱い。

火灯し頃(ひともしごろ) 文 日が沈んで、明かりを灯しはじめるころ。異字 火点し頃

江戸中期の俳人、加舎白雄(かやしらお)に「人恋し灯ともしごろをさくらちる」という一句がある。「**ひともしごろ**」という和語は、「灯点し頃」と書くとおり、あたりが薄暗くなって明かりをともす時間帯をさし、文学的なエッセイにふさわしい古風で詩的な表現である。ちなみに、この句に惹かれる小沼丹の随筆『遠い昔』には「口誦(くちずさ)むと遠い昔がゆらゆら浮んで、何となく誰かと酒が飲みたくなる。どう云う訳かしらん?」とあるから可笑しい。

夕(ゆう) 文 夕方。「朝に—に」

「朝に夕に」のように、しばしば「朝」という語と対になって使われる「**夕**(ゆう)」ということばは、「夕景色」という例でも明らかなように、「夕方」という意味で、主として会話よりも文章に書く際に用いられる古風な和語である。

晩——ゆうべ・宵の口・夜

夏目漱石の『倫敦塔（ロンドンとう）』に「霜の朝（あした）、雪の夕、雨の日、風の夜」とセットでくり返す表現が登場する。前と同じ漢字だが、ここは「**ゆうべ**」と読ませる。読みが違うと意味も変わり、こちらは夕方だけではなく晩まで含まれる。文体的なレベルとしては、古風で詩的な感じの和語である。永井荷風の随筆『雨瀟瀟（あめしょうしょう）』に出てくる「立つ秋の俄（にわか）に肌寒く覚える夕」という箇所もおそらく同様だろう。

福原麟太郎の随筆『気を紛らされること』に、「ゆうべのことを思い思い顔を洗いに下りるのである。そうしてゆうべの決心のとおり学校を休むかな」という一節が出てくる。ここの「ゆうべ」ということばは、昨日の夜のことをさしている。このように、「ゆうべ」という和語は二つの意味で用いられるため、この意味の場合は「昨夜」という漢字を宛てて念を入れることもある。

夏目漱石の『坊っちゃん』に、「其晩は久し振

夕べ（ゆう） 文 夕方から宵にかけてのころ。「―の祈り」「―浜辺をもとおれば」↔朝（あした）

蕭々（しょうしょう） 文 もの寂しく風が吹いたり雨が降ったりするさま。「雨―」

晩(ばん)　(日の入りから夜中までの)夜。「昨日の―」

晩方(ばんがた)　古 日が沈んで、夜に入るころ。

に蕎麦(そば)を食ったので、旨(うま)かったから天麩羅(てんぷら)を四杯平げた」という一節が出てくる。会話にも文章にも使われるこの「**晩**」という漢語には、「朝から晩まで」の「晩」、つまり、夕方から本格的な夜になる前までの時間帯をさす用法と、「昨日の晩は眠れなかった」のように、「夜」全体をさす用法とがあって、けっこう紛らわしい。それでも、「夜中」に近い遅い「夜」になってから「今晩は」と挨拶するのは気が引けるから、「晩」という語から「夜」のうちの比較的早い時間帯をイメージしやすいのは事実だろう。

「**晩方**(ばんがた)」という古風なことばは、「晩」のうちの比較的早い部分を表し、「夕方」に続く時間帯で、日が西に傾く時刻より後の、日没後しばらく、夜になる前の時間帯をさす。

同じ『坊っちゃん』には「宵から十二時過迄(まで)」という箇所も出てくる。この「**宵**」という和語は、日が暮れてから夜が更ける前までをさして日常一

宵(よい)　夜が深まらないころ。「―の明星」

般に使われていたが、使用頻度が減るにしたがって、やや古風な語感がしみついてきた。徳川夢声に「ふてぶてと烏賊の刺身や春の宵」という句があり、古い歌謡曲『東京ラプソディー』も「花咲き花散る宵も」で始まる。なお、「**宵の口**」という表現は、「宵」という時間帯の入口の部分、すなわち、「宵」に入ったばかりの頃を表す。「宵のうち」となると、もう少し幅があり、宵の口よりも少し遅い時間帯まで含みそうな感じだが、気持ちとしては、まだ「夜」には間があるというニュアンスで発言する傾向があるようだ。

宵の口（よいのくち） 夜に入ったばかりのころ。「まだ―から」

夜（よる） 日が沈んでから昇るまでの間。「昼も―も」⇕昼

石垣りんの詩『シジミ』に、「寝るよりほか私の夜はなかった」とあり、三木卓の詩『系図』には「ぼくがこの世にやって来た夜」という箇所が見える。この「**夜**」ということばは、基本的には日没から夜明けまでの時間帯全体をさすが、そのうち、「晩」より遅い部分に重点がある例が多いようだ。芥川龍之介の『羅生門』の末尾に出る

漆黒（しっこく） 文 黒い漆（うるし）塗りのようにつやつやした黒。「—の闇（やみ）」

「黒洞洞（こくとうとう）たる夜があるばかりである」という堂堂たる格調の一文も、「宵」という感じはなく、夜も更けた漆黒（しっこく）の闇をイメージさせよう。

江戸後期の僧、書をよくし、漢詩の素養もある、あの歌人の良寛に、「夏の夜（よ）や蚤（のみ）をかぞへて明しけり」という俳句もある。この場合の「夜」は、リズムからも当然「**よ**」と読む。若山牧水の有名な短歌「白玉の歯にしみとほる秋の夜の酒はしづかに飲むべかりける」の中の「夜」も同様だ。韻文ではないが、漱石の『坊っちゃん』に出る「夜はとうにあけて居る」の箇所も、「夜が明ける」という意味だから、むろん「よ」と読む。

「よる」と読もうが、「よ」と読もうが、日の入りから翌日の日の出までの間をさすことに変わりはない。ただし、「よ」と読むほうの「夜」は、現代では、「夜明け」「夜更け」「夜中」「月夜」「闇夜」や「夜通し」、あるいは「夏の夜」「その夜」「夜を明かす」「夜を徹する」「夜を日に継ぐ」「夜

夜（よ） よる(夜)。「—を明かす」

夜を日に継いで（よをひにつ） 昼夜の別なく休まずに続けるさま。「—働く」

も日も明けない」といった単語や句の構成要素として使われるだけで、それ単独で用いることはほとんどなくなった。

日本人は、一日を、ある時は活動や食事などに合わせて「朝」「昼」「晩」と三分し、ある時は明暗に応じて「昼」と「夜」に二分して考えてきたようである。

言語

仄(ほの)か 文 うっすらと感じられるさま。「—な光／希望」「—に香る」

ことば——語・単語・言語

安西均の詩『花の店』は、「かなしみの夜のとある街角をほのかに染めて／花屋には花がいっぱい」と始まり、直後に「賑(にぎ)やかな言葉のように」という思いがけない比喩表現が続く。店先にあふれる色とりどりの花ばなが、なんだか自分に話しかけてくるような気がするのかもしれない。きっと、さびしい心がひととき明るくなるのだろう。

尾崎一雄の『暢気眼鏡(のんきめがね)』に、「「心機一転」「豁然大悟(かつぜんたいご)」そんな言葉も呑(の)みなれた薬のように何の反応もなくなった」とある。「**ことば**」という語は、人間が情報や感情などを伝え合うために使う、さまざまな長さの音声や文字をさし、くだけた会話から文章まで幅広く用いる日常の基本的な表現である。この例では、例示した四字漢語の一つ一つをさしている。

竹西寛子の『少年の島』には「数珠玉(じゅずだま)のようにつながって老婆の口からほとばしり出る意味のわ

豁然(かつぜん) 文 迷いや疑いが突然消えるさま。「—と悟る」

言葉(ことば) ①語や句。「分からない—を調べる」②言語によるひとまとまりの表現。「お祝いの—」「話し—」③言語。「外国の—」 異字 (②)辞

語（ご） ①単語。「―の意味/用法」②言葉。「―を発する」

単語（たんご） まとまった意味と文法的機能をもつ、文を構成する上での言語の最小単位。「花」「が」「咲く」など。

言語▼ことば

からない言葉」とあるから、ここでは語句や文の連鎖をさすのかもしれない。

また、「日本のことば」という表現では、個個の単語をさす場合から、日本語という一つの言語体系全体をさす場合まで、実にさまざまなスケールに対応する。

単に「**語**」といえば、個個の単語をさして、学術的な会話や文章に、「語の意味・用法」のように用いられる、やや専門的な漢語を意味するのが中心となる。が、日常の一般語としては、「語を継ぐ」「語を荒らげる」のように、単語ではなく、ことば遣いや表現や語り口などをさして使われ、その場合はやや古めかしい響きを感じさせる。

「**単語**」という単語にはそういう日常の用法がなく、もっぱら文法上の「文」を形成する最小の構成要素をさし、「英語の単語」「知らない単語」のように使われる。

小林秀雄の『ランボオ』に、「言語表現はあたかも搾木(しめぎ)にかけられた憐れな静物のように吐血し無味平板な符牒(ふちょう)と化する」という強烈なイメージの比喩表現が現れる。言語学の専門語としての「言語」ということばは、人間が音声・文字を媒介として情報や感情を伝え合うのに用いる記号の体系を意味する硬い漢語であり、「言語活動」「言語生活」「言語体系」「言語習得」「言語発達」などと用いる。まれに一般語として「言語明瞭、意味不明」のように、言語表現における音や字という形式面だけをさす用法も見られる。

母国語――母語

自分の生まれ育った国を「母国」と呼び、その国の言語の体系を「**母国語**」と呼んでいる。「母国語の日本語だけで、外国語はからきし駄目だ」「母国語は日本語だが、フランス人並みのフランス語を操る」というふうに、日常の会話や文章に使う。

よく似たことばに「**母語**」というのがあり、生

言語(げんご) 人間が音声や文字を使って思想・感情・意思などを伝えたり理解したりするために用いる記号体系。「—表現/遺産」「消滅危機—」 異読 ごんご

媒介(ばいかい) 双方の中間に立ってその関係を取り持つこと。「商取引を—する」「蚊によって—される感染症」

母国語(ぼこくご) ①自分が生まれた国や所属している国の言語。②自国語。

母語(ぼご) ①幼児期に周囲から自然に聞き覚えた、その人の基本となる言語。第一言語。「—話者/教育」②祖語。

まれ育つ時期に用いた言語やその体系、幼時に親や家庭の内外から自然に習得するものをさしている。「母語話者」「第二言語習得における母語の干渉」などと、言語研究の分野で用いる専門的な漢語である。「母国語」と違い、国家意識なしにその対象を客観的に指示する雰囲気が感じられる。

国語――日本語

「国語」という単語に接すると、ことばや言語体系というより、学校時代の「国語」の時間を複雑な気持ちで思い出す人もあるかもしれないが、ここでは授業の話ではなく、その語と「**日本語**」という語との関係を考えてみたい。「国語」が文字どおり「国家」の「言語」であるならば、英国人にとっては英語、中国人にとっては中国語をさすことになるから、それらは当然「日本語」とはまったく違う。ここでは、日本人にとっての「国語」と「日本語」を比較し、両語はまったく同じ意味なのかどうかを検討しよう。

日本語（にほんご） 日本で古くから広く話されている言語。異読 にっぽんご

一般に、ある国土に住む国民の使うことばの体系を、その国の言語という意味で「国語」と称している。つまり、そのことばの背景には多かれ少なかれ国家意識というものがある。そういう意識の比較的稀薄な「英語」とは事情が異なり、日本では中央集権国家の体制が確立した明治時代以来、国家権力をバックに日本人という民族意識を高めるための施策として「国語」という観念が教育を通じて強化されたという歴史がある。

近年、日本に住む外国人の数が増加傾向にあるという現象が見られるとはいえ、依然として、日本の国土に住む大半は日本民族である。その日本人のほとんどが日本語で生活しており、この国は国際化の掛け声高い現在でも、一言語・一民族に限りなく近い。また、日本人以外に日本語を母語とする民族はなく、日本以外に日本語を国語とする国家もない。その結果、日本の国語は日本語、日本語は日本の国語という単純明快な関係になっ

国語（こくご） ①その国の言語・公用語。日本人にとっては日本語。②教科としての国語科。

中央集権（ちゅうおうしゅうけん） 多くの権力を中央に集中させること。統治の権能が中央省庁とその機関に統一されていること。↕地方分権

ている。世界では必ずしも当然のことではないが、日本に住む日本人はそういう事実を日ごろ誰も不思議に思わない。このように、日本では、「国語」は「日本語」以外になく、どう呼ぼうと同じ言語体系をさす。だから、現実としてこの国では「国語」と「日本語」とは同じ意味なのだが、どこかニュアンスが違う。

　古典を例にするとわかりやすい。紫式部は「国語」で源氏物語を書き、松尾芭蕉は「日本語」で俳句を詠んだのだろうか。そういう言語体系に沿って執筆したという事実は動かせないが、そういう言い方はどこかしっくりとせず、違和感がぬぐえない。当時は、やまと民族のことば、世界の中の日本語という意識は薄く、せいぜい「漢文」とは違う「和文」としての「国文」という程度の感覚だったと思われる。とするなら、その時代の文学がおしなべて、背後に国家意識のひそむ「国語」ということば、諸外国の言語の存在を意識し

和文（わぶん）　日本語で書いた文章。日本文。「—英訳」

国文（こくぶん）　①和文。②「国文学（科）」の略。「—の出身」

て発する「日本語」ということばとなじまないのはごく自然な現象である。

「国語」が国民の言語という意識で国内に向けて発することばであるのに対し、「日本語」は他の言語と並ぶ一言語として、対比的な視点でとらえる感じがある。そのため、ある時期、「国語」は同胞意識をかきたて、国民がひとしく身につけるべき規範としてのことばの教養という意味合いが強かったようだ。戦後になって民族意識は急速に薄まったが、規範意識は今でも残っている。一方の「日本語」は、それが自国のことばであっても、あくまで一言語として事実を客観的に眺める。その意味で、同じ現象が、ある人には「国語の乱れ」と映り、ある人には「日本語の変化」と映るのは象徴的である。

日本語教育――国語教育

極論すれば、国家が国民に教育するのは「国語」であり、外国人が学習するのは「日本語」で

規範(きはん) 行動や判断のよりどころとなる規準。「―を示す」「―文法」「道徳―」

同胞(どうほう) 文 同一国民。同一民族。「四海―」 異読 どうぼう

あるという図式になる。「国語」が日本人の青少年に授与され、「日本語」は外国人が習得する対象だとなると、教え学ぶ内容にもおのずから違いが出て来る。「国語」の教材には、国民が読むべき秀でた文章が望ましく、「日本語」の教材には、各種の自然な実用的文章が適切だということになる。そのため、「国語」の教育では、表現内容の価値を重視し、「日本語」の教育では、コミュニケーションに効果的に役立つ文章を中心とする、という傾向が生じやすい。

　そこから、日本人に向けての「国語教育」と、外国人に対する「**日本語教育**」との教授内容に大きな差が出てくる。「国語教育」は、対象がもともと日本語を母語とする日本人だから、単に日本語という言語の運用能力を高めるだけでなく、数学・理科・社会科・音楽・美術などとともに、日本国民としての教養を培（つちか）い、さらには情操を育てる役割をも担っている。言語教材という視点から

日本語教育（にほんごきょういく）　日本語を母語としない人に日本語を教えること。〔外国生活の長い帰国子女を対象とする場合を含む。〕

培う（つちかう）　じっくりとはぐくみ育てる。「古都に培われた伝統文化」「体力/知性/友情-を―」

言語▼日本語教育

眺めると文学教材が多すぎるように見え、しかも表現解説や作品鑑賞まで含まれるのはそのためである。

他方、日本語を母語としない外国人が、日本語を読み、書き、聞き、話す技能を習得し、日本の社会や文化に適応するように導くことをめざすのが「日本語教育」である。「国語教育」がいわば人格形成の使命を分担する性格を兼ねるのとは違い、「日本語教育」の中心はあくまで言語教育にあると考えられる。

日本人に求められる素養となれば、文学も、現代文学だけではなく、近代はもちろん、古典も漢文も必要になるから、「国語教育」の中の文学教材は幅が広い。一方、近年は「日本語教育」のほうも、単なる外国語学習にとどまらず、母国語の次のいわゆる第二言語として日本語を身につけ、日本で生活しやすくする目的の学習者も増えているから、その場合は、コミュニケーションの手段

技能（ぎのう） 技巧と能力。「―を―高める／伸ばす／身につける」

素養（そよう） 身についている学問・教養。「絵／音楽―の―がある」

として日本語の運用能力を高めるだけでなく、日本の暮らしの中の日本文化もある程度は学びとることが必要となる。それでも、実用性に重点を置くから、学習の対象はどうしても現代日本語が圧倒的に多くなる。

国文学――日本文学

「日本文」という語は、内容にかかわらず、ともかく日本語で記された文章すべてを含む。「国文」という語を用いても、基本的な意味は変わらないが、そこに「漢文」ではないという含みが感じられる。また、「国文学」という語の省略形としても使われる。作家の尾崎一雄がまだ早稲田の国文科の学生だった頃、卒業論文のテーマに敬愛する志賀直哉を選んだところ、現代文学だという理由で認められなかったというから、唄の文句や広告の文章でも研究対象となる今の趨勢（すうせい）と比べ、まさに今昔の感を禁じ得ない。尾崎が学生だった当時の「国文学」の研究対象は通常、江戸時代以

趨勢（すうせい） 文 これから先の物事の成り行き。「時代/物価-の―をつかむ」

前の文学だったと思われ、まだ評価が定まっていない当時の現代文学はきっと異端視されていたのだろう。

その「**国文学**」は今や「**日本文学**」と名称変更されて続いている。それは、日本人の手により日本語で執筆された文学というふうに規定されているらしい。作家の国籍を問わず、ともかく日本語で書かれた文学作品は、近年、「日本語文学」という名称で呼ばれ、区別されているようである。そういう現在になっても、特に、日本語というものが意識にのぼらず「国文」という感覚で書かれた近世以前の古典文学については、やはり「国文学」という名称が最もなじむように思われる。

国語学――日本語学

「**国語学**」と呼ばれる学問分野があり、「國語學會」という学会も組織された。その後、「国語学」が「**日本語学**」と呼ばれる風潮にしたがって、今では「日本語学会」と称している。「国語学」の

日本文学（にほんぶんがく）「国文学」の新しい言い方。

国文学（こくぶんがく）日本の文学（を研究する学問）。

国語学（こくごがく）日本語の音韻・文法・語彙・文字などを研究対象とする学問。

日本語学（にほんごがく）（日本語を言語の一つとして意識した）国語学の最近の呼び方。

研究対象は「国語教育」の対象としての「国語」の範囲とは異なり、この国のことばとしての「国語」という言語そのものに限られた。

それでも、「日本語」を研究対象とする「日本語学」とは、どこか違った雰囲気を感じさせる。例えば、柿本人麻呂の助詞の用法、紫式部の助動詞の用法といった研究テーマは、「国語学」の研究対象としてはしっくり来るが、「日本語学」のテーマとなるとどこかなじまない感じがある。

「國語學者」はもちろん、「国語学者」であっても、それなりの専門家を連想して近寄りがたく感じるのだが、「日本語学者」というと、極端に言えば、ずぶの素人でも相手にしてもらえそうな気安い雰囲気に変わるような気がしてならない。それに呼応して、「国語学」が古代日本語から各時代の日本語をひとしく研究対象としそうな感じなのに対し、「日本語学」の主たる関心は、外国語も視野に入れつつ、現代日本語の性格と特質を論ずるあ

視野（しや）　目に見える範囲。「―に町の灯が入ってきた」〔比喩（ゆひ）的にも用いる。「海外に出て―を広げる」〕

たりにありそうな雰囲気を漂わせているように思われてならない。

これらはその学界における定義でも、学界の統一見解でもなく、個人の語感から来るその雰囲気の印象にすぎないが、感覚としては多くの学者の気持ちを代弁するはずである。

文――センテンス・文章

「文」と「文章」との概念も入り乱れている。まず、「**文**」ということばは、言語学の専門語としての概念は、句点で挟まれる一続きのことばとしての「**センテンス**」の意味であり、「一つ一つの文が長い」「過去形で文を結ぶ」などと使われる。

しかし、「手紙文」と言う場合の「文」はワンセンテンスではなく「**文章**」と考えるべきだろう。高山樗牛とともに名高い「文は人なり」という名文句の場合も、次に「畢竟命なり人生なり」と続く以上、たった一つのセンテンスとは考えられない。

文（ぶん） ①言語によって思考や感情を表す時の基本的な単位。ふつう主語と述語の関係を一つ以上含み、表記する時は句点で区切られる。「平叙／命令／感動／疑問―」②文章。「―は人なり」「紀行―」

文章（ぶんしょう） ①いくつかの文が脈絡をもって連続し、全体としてまとまった思考や感情を表している最大の言語単位。小説・手紙・和歌・講演など。②文字によって記載された言語表現。「談話と―」③言語作品の表現。「―を練る」

センテンス 文①。「ワン―で表す」〔sentence〕

畢竟（ひっきょう） 文古 結局。「背伸びをしたところで、―自分は自分でしかありえない」

英文学者の小池滋は『行間を読む』というエッセイに、「ひとり灯のもとに文をひろげて、見ぬ世の人を友とする」という徒然草の一文を引用している。ここは「ふみ」と訓読みして「手紙」と解するよりも、「ぶん」と音読みして「書物」を意味すると理解したい。この世で会うこともない「見ぬ世の人」が、ずっと昔にそれを執筆した作者をさすと考えられるからである。

夏目漱石の『道草』に、「細君の読み上げる文章は、まるで旧幕時代の町人が町奉行か何かへ出す訴状のように聞こえた」とある。この「文章」ということばは、一般に、文字で記載された言語作品やその表現をさして、日常の会話や文章に広く使われている。

「文が綺麗だ」と言う場合の「文」と、「文章がうまい」と言う場合の「文章」とは、どちらも表現の技巧を問題にしており、どちらのことばも意味の面ではほとんど重なる。

奉行 武家時代の役職。政務を分掌した一部局の長。「―所」

「文」を一つのセンテンスという意味に限定する学術用語に対し、言語学の分野では「文章」という語を、個個の文が文脈をなして寄り集まった意味的統一体と規定する。その場合は口頭表現も含まれる。両語をそのように明晰に使い分ける用法は、専門的で学術的な雰囲気を漂わせる。

休み――休憩・欠席

医者は病気を、教師は生徒の間違いを、技師は機械を、靴屋は靴を、それぞれ「なおす」。つまり、「なおす」という和語動詞は、「治療する」「訂正する」「修理する」「修繕する」といった意味をすべて含む広い意味に対応する。このように、大きな概念を和語が表し、その一部の意味を、漢語動詞が分担するという関係がしばしば見られる。

同様に、三八九ページに一部を紹介したが、和語名詞の「**休み**」一語で、漢語の「**休演**」「**休暇**」「**休会**」「**休館**」「**休刊**」「休閑」「**休憩**」「**休業**」「**休校**」「**休耕**」「**休講**」「休航」「**休載**」「**休止**」「**休日**」

文脈(ぶんみゃく) ①文章の筋道。「―が通る」②文章の前後の続き具合。「―をたどる」③先行表現によって形成される意味とその背景。「―で判断する」

休み(やすみ) 仕事や勉強を休むこと。「―なく働く」「―を取る」「―に入る」「―時間」

休演(きゅうえん) 出演や公演を休むこと。「本日―」

休暇(きゅうか) 学校・会社・官庁などで、日曜日・祝祭日以外に公認された休み。「―をとる」「夏期―」

休会(きゅうかい) ①会を開かないこと。②議会が議決によって会期中に一時活動を休むこと。

休館(きゅうかん) 図書館や映画館などの館が業務を休むこと。「臨時に―する」「本日―」

休刊(きゅうかん) 雑誌などの定期刊行物の発行を一時中止すること。「本号をもって―する」

休憩(きゅうけい) 仕事や運動などを一時やめて憩うこと。「―時間」

休業(きゅうぎょう) 営業・操業・業務などを休むこと。「―手当」「臨時/本日―」

休校(きゅうこう) 学校を臨時に休みにすること。「一斉―」

休耕(きゅうこう) 水田などの耕作を一時やめること。「―田」

休講(きゅうこう) 教師が講義を休むこと。「―の掲示」

休載(きゅうさい) 新聞・雑誌などの連載を一時的に休止すること。「作者急病のため―」

休止(きゅうし) 活動を一時やめること。「運転/営業-を―する」「一時―」

休日(きゅうじつ) 会社や学校などが休みとなる日。「―出勤/返上」

「**休場**」「**休職**」「**休診**」「**休戦**」「**休息**」「休電」「**休眠**」「**休養**」のほか、「**欠席**」「**欠勤**」「**欠場**」という漢語の意味をもすべてまかない、おまけに、「おやすみ」の形で「就寝」「睡眠」という漢語名詞の役までを果たす。こう考えると、和語で大きい意味を示唆し、その中の細かい意味を漢語で分担している、という日本語の語彙構造をよく理解できる。

金銭――銭金・貨幣・マネー

獅子文六の『沙羅乙女』に「恋愛の雰囲気のなかに、なにが不調和だといって、およそ金銭の話に超すものはあるまい」と、もっとも至極な卓見が出てくる。この「**金銭**」という日常の漢語は、「貨幣」すなわち「お金」全体を意味し、「金銭感覚」「金銭トラブル」「金銭にかかわるもめごと」というふうに使われる。ただし、「お金」よりも抽象的な感じのことばで、「金銭のやりとり」「金銭の受け渡し」とは言うが、財布から取り出す具体的

休場（きゅうじょう） けがなどで選手・出場者が休むこと。「横綱が―する」〔力士について言うことが多い。〕

休職（きゅうしょく） 会社員や公務員などが身分を保障されたまま一定時―」

休診（きゅうしん） 病院や医院で、診察を休むこと。「本日/日曜―」

休戦（きゅうせん） 合意により、戦闘を一時中断すること。戦争状態は続く。「―条約/ライン」

休息（きゅうそく） 仕事を休んで疲れをとること。「ゆっくり―する」

金銭（きんせん） 物品の交換や取引の仲立ち、支払いの手段となるもの。「―の授受」「―上のトラブル」〔法律などで用いられる語。〕

休眠（きゅうみん） 生物が成長や活動を一時的に停止している状態。動物では冬眠・夏眠など、植物では種子・胞子・冬芽などの形をとる。「―芽」

休養（きゅうよう） 仕事を休んで体力・気力を養うこと。「―をとる」「ゆっくり―する」

欠席（けっせき） 会合や授業に出ないこと。「会議を―する」「無断―」 ↔出席

欠勤（けっきん） 勤めを休むこと。「長期/無断―」 ↔出勤

欠場（けつじょう） 予定されている者が出場しないこと。 ↔出場

銭金（ぜにかね）　㊎金銭。「—は親子でも他人」「—尽ずく」

銭（ぜに）　㊗金銭。「日—を稼ぐ」「—勘定」

な物をさしては使いにくい。

この漢字を並べ替えて「**銭金**」とし、それを訓読みすると「ぜにかね」という和語となる。ちなみに、「ぜに」の部分は和語扱いされるが、もと「銭」の字音「セン」の音転という。「銭金にはうるさい」「銭金には代えられない」などと使われ、意味は「金銭」と同じで、やはり抽象化した用法だが、いかにも古めかしい言い方に響く。

このうち、「**銭**」のほうは、金・銀・銅などの金属製の硬貨をさす古めかしい和語だが、近代以降では小額のものをイメージしやすく、今では特に百円以下のコインを連想する傾向が強いようだ。そういう細かい銭のことを特に「小銭」と言う。

小津安二郎監督の映画『彼岸花』に、近藤役の高橋貞二がバーのスタンドに腰掛けながら「安くても自分のゼニで飲む方がうめえや」と言う場面が出てくるように、「金銭」あるいは「所持金」の全体を意味する用法もあり、「銭勘定」「銭がかかって困る」のようにも使われる。「安物買いの銭失い」ということわざも、その一例だろう。
「金」という漢字を「きん」と音読みすれば黄金の「金属」をさすが、「**かね**」と訓読みすれば、物の売り買いや労働などの代価として支払われる「貨幣」をさし、「金もうけ」「金が要る」「金がかかる」「万事、金の世の中」などと、日常会話にも文章にも盛んに使われる基本的な和語である。漱石の『坊っちゃん』に出る「卒業さえすれば金が自然とポケットの中に湧いて来ると思って居る」という例も同様である。なお、日常会話では「お金をいくらか拝借したい」などと、しばしば「お金」という形で使われる。
同じような意味で「**貨幣**」ということばもある。これは、政府発行の紙幣と貨幣の総称として、「貨幣経済」「貨幣価値が下落する」などと、改まった会話や文章に用いられる、専門的で硬い漢語である。そのため、日日の暮らしの中で財布から取

金（かね） 金銭。「—を—もうける／ためる／寝かす／使う／出す」「—に糸目をつけない」〔日常語。〕異形 お金

貨幣（かへい） 商品と交換できる価値をもつものとして政府などが発行したもの。硬貨や紙幣など。「—価値／経済／制度」

貨幣価値（かへいかち） 財貨・サービスに対する貨幣の交換価値。

言語▼金銭

り出すような具体的なものに用いると違和感が大きい。

「貨幣」、特に国内で流通し、支払い手段として通用が認可されているものを、経済用語で「**通貨**」と呼び、「通貨供給量」「通貨制度」「通貨膨張」などと使われている。いずれも日常生活の話題では用いない専門語という文体的レベルにある。

通貨（つうか） 一般に流通する貨幣。「―の偽造」「―単位／危機」「国際―」

「銭」または「お金」のことを、古い俗語で「**おあし**」と言っていたらしい。今では時代物の小説やドラマの中で耳にする程度だろう。「お足」と書くのは、世の中を歩きまわるからとも、足が生えたようにすぐ姿を消すからとも、その語源説はいろいろあるようだ。

御足（おあし） 会 古 お金。銭。「―をためる」

同じく時代がかった俗語に「**おたから**」ということばもある。「宝」のように貴重なものという発想だろうから、これはわかりやすい。このような婉曲（えんきょく）表現が多いのは、日本の社会で長い間、金銭は不浄なものという考え方があり、他人の前で

お宝（おたから） 会 古 お金。

金銭の話をするのはたしなみがないとされてきたからだろう。金銭のことにふれず、「ちょっと用立ててもらいたい」などと無心話を切り出すのも、そういう配慮かもしれない。

他人に手渡す場合に紙幣を紙に包んだり封筒に入れたりして目立たなくする風習も同じ感覚かと思われる。その作法は今でもまだ残っているようだが、効率優先の時代では、こういう常識は次第に失われるような気がする。事実、「マネーゲーム」「マネービル」「マネーロンダリング」などと、「**マネー**」という外来語を乱発することをためらうような心くばりは感じられなくなってきている。日常会話で「かね」という露骨な表現に照れて、あえて語感の働きにくい外国語に切り換えて、その語感をぼかしているような配慮は感じられないのだ。

用立てる(ようだてる) ①役立てる。使う。「費用として―」②立て替えておく。貸す。「資金/不足分-を―」

マネー (ビジネスで動く)お金。「―ゲーム」[money]

貯金――預金・貯蓄

「**貯金**」と「**預金**」は実質的によく似ている。

貯金(ちょきん) 金銭をためること。特に、郵便局に金銭を預けること。また、その金銭。「―箱/通帳」「郵便―」

預金(よきん) 金銭を銀行などに預けること。「―通帳」

結果として、通常なにがしかの利子がつく点でも共通している。

しかし、「貯金箱」がその典型だが、前者は、金をためるところに重点があり、後者は、金を他人に預けることに重点がある、といった発想の違いがあるような気がする。

永井荷風の『濹東綺譚』に「あんたの方に貯金があれば、後が安心」という例がある。当時は、手許(てもと)に置くか、郵便局や銀行に預けるかという区別もなく、ともかく金を蓄えることを一般に「貯金」と称し、「預金」ということばを日常会話に使うことはめったになかったかもしれない。今でも、会話の中では「貯金」と言うのが普通だろう。

その結果、「貯金」という語は日常くだけた会話にも使うレベルにあり、「預金」は少し改まった場面で用いるレベルに位置するという感じが残っているような気がする。

「郵便貯金」と「定期預金」という例を引くと

貯蓄（ちょちく）　金銭を蓄えること。また、その金銭。

わかりやすいように、「貯金」という語は郵便局を連想させ、「預金」という語は銀行を連想させる傾向が強い。

「**貯蓄**」となると、財貨を蓄えるという意味になり、金銭とは限らなくなる。

利息――利子・金利

課する側が「税」と称し、納める側が「税金」という用語を好んで使う傾向があるような気がする。気のせいか、預金をしたり融資を受けたりする場合、銀行側で「利子」と言い、それを受け取ったり払ったりする相手側が「利息」と言う傾向があるような気もする。これはどちらも、「税金」や「利息」という語がごく普通の日常語なのに対し、「税」や「利子」ということばが、いくぶん専門的な感じの語であるところからの憶測であり、あるいは単なる錯覚なのかもしれない。

貸し金や預金に対して一定の利率で支払われる金銭を「利子」とも「利息」とも言うが、「**利子**」

利子（りし）　①利息。②資本に対する利潤。「―所得」「資本―」↕元金

嵩む（かさむ）　出費などが大きくなる。「出費／費用／金利-が―」

がやや専門語がかった雰囲気であるのに対し、「**利息**」という語は一般人がくだけた会話から文章まで幅広く使う日常語である。ただし、以前に比べ、今は「利子」という語を生活の中で使う機会が増えたように思われる。そのため、「利息」という語にいくぶん俗っぽく古風な感じが漂いだしたような気もしないではない。

福原麟太郎の『チャールズ・ラム伝』には、「本を返すとき、書き込みという利息をつけてくれる」という例が出てくる。このような比喩的な用法ではもっぱら「利息」のほうを用い、そういう抽象的な意味では「利子」という語はなじまない。

もう一つ、関連の深い語に「**金利**」ということばがある。これは、貸し金や預金に対する利子やその割合をさし、「法定金利」「低金利政策」「金利がかさむ」のように用いられる専門的な漢語である。それだけに数字で表される抽象化された用例が多く、具体的に財布の中に入る物となると、

利息（りそく）　貸し手が一定期間一定額の資金を貸し付ける際に要求する報酬。「―を-支払う／受け取る」

金利（きんり）　①資金の賃貸・賃借料。「―政策」②利率。「年〇・三％の―」「―が上がる」

イメージ的に「利息」か、せいぜい「利子」がなじむ程度で、「金利」という抽象化した語は使いにくいように思われる。

古物――ふるもの・中古・セコハン

古物（こぶつ）①使い古した品物。「―商」②昔から伝えてきた由緒ある品。「―を収集する」

漢字で「古物」と書いて、「こぶつ」と音読みすると、意味が二つある。一つは、古くから伝わっている物をさすから、その中には貴重な品もありそうだ。「古物商」と名乗る店では主に、そういう品を扱うのだろう。この読みにはもう一つ、使い古した物という意味があり、自分が長い間使ってきたなじみの物だったり、他人が前に使った物だったりするが、ともかく新規に使い始める品ではない。

今度はそれを訓読みすると「ふるもの」となり、その場合は主として後者の意味、すなわち、新たに使うのではなく、使い古したものをさす。「ふるものみせ」と訓読みする「古物店」という古めかしいことばがあるが、そこでは由緒ある貴重品

中古（ちゅうこ）　新品でなく、人が使った物であること。「―マンション/車」

セコハン　中古。「―の車」〈←secondhand〉

ではなく、もっぱら古着や古道具を売買したらしい。

　小津安二郎監督の映画『お茶漬の味』で「いい背広買ったじゃないか」と褒められた男が「放出ですよ、中古」と応ずる例を四九一ページに紹介した。ここを「ちゅうこ」と読めば、「中古車」として今でもよく見かけるし、「新品同様の中古品」「中古で安く買う」などとも使う。いくぶん古い感じはあっても、さほど珍しいことばではない。ところが、映画ではそれを「ちゅうぶる」と発音している。今ではめったに耳にしない昔懐かしいことばだが、一九五〇年代当時の会話では、それがごく普通の読み方だったような気がする。その時代外れの語感を利用して、たわむれに「中古文学」をあえて「ちゅうぶる文学」と読み、揶揄（やゆ）や自嘲の響きを楽しむやりとりを目撃したこともある。

　その頃、「**セコハン**」という外来種の俗っぽい

中古（ちゅうぶる）　会 ちゅうこ(中古)。「―の冷蔵庫」

日本語も横行していた記憶がある。「セカンド・ハンド」の短縮形で、新品でない点を意識した「中ぶる」に対し、この語は、使い古したかどうかはともかく、一度誰かが使った品という点を意識した名づけのようだ。ちなみに、売れないまま時間が経過することもあり、発売から年数が経過したが未使用同然という意味合いで、近年、「新古車」という格安の印象をねらった表示がやたらに目につくようである。

方法——手段・手立て・やり口

芥川龍之介の『鼻』に、「内供（ないぐ）の考えたのは、この長い鼻を実際以上に短く見せる方法である」というくだりがある。この「**方法**」ということばは、目的を果たすための筋道だった手立て、計画的な操作を意味し、「方法論」「分析の方法」「効果的な方法を思いつく」「方法は正しいが実現するのは困難だ」のように、日常会話から硬い文章まで幅広く用いられる基本的な漢語である。

方法（ほうほう）　目標達成のための筋道だったやり方。手立て。「確実な―」「―を探る」

小林秀雄の『志賀直哉』と題する批評に、「或(あ)る印象を一層多彩なものとする為(ため)の手段」という例がある。この「**手段**」ということばも、ある目的を果たすための方策を意味し、「常套(じょうとう)手段」「姑息(こそく)な手段」「目的のためには手段を選ばない」のように用いられる、やや硬い感じの漢語で、「方法」のうち具体的でより小規模な方策の部分をさす傾向がある。

その「**方策**」ということばも、物事を達成するための手立てをさし、「方策を練る」「万全の方策を講じる」のように、改まった会話や文章に用いられる、やや専門的な漢語である。具体性の強い「手段」に比べ、やや抽象的な段階の方法をイメージさせ、「残忍な手段で殺害する」といった具体的なやり方を意味する場合には使いにくい。

「**手立て**」ということばも、物事をやり遂(と)げる際の方法や手順をさし、「あらゆる手立てを講じる」のように、会話やさほど改まらない文章に使

手段(しゅだん) 目的を実現させるのに必要な方法。「姑息(こそく)な―」「常套(じょうとう)―/非常―」

多彩(たさい) 種類や変化に富んでいて、にぎやかなさま。「―な技/顔ぶれ」

常套(じょうとう) [文] 決まりきったやり方。「―句/手段」

方策(ほうさく) ある事柄に対処するための手段・対策。「―を練る/立てる/協議する」

手立て(てだて) 対策。方法。「―を講じる」「救う―がない」

遣り方（やりかた） 物事をする方法。「ひどい―」「―が汚い」

遣り口（やりくち） 会 物事の仕方。「―が汚い／ひどい」〔批判を込めて用いる。〕

われる和語である。

このようにさまざまな類義語の存在する意味分野であるが、最も平易で色のないことばとなれば、やはり「**やり方**」という日常の和語だろう。この語は特別のニュアンスを伴わず、いろいろの場面で幅広く使われる。

「**やり口**」というのも日常の和語だが、こちらはマイナスイメージが付着しており、それだけに、使える場面が限られる。「微妙な意味の違いを鮮やかに解き明かす、あの犀利な」というふうに、明らかにプラス評価の修飾が先行すると、この「やり口」という名詞ははまらない。「やり口」は「結果は悪くないが、あのやり口がどうも気に食わない」というふうに、もともとマイナス評価をにおわせる名詞だけに、全体として褒めているのか貶しているのかわからなくなり、むりやり使えば、皮肉な感じが強まる。

それでもまだこの「やり口」はグレーゾーンの

犀利（さいり） 文 頭の働きや文章が的確で鋭いさま。「―な観察／批評」

雰囲気が残っているが、「**手口**」となると、よくない行為という感じがさらに強まり、ほとんど真っ黒に近いニュアンスを帯びている。そのため、「巧みな手口で金を騙し取る」とか「同じ手口の犯行を重ねる」とかといった用法が自然である。「巧みな手口で人を助ける」とか「同じ手口の救済を続ける」とかといった表現が奇異に響くのは、そういう語感が邪魔をするからである。

ある・ない——いる・いない

夏目漱石の『坊っちゃん』にこんな場面がある。下宿の婆さんに、どうして奥さんを連れて来なかったのかと尋ねられ、坊っちゃんが「奥さんがある様に見えますかね。可哀想に是でもまだ二十四ですぜ」と応じても、「二十四で奥さんが御有りなさるのは当り前ぞなもし」と引き下がらない、そんなシーンだ。当時は、奥さんが「**いる**」と言わず「**ある**」と言っていたことがわかる。

時代はもっと下っても、古い映画を見ていると、

手口（てぐち） やり方。特に、犯罪の手段や方法。「犯行の―」

居る（いる） 人や動物などが存在する。また、その場所に住む。「人/犬-が―」「一日じゅう家に―」「父はイギリスに―」

有る（ある） ①存在する。持っている。「私には家族が―」「重さ/才能-が―」②ある場所で事が行われる。「スタジアムで試合が―」

やはり、そんな「ある」とか「ない」とかという何でもないことばが気になってしかたがない。現在よりも幅広く使っていたことを思い出すからである。小津映画『淑女は何を忘れたか』で、麹町(こうじまち)のドクトル夫人役の栗島すみ子が「いくらあんたが好きだって、フレデリック・マーチみたいな家庭教師ないわよ」と言い、言われた相手、田園調布の未亡人役の吉川満子も「そんなのあれば結構だけど」と応じている。今なら「いないわよ」「いればいいけど」となるやりとりだろう。『戸田家の兄妹(きょうだい)』でも、和子役の三宅邦子が「あなたにお兄さんがあるとは知らなかったもの」と発言している。ここも今なら「お兄さんがいるとは」が普通だろう。

『宗方姉妹(むねかたきょうだい)』では、満里子役の高峰秀子が「奥さんは？　お留守？」と聞くと、宏役の上原謙は「いないよ、奥さんなんか」と独身を主張する。ここは現代と同じだが、満里子はそれに「いない

無い（ない） ①物事が存在しない。持っていない。「トイレに紙が―」「お金が―」〔打消にも用いる。〕②物事が行われない。起こらない。「今日は練習が―」

の、そう、ないの」と応じ、宏も「ないよ」とくり返す。ある時は「ない」、ある時は「いない」となるこの揺れは、特定の妻という個人を意識するか、個別的ではない、妻という存在を思い描くかといった、いわば抽象化の程度に応じた使い分けだったような気がする。ともかく、今ではどちらの意味でも「いない」と言うケースだろう。『東京物語』の文子役の三宅邦子も、「だって仕様がないじゃないの、患者さんがあるんだもの」と、やはり「いる」でなく「ある」を使っている。

『彼岸花』でも、ボーイフレンドの話題で、久子役の桑野みゆきが「お姉さんだってあるかもわかンないわよ」と言い、その父親役の佐分利信も「そうかい、あるかな」と応じ、久子もそれに「ありそうじゃない？」と言うと、父親はやはり「ありゃ心配しないけどね」と応じ、久子はさらに「あっても心配、なくても心配」と親心に思いを馳（は）せる。そして、久子は母親の清子役の田中絹代にも、「谷口さんみたいないい人、そんなになにいわよ」という言い方をしている。こういう「ある」「ない」の使い方は、その後の『秋日和』でも、最後となった『秋刀魚の味』でも変わらない。

こう考えてくると、そのような存在という抽象的なあり方では「ある」「ない」を用い、具体的にそういう人間という生なましい存在となると「いる」「いない」に切り換えるような使い分けが見てとれる。それを現在では、どちらの意味であっても、「いる」「いない」で間に合わせるように変化した現象と思われる。

しみる――にじむ

壺井栄の『母のない子と子のない母と』に、「みかんの木のとげでひっかかれた手に、つゆがしみるのでしょう」とある。この「**しみる**」という和語動詞は、対象の内部に入り込んで広がるという意味で、このような日常の液体の例はわかりやすい。「目薬がしみる」のも、「壁に雨がしみる」の

染みる 液体が紙や布の中へ少しずつ広がりながら入っていく。「汗/インクが―」
異字 滲みる・沁みる

石畳（いしだたみ） 文 道に石を敷きつめて平らにした場所。

も、具体的で理解しやすい。「おでんに味がしみる」のも、「煙が目にしみる」のも、その延長として納得できる。佐佐木信綱の短歌に、「人とほくゆきて帰らず秋の日の光しみ入る石だたみの道」という一首がある。ここも感覚的な表現ではあるが、「日の光」だから液体ではない。しかし、日光は「燦燦と降り注ぐ陽光」などと表現されるから、しっくりと腑に落ちるはずだ。

中原中也は『月夜の浜辺』と題する詩で、月夜の晩に拾ったボタンについて「指先に沁み、こころに沁みた」と心境を開陳した。「指先に沁み」の部分は感触だからすぐ理解できる。が、「こころに沁みた」の箇所は心理を感覚的に表現した例で、ある程度の文学的な想像力が必要かもしれない。吉行淳之介の『娼婦の部屋』には、「彼女の皮膚は、この町の汚れが染み入り易いように見えた」という表現が出てくる。この例では、「しみる」場所が「皮膚」だから、化粧水や塗り薬が浸透するイメージで自然に思われるが、そこから内部まで入り込むのが「汚れ」だから、通常の浸透現象とは違う。しかも、それが物の汚れではなく「町の汚れ」とあるから、全体として抽象化されている。

藤浦洸作詞の『水色のワルツ』という歌は、「君に逢ううれしさの　胸にふかく／水色のハンカチをひそめる習慣が／いつの間にか　身に沁みたのよ」と流れる。ここでは「しみる」主体が「ならわし」という抽象的な存在だけに、さらに想像力を広げる必要がありそうだ。

一方、永六輔作詞の歌『上を向いて歩こう』には、「にじんだ星をかぞえ」という箇所が出てくる。ここは天体から地下水が表面に出てくるのではなく、涙という自分の液体を通して眺めるから星の輪郭がぼやけて見えるのだろう。

富岡多恵子の『富士山の見える家』には、「部屋は、ストーブをたくようになって壁から汗のよ

潜める（ひそめる）　目立たないようにして外部へ表さない。「息／身―を―」

習わし（ならわし）　昔から繰り返し行われてきた、物事の決まったやり方。「お歳暮を贈る／世の―」「―に従う」 **異字** 慣わし

うに水分がにじみ」という箇所が現れる。
これらの例に出る「**にじむ**」という和語動詞も、水分が少しずつ物の表面を通過するという点で、「しみる」と共通点があるだけに類似の意味を想定しやすいが、「**しみ入る**」「**にじみ出す**」という両語の典型的な用法が対照的であるように、基本的には方向性が逆になる。「しみる」は外部から内部へ、「にじむ」は内側から外側へとなるのが一般的な傾向である。「煙が目にしみる」のも、インクや血が「にじむ」のもそれで説明がつく。
ただし、壁土の水分が表面にうっすらと出てきたり、地下水が道に少しずつ出てきたり、岩の表面に水が現れたりする場合には、「**しみ出す**」と言うこともできそうだ。そこまで考え合わせると、もともと水分の存在した場所、あるいは、それが本来あるべき位置を想定し、そこに視点を定めて、そこからの移動ととらえるような発想が起点となって表現されるケースなのかもしれない。

染み入る（しみいる） 文 深く染み込む。「中まで―」「心に―」

滲む（にじむ） 液体や色などが、物の表面に浮き出る。「汗が額に―」

滲み出す（にじみだす） 液体や色などが、外に染み出てくる。

染み出す（しみだす） 表面へにじんで来る。「包帯から血が―」

しみじみ　心に深くしみ入るさま。「―とした感じ」「―と思い出される」

大目(おおめ)に見(み)る　寛大な処置をとる。「今度だけは大目に見てやろう」

悲報(ひほう)　文 悲しい知らせ。「―に接する」「―が飛び込む」↕朗報

言語▼しみじみ

しみじみ――しんみり

庄野潤三の『舞踏』に「貧乏ほど悲しいことはない。それを、おれはしみじみ感じた」という例が出てくる。この「**しみじみ**」という語は、深く心にしみて感じるようすを意味するが、「しみじみと思い出を語る」という例になると、静かに感慨深そうにといった意味合いを帯びてくる。福原麟太郎の『泣き笑いの哲学』に「おかしく面白くまたしみじみと悲しい」という例が現れる。それが深い笑い、「ヒューマー」である。

また、永井龍男の『酒徒交伝』には、「しんみり話し明した末のことで、青鬼や赤鬼も大目にみてくれるであろう」という一節がある。この「**しんみり**」という語も「しみじみ」同様、深く心に感じるようすを表すが、「悲報が届き、座はしんみりとした」という例では、心が沈んでしゅんとなり、一同ことばも出ないほどしおれるようすを形容している。

しんみり　心が静かに落ち着いているさま。「―と話す」

萎(しお)れる　元気がなくなる。落ち込む。「叱(しか)られて―」

「しみじみ」も「しんみり」も、もとは古語の動詞「しむ」、現代語の「しみる」「そまる」と関連があると推測される。とすれば、語源的には擬態語ではないことになるが、現代人には意味を媒介とせず直接擬態語として機能しているように感じられる。

ふくらむ――ふっくら・ふくれる

「ふくらむ」と「ふくれる」という二つの和語動詞は意味がよく似ている。語源的には、パンがふっくらと焼きあがる時の「ふっくら」という擬態語もこれらとつながっているような気がする。

「ふくらむ」とも「ふくれる」とも言える例もあるが、置き換えのできない例も多い。春になって梅の蕾（つぼみ）が「ふくらむ」のはごく自然だが、それが「ふくれる」ようだと異常な感じになり、暑い盛りに狂い咲きするとか、蕾の形状が本来の姿とは似ても似つかぬ恰好（かっこう）に変形するとか、ともかく

ふっくら 柔かに膨れたさま。「―した‐頰（ほお）／手」「パンが―焼ける」

膨（ふく）らむ 内からの力で外へ向かって大きくなる。「風船／つぼみ‐が―」 異字 脹らむ

狂（くる）い咲（ざ）き 花が季節外れに咲くこと。また、その花。

正常でない感じを連想してしまう。

同様に、健やかに育った乙女の胸のあたりが成長するにつれて次第に盛り上がり、「ふくらむ」のは、はたで見ていても心地よいが、もしもその部分が「ふくれる」ようだったら、一度病院で検査を受けるよう勧めたくなるだろう。

抽象的な用法の場合でも、予算が大きくなることを「ふくらむ」と考える人と、「ふくれる」ととらえる人とでは、そもそも事態の認識の仕方が違うのだ。「ふくらむ」と考える人はそういう事実を客観的に伝えているだけだが、「ふくれる」と受け止める人は、予算の膨張ぶりは異常であり、好ましくない、容認できないという気持ちなのである。

川端康成の『雪国』に、視点人物の島村がヒロイン駒子の乳房を求めるシーンがある。そこで作者は「掌（てのひら）のありがたいふくらみはだんだん熱くなって来た」と書いている。あれはまさしく「ふ

膨張（ぼうちょう）　膨れ広がること。物体の体積が増大すること。「気体が―する」 異字 膨脹 ↕収縮

くらみ」だったのだ。もしも「ふくれ」であったら、島村も駒子を医者の所に送り込むかもしれない。

このように、自然な感じの「ふくらむ」に対して、「ふくれる」には不自然な感じがついてまわる。餅を焼いている場合であれば、全体に大きくなるのが「ふくらむ」で、一部分だけぴゅーっと飛び出すのは「ふくれる」にあたるだろう。小沼丹の随筆『狆(ちん)の二日酔い』にこんな場面が出てくる。「中途半端の気分で、苦い烟草(たばこ)を喫(の)んでいたら、家の者が帰って来て」、「何をふくれているんですか?」と「不思議そうな顔」をする場面だ。

このように、普通の状態でない場合に、マイナスイメージの「**ふくれる**」がぴたりと合う。だから、病的な連想を誘うのである。

肥える——太る

安岡章太郎の『海辺(かいへん)の光景』に、「太ってシマリをなくしたその体」という表現が出てくる。この「**太る**」という語は、体が太くなるという意味

膨(ふく)れる ほおを膨らませて不機嫌そうな顔つきをする。「膨れて黙っている」「ほら、すぐ—」 異字 脹れる

太(ふと)る 体に肉や脂肪が厚くつく。「すぐ—体質」「食べ過ぎて—」 異字 肥る ↔やせる

肥える ①栄養が足りて太る。「丸々と―」②経験を積んで識別能力が身につく。「目／舌―が―」↔(①)やせる

を表す。「まるまると太っている」といえば健康そうな感じもないではないが、「太りやすい体質」「運動不足でぶくぶく太る」など、細身の体をよしとする風潮のある近年は特に、不健康な場合によく使われ、マイナスイメージがある。

円地文子の『なまみこ物語』には、「肌つきのつぶつぶ濃やかに肥えているのが娘らしいなまめきを湛えている」とある。このいくぶん古風な感じの「**肥える**」という動詞も、意味としては、同じく、肉が付いて体重が増すことを表す。だが、「よく肥えた土地」といった表現に代表されるように、この語には、健康的で生産性に富むという、豊かさのプラスイメージがある。

ちなみに、人糞などの肥料を「肥え」「肥やし」と呼ぶのも、それが成長を促進するからで、それを「太り」「太らせ」と呼んだりすると、不健康な印象に一変しかねない。

そのようなイメージの違いで、「肥え過ぎ」よ

り「太り過ぎ」のほうがなじむ。また、「目が肥えている」「舌が肥えている」というプラス評価の比喩的な用法では、「太る」に置き換えられない。

生きざま――死にざま

筑摩書房の月刊雑誌『言語生活』の一九八〇年五月号に掲載された「ことばのイメージ」と題する巻頭の座談会で、詩人の大岡信・谷川俊太郎と作家の辻邦生を招き、その司会を仰せつかった。その冒頭近くで、辻が「僕自身の語感は生理的なもの」と断り、「これだけは使いたくない、聞くと気もちが悪くなることば」の例として、「ちびっこ」「おトイレ」を例にあげた。その発言を受けて谷川が「生きざま」をあげ、直後に大岡が「ちびっこ」と「生きざま」をあげた。ただし、その評判の悪い「生きざま」という言い方については、大岡と谷川が、実は最初の頃、自分でも一度使っていたことに、あとで気づいたという。

この「生きざま」という俗っぽいことば、意味

ちびっ子（こ）　俗 子供を親しみを込めていう語。

壮絶（そうぜつ） この上もなく勇ましく激しいさま。「―な‐最期／戦い／生き様」

識者（しきしゃ） 学識が豊かで、物事を正しく判断・理解できる人。「―の判断を参考にする」

開く（あく） (閉まっていたものが)開(ひら)いた状態になる。「窓が―」「かばん／ファスナー‐が開いている」「栓が開かない」

言語▼開く

としては「生き方」「生きよう」というのとほとんど差がない。それをマスコミなどで強烈な印象を与える目的で「壮絶な生きざま」などと書きたてたのが始まりのようだ。その構成要素である「ざま」の部分は、「そのざまは何だ」「ざまあみろ」などと従来はマイナスイメージで用いられ、そういう語感が固定しているだけに、「死にざま」あたりでとどまっていれば無難だった。ところが、それをこのように明らかにプラス評価として感動的に用いると、読者の観念を逆なでするため刺激が強く、反響が大きかったはずで、結果として、識者の反発を買いながらも、世間に広まってしまったのだろう。

開く――あく・ひらく

漢字で「開く」と書いてあると、一瞬とまどう。「**あく**」とも「**ひらく**」とも読めるからだ。どちらに読んでも、閉じた状態から開いた状態に変化することで、意味は似たようなものだから実用に

開く（ひらく） ①ふさいでいたものが移動して出入りできるように‐なる／する。「かぎで扉が―」「封／ふた／口‐を―」②広がる。広げる。「傘が―」「扇子を―」

差し支えるほどのことはない。それでも、やはり気にはなる。

水上瀧太郎の『大阪の宿』に「今にも涎(よだれ)のたれそうな口を開いて、げらげら笑った」とある。ここは多分「あいて」だと思うが、「ひらいて」と読んでもそのまま通る。「扉が開く」「箱の蓋(ふた)が開く」などの例も同様だが、「眠くてなかなか目が開かない」といった例では、どうしても「あかない」と読みたい。「ひらかない」となるとやや異常な感じとなり、単に眠いだけではなく、どこか体の故障が心配になったりする。

夏目漱石の『坊っちゃん』に、清からの手紙があちらこちらを遠まわりしてようやく今度の下宿に到着するくだりが出てくる。そこには「開いて見ると、非常に長いもんだ」と書いてある。ここはどう考えても、「ひらいて」としか読みようがない。

茨木のり子の詩『見えない配達夫』は「三月

桃の花はひらき」と始まる。ここは仮名書きだが、漢字で「開き」と書いてあっても、間違いなく「ひらき」と読む。「傘が開く」も同様だ。「新たに店を開く」も「ひらく」と読むが、「毎朝九時に店が開く」となれば、逆に「あく」と読むのが自然だろう。

時には、それらの動詞が耳に飛び込んできて、使い方によっては違和感を覚えることもある。「ひらく」という動詞は、押し開くドアの場合や、窓なら左右に開く場合にイメージがぴったり合う。片引きの戸の場合は若干イメージがずれる感じがする。そういう感覚で電車に乗っていると、「ドアがひらきます」という車内アナウンスが聞こえてくる。今の電車に押し開くドアは見かけないが、左右に分かれる引き戸式のドアにはイメージが合い、片側に引き込むドアだといくらか違和感があるようだ。

バスに乗っていると今度は、「完全に停止してドアがひらくまで席を立たないでください」といった運転手の声が耳に届く。ドアはたいてい片側に引き込むタイプだから、どうも落ち着かない。そして、どちらも「ドアがしまります」「しまるドアにご注意ください」と続く。「あく」の反対は「しまる」で、「ひらく」の反対は「とじる」だと思っている身には、ここも引っかかるが、ぐずぐずしていると降りそこねてしまうので、このぐらいにして次に進もう。

このような場面で「ひらく」一辺倒となった背景には、「あく」がくだけた会話によく使われる口頭語だという意識から、文章にも使う「ひらく」のほうがいくらか改まった雰囲気があって、それだけ丁寧な感じがすると考える配慮があるのかもしれない。もう一つ、「あく」の場合は語幹が「あ」という一拍だけなので、意味がきちんと伝わるかどうか不安になるという心理も働くのかもしれない。

一辺倒(いっぺんとう) ある一つのことだけに偏ること。「親米―の政策」

いずれにしろ、芝居などで「幕があく」と言えば上に上がっても違和感がないが、「幕がひらく」となると、やはり中央から左右に分かれて移動するイメージが強い。

閉まる――結ぶ・閉じる・閉ざす

「むすんでひらいて」の「結ぶ」という動詞は、「ネクタイを結ぶ」のように、括って離れないようにつなぐ意味、「手を結ぶ」「縁を結ぶ」のように、関係づけて一つにまとめる意味、「スピーチを結ぶ」「結びの一番」のように、「締め括る」「閉じる」という意味で使われる。「おにぎり」を「むすび」と言うのも、ばらばらのご飯粒をまとめるために握って一つに結びつけるからだろう。「口を結んだきり一言も発しない」という表現も、上下に開く唇を固く「閉じる」からである。それを「開く」とばらばらになる。「結んだ手を開く」場合も、五本の指がばらばらに動くように開放することだ。その意味で、「結ぶ」は「開く」と対立

結ぶ（むすぶ） ①細長いものの端と端とを組んでつなぐ。「ネクタイ／帯／糸-を—」②離れているものをつなぐ。「手を—」「大陸間を—航路」

結び（むすび） 文章や話などの締めくくり。「—の-言葉／あいさつ」「文章の—」

する。

川端康成の『名人』に「生きて眠るように閉じた瞼（まぶた）の線に、深い哀愁がこもった」とある。碁の本因坊秀哉名人の死に顔である。この「**閉じる**」という動詞は、一時的に開いていたのを元の状態に戻すという意味で、「目を閉じる」「扇子（せんす）を閉じる」「読みかけの本を閉じる」のように使われるから、これも「開く」と対立関係にある。

倉橋由美子の『ヴァージニア』に「二枚貝みたいに自分を閉ざしてしまう」という例が出てくる。この「**閉ざす**」は、あいているところをふさいで出入りできないようにするという意味で、「門を閉ざす」「固く口を閉ざす」のように使うから、これもまた、「開く」と対立する語である。「閉じる」は日常語だが、この「閉ざす」は、遮断する雰囲気があってきつく響き、語の文体的レベルも高い。

その点、これらの類語のうち、もっとも気楽に

閉（と）じる 閉める。閉まる。「目／門－を—」↔開（ひら）く・開（あ）ける

閉（と）ざす 文 閉じて出入りできないようにする。「門／道／口－を—」 異字 鎖す

閉まる 戸や窓、門などが閉ざされる。↕開く

閉める ↕開ける 戸や窓、門などをふさぐ。「雨戸/校門―を―」

使えるのが、「**閉まる**」「**閉める**」だろう。まず、「閉まる」という動詞は、開いた状態だったのが、閉ざされた状態に移行することをさし、「戸が閉まる」「シャッターが閉まる」のように使う日常語である。「図書館は夜八時に閉まる」のように、その日の業務を終了する意にも、また、「今月いっぱいで店が閉まる」のように営業自体をやめる意にも用いられる。

なお、「あく」は、「鍵が開く」「目が明く」「席が空く」などとさまざまな漢字で書き分けることでそれぞれの意味を表現し分けているが、基本的には、ふさがっていたものがなくなってその部分が空っぽになるという発想があるから、「ふさがる」もその反対語の一つと考えられる。こんな話をあまりだらだら続けていると、読者も呆れて、あいた口がふさがらなくなりそうなので、このへんで「おひらき」にしよう。

お開き 閉会。「そろそろ―にしよう」〔「終わる」「帰る」の忌み言葉。〕

言語▼閉まる

瞬時（しゅんじ）

文 瞬間。「―に見分ける」

鳴き尽くす――鳴き暮らす・どこ迄も・いつ迄も

夏目漱石の『草枕』の冒頭近くに、「どこで鳴いてるか影も形も見えぬ。只声だけが明らかに聞える」と、声だけ聞こえて姿の見えない雲雀を描き出したくだりがある。その少し後で、「あの鳥の鳴く音には瞬時の余裕もない」とし、「のどかな春の日を鳴き尽くし、鳴きあかし、又鳴き暮らさなければ気が済まんと見える」と続ける。

ここに三つ、「鳴く」を共有し、畳みかけるように並べた、似たような意味の複合動詞、「鳴き尽くす」「鳴きあかす」「鳴き暮らす」は、はたしてどこがどう違うのだろうか。むろん、どれもまったく同じ意味だとまでは言えない。それぞれの基本的な意味は、「鳴き尽くす」は、声が出なくなるまで鳴き続ける意、「鳴きあかす」は、一晩中鳴き続けてそのまま夜が明ける意、「鳴き暮らす」は、一日中鳴き続けてそのまま日が暮れる意であり、どれも皆少しずつ違う。

しかし、漱石は多分、そのような微妙な意味の差を表現し分けるために三つ並べたわけではない。いつまで経っても鳴きやみそうにないほど、果てしなく鳴き続ける雲雀の鳴き声の、どうにも耐えがたいほどに比類なきそのせわしさを、読者に体感的に伝えようとしたのではないか。そのことは、次に「どこ迄も登って行く、いつ迄も登って行く」と、さらに畳みかけるところからも明らかだろう。むろん、ここも、前半は空間的な連続性、後半は時間的な連続性だから、ことばの伝達する情報には差がある。だが、この場合、どちらの表現も、雲雀が果てしなく登り続けるという一事にたどり着く。

どちらの連続も、そうすることで、一つの表現では伝えきれない心理的事実に接近し、読者の想像力をかきたてる効果を奏していることに気づくのである。

畳み掛ける 相手に余裕を与えず続けざまに言ったり問うたりする。「畳み掛けて尋ねる」「容赦なく―」

危ない――危うい

牧野信一の『ゼーロン』に、「懸命に（馬の）ゼーロンを操りながら綱渡りでもしているような危ない心地で」という箇所が出てくる。この「**危ない**」という和語形容詞は、心配ではらはらする感じをさし、「命が危ない」「危ない場所を通る」「危ない目に遭う」「不景気で会社が危ない」のように、くだけた会話から文章まで幅広く使われる日常の基本語である。次の「危うい」に比べ、具体的な危険について使う傾向が強い。

中村真一郎の『遠隔感応』には「ある夕方、薄い硝子のように危うく光る、消える直前の日射し」という例が出てくる。この「**危うい**」という同じく和語形容詞も、物の安全や存立が損なわれる危険性をさし、「危うく命を落とすところだった」「危ういところを助けられる」というふうに、改まった会話や文章の中に、似たような場面や文脈で用いられる。だが、「危うく道を間違えるところだっ

危あぶ**ない**　危害が加わりそうで、はらはらするような状態である。「―橋を渡る」「―ところを助かる」「命/経営状態―が―」

危あや**うい**　文「危ない」のやや硬い表現。「危うく命を落とすところだった」「―ところを助けられる」

た」というふうに、うっかりして失敗しかかるような場合には、「危なく」より自然な感じで使う。

　近年、新聞などで、「危ない」の露骨な感じをやわらげる目的でこの「危うい」が使われる傾向がある。

疲れる――くたびれる

　林芙美子の『放浪記』に、「働く家をみつけに出掛けては、魚の腸のように疲れて帰って来て」という例が出てくる。この「**疲れる**」という和語動詞は、肉体や精神を使いすぎて、その機能が一時的に衰えるという意味で、会話から文章まで幅広く使われる基本的な和語である。

　小津安二郎監督の映画『早春』で、淡島千景の扮する杉山昌子は「くたぶれるだけよ」と言い、同じく『秋日和』では、原節子の演ずる三輪秋子も「くたぶれちゃった今日」と発言している。「くたびれる」の崩れた形であるこの「くたぶれる」という俗っぽい語形は、今ではもうほとんど聞か

疲れる 心や体を働かせた結果、力が衰えたり損なわれたりする。疲労する。「疲れた顔」「神経/目-が―」「人生/看護-に―」「綿のように―」

扮する 扮装する。「サンタクロースに―」

れなくなった。

この「**くたびれる**」という語形も、くだけた会話などで、「疲れる」という意味合いで使われている。だが、意味・用法の上で、「疲れる」とは微妙なずれが観察される。

まず、「疲れる」のほうは疲労度が大きくても小さくても使えるから、「適度の疲れが心地よい」という言い方も可能で、夕方テニスで一汗流した後のビールが格別なのは、そのせいである。

一方、「くたびれる」のほうは、「今日は一日中立ちっぱなしだったから、もうくたびれて、くたくただ」というふうに、疲労の程度がかなり大きい場合に使う傾向が強い。そのため、「疲れた顔」なら一晩寝れば回復する期待もあるが、「くたびれた顔」となると、そう簡単には元の状態に戻りにくい感じになる。

小沼丹の随筆『或る友人』には、「当時はみんなたいへんくたびれた恰好(かっこう)をしていた」とある。

草臥れる(くたびれる) 会 疲れて元気が尽き果てる。「歩き回って—」「ああ、くたびれた」

格別(かくべつ) ひときわ違っていること。「—の-ご配慮/寒さ」「—目をかける」

一汗(ひとあせ) ひとしきり汗をかくこと。「ジョギングで—かく」

この例は人間の体力的な疲労感とは違い、衣類などが着古してよれよれになり、しょぼくれた身なりをしているといったマイナス評価だろう。衣服だけでなく、皮革製品や手帳なども「だいぶくたびれてきた」などと表現することがある。このような比喩的な意味の派生的な用法は、「疲れる」という語では代替できない。

派生的（はせいてき）　元の物事から分かれて生じたさま。「―な意味／出来事」

平気――へっちゃら

寺田寅彦の『団栗（どんぐり）』に「あるき方がよほど変だ。それでも当人は平気でくっついて来る」という例が出てくる。この「**平気**」ということばは、気にせず物事に動じないというようすをさし、「暗くても平気だ」「擦り傷ぐらい平気だ」「誰の前でも平気で嘘（うそ）をつく」などと、会話やくだけた文章によく使われる日常の漢語である。語呂合せで「平気の平左」「平気の平左衛門」とも言う。

平気（へいき）　動じないで落ち着いているさま。「何を言われても―だ」「―でうそをつく」

平気の平左（へいきのへいざ）　㊥少しも気にかけない様子を強調した言い方。〔「平左」は人名化した「平左衛門」の略。〕

小津安二郎監督の映画『東京物語』に、ぐずる子供に母親が、父親に言いつけるからと言うと、子供は「ヘッチャラだい！　怖かねえやい！」と応酬する場面が出てくる。このように、「平気」を強調して「**へっちゃら**」と言う俗語も使われたが、今ではあまり聞かなくなったようだ。ついでに言えば、「だ」をこのように「だい」と言うことも最近ではうんと減ったような気がする。

へっちゃら 俗「へいちゃら」の転。「このくらいの傷は—だ」

大丈夫——結構・構わない

危険なことは何もないから心配は要らないという意味の「**大丈夫**」という語も、この「平気」とよく似ている。本来の「大丈夫」のほうは、かなり大きな不安や特別の心配に対して、それを力強く打ち消すような場合に使ってきた。

大丈夫(だいじょうぶ) 危険や心配がないさま。「ここなら—」

ところが、近年、若年層の間で、不具合や不都合なことは特にない、別に構わないといった程度の軽い意味合いで使う用法が広まって、理解の違う世代の間で話が嚙(か)みあわないという、ちょっとした社会問題が起こっている。宴会などで、ビールを注ぎ足そうとすると、相手がグラスを手で覆

不具合(ふぐあい) 具合のよくないこと。「—が生じる」

不都合(ふつごう) ①都合が悪いこと。不便なこと。「—を来す」②不届きなこと。「部下の—があり辞職する」

結構（けっこう）　婉曲に断る時に言う言葉。「いいえ／もう──です」

手酌（てじゃく）　自分で自分に酌をすること。「──でやる」

差し支える（さしつかえる）　都合の悪い影響がある。妨げとなる。「運転／仕事／体-に──」

いながら「大丈夫です」と応じる光景を見かけるようになったのもその一例だ。以前は恐縮しながら、「**結構です**」とか「どうかお気遣いなく」とかと言って遠慮していた記憶があるから、ことばの変化に疎い先輩などは、手酌でぐいぐいやるから放っといてくれという意味に誤解するケースもありそうだ。

　自身にもこういう苦い経験があるから、「大丈夫」ではない。早稲田の大学院のゼミの時間に東京大学や学習院からも院生が参加して研究室の椅子が足りなくなり、近くの教室に借りに行って、「この椅子ちょっといい?」と声をかけたところ、「大丈夫です」という学生の答え。一瞬、壊れていないから腰掛けても怪我をしないという意味かと思ったが、すぐに、ああ、これだなと気がついた。「**差し支える**」ことはない、別に「**構わない**」という意味なのだ。

　ある国語学の大家などは、教員向けの雑誌に「大

構わない（かまわない）　さしつかえない。気にしない。「どうなっても──」

丈夫日記」という見出しを掲げた短文を寄せたほどだから、これは事件である。そのうち「忘月忘日」としゃれた日の体験を紹介しよう。床屋で髪を洗ってもらっている時に「大丈夫ですか」と声をかけられ、きょとんとしたらしい。一瞬、脳卒中か心筋梗塞（しんきんこうそく）でも疑われる症状が出たのかと勘違いしたとしても不思議はない。さいわい、「かゆいところはないか」という意味らしいと気がついたから、取り乱すようなみっともないまねは避けられたようだ。ただし、その問いかけに、とっさに「大丈夫です！」と答えてしまったというから、笑い話だ。気がついた瞬間、愕然（がくぜん）としたにちがいない。当人としては悔しかったかもしれない。そして、ついうっかりそんなことばを口走ってしまった自分に、きっと腹が立ったことだろう。笑い話で済んだのは何よりだったが、読んでいて、これはひとごとではないと、思わず背筋が寒くなった。いまだにぞくぞくする。

心筋梗塞（しんきんこうそく）　冠状動脈が閉塞し、心筋の一部が死ぬ病気。激痛を伴い、重症の場合は死に至る。

脳卒中（のうそっちゅう）　脳の血液循環が急激に障害を起こすことによって突然意識を失い、運動障害を起こす病気。脳出血・脳梗塞（こうそく）・くも膜下出血などが原因で起こる。

背筋が寒くなる（せすじがさむくなる）　恐怖により寒けが走る。背筋が凍る。

獰猛（どうもう） 荒々しくしぶといさま。「―な動物／顔つき」

病膏肓（やまいこうこう）に入（い）る 治療しようもないほどに病気が重くなる。〔「左氏伝」の故事から。〕

獰猛――ネーモー

「**獰猛**」の「獰」という漢字は、右側の旁の部分が「寧」なので、それにつられて「ネイ」と誤読しやすい。「ドウモウ」をうっかり「ネイモウ」と読むと、学がないと思われて恥をかくこともある。もっとも、それは相手が知っている場合のことであって、もし知らなければ、「あいつネーモーだからな」「うん、ネーモーで手がつけられねえ」などと、誰も傷つかずに話が通じてしまう。

膏肓――コーモー

病が体の奥深く入って治りにくいという意味で「**病膏肓（やまいこうこう）に入（い）る**」という表現がある。「膏」は心臓の下の部分、「肓」は横隔膜の上の部分をさすという。このうち「肓」を、字形のよく似た「盲」と勘違いし、「コウコウ」を「コウモウ」と読むケースが少なくない。これなども、そんなふうに読み違えると、いかにも教養がないと思われそうだ。

喧喧囂囂――侃侃諤諤

やかましく騒ぐという意味の「喧喧囂囂」と、遠慮なく議論するという意味の「侃侃諤諤」とが混乱を起こして、つい、どちらでもない「ケンケンガクガク」などと言ってしまったり、どこか形の似ている「的を射た」と「当を得た」という表現がこんがらかって、うっかり「的を得た」と表現したりすると、やはり教養を疑われる。

喧々囂々（けんけんごうごう） 文 口々にしゃべりたててやかましいさま。「―たる非難の声」

侃々諤々（かんかんがくがく） 文 遠慮なしに論議すること。侃 諤。「―の議論」「―とやり合う」

的を射る（まとをいる） 的確に要点をとらえる。「的を射た―批判／質問」

当を得る（とうをえる） 道理や条件にかなっている。「当を得た―発言／指摘／答え」

独壇場――独擅場

学がないと教養を疑われる危機には誰でも何度か瀕しているはずだと思いたいが、自分の場合の苦い思い出は「独壇場」だったかもしれない。辛口批評とくればあの評論家の独壇場だとか、切れ味鋭い出し投げとなればあの力士の独壇場だとか、あの日までは何の疑いもなく無邪気に言ってきたような気がする。

ところが、ある日、衝撃が走った。「壇」でも「檀」でもなく、正しくは「擅」という漢字を書き、それは「ほしいままにする」「自分のやりたいようにやる」という意味で、なんと「セン」と読むのだというのである。たしかに、これで一つ利口になった。だが、その時から新たな悩みも始まった。そう読むのが正しいからといって、はたして「**ドクセンジョー**」と発音して相手に意味が通じるかどうか、それさえ疑わしい。仮に通じたとしても、学をひけらかす鼻持ちならない人間だと思われるのが関の山だろう。

そう思われるのを避けて、「ほんとはドクセンジョーというんだそうですが」と前置きすると、今度は相手が、お前が学のあるのはわかったから、そんな偉そうな顔をせずに、すっと言え、と言わんばかりの表情になる。だからといって、辞書にちゃんと、「独擅場」の誤読から生じたことばと解説してある、その「**独壇場**」という語を、今さら無邪気な顔で使い続けるわけにもいかない。理解語彙としては健在だが、結果として、平気な顔

独擅場（どくせんじょう） 文 その人だけが自由に振る舞える場所や場面。独り舞台。「自動車産業は日本企業の—だった」

独壇場（どくだんじょう） 独擅場（どくせんじょう）。〔「擅」の誤読から生じた語。〕

言語▼独壇場

で言えなくなり、不本意ながら、相手に向かって発する自分の表現語彙から姿を消した。

一生懸命——一所懸命

よく人は、子供の時から**一生懸命**勉強してきたし、社会人になってからも毎日一生懸命働いている、などと言う。自分も一度ぐらい、そう言ってみたい誘惑に駆られるが、ここでの問題はそんな気持ちの問題ではなく、「一生懸命」ということばの形である。

腰痛の力士が初日を出すと、スポーツ紙などが「一勝懸命」などと苦しい掛けことばの見出しを出すほどだから、たいていの人はふだん「イッショウケンメイ」と発音して怪しみもしない。それどころか、「イッショケンメイ」という音が耳に入っても、急いでいて発音が雑になったのだろうと考え、相手が外国人だったりすると、「イッショー」と長く延ばすように指導しかねない。それほどこの形で生活に定着している。

一生懸命（いっしょうけんめい）　一心に頑張ること。「——勉強する／練習する」〔「一所懸命」の転。〕

一驚を喫する 文 驚く。

ここで話が終われば平和な日日がうち過ぎるのだが、時には気になって、そういう俗な読みも認められているのかと、国語辞典を引いてみる物好きもあるかもしれない。すると、辞書に「**一所懸命**」という見出しが載っていて、「武士が賜った一箇所の領地を命に懸けて守り抜き、それを生活の頼りとすること」というような語釈が眼前に出現して面くらう。

おまけに、そこから「一般に、物事を命がけでやる」という意味に広がったなどという説明が続く。一驚を喫して、それまで疑うこともなく全幅の信頼を寄せていた「イッショウケンメイ」という項目を念のために引いてみると、あろうことか、そこには、「一所懸命」の転などと書いてある。とたんに形勢逆転だ。それまで乱れだと思い込み、軽蔑のまなざしを注いでいた「イッショケンメイ」の姿がにわかに高貴に見え、それまで牙城を誇っていた「一生懸命」が反対に色あせ、気のせいか

一所懸命 古 一生懸命。〔武士がその所領を生活一切のたのみにする意。〕

語釈 語句の意味の解釈・説明。「分かりやすい—」「—を付ける」

牙城 ①城内で主将がいる所。本丸。「敵の—に迫る」「—が揺らぐ」②組織の根拠地。

くすんで見える。

　こうなると、それまで何の引け目もなく天真爛漫に使っていた「一生懸命」という語が、とたんに使いにくくなる。もしも向学心に燃えすぎて前後の見境がつかない若者なら、ためらうこともなく、すぱっと「一所懸命」に切り換えるかもしれない。だが、いくらか世間というものがわかりかけると、そんなふうに手のひらを返すように使用語彙を変更することに抵抗を覚える。「イッショケンメイ」と発音して相手に通じるかどうか危ぶむからだけではない。もちろん古なじみの「一生懸命」に義理立てするからでもない。知ったばかりの単語を得得と弁じたてるのは、生半可な知識をひけらかすようで、いかにも子供っぽく、とても成熟した大人のふるまいとは思えないと、自重するのだ。

　そうかといって、それでも「一生懸命」で押し通すのも問題だ。世間からの疎外感を味わわなく

見境（みさかい）　物事の善悪・可否についての判断。「―がつかない」「前後の―がない」〔多く、打消の語を伴う。〕

義理立て（ぎりだて）　堅く義理を守ること。「旦那（だんな）への―」

天真爛漫（てんしんらんまん）　偽りや飾りがなく感情をそのまま言動に現すさま。「―な性格/人/行い」「子供たちが―に遊ぶ」

生半可（なまはんか）　理解や行為への決断が十分でないさま。「―な気持ち/知識/理解」

疎外（そがい）　文 疎んじて退けること。のけ者にすること。「―感」

ても済むという点では得策だが、相手に知識があると、こんなことばも知らないのかと軽蔑されそうな気もする。それまでは思ってもみなかった不安である。

それを避けるために、「ほんとはイッショケンメイだそうですが」などと、よけいなことばを挿入してみたり、あるいは、二つの発音を意味ありげに並べてみたり、あるいは、無理をしても単なる「**懸命**」で間に合わせてみたり、あるいは、別の類義表現に逃げてしまったり、気苦労が続く。ともかく、知らなかった昔とは違い、無心では使えなくなっている。なまじ知ってしまったせいで、余分な神経を遣わなければならない。まさに「知りすぎたのね」という心境であり、「知らないうちが花なのよ」という古い文句が浮かんできたりして、知らなかった昔が恋しくなるかもしれない。

重要———**大切・重大**

太宰治の『桜桃』に、「子供より親が大事、と

懸命（けんめい）　力の限り頑張るさま。「—の-看護/救出作業」「—に-励む/こらえる」

気苦労（きぐろう）　気遣いや気がねによる苦労。「—が絶えない」

なまじ　①できもしないのに無理にするさま。「—なことはしない方がいい」②しなくてもよいことをするさま。「—親切心を出したのが悪かった」③中途半端に。「—金があるばっかりに」　異字 憖　異形 なまじい

大事(だいじ)　重大でかけがえのないさま。「―な‐用／話／人」「―にする」

思いたい」という一節が出てきて、思わず、はっとする。この「**大事**」ということばは、重要でかけがえのない、といった意味の日常語で、一見、漢語のように見えるが、成り立ちは違う。

もともとの大和言葉(やまとことば)である和語を漢字で表記し、それを音読みにすると漢語らしく見える。この語もその一例である。「おおごと」を漢字で「大事」と書き、それを音読みして「だいじ」という和製の漢語ができあがったのだ。根の大きな野菜を「おおね」と命名し、漢字で「大根」と書いて音読みすると、「だいこん」という和製漢語が誕生する。

「でばる」を漢字で「出張る」と書き、その漢字部分を音読みして、「出張(しゅっちょう)」という和製漢語ができた。同じく、「ひのこと」を漢字で「火の事」と書き、その漢字部分を音読みして「火事(かじ)」という和製漢語ができた。「みもの」を「見物」と漢字表記し、それを音読みして「けんぶつ」という

威風堂々（いふうどうどう）　威厳のある、堂々とした態度。「—辺りを払う」「—たる物腰」

文箱（ふばこ）　古 書状などを入れておく箱。また、書状を入れて使いの者に持たせる小箱。異字 文筥

和製漢語が生まれたのも同様だ。そんな事情を知らなければ、どれも堂堂たる漢語として威風をそなえ、あたりをはらう風貌に見えるだろう。

林芙美子の『耳輪のついた馬』には、「青春を、長い間文箱（ふばこ）のように大切にしていた」という箇所がある。この「**大切**」ということばも、意味としては「大事」とほとんど差がなく、「大切な用件」「大切なお金」「大切に保管する」などと、会話にも文章にも使う日常の漢語である。

梅崎春生の『桜島』に「あまり重要でない電報ばかりである」という例が出てくる。この「**重要**」ということばも、なくてはならないという意味だから、その点では「大事」とよく似ているが、こちらは本来の漢語だけに、改まった会話や文章にも使える硬い感じのことばで、「重要事項」「重要書類」「最も重要な問題」などと用いられる。

夏目漱石の『坊っちゃん』に「君にもっと重大な責任を持って貰（もら）うかも知れない」というせりふ

大切（たいせつ）　①大変重要である。「—な宝物」「—にしまっておく」②丁寧に扱うさま。「お体を—に」

重要（じゅうよう）　必要性が高く大事なさま。「—な意味をもつ」「——人物／課題／書類／文化財」

重大（じゅうだい）　影響が大きく軽々しく扱えないさま。「―な―過失／局面」「事の―さに気づく」

が出てくる。坊っちゃんに向けた赤シャツのことばである。ここの「**重大**」ということばも、根幹にかかわり、軽く扱うわけにはいかない、といった意味合いで、これも改まった会話や文章に、「重大発表」「事の重大さがわかっていない」「重大な影響を及ぼす」のように用いられる。

似たような意味のこれらの単語を比べてみると、それぞれに微妙な差が認められる。まず、この「重大」という語は、「重大な失態」「重大な失言」など、好ましくない状態に対して当事者の責任を問うような場合にしばしば使われる傾向が目立つ。

また、日常の生活場面での個人的な判断が中心となる「大切」という語と比べ、「重要」という語はより客観的な判断に基づくという雰囲気が漂う。

「大事な人」も「大切な人」も、どちらも自分の愛する人を意味する場合が多いようだが、家族や恋人でなく、お世話になった恩師や恩人をさすには「大事な人」のほうがよりふさわしいような気も何となくする。ただし、「大事な人を忘れている」という表現では、当人や肝腎（かんじん）の人物をさす例もある。いずれにしろ、「重要な人」という言い方で恋人を意味する表現は考えにくく、まして「重大な人」となると、よくない連想が働きやすい。

しなやか――たおやか・柔軟

中勘助の『銀の匙（さじ）』に、白い鳥が「その長い柔らかそうな翼をたおたおと羽ばたいてしずかに飛びまわる姿」というくだりが出てくる。この「たおたお」という擬態語めいたことばは、「**しなやか**」に近い意味らしい。

石坂洋次郎の『若い人』には、「貴女（あなた）は可憐（かれん）繊細な手弱女（たおやめ）であるとしか考えられません」という箇所があり、遠く隔たった女性を讃（たた）えるのに、「手弱女」という古語まで動員している。古語辞典によると、この表記は万葉集に現れ、「たわやめ」

しなやか ①弾力があって滑らかにしなうさま。「―な枝／髪」②動作が柔らかく滑らかなさま。「―な物腰」「―に歩く」

手弱女（たおやめ） 文古 しとやかで優美な女。「―ぶり」↔益荒男（ますらお）

と読んだという。この「たわ」の部分は、「たわむ」の「たわ」で、柳の枝のように、軟らかくて、よくしなうさまの形容らしい。後の源氏物語にはその母音が交替して「たをやめ」と読む例が出る。

いずれにしても、「たおやめ」は、しなやかでやさしい女性を意味したものと思われ、雄雄しく勇ましい男性をさす「ますらを」と対立する。そこから派生して和歌の風姿について、万葉集の雄渾(ゆうこん)な調べに対して古今和歌集の優美な調べをさすこともあった。

中河与一の『天の夕顔』には、「世にもすぐれた人の、たおやかな美しさがあらわれ」という例が出てくるが、まれに現代語としても使われる、

この「**たおやか**」ということばも、語源的に「たわ」とつながり、「しなやか」という意味合いで、「優美」と言わずに「たおやかな乙女」と評したりするが、今では「たおやかな詩と旋律」などと雅語的に使われる例も散見する。

雄々(おお)しい 男らしい。勇ましい。「―姿／顔つき」 異字 男々しい ↔女々(めめ)しい

風姿(ふうし) 文 人の身なり。容姿。「高貴な―」

嫋(たお)やか 文 姿態や所作がしなやかで優しいさま。「―な舞い姿」「―に足を運ぶ」

雄渾(ゆうこん) 文 (書画や文章が)雄々しく勢いがあること。雄大で力強いこと。「―な筆致」「―な文章」

柔軟（じゅうなん） 体などがしなやかで、柔らかいこと。「—な体」「—体操」

「**柔軟**」という漢語も、「やわらかい」という意味で、「柔軟体操」「体が柔軟だ」などと使うほか、「頑（かたく）な」の対立概念として、適応性に富み、融通が利くという意味合いで、「柔軟な態度」「柔軟に対応する」などと表現する用法もある。

川端康成は『千羽鶴』で、「文子はしなやかにかわした」「文子の意外なしなやかさに、あっと声を立てそうだった」「それはあり得べからざるしなやかさであった」とくり返して迫（せ）り上げ、ついには「温い匂いのように近づいただけであった」とクライマックスの比喩表現へと達する。こうして、文子のしなやかさが際立つように描き出すのである。

しなやかな柳の枝が曲がっても折れないように、「しなやか」という形容には、柔軟さと強靭（きょうじん）さとが含まれている。しかし、近年は、粘り強さの面が次第に意識されなくなったらしく、谷川俊太郎が、依頼を受けて作詞した校歌の歌詞にこの

頑な（かたく） 自分の考えや態度を全く変えないさま。「—な態度」「—に口を閉ざす」

強靭（きょうじん） 強くてしなやかなさま。「—な–筋肉/足腰」

言語▼しなやか

「しなやか」という語を用いたところ、弱弱しい印象になるので換言してほしいというクレームがついた、そんな話を、座談会の司会をしていて当人から直接聞いた。「しなやか」は本来、軟らかさと強さとを兼ね備えたことばなのだと相手を説得して、そのまま通したという。毎週土曜日に二年間、朝日新聞の漫画「サザエさん」の横に、「ことばの食感」と題するコラムを連載していた折、ある回でその話にふれたところ、図らずも、その問題の校歌を自分も歌ったという読者の反応が届いてびっくりした。

同じ――おんなじ・おんなし・イッショ

「おなじ」も「おんなじ」も「おんなし」も、意味はみな「同一」と「等しい」。これらのうち、もっとも堅苦しい感じがするのは「**同一**」ということばだろう。「同一視」「同一人物」「同一の条件をそなえる」「同一の待遇で契約する」などと、改まった硬い文章で用いる漢語である。

同一（どういつ） 同じものであること。「――人物／視」

文体的レベルが次に高いのは、「**等しい**」ということばで、形や数量、あるいは条件や状態や関係などがまったく同じである場合に、改まった文章などで、「どちらの土地も面積は等しい」「他社と等しい条件で契約を交わす」などと使うほか、「無に等しい」「もはや犯罪にも等しい」などと強調する場合にも用いる、やや古風な和語の形容詞である。

庄野潤三の『秋風と二人の男』に「さっきから同じことばかり後悔しているのであった」とある。文脈から、ひんやりとした風に、家を出る時に上着を着て来ればよかったと、少し心細くなっていることがわかる。この「**同じ**」ということばは、ある物事と他の物事とがどこも違わないようすをさし、「方向が同じ」「同じ品物」「同じ年齢」「同じ帽子をかぶる」のように、くだけた会話から硬い文章まで幅広く使われる基本的な和語である。以前は、文語の形容詞「同じ」の口語化した「**同**

等しい（ひとしい） 数量や程度が同じだ。「長さ/値-が—」「無い/犯罪-に—」 **異字** 均しい・斉しい

同じ（おなじ） 違うところがない。「—色/形/面積/クラス」「右に—」「先生と—ことを言う」

同じい（おなじい） **会** **古** 同じである。等しい。「大きさの—三角形」［文語の形容詞が口語化した形。］

同じ

〔会〕おな(同)じ。「このかばん、君のと―だね」

じい」という語形も使われていたが、今ではほとんど使われなくなり、形容動詞の「同じ」に統一された。

「どっちでも結果はまったくおんなじだ」というふうに、くだけた会話では、「同じ」が撥音化した「**おんなじ**」の形も使われている。単にくだけた感じがあるだけで、特に俗語といった響きまでは感じないが、時に強調的なニュアンスを伴うこともありそうだ。

一九六九年十一月二十七日の午後、雑誌の企画で、武者小路実篤を東京調布の若葉町にあった自宅を訪ねてインタビューをした折、この文豪はたしかに、「ものを言う時と書く時と、ほとんどおんなしだね」と語った。一九七六年三月二十五日に、同じ白樺派の里見弴を鎌倉扇ガ谷の自宅に訪ねてインタビューした折にも、「文章は目を通して頭へ入って来る、言語のほうは耳から入って来るが、そのもの自身の内容はおんなしなんだな」

と発音した。期せずして両作家の発したこの「おんなし」の語形は、今では古風で、かつ俗語的な響きを感じる。

いつの頃からか、「あれもこれも**イッショ**や」という上方方言の影響からか、近年、東京でも「どっちでも一緒だ」「どうやっても結果は一緒です」などという言い方がすっかり広がってしまった。もちろん東京でも、「一緒に遊ぶ」「いつも一緒だ」「一緒に暮らす」のように、「共に」という意味合いの用法は昔からあったが、その語を「同じ」という意味合いでは使わなかった。そういう用法が使われだした頃のある日、やはり国立国語研究所に勤務する同じ東北出身の先輩に、ああいう使い方をするかと眉(まゆ)をひそめて問われた。自分では絶対使わないと弾(はじ)くように言ったら、意地でもという気概が伝わったのか、とたんに相手の顔に、わが意を得たりという満面の笑みが広がった。

一緒(いっしょ) 俗 同じ。「考え方が—だ」「あれもこれも/どっちにしても—」

一緒(いっしょ) 他の物事と一つになること。「—に-する/なる/行く/処理する」

気概(きがい) 物事に屈さず、やり通そうとする強い気性。「—が-ある/足りない」「—をもつ」

非常に――すこぶる・きわめて・めっちゃ

程度の際立って大きいようすを伝える日本語は実にさまざまだ。その例を五十音順に並べてみると、「大いに」「きわだって」「きわめて」「群を抜いて」「ごく」「すこぶる」「図抜けて」「ずば抜けて」「大層」「大変」「とても」「飛び抜けて」「甚（はなは）だ」「目立って」「ものすごく」というふうになり、これだけで十五にも上る。

このうち、「群を抜いて」「図抜けて」「ずば抜けて」「飛び抜けて」の四つは、それだけが他と比べて大きな差があるという点を強調した形容で、それぞれ次のように使う。「**群を抜いて**」は「群を抜いて素晴らしい出来ばえ」「群を抜いて成績がいい」「群を抜いてスタイルがいい」など、プラス評価の点を褒め讃える例が目立つ。

「**図抜けて**」は「図抜けて貧しい身なり」「図抜けて大きな声」などと、必ずしも秀でていなくても、その点で並外れていれば、マイナス面であっ

頭（ず）抜（ぬ）ける ずば抜ける。「頭抜けて足が速い」 異字 図抜ける

群（ぐん）を抜（ぬ）く 抜群である。「―強さ」

ずば抜ける 会 飛び抜ける。「ずば抜けた–運動神経／記憶力」

際立つ 違いがあって周囲よりはるかに目立つ。「際立った存在」「違いが—」

言語▼非常に

ても抵抗なく使える。

しかし、「**ずば抜けて**」のほうは、「ずば抜けて優秀だ」「ずば抜けて手先が器用だ」のように、やはり優れた点を取り上げる例が多いようだ。「ずば抜けて勉強が出来ない」「ずば抜けて足が遅い」とも言って言えないことはないが、そういう言及は少ないように思う。

同じく他と格段の差があるという意味の「**飛び抜けて**」のほうも、「飛びぬけてよく出来る」「飛び抜けて足が速い」のように、主にプラス評価で使われるが、「飛び抜けて足が遅い」でも「飛び抜けて成績が悪い」でも、「ずば抜けて」ほどの違和感はない。

もう一つ、他との差が大きく目立つ場合に使う副詞「**際立って**」をここに加えよう。周囲の同類の中で特に他と違って感じられることを表す語である。谷崎潤一郎の『細雪』に「ふっと四人とも無言になる時があると、石炭のごうごう燃える音

飛び抜ける 集団内で程度が際立っている。「飛び抜けた–選手／実力」

目立つ（めだつ） 他から際立って見える。「――髪型／生徒」「体力の衰えが――」

大変（たいへん） 程度が甚だしいさま。「――な間違いだ」「――よい／難しい」

だけが際立って聞えた」とあるのが、その一例である。これが「**目立って**」となると、「背丈が目立って高い」「図体が目立ってでかい」などと、プラスの面でもマイナスの面でも、目につきやすければ自由に使えるが、それに比べてこの「際立って」のほうは、優れた方向での用例が多い。また、他との差もさらに大きい感じがするかもしれない。

今度は、一つだけが他と大きく懸け離れている場合に限らず、純粋に程度の大きいことを強調する副詞のグループを比べてみよう。そのうち最もよく使われるのは「**大変**」あたりだろう。「大変よく出来ている」「大変結構な品」などと広く使われる、この「大変」という日常の漢語は、「きわめて」ほどではないにしてもそれに近い程度の甚だしさを意味する。「とても」よりずっと改まり、「非常に」ほど硬くはない文体レベルにある。また、この語は、「大変な事が持ち上がった」「紛失したら大変だ」というふうに、「おおごと」「一

迚も（とても） 会 非常に。大変。「—すばらしい／立派だ」 異形 とっても

大層（たいそう） ①程度が甚だしいさま。「—な人出」「—上手な字」②おおげさ。「(ご)—なことを言う」

大いに（おおいに） 非常に。「—期待する／羽を伸ばす」

大事」といった意味合いでも用いる。

「**とても**」は、「大変」と同程度の甚だしさを表し、「とてもいい調子だ」「とても気になる」というふうに、主にくだけた会話の中で使われる、少し俗っぽい和語である。

その反対に、「**大層**」ということばは、「大層お気に召して」「大層長い間ご無沙汰いたしまして」というふうに、「大変」と同じ程度の甚だしさの場合に、改まった会話や文章に用いられる、丁重な感じの漢語である。古風な響きがあり、近年は使用頻度がかなり減ったように思われる。

さらに程度を強調する言い方に「**大いに**」があり、「大いに困る」「大いに役立つ」などと、いい意味にも悪い意味にも使う。ただし、「きわめて」と違い、「暑い」「多い」「高い」「速い」のような数字で表せる対象には使いにくく、「大いに寒い」「大いに数多く」のような使い方は例が見られないようだ。

「**甚だ**」という若干古風な和語は、「甚だ快適だ」「甚だ立派な心がけだ」というふうに、プラス評価の現象にも用いるが、どちらかといえば、「甚だ遺憾だ」「甚だけしからん」「甚だ困る」などと、マイナス評価を強調する例が目立つ。これはおそらく、「痛みが甚だしい」「誤解も甚だしい」「思い上がりも甚だしい」などと、悪いことの程度を強める「甚だしい」という形容詞の語感がそのまま引き継がれた結果と思われる。

甚だ（はなは） 文 非常に。過度に。「——よろしい／具合が悪い／光栄に存じます」

「極」という漢語から出た「**ごく**」という副詞は、「ごく真面目な人間」「ごく普通の服装」のように、会話やさほど改まらない文章に使われる。「軽い」「少ない」「近い」「貧しい」「短い」「安い」のような程度や数量の小さな対象によくなじむ。「ごく重い」「ごく長い」「ごく多い」のような、その逆の対象には使いにくく、若干違和感もあるようだ。

極（ごく） 程度の著しいさま。「——つまらない物／当たり前の話／身近な所」

「極める」という動詞を起源とする「**きわめて**」

極める（きわ） この上ないという状態になる。「山頂／乱雑－を—」「位、人臣を—」 異字 窮める

極めて（きわ） この上なく。非常に。「——良好／危険」〔やや改まった言い方。〕

という和語の副詞は、「きわめて重大だ」「きわめて珍しい」「きわめてわずかな量」「きわめて高いレベルにある」というふうに、程度が最大に近い意味合いで、改まった会話や硬い文章に用いられる。

「**すこぶる**」という和語の副詞も、「きわめて」に近い意味合いで、「すこぶる面白い」「すこぶる具合が悪い」「すこぶる疑わしい」のように用いられてきたが、最近ではめっきり減って、昔の徳川夢声のようなごく一部の限られた人が趣味として残している雰囲気になっている。以前は、「すこぶる付きの美人」といった形でも使われたが、この用法はさらに古めかしい響きを発する時代となった。

程度を最大に強める副詞となれば、会話や軽い文章などに使う「**ものすごい**」あたりに落ち着くかもしれない。「ものすごく速い」「ものすごく大きい」「ものすごく力が強い」などと表現されると、

頗る（すこぶる） 古 非常に。「——元気/不愉快」

物凄い（ものすごい） 驚くほど程度がひどい。「——力/勢い」「ものすごく-美しい/寒い」

言語▼非常に

もうそれ以上ないような雰囲気を感じてしまう。

「超安い」「超きれい」「超むかつく」など、「きわめて」「とびきり」の意味で「超」が東京中に蔓延していた頃、集中講義のため近畿大学の大学院を訪れた折に、この「超」はやっている流行語を話題にしたら、大阪ではそんなことはない、ここには「めっちゃ」があるからという説明で、なるほどと感心した。

ところが、それから何十年か経った近年になって、異様な現象が起こっている。先日、大学の社会人向け講座を済ませ、大隈記念タワーのエレベーターに乗っていたら、途中の階で扉が開き、待っていた学生たちが「うわー、めっちゃ混んでる」と驚きの声を発した。誰も違和感を覚えないところから察するに、「超」をも寄せつけない強靱な「めっちゃ」の波がいつの間にか押し寄せ、ついに東京をも席捲し始めたらしい。今のところはまだ俗語の身分だから実害といっても気分の問題にとどまるが、いずれ学術論文にまで広がりかねない猛烈な勢いだ。早く侵食を食い止めないと、やがて文体の秩序破壊につながる。対策を講じようにも、めっちゃ困難を極める趨勢（すうせい）である。そこに最近「めちゃくちゃ安い」「めちゃくちゃ元気だ」といった「めちゃくちゃ」まで東京の大通りを闊歩（かっぽ）する姿をよく見かけるようになった。時代は刻刻進化しているらしい。その後ろ姿を呆然と眺めるばかりである。

侵食（しんしょく） 次第に侵すこと。「領土／他社のシェアーをーする」 **異字** 侵蝕・浸食

少し――若干・ちょっと・ちょいと

「**いくぶん**」は、程度がほんの少しという意味合いで、「今日はいくぶんしのぎやすい」「今朝はいくぶん熱が下がったようだ」というふうに、会話にも文章にも使われる。

「**いくらか**」も、分量や程度が少しは違うという意味合いで、「給料がいくらか上がった」「前に比べていくらか進歩している」などと、会話にも文章にも使われる和語である。

幾分（いくぶん） ①全体をいくつかに分けた一部分。「費用のーかを負担する」②いくらか。ある程度。

幾らか（いくらか） どれくらいとはっきりはしないが、少し。「ーもうかった」

言語▼少し

「**若干**」ということばは、「少し」よりさらに少ないというニュアンスで、「この問題は若干むずかしい」「予算を若干オーバーする」というように、少し改まった会話や文章に用いられる漢語である。

夏目漱石の『坊っちゃん』に、「星明かりで障子だけは少々あかるい」とあり、「少々用事がありまして、遅刻致しました」という例も出てくる。この「**少少**」ということばは、「少し」の意の丁重な言い方で、「少少ものを伺いますが」「少少お待ち願います」などと、改まった会話や文章に用いられる漢語である。

井伏鱒二の『珍品堂主人』に「首切り役を私に仰せつけようなんて、あんた、少し人が悪くないですか」とある。井伏の文学の弟子、小沼丹の『小さな手袋』にも、「少しよろよろしながら出て行った」とある。この「**少し**」ということばは、数量や程度などが決して多くはないが、それでもいく

若干(じゃっかん) いくらか。少し。「―の余裕がある」〔はっきりしないわずかな数量をいう時にも使う。「―名の委員を置く」〕

少々(しょうしょう) ①少ないこと。わずか。「―のことなら我慢しよう」「塩をほんの―入れる」②少し。いくらか。「――お待ちください/言いすぎた/骨が折れる」「見た目は―悪いが」

少し(すこ) 数量がわずか。程度が小さいさま。「もう/あと/今―の辛抱だ」「ほんの―しかない」「―もうれしくない」

らかはあるという意味合いで、「ほんの少しだけ」「少しは役に立つ」のように、会話から文章まで幅広く使う日常の基本的な和語である。「少少」や「若干」ほど改まらず、「ちょっと」ほどくだけない程度の文体的レベルにある。

井伏鱒二の『本日休診』に、「ちょっと待って。すぐ支度して来るからね」という会話が出てくる。この「**ちょっと**」は「少し」という意味で、会話やくだけた文章で、「ちょっとの間」「ちょっと失礼」「もうちょっと右」などと盛んに使われる日常の和語である。

小津安二郎監督の映画を見ていると、ああ、またこのせりふ、と思うことがよくある。そのうちのあるものは登場人物の口癖であり、あるものは小津映画を特徴づける独特の言いまわしである。頻出することばのうちで最も印象に残るのが「ちょいと」という語形だろう。この形は今でこそあまり聞かなくなったが、「ちょいと、忘れ物

一寸（ちょっと） 会 ①時間の短いさま。「―の間」「もう―待って」②量や程度の少ないさま。「―の差」「―驚いた/出掛ける」③だいぶ。「業界では―名の通った人」「―した店」 異字 鳥渡

ちょいと 会 ちょっと。「ねえ、—」「—お待ち」

退廃的（たいはいてき） 心身ともに堕落し、生活がすさむさま。デカダン。「—な生活」 異字 頽廃的

ですよ」「ちょいと、ごめんなさい」などと、以前はしょっちゅう耳にしたものだ。

『浮草』『小早川家の秋』のような方言の飛び交う作品には、「**ちょいと**」が出てこない。『お茶漬の味』『東京物語』『秋日和』『秋刀魚の味』など大都会を舞台にした作品に頻出するのである。いくら舞台が東京であっても、さすがに子供は使わないが、大人なら、男性も女性も、若くても中年でも初老でも、みなよく使う。このことばを聞くと、観客はすぐ杉村春子や佐分利信や中村伸郎らを連想するように、そのことばが彼らの演ずる役柄の人物像の輪郭を描くという側面もある。その意味で象徴的なこのことばの、ちょいと崩れた感じは、東京というちょいと頽廃的（たいはいてき）で都会的なセンスの走る街に暮らす、ちょいと垢抜けた男女の、ちょいとくだけた、ちょいと甘えた感じの、ちょいと親しみをこめた、そんなちょいとばかし小粋な味を演出できると小津は考えたかもしれない。

この語形は、小津の畏敬する文豪志賀直哉の口癖でもあったらしい。そうと知ると、『お茶漬の味』で「ちょいと茂吉の肩の埃を払って」と木暮実千代のしぐさを指定し、『東京物語』でおでん屋役の桜むつ子を「女主人のお加代は、ちょいと小粋な中年増である」と説明するなど、シナリオのト書きにまで「ちょいと」を使用する念の入れ方なのも、ああやっぱりと合点がゆく。そのうち自分もどこかで、さりげなく使ってみようか知らん？

これがさらにくだけると、程度の場合は「ちょい」となり、「もうちょい右」などと言う。

「ちょっぴり余る」「ちょっぴり淋しい」というふうに使われる「**ちょっぴり**」という語形もある。意味的には、「ちょっと」より少ない感じで、「ほんのちょっと」という程度の意味合いだろうか。これはくだけた会話専用の俗っぽい口頭語というレベルである。

また、「ちょこっとやってみて、すぐやめる」

畏敬（いけい）　文 接するのがはばかられるほど尊敬すること。「―の念を‐抱く／起こさせる」

然りげ無い（さりげない）　考えや気持ちを意識して表面に出さない。「―気遣い」「然りげ無く手を貸す」

ちょっぴり　俗 わずかに。少しだけ。「―寂しい」「ほんの―」

言語▼少し

「ちょこっと頭を下げて通る」というふうに、「ちょこっと」という語形もある。意味は「ちょっぴり」とほぼ同じだが、文体的レベルはもう少し低く、俗語と判断してさしつかえなさそうだ。

割合に――わりあい・わりかた

「割合に成績はいい」「割合に安く済んだ」「今年の冬は割合に過ごしやすい」などと使う「**割合に**」という副詞は、他と比べて、予想よりも、比較的といった意味合いで、会話にも文章にも幅広く用いられる和語である。

割合（わりあい）　比較的。「――難しい／近い」「――に楽だ／暇だ」「――うまくいった」

谷崎潤一郎の『細雪』に、「その日は割にいろいろと気軽にしゃべった」とある。「わりに早く起きる」「わりに暇な時間だ」も同様だが、「割合」が省略されて「割」となり、「**わりに**」という語形になると、若干くだけた感じになり、日常会話で普通に使われる。

割に（わり）　予想される程度と比べて、ややそれを超えているさま。比較的。わりと。「――暇な時期」「――よくできている／暖かい」

また、「病人はわりあい元気だ」「この地域はわりあい静かだ」というふうに、助詞の「に」が落

割合（わりあい）　比較的。「—難しい／近い」「—に楽だ／暇だ」「—うまくいった」

割と（わりと）　㊎わりに。「—易しい問題」「—うまく書けた」

ちて「**わりあい**」だけになると、改まった感じがもう一段減り、それだけ会話的になる。

「わりと安く手に入る」「スーパーはわりと近い」のような「**わりと**」の語形は、さらに俗っぽく響き、くだけた会話専用というレベルに落ちる。

「おとついはわりかたあったかで、外出も苦にならなかった」などと使われる「わりかた」という語形は、古風で俗っぽい感じに響くだろう。

文章の品格を重んじる円地文子は、東京上野の通称くらやみ坂の自宅を訪問した折、流行語などを使うと文章が下品になって嫌なのでと前置きし、「わりかし」なんていうことばは絶対使わないし、「わりと」ぐらいのレベルでも地の文には使いたくないと語った。この「わりかし」という語形は、比較的新しい感じの俗語で、「わりかた」のような古風な感じはまったくなく、方言めいた雰囲気も感じさせないが、それだけ俗語臭が強いと言えそうだ。

言語▼割合に

しばしば――頻繁に・よく・ちょくちょく

「電車が頻繁に通る」「事件が頻繁に起こる」のように使われる「**頻繁に**」ということばは、一定の時間や期間のうちに同類のことが数多く起こるようすをさし、会話にも文章にも用いられる日常の漢語的な表現である。「電車」の通過と「事件」の勃発とはもともと頻度が違うので、「頻繁に」がどの程度の感覚か一概に言えない。だから、他の副詞とどういう関係になるかを推測するほかはない。この語は、間隔の短さよりも、起こる回数の多いことに重点がありそうだ。

「しばしば休む」「こんなことはしばしばある」「しばしば同じ失敗をしでかす」のように使われる「**しばしば**」という副詞は、さほど間隔を空けずに幾度もくり返すようすをさし、改まった会話や文章に用いられる硬い感じの副詞である。

佐藤春夫の『田園の憂鬱』に、「そう言う事は誰にでもよくある事です」とある。この「**よく**」

頻繁（ひんぱん） 物事が短い間隔でたびたび繰り返されること。「事故が―に起こる」

勃発（ぼっぱつ） 事件などが突然発生すること。「戦争が―する」

屢（しばしば） いつもではないが、ある間隔を置いて何度も。「―失敗する」〔「ときどき」より頻度が高い。〕 異字 屢々・屢〻

頻度（ひんど） 同じ（種類の）ことが繰り返して起こる度数。出現度。「―が高い」「―数」「出現／使用―」

よく 何度も繰り返されるさま。その傾向が強いさま。「―雨が降る／あることだ」「最近―物忘れをする」

という和語の副詞は、一度や二度のことではなく何度もあるという意味で、会話にも文章にも使われる日常語で、ともかく相対的に頻度の高い場合に用い、物事によって回数には大きな幅がある。また、「よく出来る」「よく飲む」のように、頻度でなく程度の大きいことを表す場合にも、この語を用いる。

同じく「しばしば」という意味合いで、「ちょくちょく現れる」「ちょくちょく誘われる」などと、くだけた会話に使われる「**ちょくちょく**」ということばは、かなり俗っぽい。それがさらに崩れた形が「**ちょいちょい**」で、「あいつはちょいちょいサボる」「そんなこともちょいちょいあらアな」などと、ごく親しい間のくだけた会話に使われる。

やはり――やっぱり・やっぱし・やっぱ

福原麟太郎の『チャールズ・ラム伝』に、「遮二無二ラムを弁護する。われわれはその愛情にうたれるほどだが、ラムがこのころ非常に正常で

ちょくちょく 会 ちょいちょい。「――行く/顔を出す」

ちょいちょい 俗 少し間をおいて繰り返すさま。「――訪ねる/顔を出す」

あったとはやはり考えられない」という一節がある。この「**やはり**」という副詞は、予想どおり、常識どおりに、という意味で、改まった会話から硬い文章まで幅広く用いられる標準的な和語である。いつだったか、テレビで大相撲の放送を楽しんでいたら、アナウンサーが「やはり」という語形で話しかけ、解説を担当している親方が「**やっぱり**」という語形で応対する現場に何度も立ち会った。どちらも意味は同じだが、「やっぱり」のほうは日常の改まらない会話専用の語形だから、あるいは両者の場の認識が違っていたのかもしれない。両語を比較すると、「やっぱり」のほうに、発音の関係でいくらか強調のニュアンスが感じられるような気もするが、くだけた雰囲気のため、少しでも改まった雰囲気の文章中に交じると違和感が強く響く。

この「やっぱり」の形が崩れて「やっぱし」と発音する例もある。古くから見られた俗な語形で、

やはり （最初に）予測したとおり。聞き知っていたことと違いはなかったさま。「―言ったとおりだった」「この絵は―すばらしい」 異字 矢張り

やっぱり 会やはり。「―我が家が一番だ」 異字 矢っ張り

「やっぱし悪い事はできないもんですな」「旦那もやっぱし下町の生まれですかい」などと使われると、今では古風な感じが漂うかもしれない。

比較的最近になって現れた俗語で、若年層を中心に広がった「やっぱ」という語形は、「やっぱ、やめとこ」「やっぱ、ヤバいよ」などと、ごくくだけた場面での会話に時折聞かれるが、若い人であっても、社会人どうしの場合は、よほど親しい相手にしか使わないように見受けられる。「やっぱし」以上に俗語臭が強いからである。

回――度・遍・たび

「月月に月見る月は多けれど月見る月はこの月の月」などと、意図的に同じことばを反復させ、面白みを出してことばを楽しむこともある。意図せずとも、「男が男なら、女も女だ」というふうに、結果として同じことばが連続することも起こる。しかし、文章の中にあまりに同じ語がくり返し現れるようだと、いかにも書き手の語彙がとぼしい印象を与える。そのため、いくつかの類義語を用いてそういう現象を避けることもある。

夏目漱石も『倫敦塔（ロンドンとう）』で、「一度倫敦塔を見物した事がある」と書いた後、再訪しなかった理由として、「一度で得た記憶を二返目に打壊すのは惜い、三たび目に拭い去るのは尤（もっと）も残念だ」と続けた。これはことばのお洒落であり、ここに出てくる「**度**」と「返」（通常は「**遍**」と書く）と「**たび**」は実質的に同じ意味を担っている。現代では、「度」と「**回**」がよく使われ、「遍」は少し古風な語感がある。「たび」は「三（み）たび栄冠を手にする」などと雅語的に表現する例も見るが、感触としてはもう古語に近い印象だろう。「ふたたび」は「二度」という意味だが、「再び」と書くから、そういう語感は意識されない。

たち――犬たち・名曲たち

最後に、朝日新聞に連載したコラム『ことばの食感』で取り上げた、語感のずれや時代とともに

回（かい） 回数を数える語。「電話が五―鳴った」

度（ど） 回数を数える語。「一―きりの過ち」「三―めの正直」（やや改まった語。）

遍（へん） 会 回数を数える語。「何―（べん）でもやり直す」

度（たび） 度数を数える語。「三（み）―」（和語の数詞につく。）

語感が変化する現象に関する二つの話題にふれておこう。どちらも語より小さな単位で、接辞あるいは造語成分と呼ばれるとおり、独立しては用いられず、語の構成要素となる単位で、いわば単語を組み立てる部品にあたる。

まず、その紙上で「はびこる安易な甘えたち」という刺激的な見出しのもとに論じた言語文化観から入る。

大昔、貴族など身分の高い人を「公達（きんだち）」と呼んだから、「たち」に尊敬の気持ちがこもっていたのだろう。今でも「あいつら」を「あいつたち」と言わない、その程度の緊張感が残っているが、「先生方」を「先生たち」と言うと多少失礼に響くほど、次第に敬意が薄れ、単なる複数の意味に近い段階まで落ちてきたのかもしれない。

いずれにしても、昔は「たち」をもっぱら人間に対して使っていたが、そのうち家族同様にかわいがっている飼い犬などの身近な生きものに情が

接辞（せつじ） 語の構成要素の一つ。単独では用いられず、他の語の前や後に付いて意味を加えたり、用法を変えたりする働きをする。接頭語と接尾語がある。

移って、人間待遇したい気持ちが高まり、つい一時的に「犬たち」「猫たち」などと言ってしまうのも人情だ。そのうちには、春にさえずりを聞いて「鳥たち」と呼びかけ、夏に蟬しぐれ、秋に虫の音に耳を傾けては「虫たち」とつぶやくようになる気持ちも理解できる。情の通い合う相手として、動物にも人間並みの親密感を抱くのは、同じ生き物として美しい行為なのかもしれない。

戦後の歌でサトウハチローに誘われ、リンゴの気持ちがよくわかるようになるあたりまでは、そういう自然な流れだったのだが、近年はどうにも目にも耳にも余る安易な風潮がはびこり、リンゴたちも心を痛めているかもしれない。「花たち」「草たち」と植物にも広がったのは、まだ気持ちがわからないでもないが、生物でさえない「山たち」「星たち」と物体をも仲間に加えた。さらに「言葉たち」「名曲たち」と感覚的存在へと広がり、果ては「過去たち」「思い出たち」と抽象的な存在にまで心

蟬時雨（せみしぐれ）　多くのセミが鳴きしきるさまのたとえ。《夏》

蔓延る（はびこる）　よくないものの勢いが盛んになって幅を利かせる。「悪が―」

を注ぐメルヘンまで出現するに至った。

いささか大人げない、こういう甘ったれた感傷過多の表現が量産され、横行する、この社会現象は、あるいはこの国の幼稚さを露呈したものかもしれない。その意味で、このコラムの読者から、よくぞ書いてくれたという感想が寄せられたときは、内心ほっとした。憂国の同志がいることがわかったからだ。やがてこの国も青春へと向かうかもしれない。

数——三、四

次は、「数人でマージャンができるか」という見出しで指摘した、「数(すう)」から連想される幅の変化である。「数分」「数時間」「数日」「数ヶ月」「数年」、あるいは「数人」「数枚」「数件」「数県」など、それほど多くはないいくつかを漠然とさす、この「数」の用法にも、この数十年の間に世代による解釈のずれが生じてきたような気がする。ある国語辞典には「十に満たない程度」とあり、ある辞

麻雀(マージャン) 一三六枚の牌(パイ)を用い、四人で行う中国伝来の室内遊戯。各自一三枚の牌をもとに、一枚ずつ牌の取捨を行って役を完成させ、順位を競う。〔中国語。〕

典には「四から六か七」とある。「数人」がこの範囲であればマージャンができる。もちろん、全員やったことがあればの話だが。

長い間、「五、六」という解釈が大勢を占めていたように記憶する。何人かいる部屋をちらっとのぞいただけで、四人程度までなら正確な人数がぱっとわかる。それが数えてみないと自信が持てない場合に「数人」とぼかす、そう考えると、これは理屈に合う。ところが、連想する範囲が時代とともに変化し、近年では「三か四」と解釈する人が増えているらしく、若い人の中には「二か三」と思いこむケースも珍しくないという。

いいことを思いついた。ともあれ、文章は依然として「数行」で改行するのが理想的なのである。一段落が中高年は五、六行、若年層は二～四行の長さが読みやすいらしいから、いずれにしろ、どの世代の人にも、一段落「数行」程度というのが、読みやすい最適の長さであるはずだからである。

参照文献一覧

辞典・文学大全

『日本国語大辞典』（小学館）
『広辞苑』（岩波書店）
『岩波 国語辞典』
『集英社国語辞典』
『角川新字源』（ＫＡＤＯＫＡＷＡ）
『日本古典文学大辞典』（岩波書店）
『日本古典文学大系』（岩波書店）
『日本近代文学大事典』（講談社）
『現代日本文学全集』（筑摩書房）

詩歌・手紙・唱歌

『日本の詩』（ほるぷ出版）
小海永二『現代の名詩：鑑賞のためのアンソロジー』（大和書房）
中村稔・三好行雄・吉田熈生編『現代の詩と詩人』（有斐閣）
『短歌シリーズ・人と作品』（桜楓社）
木俣修『近代秀歌』（玉川大学出版部）
馬場あき子編『日本名歌小事典：日本人の心のふるさと』（三省堂）
東郷豊治編『良寛全集』（東京創元社）
『日本大歳時記』（講談社）
森澄雄編『名句鑑賞事典：歳時記の心を知る』（三省堂）
平山城児編『作家の手紙文全集』（ぎょうせい）
井上武士編『日本唱歌全集』（音楽之友社）
中田喜直編『こどものうた』（野ばら社）
『日本のうた』（興陽館書店）

個人全集（作家名五十音順）

『芥川龍之介全集』（岩波書店）
『阿部昭集』（岩波書店）
『網野菊全集』（講談社）
『伊藤整全集』（新潮社）
『井伏鱒二全集』（筑摩書房）
『岩本素白全集』（春秋社）
『内田百閒全集』（講談社）
『円地文子全集』（新潮社）
『大岡昇平全集』（筑摩書房）
『岡本かの子全集』（冬樹社）
『尾崎一雄全集』（筑摩書房）
『小津安二郎作品集』（立風書房）
『小津安二郎全集』（新書館）
『小沼丹全集』（未知谷）
『梶井基次郎全集』（筑摩書房）

『川端康成全集』（新潮社）
『上林暁全集』（筑摩書房）
『木山捷平全集』（講談社）
『久保田万太郎全集』（中央公論社）
『幸田文全集』（岩波書店）
『小林秀雄全集』（新潮社）
『小山清全集』（筑摩書房）
『佐藤春夫全集』（講談社）
『志賀直哉全集』（岩波書店）
『庄野潤三全集』（講談社）
『高田保著作集』（創元社）
『瀧井孝作全集』（中央公論社）
『太宰治全集』（筑摩書房）
『谷崎潤一郎全集』（中央公論社）
『寺田寅彦全集』（岩波書店）

『荷風全集』（岩波書店）
『永井龍男全集』（講談社）
『漱石全集』（岩波書店）
『全集　樋口一葉』（小学館）
『福原麟太郎随想全集』（福武書店）
『福原麟太郎著作集』（研究社）
『藤沢周平全集』（文藝春秋）
『堀辰雄全集』（筑摩書房）
『三浦哲郎自選全集』（新潮社）
『武者小路実篤全集』（小学館）
『室生犀星全集』（新潮社）
『鷗外全集』（岩波書店）
『安岡章太郎集』（岩波書店）
『横光利一全集』（河出書房新社）
『吉行淳之介全集』（新潮社）

＊以上の文献のほか、本文中に明記してある作品を収録した各作家の単行本ならびに文庫本から表現を引用し、自らの編著『比喩表現辞典』（角川書店）、『人物表現辞典』（筑摩書房）、『感情表現辞典』『感覚表現辞典』『日本語　描写の辞典』『音の表現辞典』（以上、東京堂出版）、『日本語　語感の辞典』『日本の作家　名表現辞典』（以上、岩波書店）からも例を補充した。

索　引

・本文中、話題として取り上げた類語を五十音順に並べた。
・数字はページ番号、【　】は小見出しを示す。ページ番号は初出に限らない。

あ行

ア［唖］……477【裏日本】
愛……357【愛情】
愛する……358【愛情】
愛染……367【愛情】
愛想笑い……337【笑う】
愛着……366【愛情】
愛慕……366【愛情】
愛欲……355【愛欲】
あえなくなる……187【死】
青あらし……56【風】
青空……9【空】
青梅雨……33【雨】
青葉……79【木】
あかつき……607【夜明け】
垢抜ける……312【粋】
茜雲……44【雲】
赤裸(あかはだか)…250【裸】
赤ら顔……124【紅顔】
あがる……170【死】
秋風……57【風】
秋雨……35【雨】
秋空……9【空】
秋晴れ……24【晴天】
秋日和……22【晴天】
あく［開く］……665【開く】
明け方……610【夜明け】
あけぼの……607【夜明け】
朝顔……534【便所】
朝霞……49【霧】
朝風……56【風】
朝方……610【夜明け】
朝霧……49【霧】
あざとい……284【ずるい】
朝凪……56【風】
朝日……16【太陽】
朝ぼらけ……609【夜明け】
朝靄……51【霧】
味……310【粋】
あした……602【あした】
あす……603【あした】
婀娜……309【粋】
仇討ち……428【仕返し】
あたくし……190【わたくし】
あたし……193【わたくし】
あっけらかん……377【すっきり】
あっさり……302【あっさり】
集まり……441【会】
アトムに帰る……188【死】
あの世へ行く……176【死】
危ない……674【危ない】
阿呆……278【馬鹿】
あほたれ……278【馬鹿】
あほんだら……278【馬鹿】
雨雲……47【雲】
雨……25【雨】
あめゆき……41【雪】
危うい……674【危ない】
歩む……384【歩く】
嵐……29【雨】
霰……42【雪】
ありあけ……609【夜明け】
ある……652【ある・ない】
歩く……384【歩く】
淡雪……38【雪】
泡雪……38【雪】
暗雲……44【雲】
塩梅……151【健康】
あんぽんたん……279【馬鹿】
言い合い……394【言う】
言う……392【言う】
いえ……514【家】
癒える……156【治癒】
遺骸……114【死体】
怒り(いかり)……346【怒る】
怒りが込みあげる……346【怒る】
怒り心頭に発する……346【怒る】
怒りをあらわにする…346【怒る】

いかる[怒る]……… 346【怒る】
息……………………… 144【息】
粋(いき)……………… 308【粋】
息が止まる…………… 186【死】
生きざま……………… 664【生きざま】
息絶える……………… 186【死】
息を引き取る……… 186【死】
いく[行く]………… 177【死】
いくぶん……………… 705【少し】
いくらか……………… 705【少し】
いけなくなる……… 187【死】
イケメン……………… 230【美人】
憩う…………………… 389【憩う】
医師…………………… 239【医者】
医者…………………… 238【医者】
意趣返し……………… 427【仕返し】
意趣晴らし…………… 427【仕返し】
異人…………………… 248【外人】
遺体…………………… 114【死体】
頂……………………… 68【山】
板場…………………… 516【台所】
一望…………………… 91【眺め】
一命…………………… 163【命】
一昨日………………… 600【おととい】
いっさくねん……… 594【おととし】
イッショ[一緒]…… 697【同じ】
一生…………………… 100【人生】
一生懸命……………… 684【一生懸命】
一所懸命……………… 685【一生懸命】
いでゆ………………… 501【温泉】
愛おしい……………… 368【恋しい】
愛しい………………… 368【恋しい】
いない………………… 654【ある・ない】
いなか………………… 468【田舎】
いなせ………………… 309【粋】
命……………………… 161【命】
命を落とす………… 172【死】
畏怖…………………… 371【怖い】
今……………………… 592【今】
いりあい…………… 614【夕方】
入り日………………… 19【太陽】
いる…………………… 652【ある・ない】
色男…………………… 230【美人】
鰯雲…………………… 46【雲】
淫雨…………………… 35【雨】
院生…………………… 225【児童】
淫欲…………………… 356【愛欲】
浮雲…………………… 45【雲】
薄雲…………………… 46【雲】
うたかた[泡沫]…… 64【川】
うち[内]…………… 195【わたくし】
うち[家]…………… 514【家】
内……………………… 485【裏日本】
うちの人…………… 211【夫】
宇宙…………………… 2【天】
美しい………………… 303【美しい】
畝雲…………………… 47【雲】
海……………………… 61【海】
海の藻屑となる…… 188【死】
裏……………………… 483【裏日本】
裏町…………………… 498【場末】
羨ましい……………… 353【嫉妬】
うららか……………… 316【のどか】
うるさい……………… 289【うるさい】
麗しい………………… 307【美しい】
嬉しい………………… 328【嬉しい】
嬉し泣き…………… 343【泣く】
鱗雲…………………… 46【雲】
雲海…………………… 47【雲】
雲形…………………… 45【雲】
エアポート………… 503【空港】
永遠…………………… 584【永久】
永久…………………… 582【永久】
永劫…………………… 585【永久】
永眠…………………… 175【死】
駅……………………… 504【駅】
笑む…………………… 339【笑う】
煙雨…………………… 28【雨】
遠足…………………… 428【遠足】
遠慮…………………… 380【気兼ね】
おあし[お足]……… 642【金銭】
おいおい…………… 345【泣く】
追い風………………… 55【風】
老い木………………… 77【木】
追い越す…………… 403【追い越す】
追い抜く…………… 404【追い越す】
王……………………… 453【王国】
王国…………………… 453【王国】
往生…………………… 179【死】
おうな………………… 221【年寄り】
大雨…………………… 29【雨】
大いに………………… 701【非常に】

大風……………………54【風】
大川……………………65【川】
雄雄しく……………692【しなやか】
大空………………………9【空】
大入道…………………48【雲】
大降り…………………29【雨】
大雪……………………39【雪】
大笑い………………335【笑う】
丘………………………70【山】
お勝手………………517【台所】
お金…………………641【金銭】
小川……………………64【川】
翁……………………221【年寄り】
おきゃん……………268【お転婆】
おこる［怒る］………346【怒る】
お下地………………550【醤油】
押し出し……………260【豊満】
おしまい……………184【死】
お湿り…………………27【雨】
お釈迦になる………181【死】
恐れる………………370【怖い】
恐ろしい……………369【怖い】
おたから……………642【金銭】
お陀仏………………181【死】
落ちる…170【死】, 417【落ちる】
乙……………………310【粋】
おっかない…………369【怖い】
おつけ………………549【味噌汁】
落っこちる…………418【落ちる】
夫…206【結婚式】, 207【夫】
おっぱい……………135【乳房】
お手洗い……………527【便所】
お手伝いさん………481【裏日本】
お天道様………………14【太陽】
オテンバ……………267【お転婆】
おトイレ……………533【便所】
音入れ………………533【便所】
男の子………………223【子供】
訪れる………………387【訪ねる】
おとつい……………600【おととい】
おととい……………599【おととい】
おととし……………594【おととし】
乙女…………………223【子供】
おなご………………200【女】
同じ…………………695【同じ】
同じい………………695【同じ】
おなら………………142【屁】
尾根……………………69【山】
お日様…………………14【太陽】
おひらき……………671【閉まる】
朧………………………49【霧】
朧雲……………………47【雲】
朧月………47【雲】, 50【霧】
朧月夜…………………50【霧】
お前…………………195【わたくし】
おまけ………………579【値下げ品】
お巡り………………234【警官】
お巡りさん…………233【警官】
おみおつけ…………549【味噌汁】
お迎えが来る………178【死】
おめでたくなる……188【死】
思い焦がれる………363【愛情】
思い出し笑い………336【笑う】
おもう［想う］………359【愛情】
思う…………………391【思う】
面影…………………122【顔】
面ざし………………121【顔】
面白い………………374【面白い】
面立ち………………121【顔】
おもて［面］…………119【顔】
表（おもて）…………483【裏日本】
泳ぐ…………………429【水泳】
おれ…………………195【わたくし】
温泉…………………501【温泉】
音痴…………………479【裏日本】
女……………………196【女】
おんなじ……………696【同じ】
女の子………………223【子供】

か行

香（か）………………300【におい】
会……………………439【会】
回……………………716【回】
会合…………………440【会】
外国人………………249【外人】
外人…………………248【外人】
快晴……………………21【晴天】
回復…………………156【治癒】
快方…………………154【病気】
快癒…………………158【治癒】
かえい［花影］…………83【花】
帰らぬ旅に出る……178【死】

帰らぬ人となる……178【死】
返り梅雨……34【雨】
顔……117【顔】
顔かたち……120【顔】
顔立ち……121【顔】
顔つき……120【顔】
かおり……299【におい】
かかあ……217【妻】
呵呵大笑……335【笑う】
餓鬼……222【子供】
矍鑠……148【健康】
核心……450【真ん中】
学生……225【児童】
学童……225【児童】
格安……578【値下げ品】
陰……80【木】
崖……66【山】
雅語……307【美しい】
囲う……400【囲む】
囲む……400【囲む】
笠雲……45【雲】
がさつ……266【ばんカラ】
風花……40【雪】
華燭の典……204【結婚式】
佳人……228【美人】
ガス……142【屁】
霞……49【霧】
風……51【風】
家政婦……481【裏日本】
風薫る……56【風】
カセットテープ……533【便所】
風光る……56【風】
敵討ち……428【仕返し】
堅雪……38【雪】
語る……395【言う】
かたわ……476【裏日本】
かっとする……348【怒る】
恰幅……259【豊満】
家内……214【妻】
鉄床雲……48【雲】
かね[金]……641【金銭】
かばね……115【死体】
貨幣……641【金銭】
貨幣価値……641【金銭】
構わない……679【大丈夫】
神……5【天】
かみさん……215【妻】
雷雲……48【雲】
冠雪(かむりゆき)……39【雪】
カメラ……575【カメラ】
空風……59【風】
辛い(からい)……302【からい】
からだ[体・身体・軀]……107【体】
空っ風……59【風】
空梅雨……34【雨】
からまつ林……75【森】
カリー……553【カレー】
カレーライス……551【カレー】
かわたれ時……610【夜明け】
かわや[厠]……523【便所】
考える……391【思う】
侃侃諤諤……682【喧喧囂囂】
眼球……129【目】
看護……160【看病】
感じ……321【心】
莞爾と……340【にこにこ】
患者……161【病人】
閑寂……288【静か】
感情……322【心】
完治……159【治癒】
かんばせ……118【顔】
看病……160【看病】
顔面……119【顔】
歓楽街……97【町】
木……75【木】
気……325【心】
気がある……361【愛情】
きかえる……396【着替える】
気が利く……310【粋】
気兼ね……379【気兼ね】
菊……87【花】
気配り……382【気配り】
気候……19【気象】
萌す……88【芽】
気象……19【気象】
キス……421【口づけ】
季節風……59【風】
基礎……509【基礎】
吃音……478【裏日本】
気遣い……381【気配り】
キッス……421【口づけ】

キッチン……………… 517【台所】
狐の嫁入り…………… 31【雨】
きのう[昨日]……… 600【きのう】
気分…………………… 326【心】
基本…………………… 509【基礎】
君……………………… 195【わたくし】
気短…………………… 273【短気】
きめる………………… 409【きめる】
気持ち………………… 326【心】
気持ちいい…………… 315【快い】
逆襲…………………… 425【仕返し】
逆風…………………… 55【風】
休演…………………… 638【休み】
休暇…………………… 638【休み】
休会…………………… 638【休み】
休刊…………………… 638【休み】
休閑…………………… 638【休み】
休館…………………… 638【休み】
吸気…………………… 145【息】
休業…………………… 638【休み】
休憩…………………… 638【休み】
休校…………………… 638【休み】
休航…………………… 638【休み】
休耕…………………… 638【休み】
休講…………………… 638【休み】
休載…………………… 638【休み】
休止…………………… 638【休み】
休日…………………… 638【休み】
休場…………………… 639【休み】
休職…………………… 639【休み】
休診…………………… 639【休み】
休戦…………………… 639【休み】
休息…………………… 639【休み】
休電…………………… 638【休み】
牛肉…………………… 562【肉】
休眠…………………… 639【休み】
休養…………………… 639【休み】
丘陵…………………… 70【山】
きょう[今日]……… 601【きょう】
暁闇…………………… 607【夜明け】
教員…………………… 235【先生】
強雨…………………… 30【雨】
教師…………………… 235【先生】
嬌笑…………………… 337【笑う】
矯正…………………… 390【なおす】
恐怖…………………… 371【怖い】
強風…………………… 54【風】
狂暴…………………… 267【ばんカラ】
興味…………………… 374【面白い】
興味深い……………… 375【面白い】
教諭…………………… 236【先生】
強力粉………………… 567【小麦粉】
去年…………………… 595【昨年】
霧……………………… 49【霧】
霧雲…………………… 47【雲】
霧雨…………………… 28【雨】
器量…………………… 123【顔】
綺麗…………………… 305【美しい】
際立って……………… 699【非常に】
きわめて……………… 702【非常に】
極める………………… 702【非常に】
近眼…………………… 477【裏日本】
近視…………………… 478【裏日本】
金銭…………………… 639【金銭】
金利…………………… 646【利息】
具合…………………… 150【健康】
空港…………………… 503【空港】
愚妻…………………… 216【妻】
くさはら……………… 72【野】
苦笑…………………… 337【笑う】
屑屋…………………… 479【裏日本】
くたびれる…………… 676【疲れる】
果物…………………… 566【果物】
口うるさい…………… 291【うるさい】
口吸い………………… 422【口づけ】
口づけ………………… 422【口づけ】
ぐっと来る…………… 347【怒る】
くに[国]…………… 455【母国】
くにざかい…………… 462【国境】
愚夫…………………… 211【夫】
颶風…………………… 55【風】
雲……………………… 42【雲】
雲の峰………………… 48【雲】
雲行き………………… 45【雲】
曇り雲………………… 47【雲】
グラマー……………… 258【豊満】
くりや………………… 516【台所】
くれてやる…………… 398【呉れる】
くれる………………… 399【呉れる】
黒雲(くろくも)…… 44【雲】
君主…………………… 453【王国】
群集心理……………… 325【心】

薫風……………………56【風】
群を抜いて…………698【非常に】
警戒……………………403【用心】
警官……………………232【警官】
渓谷……………………65【川】
荊妻……………………217【妻】
警察……………………231【警官】
警察官…………………231【警官】
警察署…………………231【警官】
刑事……………………233【警官】
渓流……………………65【川】
ケーキ…………………492【巴里】
景色……………………91【眺め】
化粧室…………………529【便所】
欠勤……………………639【休み】
月経……………………136【生理】
結構……………………679【大丈夫】
結婚式…………………203【結婚式】
欠場……………………639【休み】
欠席……………………639【休み】
決定……………………410【きめる】
血涙……………………345【泣く】
巻雲（けんうん）……46【雲】
元気……………………147【健康】
喧喧囂囂………………682【喧喧囂囂】
言語……………………626【ことば】
健康……………………145【健康】
現在……………………592【今】
健勝……………………146【健康】
巻積雲…………………46【雲】
健全……………………146【健康】
巻層雲…………………46【雲】
懸命……………………687【一生懸命】
子………………………224【子供】
語………………………625【ことば】
小粋……………………309【粋】
恋しい…………………367【恋しい】
恋する…………………359【愛情】
降雨……………………27【雨】
豪雨……………………30【雨】
公園……………………90【庭】
後架……………………523【便所】
郊外……………………472【東京都】
狡猾……………………283【ずるい】
紅顔……………………123【紅顔】
強姦……………………423【暴行】
香気……………………299【におい】
号泣……………………344【泣く】
光景……………………94【眺め】
高原……………………70【山】
高校生…………………225【児童】
号哭……………………344【泣く】
哄笑……………………335【笑う】
こうじょう［工場］……505【工場】
構成……………………511【構造】
高積雲…………………46【雲】
豪雪……………………39【雪】
構造……………………510【構造】
高層雲…………………47【雲】
光沢……………………292【つや】
高地……………………70【山】
皇帝……………………453【王国】
拘泥……………………378【こだわる】
好天……………………23【晴天】
こうば［工場］………506【工場】
高齢者…………………219【年寄り】
声が潤む………………343【泣く】
肥える…………………663【肥える】
コーヒー………………568【コーヒー】
珈琲……………………569【コーヒー】
木陰……………………80【木】
木枯らし………………58【風】
呼気……………………145【息】
呼吸……………………145【息】
故郷……………………494【ふるさと】
ごく［極］……………702【非常に】
虚空……………………7【空】
国語……………………628【国語】
国語学…………………634【国語学】
国文……………………629【国語】
国文学…………………634【国文学】
後家……………………206【結婚式】
故国……………………456【母国】
心地……………………321【心】
心地よい………………314【快い】
粉米雪…………………38【雪】
心………………………320【心】
心配り…………………382【気配り】
心遣い…………………381【気配り】
心持ち…………………320【心】
快い……………………314【快い】
心を奪われる…………363【愛情】

心をひかされる……363【愛情】
心を惹かれる………363【愛情】
小賢しい……………283【ずるい】
小雨……………………27【雨】
こじゃれた…………311【粋】
こすい………………283【ずるい】
こだわる……………378【こだわる】
枯淡…………………310【粋】
こっきょう[国境]……463【国境】
事切れる……………184【死】
ことし………………595【ことし】
ことば………………624【ことば】
子供…………………221【子供】
粉雪(こなゆき)……37【雪】
小糠雨…………………28【雨】
この世を去る………177【死】
小春日和………………22【晴天】
ご飯…………………547【ご飯】
辛夷……………………87【花】
御不浄………………525【便所】
こぶつ[古物]………647【古物】
小降り…………………27【雨】
古木(こぼく)………77【木】
小股の切れ上がった
……………………255【柳腰】
小麦粉………………567【小麦粉】
小山……………………70【山】
小止み…………………27【雨】
小雪(こゆき)………39【雪】
怖い…………………369【怖い】
怖がる………………369【怖い】
根治…………………159【治癒】
こんねん[今年]……596【ことし】
今年度………………598【年度】
婚礼…………………203【結婚式】

さ行

ざあざあ降り…………29【雨】
サービス品…………579【値下げ品】
サイ[妻]……………215【妻】
細雨……………………28【雨】
彩雲……………………44【雲】
細君…………………214【妻】
最期…………………183【死】
材木……………………75【木】
細流……………………65【川】
盛り場…………………97【町】
さくじつ[昨日]……601【きのう】
昨年…………………595【昨年】
昨年度………………598【年度】
さくら…………………86【花】
桜………………………81【花】
桜色……………………85【花】
桜えび…………………85【花】
桜貝……………………85【花】
桜前線…………………85【花】
桜草……………………86【花】
桜鯛……………………86【花】
桜月夜…………………85【花】
桜肉……………………86【花】
桜飯……………………86【花】
桜餅……………………85【花】
桜湯……………………85【花】
さける[避ける]……405【よける】
細雪……………………38【雪】
差し支える…………679【大丈夫】
さだめる……………409【きめる】
作家…………………242【作家】
サッカー……………431【卓球】
さつき雨………………33【雨】
五月晴れ………………24【晴天】
殺菌…………………159【消毒】
さっぱり……………301【あっさり】
鯖雲……………………46【雲】
さばけている………308【粋】
さばさば……………377【すっきり】
さみだれ………………33【雨】
さめざめ……………345【泣く】
ざらめ雪………………38【雪】
さりげなく…………709【少し】
沢………………………65【川】
騒がしい……………289【うるさい】
さわる………………412【ふれる】
山岳……………………67【山】
山間(さんかん)……70【山】
山系……………………68【山】
山地……………………68【山】
山中……………………70【山】
山頂……………………68【山】
山巓……………………68【山】
山腹……………………69【山】
山脈……………………68【山】

山野(さんや)……70【野】
山稜……69【山】
山麓……69【山】
市……94【町】
死……172【死】
地雨……35【雨】
寺院……512【寺】
慈雨……27【雨】
紫雲……44【雲】
塩辛い……302【からい】
死骸……113【死体】
市街地……96【町】
仕返し……426【仕返し】
しかばね……115【死体】
叱る……348【怒る】
時間……588【時間】
死去……172【死】
色欲……355【愛欲】
しくしく……345【泣く】
時雨……35【雨】
時候……20【気象】
自国……455【母国】
時刻……588【時間】
死屍……114【死体】
死者……111【死体】
師匠……236【先生】
自身……189【わたくし】
静か……286【静か】
静かさ……287【静か】
静けさ……287【静か】
静やか……287【静か】
しずり雪……39【雪】
視線……131【目】
肢体……110【体】
死体……113【死体】
自体……189【わたくし】
慕う……365【愛情】
慕わしい……368【恋しい】
慕わしさ……358【愛情】
疾患……152【病気】
失敬……271【失礼】
失笑……336【笑う】
嫉妬……350【嫉妬】
疾風(しっぷう)……54【風】
疾病……152【病気】
しっぺ返し……426【仕返し】
失礼……271【失礼】
死出の旅に出る……177【死】
児童……224【児童】
しとやか……260【しとやか】
シナチク……466【支那】
しなやか……691【しなやか】
死人……111【死体】
次年度……598【年度】
しののめ……609【夜明け】
忍び泣き……344【泣く】
忍び笑い……336【笑う】
しばしば……712【しばしば】
師範……237【先生】
しびと[死人]……114【死体】
地吹雪……41【雪】
自分……189【わたくし】
時分……591【時分】
思慕……366【愛情】
死亡……172【死】
死没……172【死】
しまり雪……38【雪】
閉まる……671【閉まる】
しみ入る……658【しみる】
しみじみ……659【しみじみ】
しみ出す……658【しみる】
しみる……655【しみる】
閉める……671【閉まる】
寂滅……181【死】
しゃくりあげる……344【泣く】
斜視……478【裏日本】
じゃじゃ馬……268【お転婆】
写真機……575【カメラ】
洒脱……311【粋】
若干……706【少し】
しゃべる……393【言う】
シャボン……571【石鹸】
斜陽……18【太陽】
洒落た……311【粋】
シャン……229【美人】
樹陰(じゅいん)……80【木】
驟雨……30【雨】
終焉……183【死】
集会……441【会】
蹴球……431【卓球】
祝言(しゅうげん)……204【結婚式】
修正……390【なおす】

終戦……446【終戦】
修繕……390【なおす】
重大……690【重要】
柔軟……693【しなやか】
十人並み……275【普通】
重要……689【重要】
獣欲……356【愛欲】
修理……390【なおす】
秋霖……35【雨】
主人……208【夫】
手段……650【方法】
出芽する……88【芽】
出生(しゅっしょう)……165【誕生】
出身校……494【ふるさと】
出身地……494【ふるさと】
寿命……164【命】
樹木……75【木】
巡査……232【警官】
春風(しゅんぷう)……56【風】
順風……55【風】
女医……238【医者】
情愛……364【愛情】
生涯……101【人生】
小学生……225【児童】
上京……474【上京】
上空……6【天】
小景……94【眺め】
小康……154【病気】
症候……154【病気】
少女……223【子供】
少少……706【少し】
症状……154【病気】
小説家……242【作家】
情緒……323【心】
召天……182【死】
昇天……182【死】
情動……323【心】
消毒……159【消毒】
小児……223【子供】
しょうにん[小人]……222【子供】
情熱……365【愛情】
少年……223【子供】
丈夫……147【健康】
成仏……180【死】
醤油……549【醤油】
情欲……355【愛欲】
松籟……59【海】
書架……541【本棚】
女学生……226【女子大生】
しょかん[書簡・書翰]
……572【手紙】
食卓……539【食卓】
書庫……542【本棚】
女子……199【女】
女子学生……227【女子大生】
女子大生……227【女子大生】
書状……573【手紙】
女性……198【女】
女生徒……226【女子大生】
書棚……542【本棚】
女中……480【裏日本】
しょっぱい……303【からい】
女優……239【俳優】
白樺林……75【森】
白雲(しらくも)……44【雲】
汁……548【味噌汁】
人格……104【人】
人材……106【人】
心情……324【心】
人身……109【体】
人生……101【人生】
新雪……38【雪】
心臓が停止する……185【死】
心臓が止まる……185【死】
身体(しんたい)……107【体】
人体……109【体】
新婦……206【結婚式】
人物……106【人】
しんみり……659【しみじみ】
人命……163【命】
心理……324【心】
新緑……79【木】
人類……104【人】
新郎……206【結婚式】
瑞雲……44【雲】
水泳……429【水泳】
睡眠……388【休む】
吸い物……548【味噌汁】
数(すう)……719【数】
透かしっ屁……142【屁】
杉林……75【森】
好く……361【愛情】

少し……………………706【少し】
すこぶる………………703【非常に】
健やか…………………146【健康】
筋雲……………………46【雲】
すず風…………………57【風】
啜り泣く………………344【泣く】
裾………………………69【山】
裾野……………………69【山】
すっきり………………375【すっきり】
素っ裸…………………251【裸】
ステーキ………………564【ビフテキ】
ステーション…………505【駅】
図抜けて………………698【非常に】
ずば抜けて……………699【非常に】
スマート………………312【粋】
スマイル………………338【笑う】
澄まし汁………………548【味噌汁】
ずるい…………………282【ずるい】
ずる賢い………………283【ずるい】
青雲……………………44【雲】
性急……………………274【短気】
逝去……………………176【死】
静寂……………………288【静か】
静粛……………………288【静か】
清清(せいせい)……376【すっきり】
清楚……………………262【しとやか】
生誕……………………166【誕生】
晴天……………………21【晴天】
生徒……………………225【児童】
青年……………………223【子供】
生命……………………162【命】
性欲……………………355【愛欲】
晴嵐……………………56【風】
青嵐(せいらん)……56【風】
生理……………………137【生理】
セールの品……………579【値下げ品】
瀬音……………………63【川】
積雲……………………47【雲】
積雪……………………38【雪】
積乱雲…………………48【雲】
世間並み………………276【普通】
セコハン………………648【古物】
せせらぎ………………65【川】
せっかち………………274【短気】
石鹸……………………570【石鹸】
接触……………………412【ふれる】
雪辱……………………427【仕返し】
絶頂……………………68【山】
せっちん………………522【便所】
絶巓……………………69【山】
雪庇(せっぴ)………39【雪】
接吻……………………420【口づけ】
絶命……………………172【死】
銭(ぜに)……………640【金銭】
銭金(ぜにかね)……640【金銭】
全快……………………157【治癒】
遷化……………………181【死】
先生……………………236【先生】
全治……………………158【治癒】
センテンス……………636【文】
前年度…………………598【年度】
旋風(せんぷう)……55【風】
羨望……………………354【嫉妬】
洗面所…………………528【便所】
全癒……………………158【治癒】
全裸……………………250【裸】
洗練……………………312【粋】
層雲……………………47【雲】
雑木(ぞうき・ぞうぼく・ざつぼく)
……………………76【木】
送球……………………431【卓球】
壮健……………………148【健康】
草原(そうげん)……72【野】
蔵書……………………541【本棚】
宗匠……………………237【先生】
層積雲…………………47【雲】
騒騒しい………………290【うるさい】
息災……………………148【健康】
祖国……………………456【母国】
楚楚とした……………262【しとやか】
ぞっと…………………372【怖い】
外(そと)……………486【裏日本】
そねむ…………………353【嫉妬】
苑………………………89【庭】
岨(そば)……………66【山】
粗暴……………………266【ばんカラ】
粗野……………………266【ばんカラ】
そよかぜ………………54【風】
空………………………7【空】
空恐ろしい……………370【怖い】
そら笑い………………337【笑う】

た行

大往生……179【死】
大河……65【川】
大学生……225【児童】
大観……93【眺め】
体軀……110【体】
大事……688【重要】
大丈夫……678【大丈夫】
大切……689【重要】
大層……701【非常に】
台地……70【山】
体調……150【健康】
台所……517【台所】
台風……55【風】
大変……700【非常に】
太陽……12【太陽】
絶え入る……184【死】
絶え果てる……184【死】
たおやか……692【しなやか】
他界……179【死】
高台……70【山】
高笑い……335【笑う】
宅……212【夫】
炊く……419【煮る】
焚く……420【煮る】
託する……411【まかせる】
ださい……314【野暮】
訪ねる……386【訪ねる】
たそがれ……612【夕方】
たち……717【たち】
卓球……432【卓球】
達者……149【健康】
竜巻……55【風】
棚雲……45【雲】
谷……65【川】
谷川……65【川】
楽しい……328【嬉しい】
たび[度]……716【回】
旅立つ……178【死】
ＷＣ……530【便所】
便り……573【手紙】
たわけ……279【馬鹿】
短気……273【短気】
単語……625【ことば】
誕生……165【誕生】
談笑……338【笑う】
旦つく……212【夫】
旦那……209【夫】
淡白……302【あっさり】
談判……444【大東亜戦争】
男優……240【俳優】
地域……470【田舎】
力不足……275【役不足】
千切れ雲……45【雲】
乳首……134【乳房】
乳……133【乳房】
ちぶさ[乳房]……132【乳房】
地方……469【田舎】
巷……97【町】
卓袱台……539【食卓】
治癒……155【治癒】
注意……402【用心】
中央……450【真ん中】
中学生……225【児童】
ちゅうこ……648【古物】
忠告……402【用心】
駐在……234【警官】
中心……450【真ん中】
中腹……69【山】
ちゅうぶる……648【古物】
厨房……516【台所】
中力粉……567【小麦粉】
ちょいちょい……713【しばしば】
ちょいと……708【少し】
超……704【非常に】
寵愛……358【愛情】
調子……150【健康】
嘲笑……337【笑う】
頂上……68【山】
ちょうず場……526【便所】
長逝……176【死】
眺望……91【眺め】
調理場……516【台所】
貯金……643【貯金】
ちょくちょく……713【しばしば】
ちょこっと……709【少し】
著作家……244【作家】
著作者……244【作家】
貯蓄……645【貯金】
ちょっと……707【少し】
ちょっぴり……709【少し】

治療……………………390【なおす】
通貨……………………642【金銭】
痞えが下りる………377【すっきり】
疲れる…………………675【疲れる】
月明かり………………18【太陽】
月の障り………………136【生理】
月のもの………………136【生理】
つくり笑い……………337【笑う】
土に戻る………………188【死】
恙無い…………………148【健康】
筒雪……………………39【雪】
つどい…………………442【会】
妻……206【結婚式】, 213【妻】
積み雲…………………47【雲】
つむじ風………………55【風】
つや……………………292【つや】
つゆ[梅雨]……………33【雨】
梅雨空…………………24【晴天】
露と消える……………188【死】
露の命…………………163【命】
梅雨晴れ………………24【晴天】
つら……………………119【顔】
つらつき………………120【顔】
ディープキス…………422【口づけ】
庭園……………………90【庭】
涕泣……………………344【泣く】
庭球……………………432【卓球】
帝国……………………453【王国】
停車場…………………504【駅】
亭主…206【結婚式】, 209【夫】
貞淑……………………261【しとやか】
訂正……………………390【なおす】
涕涙……………………344【泣く】
テーブル………………540【食卓】
手紙……………………572【手紙】
手口……………………652【方法】
手立て…………………650【方法】
テニス…………………431【卓球】
出臍……………………479【裏日本】
出物……………………142【屁】
寺………………………512【寺】
照り……………………292【つや】
照り降り雨……………31【雨】
照れ笑い………………336【笑う】
天………………………3【天】
天気……………………20【気象】
天気……………………22【晴天】
天気雨…………………31【雨】
天空……………………6【天】
天候……………………20【気象】
天国……………………5【天】
天上……………………6【天】
天上界…………………6【天】
天体……………………2【天】
天命………5【天】, 164【命】
度(ど)…………………716【回】
トイレ…………………532【便所】
トイレット……………531【便所】
同一……………………694【同じ】
道具立て………………121【顔】
瞳孔……………………127【目】
慟哭……………………345【泣く】
登仙……………………182【死】
同伴者…………………385【訪ねる】
獰猛……………………681【獰猛】
遠いところへ行く……176【死】
通り雨…………………30【雨】
都下……………………467【都下】
土方……………………479【裏日本】
どか雪…………………39【雪】
時(とき)………………588【時間】
ドクセンジョー[独擅場]
……………………683【独擅場】
独擅場…………………683【独擅場】
とこしえ………………585【永久】
とこしなえ……………586【永久】
閉ざす…………………670【閉まる】
土砂降り………………29【雨】
年寄り…………………219【年寄り】
閉じる…………………670【閉まる】
都心……………………467【都下】
土台……………………508【基礎】
突風……………………55【風】
とても…………………701【非常に】
飛び抜けて……………699【非常に】
ど真ん中………………451【真ん中】
どもり…………………478【裏日本】
豊旗雲…………………45【雲】
取り巻く………………401【囲む】
泥くさい………………313【野暮】
とわ[永久]……………586【永久】
とんちき………………279【馬鹿】

頓馬……279【馬鹿】

な行

ない……654【ある・ない】
苗木……77【木】
治す……155【治癒】
なおす……390【なおす】
治る……155【治癒】
長雨……35【雨】
眺め……90【眺め】
凪……56【風】
鳴きあかす……672【鳴き尽くす】
泣き明かす……343【泣く】
なきがら……115【死体】
泣き崩れる……343【泣く】
泣き暮らす……343【泣く】
鳴き暮らす……672【鳴き尽くす】
泣き叫ぶ……344【泣く】
泣き沈む……343【泣く】
泣きじゃくる……344【泣く】
泣き出す……343【泣く】
泣きたてる……344【泣く】
鳴き尽くす……672【鳴き尽くす】
泣き濡れる……343【泣く】
泣き始める……343【泣く】
泣き腫らす……343【泣く】
泣き伏す……343【泣く】
泣き咽ぶ……344【泣く】
泣き止む……343【泣く】
泣き喚く……344【泣く】
泣き笑い……336【笑う】
泣く……342【泣く】
菜種梅雨……33【雨】
雪崩……68【山】
夏雲……48【雲】
夏空……9【空】
生木……76【木】
波……60【海】
並み……275【普通】
波音……60【海】
涙雨……28【雨】
涙ぐむ……343【泣く】
涙する……343【泣く】
涙に暮れる……343【泣く】
涙に咽ぶ……344【泣く】
南京豆……559【ピーナツ】
軟風……54【風】
臭い(におい)……296【におい】
匂い……296【におい】
苦笑い……336【笑う】
肉……561【肉】
憎からず思う……359【愛情】
肉体……109【体】
肉欲……356【愛欲】
にこにこ……340【にこにこ】
にこやか……340【にこにこ】
にじみ出す……658【しみる】
にじむ……658【しみる】
にたにた……340【にこにこ】
日没……615【夕方】
日輪……12【太陽】
日光……15【太陽】
にっこり……340【にこにこ】
日本一……457【日本】
日本髪……458【日本】
日本語……627【国語】
日本語学……634【国語学】
日本語教育……631【日本語教育】
日本酒……458【日本】
日本茶……458【日本】
日本晴れ……457【日本】
日本舞踊……458【日本】
日本文学……634【国文学】
日本間……458【日本】
日本料理……458【日本】
にやける……339【笑う】
にやにや……340【にこにこ】
にやり……340【にこにこ】
入寂……181【死】
入定……181【死】
乳頭……134【乳房】
入道雲……48【雲】
にゅうぼう……132【乳房】
入滅……181【死】
女房……213【妻】
にょしょう……201【女】
女人……201【女】
煮る……419【煮る】
庭……89【庭】
にわか雨……30【雨】
にんげん……103【人】
にんまり……341【にこにこ】

糠雨……28【雨】
値下げ品……579【値下げ品】
妬ましい……352【嫉妬】
妬む(ねたむ)……352【嫉妬】
熱情……364【愛情】
眠る……388【休む】
根雪……38【雪】
寝る……388【休む】
野……71【野】
野末……72【野】
野っぱら……72【野】
野面(のづら)……72【野】
のどか……316【のどか】
野中……72【野】
野原……71【野】
野辺……72【野】
のべつ……393【言う】
述べる……396【言う】
上り(のぼり)……470【上り】
野山……70【野】
野良……72【野】
野分……58【風】

は行

葉……77【木】
ハイカラ……265【ばんカラ】
排球……431【卓球】
ハイキング……428【遠足】
配偶者……207【夫】
敗戦……446【終戦】
売文……246【作家】
俳優……239【俳優】
配慮……381【気配り】
梅林……75【森】
馬鹿……280【馬鹿】
葉陰……81【木】
馬鹿たれ……278【馬鹿】
はかなくなる……187【死】
馬鹿野郎……278【馬鹿】
馬鹿笑い……335【笑う】
破顔一笑……335【笑う】
履き替える……397【着替える】
白雨……31【雨】
白日……14【太陽】
爆笑……335【笑う】
薄暮……612【夕方】
薄明……608【夜明け】
薄力粉……568【小麦粉】
走り梅雨……34【雨】
場末……500【場末】
バスケットボール……430【卓球】
裸……249【裸】
はだら雪……38【雪】
発芽する……88【芽】
初風……56【風】
初しぐれ……36【雨】
初空……10【空】
はっと……372【怖い】
初凪……56【風】
初晴れ……23【晴天】
初日……15【太陽】
初日の出……15【太陽】
初雪……40【雪】
果てる……184【死】
花……81【花】
花明り……83【花】
花嵐……56【風】
花いかだ……85【花】
花影(はなかげ)……83【花】
花陰(はなかげ)……83【花】
花曇……82【花】
花衣……82【花】
話し合い……394【言う】
話し合う……444【大東亜戦争】
話す……393【言う】
花疲れ……83【花】
甚だ……702【非常に】
花冷え……82【花】
花吹雪……84【花】
花見……82【花】
花婿……206【結婚式】
花嫁……206【結婚式】
跳ね返り……268【お転婆】
パネラー……247【パネリスト】
パネリスト……247【パネリスト】
はばかり……525【便所】
林……72【森】
はやて[疾風]……54【風】
原……71【野】
原っぱ……71【野】
巴里……489【巴里】
パリー……491【巴里】

春荒れ……56【風】
春一番……56【風】
春霞(はるがすみ)……49【霧】
春風(はるかぜ)……52【風】
春雨……32【雨】
晴れ……21【晴天】
バレーボール……431【卓球】
晴れ晴れ……376【すっきり】
晴れ間……24【晴天】
晩……618【晩】
繁華街……96【町】
晩方……618【晩】
ばんカラ……265【ばんカラ】
反撃……425【仕返し】
ハンサム……230【美人】
飯台……540【食卓】
バンド……491【巴里】
ハンドボール……431【卓球】
万物……2【天】
万緑……80【木】
日……12【太陽】
ピーナツ……559【ピーナツ】
ひいひい……345【泣く】
微雨……28【雨】
ひがむ……353【嫉妬】
微苦笑……338【笑う】
ピクニック……428【遠足】
日暮れ……613【夕方】
美形……229【美人】
飛行場……503【空港】
ピザ……557【ピッツァ】
氷雨……36【雨】
美女……229【美人】
微笑……338【笑う】
美人……229【美人】
美男子……230【美人】
羊雲……46【雲】
ピッツァ……555【ピッツァ】
ピッツァ·パイ……556【ピッツァ】
日照り雨……31【雨】
人……104【人】
一雨……27【雨】
等しい……694【同じ】
人並み……275【普通】
ひとみ[瞳]……127【目】
ひともしごろ……616【夕方】
美男……230【美人】
日の入り……615【夕方】
微風(びふう)……53【風】
ビフテキ……564【ビフテキ】
ひやり……371【怖い】
雹……42【雪】
病気……151【病気】
病状……153【病気】
病勢……154【病気】
病人……161【病人】
兵六玉……212【夫】
日和……23【晴天】
ひらく……665【開く】
憫笑……337【笑う】
便箋……574【手紙】
頻度……712【しばしば】
頻繁に……712【しばしば】
ぴんぴん……147【健康】
ピンポン……432【卓球】
フィルム……579【フイルム】
フイルム……576【フイルム】
風雨……29【雨】
風景……93【眺め】
風貌……122【顔】
不快……153【病気】
蒸かす……420【蒸す】
不帰の客となる……178【死】
吹き降り……29【雨】
復讐……427【仕返し】
含み笑い……336【笑う】
ふくらむ……660【ふくらむ】
ふくれる……660【ふくらむ】
夫君……211【夫】
不敬……270【失礼】
不幸……184【死】
藤……86【花】
婦女……201【女】
婦女子……201【女】
婦人……201【女】
不粋……314【野暮】
豚肉……562【肉】
ふたば[二葉·双葉]…77【木】
普通……276【普通】
払暁……610【夜明け】
ふっくら……660【ふくらむ】
物故(ぶっこ)……174【死】

太る……………………662【肥える】
吹雪……………………41【雪】
吹雪く…………………41【雪】
ふみ[文]………………571【手紙】
ふもと…………………69【山】
冬空……………………9【空】
冬晴れ…………………25【晴天】
フランス………………487【仏蘭西】
仏蘭西…………………487【仏蘭西】
フルーツ………………567【果物】
ふるさと………………494【ふるさと】
ふるもの………………647【古物】
無礼……………………270【失礼】
ふれる[触れる]……412【ふれる】
文………………………636【文】
文学者…………………241【作家】
文芸家…………………241【作家】
文豪……………………246【作家】
文士……………………245【作家】
文章……………………636【文】
文人……………………240【作家】
文筆家…………………245【作家】
屁………………………141【屁】
平気……………………677【平気】
平気の平左……………677【平気】
平癒……………………158【治癒】
ベースボール…………435【卓球】
へっちゃら……………678【平気】
別嬪……………………228【美人】
べと雪…………………37【雪】
ベルト…………………490【巴里】
遍………………………716【回】
片雲……………………45【雲】
便所……………………520【便所】
扁平足…………………479【裏日本】
返報……………………426【仕返し】
崩御……………………182【死】
芳香……………………299【におい】
暴行……………………423【暴行】
方策……………………650【方法】
崩ずる…………………182【死】
放屁……………………143【屁】
暴風……………………55【風】
暴風雨…………………29【雨】
暴風雪…………………41【雪】
報復……………………425【仕返し】
抱腹絶倒………………335【笑う】
方法……………………649【方法】
豊満……………………258【豊満】
訪問……………………387【訪ねる】
豊麗……………………258【豊満】
ぼく……………………193【わたくし】
ぼくじょう[牧場]……507【牧場】
ほくそ笑む
……339【笑う】, 341【にこにこ】
母語……………………626【母国語】
歩行……………………385【歩く】
母校……………………494【ふるさと】
母国……………………455【母国】
母国語…………………626【母国語】
星になる………………188【死】
慕情……………………366【愛情】
牡丹雪…………………37【雪】
ぼつ[没・歿]…………173【死】
ぼっする[歿する・没する]
……………………173【死】
仏になる………………181【死】
ほほえみ………………338【笑う】
惚れる…………………362【愛情】
本国……………………455【母国】
本日……………………602【きょう】
本棚……………………541【本棚】
本年……………………596【ことし】
本年度…………………598【年度】
本箱……………………542【本棚】
本復……………………157【治癒】
本降り…………………29【雨】

ま行

参る……………………360【愛情】
任せる…………………411【まかせる】
巻き雲…………………46【雲】
まきば[牧場]………507【牧場】
枕を濡らす……………344【泣く】
マスク…………………121【顔】
まち[町・街]……94, 95【町】
まちかど………………96【町】
町はずれ……97【町】, 499【場末】
松風……………………59【海】
真っ裸…………………251【裸】
松林……………………75【森】
まなこ…………………129【目】

まなざし……………… 131【目】
間抜け………………… 279【馬鹿】
マネー………………… 643【金銭】
まめ…………………… 150【健康】
迷う…………………… 360【愛情】
丸太んぼう…………… 75【木】
丸裸…………………… 251【裸】
万一の場合………… 184【死】
真ん中………………… 451【真ん中】
身……………………… 109【体】
水菓子………………… 566【果物】
水雪…………………… 38【雪】
味噌汁………………… 549【味噌汁】
みぞれ………………… 41【雪】
峰……………………… 69【山】
峰続き………………… 69【山】
見晴らし……………… 91【眺め】
未亡人………………… 206【結婚式】
みまかる……………… 177【死】
見目…………………… 123【顔】
脈が上がる………… 185【死】
脈が止まる………… 185【死】
都……………………… 473【東京都】
深雪(みゆき)………… 39【雪】
明日(みょうにち)…… 604【あした】
明年…………………… 597【来年】
明年度………………… 598【年度】
見渡せる……………… 91【眺め】
向かい風……………… 55【風】
むくろ………………… 116【死体】
蒸す…………………… 420【蒸す】
結び…………………… 669【閉まる】
結ぶ…………………… 669【閉まる】
咽び泣く……………… 344【泣く】
夢中になる………… 361【愛情】
むなしくなる……… 187【死】
胸……………………… 134【乳房】
無風…………………… 53【風】
村……………………… 94【町】
群雲(むらくも)……… 46【雲】
むらさき……………… 550【醤油】
村雨…………………… 30【雨】
村時雨………………… 35【雨】
目……………………… 125【目】
瞑目…………………… 175【死】
目が潤む……………… 343【泣く】
芽……………………… 88【芽】
芽が出る……………… 88【芽】
芽ぐむ………………… 88【芽】
芽ざす………………… 88【芽】
めし[飯]……………… 548【ご飯】
目線…………………… 132【目】
めそめそ……………… 345【泣く】
目立って……………… 700【非常に】
めだま………………… 128【目】
目つき………………… 130【目】
滅菌…………………… 160【消毒】
めっちゃ……………… 704【非常に】
芽生える……………… 88【芽】
目鼻立ち……………… 121【顔】
芽吹く………………… 88【芽】
メリケン粉………… 568【小麦粉】
芽を出す……………… 88【芽】
目をつぶる………… 175【死】
メンス………………… 140【生理】
面相…………………… 122【顔】
面体…………………… 122【顔】
メンマ………………… 466【支那】
モウ[盲]……………… 477【裏日本】
萌え出る……………… 88【芽】
萌える………………… 88【芽】
木材…………………… 75【木】
もしもの事………… 184【死】
餅雪…………………… 39【雪】
求める………………… 437【要求】
戻り梅雨……………… 34【雨】
物書き………………… 246【作家】
ものすごい………… 703【非常に】
桃……………………… 86【花】
靄……………………… 49【霧】
森……………………… 73【森】

や行

やかましい………… 290【うるさい】
やきもち……………… 351【嫉妬】
野球…………………… 435【卓球】
役不足………………… 274【役不足】
夜景…………………… 92【眺め】
妬ける………………… 352【嫉妬】
休み…………………… 638【休み】
休む…………………… 388【休む】
安物…………………… 578【値下げ品】

やっかみ……………352【嫉妬】
やって来る…………386【訪ねる】
やっぱ………………715【やはり】
やっぱし……………714【やはり】
やっぱり……………714【やはり】
宿六…………………212【夫】
柳腰…………………257【柳腰】
やにさがる…………340【笑う】
やはり………………714【やはり】
野蛮…………………265【ばんカラ】
やぶ睨み……………478【裏日本】
やぼ…………………312【野暮】
野暮くさい…………313【野暮】
野暮ったい…………313【野暮】
野暮天………………313【野暮】
山……………………66【山】
山あい………………70【山】
病(やまい)…………152【病気】
病膏肓に入る………681【膏肓】
山かい………………70【山】
山川(やまがわ)……63【川】
山ぎわ………………69【山】
山裾…………………69【山】
山並み………………68【山】
山の神………………218【妻】
山の端………………69【山】
山襞…………………69【山】
山やま………………68【山】
やめる[止める]……407【やめる】
やり方………………651【方法】
やり口………………651【方法】
やる…………………399【呉れる】
やんちゃ……………269【腕白】
夕(ゆう)……………616【夕方】
夕霞…………………49【霧】
夕風…………………56【風】
夕方…………………611【夕方】
夕霧…………………49【霧】
夕暮れ………………614【夕方】
夕景色………………92【眺め】
夕刻…………………611【夕方】
夕空…………………11【空】
夕立…………………31【雨】
夕立雲………………48【雲】
夕凪…………………56【風】
夕波…………………62【海】
夕栄…………………19【太陽】
夕日…………………16【太陽】
ゆうべ………………617【晩】
夕まぐれ……………615【夕方】
夕靄…………………51【霧】
雪……………………37【雪】
雪嵐…………………41【雪】
雪雲…………………47【雲】
雪景色……36【雪】, 92【眺め】
雪煙…………………41【雪】
雪晴れ………………25【晴天】
ゆく[逝く]…………176【死】
委ねる………………411【まかせる】
よ[夜]………………620【晩】
夜明け………………609【夜明け】
宵……………………618【晩】
宵のうち……………619【晩】
宵の口………………619【晩】
洋菓子………………492【巴里】
容顔…………………122【顔】
陽気…………………20【気象】
要求する……………437【要求】
容色…………………123【顔】
用心…………………402【用心】
要請する……………437【要求】
容態…………………153【病気】
容貌…………………122【顔】
要望する……………437【要求】
夜風…………………56【風】
夜霧…………………49【霧】
預金…………………643【貯金】
よく…………………712【しばしば】
よける[避ける]……405【よける】
横風…………………55【風】
横雲…………………45【雲】
よす[止す]…………408【やめる】
夜空…………………11【空】
嫁……206【結婚式】, 217【妻】
よよ…………………345【泣く】
寄り合い……………440【会】
夜(よる)……………619【晩】
喜ばしい……………333【嬉しい】
世を去る……………177【死】

ら行

雷雨…………………30【雨】

ライス……548【ご飯】
ライスカレー……551【カレー】
ライター……245【作家】
来年……597【来年】
来年度……598【年度】
落日……18【太陽】
落命……172【死】
落涙……344【泣く】
落花……84【花】
落花生……559【ピーナツ】
乱雲……47【雲】
乱層雲……47【雲】
乱暴……424【暴行】
利口……124【紅顔】
利子……645【利息】
利息……646【利息】
利発……124【紅顔】
リベンジ……427【仕返し】
留意……401【用心】
溜飲が下がる……377【すっきり】
涼雨……35【雨】
稜線……69【山】
良人(りょうにん)……210【夫】
緑陰……81【木】
緑風……57【風】
霖雨……35【雨】
輪郭……121【顔】
臨終……182【死】
林泉……90【庭】
冷雨……36【雨】
冷笑……337【笑う】
麗人……228【美人】
冷泉……501【温泉】
レイプ……424【暴行】
黎明……609【夜明け】
レストルーム……535【便所】
レター……574【手紙】
烈風……54【風】
連山……68【山】
恋慕……366【愛情】
連峰……68【山】
ロウ[聾]……477【裏日本】
籠球……430【卓球】
陋巷……97【町】
老樹……77【木】
朗笑……336【笑う】
老人……220【年寄り】
老木……77【木】
老齢者……220【年寄り】
露命……163【命】

わ行

ワイフ……218【妻】
若木……77【木】
若づくり……124【紅顔】
若葉……77【木】
患い……152【病気】
わたくし……190【わたくし】
綿雲……48【雲】
わたし……191【わたくし】
綿雪……39【雪】
和文……629【国語】
笑う……333【笑う】
わりあい……711【割合に】
割合に……710【割合に】
わりかし……711【割合に】
わりかた……711【割合に】
わりと……711【割合に】
わりに……710【割合に】
悪賢い……283【ずるい】
腕白……269【腕白】

中村 明（なかむら・あきら）

1935年9月9日、山形県鶴岡市の生まれ。国立国語研究所室長、成蹊大学教授を経て、母校早稲田大学の教授となり、現在は名誉教授。主著に『比喩表現の理論と分類』(秀英出版)、『作家の文体』『名文』『悪文』『たのしい日本語学入門』『文章作法入門』『小津映画 粋な日本語』『比喩表現の世界』『人物表現辞典』(筑摩書房)、『比喩表現辞典』(角川書店)、『文章をみがく』(NHK出版)、『日本語レトリックの体系』『日本語文体論』『笑いのセンス』『文の彩り』『吾輩はユーモアである』『日本語 語感の辞典』『日本の作家 名表現辞典』『日本語 笑いの技法辞典』『語感トレーニング』『日本語のニュアンス練習帳』『日本の一文30選』『ユーモアの極意』(岩波書店)、『新明解類語辞典』(三省堂)、『文章プロのための 日本語表現活用辞典』『文体論の展開』『日本語の美』『日本語の芸』(明治書院)、『感情表現辞典』『類語分類 感覚表現辞典』『分類たとえことば表現辞典』『日本語の文体・レトリック辞典』『センスをみがく文章上達事典』『日本語 描写の辞典』『音の表現辞典』『文章表現のための辞典活用法』『文章を彩る 表現技法の辞典』(東京堂出版)、『日本語のおかしみ』『美しい日本語』『日本語の作法』『五感にひびく日本語』(青土社)など。『角川新国語辞典』『集英社国語辞典』編者。『日本語 文章・文体・表現事典』(朝倉書店)、『三省堂類語新辞典』編集主幹。

2020 年 8 月 10 日　初版発行

類語ニュアンス辞典

二〇二〇年八月一〇日　第一刷発行

編著者　中村　明（なかむら・あきら）

発行者　株式会社　三省堂　代表者　北口克彦

印刷者　三省堂印刷株式会社

発行所　株式会社　三省堂

〒一〇一-八三七一

東京都千代田区神田三崎町二丁目二十二番十四号

電話　編集　(〇三)　三二三〇-九四一一

営業　(〇三)　三二三〇-九四一二

https://www.sanseido.co.jp/

〈類語ニュアンス・752 pp.〉

落丁本・乱丁本はお取り替えいたします。

ISBN978-4-385-13653-0